Andrian Kreye
Der Geist aus der Maschine

ANDRIAN KREYE

Der Geist aus der Maschine

Eine superschnelle Menschheitsgeschichte
des digitalen Universums

HEYNE ‹

Penguin Random House Verlagsgruppe FSC® N001967

Originalausgabe 2024
Copyright © 2024 by Wilhelm Heyne Verlag, München,
in der Penguin Random House Verlagsgruppe GmbH,
Neumarkter Straße 28, 81673 München
Umschlaggestaltung: SERIFA, Christian Otto
unter Verwendung einer Illustration von © Stefan Dimitrov
Satz: Uhl + Massopust, Aalen
Druck und Bindung: GGP Media GmbH, Pößneck
Printed in Germany
ISBN: 978-3-453-21862-8

www.heyne.de

Für Henri und Karl,
die in einer Welt aufwachsen,
in der vieles schon selbstverständlich ist,
was gerade noch eine Revolution war.

»Die grundlegende Tatsache der Computernutzung
bleibt aber ›Müll rein, Müll raus‹.«

Stewart Brand, 1972

»Das Internet ist eine außerirdische Lebensform.«

David Bowie, 1999

»Ich denke, dass die Diskussion über diese Technologie
viel klarer wird, wenn wir den Begriff künstliche Intelligenz
durch das Wort ›Automatisierung‹ ersetzen.«

Emily Bender, 2023

Inhalt

Vorwort

Wann genau hat sich mein Leben in einen Science-Fiction-Roman verwandelt? Während ich an diesem Vorwort arbeite, bereite ich gerade eine Reise in die Schweiz vor, wo Wissenschaftler in einem Labor am Genfer See eine künstliche Intelligenz entwickeln, die nicht mehr auf einem neuronalen Netz aus Siliziumchips läuft, sondern auf einem Netz aus menschlichen Zellen. Später werde ich einen Professor in München besuchen, der in seinem Labor synthetische DNA herstellt, die in Zukunft Chips und Festplatten als Speichermedien ersetzen soll. In Amerika feilschen sie unterdessen darum, das komplette Weltwissen jetzt und für alle Zukunft in KIs einzuspeichern. All dies soll die Entwicklung beschleunigen, die im Herbst des Jahres 2022 damit begann, dass ein paar Programmierer des Start-ups OpenAI in San Francisco beschlossen, ihre künstliche Intelligenz namens ChatGPT auf die Menschheit loszulassen.

Sie waren nicht die Einzigen, die solche KIs konstruiert hatten, mit denen man sich erstmals unterhalten konnte wie mit einem Menschen. Sie waren nur die Einzigen, die sich nicht darum scherten, dass diese Programme eigentlich noch nicht ausgereift genug waren, um sie in Massen zu verbreiten. So springt künstliche Intelligenz gerade aus den Maschinen ins Leben der Menschen. Vorbei die Zeiten, als KI sicher hinter den Glasscheiben von Monitoren und Touchscreens verwahrt war. Sie hat begonnen, in jeden Winkel des menschlichen Lebens vorzudringen, bis in die Köpfe hinein. Sie kann nun vor allem selbstständig handeln.

Die Menschen haben davor Angst. Fast die Hälfte aller Deutschen fürchten sich vor künstlicher Intelligenz. In Amerika sind es sogar mehr als die Hälfte der Menschen. Tendenz steigend, vor drei Jahren waren es nur ein Drittel. Diese Ängste haben wenig mit Science-Fiction zu tun, auch wenn einige Pioniere der KI Horrorszenarien vom Ende der Menschheit und der Welt entwerfen, als sei künstliche Intelligenz keine Technologie, sondern ein Monster, ein Meteorit oder eine Massenvernichtungswaffe. Das Ende der Menschheit oder der Welt ist allerdings die geringste Sorge, die KI den Menschen bereitet. Es sind konkrete Ängste, wenn man die Untersuchungen zum Beispiel des Bayerischen Forschungsinstituts für digitale Transformation oder des Meinungsforschungsinstituts Pew Research Center liest. Das ist die Furcht vor Kontrollverlust, vor dem Verlust des Arbeitsplatzes und vor der Verstärkung gesellschaftlicher Ungerechtigkeiten, es sind die Ängste vor Falschnachrichten, vor Angriffen mit digitalen und vor dem Einsatz autonomer Waffen. Das sind berechtigte Befürchtungen, weil digitale Technologien all diese Probleme schon länger verstärken. Diese Ängste sind aber auch Symptome eines Zukunftsschocks, wie ihn Soziologen und Futuristen in den 1970er-Jahren schon einmal diagnostizierten, als sich die Entwicklungen damals überschlugen. Die Geschwindigkeit, mit der sich der technische Fortschritt gerade vollzieht, ist ähnlich gewaltig. Wie vor fünfzig Jahren beschleunigt dieser Fortschritt die Auflösung von Institutionen. Wirtschaft, Politik und Bildung sind infrage gestellt. Geistesarbeit wird automatisiert, Kommunikation findet immer häufiger zwischen Mensch und Maschine statt, selbst Emotionen werden zu berechenbaren Datenpaketen.

So überraschend der KI-Boom im Herbst 2022 begann und eine Geschwindigkeit aufnahm, die einen auch dann beeindruckt, wenn man sich schon länger mit der digitalen Welt befasst, das kommt alles nicht plötzlich aus dem Nichts. KI ist eine Technologie aus den Fünfzigerjahren. Die digitale Gesellschaft hat sich über Jahrzehnte entwickelt. Und selbst die neuen KI-Modelle, die eigenständig agieren und die mithilfe von Menschen Texte, Bilder und Videos produzieren können, gibt es seit über zehn Jahren. Deswegen geht die Menschheit nicht unvorbereitet über die Schwelle zu dieser neuen Phase der Digitalisierung.

Was sich in den vergangenen dreieinhalb Jahrzehnten vollzogen hat, war die Entstehung einer digitalen Gesellschaft, in der Informationen Rohstoffe und Produkte als größten Wert abgelöst haben. Man hat als Reporter selten das Glück, einen historischen Abschnitt von Anfang bis zu seinem Übergang ins nächste Kapitel zu begleiten. Wobei sich Entwicklungen von einem Ausmaß wie dem Aufstieg der digitalen Kultur vom Biotop einer Subkultur aus Wissenschaftlern und Techies zum Betriebssystem für die moderne Gesellschaft selten in einer solchen Geschwindigkeit vollziehen.

Begonnen hat das alles mit dem Mauerfall. Zwischen dem Ende des Zweiten Weltkrieges und dem Ende des Kalten Krieges lag eine lange Phase der Forschung. Rechner waren die meiste Zeit Werkzeuge und Forschungsobjekte von Universitäten, Konzernen und Militärs. Mit dem Ende des Kalten Krieges kam aber auch das, was der Politologe Francis Fukuyama erst einmal als Ende der Geschichte deklarierte. Aus dem Wettkampf der Ideen des 20. Jahrhunderts war der Kapitalismus mit seinen Idealen von der Freiheit der Märkte und Menschen als Sieger übrig geblieben. Forschung und Technik verloren aber auch ihre Geldquellen aus diesem Wettrennen, in dem sie als intellektuelle Muskelspiele ganzer Nationen nur selten in Wertschöpfungsketten gezwungen wurden.

Ende der Achtzigerjahre änderte sich das. Als ich den Pionieren der digitalen Gesellschaft zu dieser Zeit erstmals begegnete, war diese digitale Gesellschaft noch eine Vision. Jetzt ist sie Realität. Nicht nur das. Die digitale Gesellschaft war auch der Siegeszug einer sehr kleinen Gruppe Männer, die mehr Reichtum anhäuften als jemals zuvor in der Geschichte der Menschheit.

Die Geschichte dieses digitalen Universums ist wie so vieles in dieser virtuellen Welt ein Spiegelbild der wahren Welt. Von ihrem Ursprung in den Achtzigerjahren bis heute findet man unzählige Parallelen. Selbst die Phasen der Geschichte gleichen sich, weswegen die Kapitel der ersten Jahrzehnte in diesem Buch diese historischen Abschnitte im Titel tragen. Das manifestierte sich hin und wieder in direkten Parallelen. Die Unterseekabel, welche die Kontinente mit dem Internet verbinden, verlaufen zum Beispiel entlang der Seehandelsrouten aus dem 15. und 16. Jahrhundert. Das Silicon Valley wäre in diesem Bild die East India Company der Gegenwart. Ähnlich wie die Kaufmannsgesellschaft des britischen Kolonialreiches ist das Zentrum der digitalen Industrie reicher und damit auch mächtiger als die Nation, aus der sie ihre Geschäfte betreibt. Die East India Company verfügte auf ihrem Höhepunkt um 1800 über mehr Reichtum und vor allem über mehr Soldaten als die Krone. 200 000 Mann standen unter ihrem Befehl. Damit zementierten die Händler ihre Macht nicht nur in Indien, sondern auch in China und den südostasiatischen Inselreichen. Das war der Punkt, an dem die Krone einschritt, vor allem mit Gesetzen.

Die digitale Industrie ist an einem ähnlichen Punkt. Im Jahr 2021 summierten sich die Einkünfte der Big 5 aus dem Silicon Valley – also Amazon, Apple, Facebooks Mutterkonzern Meta, Googles Mutterkonzern Alphabet und Microsoft – auf 1,4 Billionen US-Dollar. Das Budget der amerikanischen Streitkräfte, also der mächtigsten und größten Armee der Welt, wurde in dem Jahr für 2022 auf etwas mehr als die Hälfte, auf 766 Milliarden Dollar festgelegt. Kein Wunder also, dass sich nicht nur die Menschen, sondern auch die Nationen vor dieser Macht fürchten, die aus dem Nichts und mit ein wenig Strom, Licht und Silizium ein Weltreich errichtet hat. Erste Vorstöße der Exekutive in den USA und der Gesetzgeber in Europa gibt es. Und auch im Volk der Nutzer rührt sich Widerstand.

Wenn ich nun die Geschichte der digitalen Gesellschaft aufschreibe, dann nicht mit der Analyse des Historikers, sondern mit meinen Erfahrungen als Reporter und den Erlebnissen als Zeitzeuge. Wenn ich dabei meist das generische Maskulinum verwende, ist das keine grammatikalische Bequemlichkeit, sondern die Realität der Welt der Technologie und Wissenschaften. Erst langsam bekommen Frauen in dieser Geschichte tragende Rollen. Meist noch als Whistleblowerinnen, so wie Frances Haugen, Brittany Kaiser und Sophie Zhang, oder als Kritikerinnen, so wie Shoshana Zuboff, Timnit Gebru und Emily Bender. Genialische Pionierinnen wie die Informatikerinnen Fei-Fei Li, Rosalind Picard oder Elisabeth André sind noch die Ausnahme.

Man kann aus dieser Geschichte sicherlich lernen. Was für Schlüsse man daraus ziehen mag, überlasse ich den Leserinnen und Lesern. Nur eines steht fest: Angst muss man keine haben, weder vor der Digitalisierung noch vor der künstlichen Intelligenz. Dreißig Jahre sind nur ein Augenblick in der Geschichte der Menschheit, selbst in einer Familiengeschichte nur eine Generation. Und doch ist es genug Zeit, um Erfahrungen zu sammeln, mit diesen neuen Technologien umzugehen.

Es sind vor allem Missverständnisse, die zu Problemen führen. Jeder kennt den Leitspruch der digitalen Kultur »Information wants to be free«. Das war nie als Freiheitsbegriff gemeint, sondern bedeutete, dass Informationen umsonst sein sollten. Das hat ganze Branchen und vor allem die Kultur um ihre Existenzgrundlagen gebracht. Ganz so aber war das nicht gemeint. Es handelte sich vielmehr um eine Überlegung, die der Vordenker der Hippie- und dann der digitalen Bewegung Stewart Brand 1984 anstellte. Da saß er mit seinem Freund, dem Literaturagenten John Brockman, bei der ersten Hackerkonferenz in einem alten Armeestützpunkt in Marin County an einem Tisch. Brand sagte damals: »Einerseits wollen Informationen teuer sein, weil sie so wertvoll sind. Die richtige Information an der richtigen Stelle verändert dein ganzes Leben. Auf der anderen Seite wollen Informationen kostenlos sein, weil die Kosten für ihre Verbreitung immer niedriger werden. Diese beiden Dinge stehen also im Widerspruch zueinander.« Das war kein Credo. Er beschrieb nur früh schon die Dynamik, die wenige Jahre später das Internet entfesseln sollte.

Ein ähnliches Missverständnis gab es zu Beginn des Sprungs der künstlichen Intelligenz ins wirkliche Leben. Der bekannteste und beliebteste Physiker seit Albert Einstein, Stephen Hawking, sprach seit Mitte der Zehnerjahre immer wieder über KI. Meist wurde er so zitiert, als habe er die Menschheit vor ihrem nahen Ende durch KI gewarnt. In Wahrheit formulierte er eine der wichtigsten Gewissheiten der Wissenschaft, dass man nämlich nichts mit Gewissheit wissen kann, bevor es nicht bewiesen ist.

Bei der Web-Summit-Konferenz in Lissabon brachte er das 2017 nur wenige Monate vor seinem Tod wie folgt auf den Punkt: »Erfolg bei der Erschaffung effektiver künstlicher Intelligenz könnte das größte Ereignis in der Geschichte unserer Zivilisation werden. Oder das schlimmste. Wir wissen es einfach nicht. Deswegen können wir auch nicht sagen, ob uns künstliche Intelligenz letztlich helfen wird, ob sie uns ignoriert, ob sie uns kaltstellt oder zerstört. Wenn wir nicht lernen, wie wir uns darauf vorbereiten und potenzielle Risiken vermeiden, könnte künstliche Intelligenz auch das schlimmste Ereignis in der Geschichte unserer Zivilisation sein. Sie bringt Gefahren mit sich wie autonome Waffen, neue Wege für die wenigen, die vielen zu unterdrücken. Und sie könnte unser Wirtschaftssystem nachhaltig zerstören. Ich bin aber ein Optimist und glaube, dass wir künstliche Intelligenz zum Wohle der Menschheit erschaffen können.«

Genau so ist das immer noch. Niemand weiß, ob künstliche Intelligenz der Menschheit Schaden zufügen wird oder ob sie einen Fortschritt möglich macht, der die großen Probleme der Menschheit wie die Klimakatastrophe, Krankheit und Seuchen oder den Raubbau der Ressourcen löst. Weil sich aber vieles nicht nur in der Geschichte der digitalen Gesellschaft, sondern auch in ihren Erfahrungen mit neuen Technologien ähnelt oder sogar wiederholt, findet sich in den letzten dreieinhalb Jahrzehnten genug, was einem die Angst nehmen und die Vorsicht schärfen kann. Denn eins ist sicher: Die Zukunft wird digital.

1. Kapitel
Jäger und Sammler

Wie der Mauerfall den Aufstieg der digitalen Gesellschaft auslöste und sie in einem Forschungslabor am Massachusetts Institute of Technology die Menschheit neu sortierten.

Die Zukunft erkennt man am besten, wenn sie Vergangenheit ist. In jenen Frühlingstagen des Jahres 1989 konnte ich noch nicht ahnen, dass all das, was mir die Wissenschaftlerinnen und Forscher im Media Lab des Massachusetts Institute of Technology erzählten und zeigten, der Beginn der Geschichte der digitalen Gesellschaft war. Vieles ist inzwischen schon Wirklichkeit, manches schon Alltag, einiges immer noch in der Entwicklung. Damals verstand ich nichts.

Das Media Lab ist ein futuristisches Gebäude auf dem Campus in Cambridge, nicht weit vom Charles River, auf dem an so einem sonnigen Morgen die Rudermannschaften mit ihren Choreografien der Kraft und am Ufer die Jogger ihre Runden drehten. Der Architekt I. M. Pei hatte die Außenhaut des Zukunftslabors mit weißen Kacheln verkleidet, als habe er ein Blatt Funktionspapier für Mathematiker um das Gebäude gespannt. Innen trat ich in eine Halle, über der sich die gläsernen Großraum-Laboratorien sechs Stockwerke hoch um ein Atrium herum anordneten, in dem kaum ein Mensch zu sehen war. Ein Glasdach flutete Licht in die Halle. Am Empfang wartete ein Doktorand, der mit Geduld erst einmal übers Wetter redete, weil er wusste, dass die Ideen, die sie hier wälzten, eigentlich viel zu groß waren für einen Besuch von ein paar Tagen.

Der Informatiker Nicholas Negroponte hatte das Institut 1985 gegründet. Er war 45 Jahre alt und trug auch an diesem Vormittag Maßanzug über messerscharfem Hemdkragen und formulierte seine Erkenntnisse mit der Selbstsicherheit eines Hollywoodstars. Er beherrschte den Politikerhändedruck und das Filmstarlächeln, den Verständnisblick und das Crescendo vom Smalltalk zur Vision, mit dem er damals Industriekapitäne, Wissenschaftsstars und Reporter rumkriegte. Sein Büro war gleichzeitig Besuchszentrum und Kommandozentrale. Eine Raumflucht voller Sonnenlicht, in der es keinen Schreib-, sondern nur einen Konferenztisch gab. Aus einer Ecke glomm rund um die Uhr das elektrische Schimmern von ein paar Rechnern. An einer Wand standen zwei Pachinko-Maschinen, jene bunten Spielautomaten aus Japan, in denen Kugeln an Stahlstäben entlang herunterkullern und dabei viel Lärm machen. Man hätte sie als Memento des Zeitalters der Mechanik deuten können, sie waren aber vor allem hübsch und bunt inmitten der Zweckfarben im Institut, die sonst nur die Farbstreifen der Außen- und Innenfassaden durchbrachen. »Sie sind also aus Deutschland?« Negroponte verstand es, die Leute erst einmal auf seine Seite zu ziehen. »Aus welcher Stadt? München? Ach, da ist es doch sehr schön. Gleich bei den Alpen.« Schlichter Politikertrick, funktioniert aber. Wenn man aber nicht einfach nur ein Wahlkampfprogramm, sondern gleich eine ganze Vision für einen historischen Wandel im Sinn hat, sind solche Freundlichkeiten mentale Lockerungsübungen. Es gab bei ihm dann auch Wandel mit voller Wucht.

Nicholas Negroponte war der Überzeugung, dass sämtliche Medien vom Telefon über Bücher, Zeitungen, Zeitschriften, Tonaufnahmen, Film bis hin zum Fernsehen in nicht allzu ferner Zukunft zu einer neuen Kommunikationsform verschmelzen würden, in deren Zentrum der Computer stünde. Was heute Alltag ist, klang damals noch wie Spinnerei. Er sah das aber nicht nur als technischen Fortschritt, sondern als gesellschaftlichen Wandel. Das aber könne nur gelingen, wenn die Forscherinnen und Forscher nicht mehr jede für sich an ihren Projekten arbeiteten. Informatiker und Mathematiker taten sich im Media Lab nach seiner Vision mit Medienwissenschaftlern, Designern, Soziologen und Künstlern zusammen, um gemeinsam an dieser Zukunft der vereinten Medien zu arbeiten. Das war etwas Großes, von dem damals noch niemand ahnen konnte, dass es nicht nur Wissenschaft und Technik, sondern, genau so, wie es Negroponte voraussah, auch den Alltag der Menschen, ja die Menschheit an sich von Grund auf verändern würde.

Bis heute gibt es keinen schlüssigen Begriff für diesen Wandel. Das Internet ist nur die Infrastruktur. Die Digitalisierung ist der Wandlungsprozess. Der Cyberspace ist die Ordnung der Rechenräume. Das Metaverse ist seine Visualisierung. Künstliche Intelligenz ist die Methode für ein System, das unserem Denken eine neue Struktur gibt. Zum ersten Mal in ihrer Geschichte können Menschen ihre geistigen Fähigkeiten auslagern und durch Maschinen verstärken lassen, so wie sie einst die Muskelarbeit erst auf Hebel und dann an immer komplexere Maschinen übertrugen und so weit verstärkten, bis sie buchstäblich zu den Sternen im Himmel aufbrechen konnten.

Wenn man davon ausgeht, dass der Instinkt der Menschheit von Anfang an war, nicht einfach nur zu überleben, sondern ihre Hirnleistung zu vergrößern und damit zur dominierenden Spezies auf diesem Planeten aufzusteigen, wenn man den Anfang dieser Entwicklung mit der Entdeckung des Feuers datiert, dann schlugen sie hier im Media Lab den Funken, der den Aufstieg der digitalen Menschheit in Gang brachte. Wenn man das Massachusetts Institute of Technology als so etwas wie das Rift Valley der digitalen Menschheit betrachtet, und das Media Lab als ihr

Jericho, dann begann dort vor rund vierzig Jahren eine Entwicklung, mit der die Menschheit schon jetzt weit über sich hinausgewachsen ist und die noch lange nicht zu Ende ist. Diese neue Lebensform in den gläsernen Siliziumherzen der Maschinen ist den Menschen aber immer noch so fremd, auch wenn sie sich längst darauf eingelassen haben. Das ist die vieltausendfache Beschleunigung einer Entwicklung, mit der wir in der wirklichen Welt als Homo sapiens innerhalb von 40 000 Jahren von Jägern und Sammlern zu einer Kultur- und Techno-Zivilisation wurden. Nicht schlecht für eine Spezies, die dazu neigt, sich mit Raubbau, Krieg und Völlerei immer wieder in kollektive Lebensgefahr zu bringen. Das vollzog sich nicht immer zum Gemeinwohl aller, doch was die digitale Welt freisetzte, war nach der Beherrschung des Feuers, nach der Erfindung des Buchdrucks und der Elektrizität der vierte Urknall des menschlichen Geistes.

Die ersten zwei Schübe fanden noch physisch in unseren Köpfen statt. Mit der Beherrschung des Feuers erweiterte sich unser Speiseplan. Fisch und Fleisch pumpten so viele Vitamin B-12 und Proteine in unsere Körper, dass unsere Hirne ins vergleichsweise Unermessliche wuchsen. Mit dem Buchdruck explodierten die Gedanken, Ideen und das Wissen der Menschen über den gesamten Planeten. Die Elektrizität befreite uns schließlich von den Grenzen von Raum und vor allem Zeit. Was viele nutzten, um fortan mit ihrem Hirn, anstatt mit ihren Muskeln zu arbeiten. Es war der logische nächste Schritt, nun auch das Gehirn und den Geist von den niederen Arbeiten zu erlösen. Viel mehr noch, ähnlich wie die Menschheit in ihren Frühzeiten in Jagdgemeinschaften, Dörfern und Städten zusammenfand, um sich die Arbeit und dann den Überschuss zu teilen, sollte sich auch die digitale Menschheit schon bald zusammenfinden, um gemeinsam einen Weltgeist zu schaffen, der all die Gedanken, Ideen und das Wissen vereinen und für alle begreifbar machen sollte.

Das war zumindest der Plan, den sie im Media Lab des Massachusetts Institute of Technology in Cambridge geschmiedet hatten.

Ich hatte in diesem Frühjahr 1989 erst einmal gar keine Lust, diese Computermenschen zu besuchen. Ich lebte seit einem Jahr in New York, war Korrespondent eines Monatsmagazins namens *Tempo*, das sich zum Ziel gesetzt hatte eine »Zeitschrift für Zeitgeist« zu sein. Das war Mitte der Achtzigerjahre vor allem eine Abkehr von den Ideologien, Dogmen und Verkrustungen, die aus dem Generationenkonflikt der 68er übrig geblieben waren. Pop, Politik und Gesellschaft hatten als Berichtsgebiete gleichen Wert, genauso wie Mode, Musik und Film mit der gleichen Ernsthaftigkeit behandelt wurden wie Gerechtigkeit, Wissenschaft und der immer allgegenwärtige Umsturz der alten Gewissheiten.

Die Stadt New York war damals ein Mahlstrom mit seinen Clubs in ehemaligen Ballsälen, Banken und Fabrikhallen, in denen sich die Vergnügungssüchtigen mit Künstlern, Musikern und Intellektuellen mischten, in denen Mikrosoziotope die letzten Fronten der Bürgerrechtsbewegung bildeten und sich die Subkulturen vom Mehltau der Hippie- und Punk-Jahre befreiten. Ich trieb mich mit den Pionieren des Hip-Hops und Veteranen des Modern Jazz herum, begegnete Film-, Pop- und Kunststars. Ich hatte gerade meine ersten Krisenreportagen veröffentlicht, über Streetgangs in Los Angeles und über den Drogenkrieg in Kolumbien. Die Gegenwart war so viel spannender als die Vergangenheit und Zukunft.

Die Vergangenheit hatte daheim in Deutschland hinter jeder Ecke gelauert. Was für eine Befreiung es gewesen war, nach Amerika zu übersiedeln, wo die Gegenwart nicht mehr der Endpunkt der Geschichte war, sondern der Beginn der Zukunft. Für mich hatte da ganz persönlich eine neue Zeitrechnung begonnen.

Für die Redaktionen daheim in Deutschland waren Geschichten aus Amerika vor allem ein Gegengewicht zur Strenge des zentralen Themas dieser Zeit. Was sich da im Osten der Republik und des Kontinents anbahnte, schien zwar wie der Sieg des kapitalistischen Utopias über die Diktaturen des Sozialismus. Der Kampfgeist und die Aufbruchsstimmung hatten einerseits etwas Elektrisierendes. Auf der anderen Seite war die Wirklichkeit, die den Reporterinnen und Reportern da im Osten begegnete. Eine Welt mit tristen Stadtlandschaften und mürrischen Menschen, ein riesiger Teil des Planeten, in dem die Mehrheit der Menschen den fehlgeleiteten Plänen und Ideen einiger weniger folgen musste. In Amerika herrschte noch die Frische des Wilden Westens. Es war ein Kosmos von popkulturellen Supernovas und ikonischen Verrückten. Was immer an Härte vorhanden war, wurde in Filmen und Fernsehserien romantisiert. Selbst ein Ausflug in die brutalen Ghettos von Los Angeles schien glamourös, mit seinen Sonnenbrillen tragenden Schlägern, die Arme voller Tattoos. Amerika war aber auch das Mutterland des Zukunftsglaubens. Und um die Zukunft ging es in diesen Wendezeiten.

Für einen 26-jährigen Reporter in New York reichte die Zukunft allerdings selten weiter als der nächste Redaktionsschluss, die nächste Party, die nächste Reise. Und Computer waren Büromaschinen, für die sich Leute interessierten, die sich darüber unterhielten, wie viele Daten ein Gerät speichern und wie schnell es sie verarbeiten kann. Das erinnerte an die Sonderlinge, die sich Stereoanlagen mit vielen Knöpfen kauften und sich sehr viel mehr für Wattzahlen als für Musik interessierten, oder die in ihren Garagen an Motorrädern herumschraubten, um den Motoren noch ein paar PS mehr zu entlocken. Die Redaktion hatte mir zwar einen dieser neuen tragbaren Rechner gekauft, einen Mitsubishi MP 286L, faustdick, fast sechs Kilo schwer und nur mit Netzteil zu betreiben. »Luggable« nannte man die damals, oder auf

Deutsch auch kalauerig »Schlepptop«. Beim Start machte die Festplatte laute Kratz- und Surrgeräusche. Das Internet gab es ja schon. Was 1969 mit Geldern aus dem Verteidigungsministerium unter dem Namen Arpanet als Zusammenschluss der Rechner in vier Universitäten des amerikanischen Westens begonnen hatte, war in zwanzig Jahren zu einem Netzwerk angewachsen, das nur noch schwer zu überblicken war. Erste Anbieter wie Compuserve und America Online versuchten, mit kruden Benutzeroberflächen den Massenmarkt zu erobern. Aber um das Gerät zu bedienen, musste man die Codes der Nutzersprache MS-Dos lernen, lange Reihen von Befehlsformeln, Buchstaben und Satzzeichen, die man in blau schimmernden Lichtreihen auf den schwarzen Bildschirm schrieb. Und weil wir in Deutschland mit dem Internet noch nicht so weit waren, musste ich die Texte ausdrucken und mit einer Faxmaschine nach Deutschland übertragen, die die Textseiten mit Stottergeräuschen auf ihre Walze zog. Die Anleitung, wie man das Modem anschloss, lag irgendwo im Küchenschrank. Da blieb sie auch.

In den Laborräumen des Media Labs herrschte dagegen Maschinenruhe. Die Rechnerstationen gaben höchstens ein Summen von sich. Sie waren Ausläufer eines Netzwerkes. In den Tiefen des Gebäudes verrichtete der Zentralcomputer in der Kühle eines eigenen Raumes die eigentliche Arbeit. Hin und wieder hörte man aus irgendeiner Ecke das Schnarren eines Nadeldruckers. Labor schien der falsche Begriff. Die meisten Forschungsbereiche sahen aus wie Großraumbüros. Ein wenig unaufgeräumt vielleicht mit Krimskrams, Ausdrucken und Büchern, die sich auf den Tischen stapelten. Die Wissenschaftlerinnen und Wissenschaftler sprachen im Ton der Gewissheit mit Besuch, aber auch miteinander. Da schwang eine Aufbruchsstimmung in ihren Stimmen, die ansteckend wirkte, auch wenn man ihnen nicht immer folgen konnte. Ihre eigentliche

Arbeit aber war es, voller Konzentration auf ihre Bildschirme zu blicken. Ich konnte nicht wissen, dass in den Rechenmaschinen gerade eine eigene Welt heranwuchs, die große Teile der Realität, wie wir sie bis dahin kannten, verschlingen würde.

Die Laboratorien hatten nicht nur Nummern und Fachbereiche, manche trugen Namen wie aus einem Science-Fiction-Roman. Da gab es den »Terminal Garden« und das »Vivarium«, als werde hier neues Leben geschaffen. Auch das hatte einen wahren Kern, denn mit der künstlichen Intelligenz entwickelten die Maschinen Fähigkeiten, die ihre Schöpfer bald schon nur noch im Prinzip und nicht mehr in ihrer Funktion verstehen würden. Die Maschinen machten dabei einen historischen Sprung. Sie wurden unabhängig. Seit die Urmenschen einen Holzknüppel benutzt hatten, um einen Stein den Hügel hinunterzurollen, hatte sich das Prinzip Maschine nicht mehr verändert. Der Mensch bedient einen Hebel, die Maschine führt seinen Willen aus und bringt etwas in Bewegung. Die Automatisierung verschaffte den Maschinen erste Selbstständigkeit. Doch dass Maschinen selbst Entscheidungen treffen, war neu.

Die Selbstsicherheit, mit der die jungen Wissenschaftlerinnen und Wissenschaftler bei den Rundgängen durch diese Brutstätten der neuen Maschinenwelten über ihre Arbeit sprachen, entwickelte sofort einen ganz eigenen Sog. Das waren keine Zweifler, die in der Abgeschiedenheit ihrer Laborräume an Erfindungen arbeiteten. Diese Zeiten der Jäger-und-Sammler-Mentalität in den digitalen Wissenschaften fanden im Media Lab ihr Ende. Die Gemeinsamkeit, mit der sie forschten, gab ihnen das Gefühl, zu einer Bewegung zu gehören.

Die Projekte, an denen sie arbeiteten, wirkten wie aus einem Science-Fiction-Comic. Die »Jetsons« liefen damals noch im Fernsehen mit einer Familie aus knubbel- und stupsnasigen Zukunftsmenschen, die in einer Welt lebten, die genau solche Dinge benutzten, wie sie im Media Lab entwickelt wurden. Die »persönliche Zeitung« sollte Nachrichten nach den Interessen und Bedürfnissen ihrer Leserinnen und Leser sortieren. Das »Paperback Movie« sollte ganze Kinofilme auf eine einzige CD pressen. Das intelligente Fernsehen sollte aus der Einbahnstraße zwischen Sendern und Empfängern eine mehrspurige Autobahn der Signale machen. Finger sollten die Eingabegeräte ersetzen, die Fingerkuppen wie Steuergeräte auf Bildschirmen arbeiten, die auf Berührung reagierten. Nicht nur das, im »Media Room« stand nur noch ein schlicht eleganter Eames Chair in einem leeren Raum, der statt Wände Projektionsflächen hatte, die auf Gesten und Sprachen reagierten. Dort konnte man im Sesselleder lümmeln und dem Computer die Befehle einfach zuwinken und -rufen. Da wurde aus dem Rechner eine Präsenz. Der sogenannte Back Seat Driver war ähnlich, er sollte Autos ganz ohne menschliche Hilfe steuern. Andere Gruppen arbeiteten daran, dass Computer irgendwann einmal nicht mehr nur in Rechnerräumen und auf Schreibtischen stehen, sondern am Körper getragen werden könnten. Filme und Musik sollten nicht mehr auf Zelluloidrollen und Vinylplatten erschienen, sondern zerlegt als Daten in Rechnern gespeichert werden. Vor allem dieser Versuch war die perfekte Inkarnation eines neuen Leitsatzes, den Nicholas Negroponte geprägt hatte: »Atoms to bits«. Atome zu Daten. Was so abstrakt wie beiläufig klang, sollte in den kommenden Jahrzehnten ganze Industrien aushebeln. Mit diesen drei Worten hatte die Entmaterialisierung der Welt ihren Anfang genommen.

Rund vierzig Jahre später wirken die Standards der Alltagskommunikation der späten Achtzigerjahre, die Telefonzellen und Fernschreiber, die Musikspieler, die man mit Kassetten, und die Kameras, die man mit Filmkanistern befüllte, so altertümlich wie damals Dampfmaschinen, Telegrafen und kurbelbetriebene Wäscheschleudern. Jahre später sollten in den sozialen Medien diese

Vorher-nachher-Witzfotos die Runde machen, die einen Schreibtisch aus dem Jahr 1984 mit einem Schreibtisch aus dem Jahr 2014 verglichen. Der erste ist noch zugestellt mit Fax, Radio, Macintosh-Rechner, Kamera, Zeitung, Zeitschrift, Telefon, Taschenrechner, Globus, Rolodex, Lexika, Tesa, Klebstoff, Schere, Stifte, Kalender, Notizblock, also allem, was man halt so brauchte für einen Tag im Büro. Auf dem zweiten Bild steht nur noch ein Laptop auf dem Schreibtisch. Alle Gegenstände haben sich in Icons auf der Benutzeroberfläche aufgelöst. Das nächste Bild wäre dann ein leerer Schreibtisch und ein Smartphone, das nicht einmal mehr eine Tastatur hat. Geht es nach den Entwicklern der künstlichen Intelligenz, verschwindet auch das.

Noch etwas hatte Nicholas Negroponte formuliert, was die Wissenschaftlerinnen und Wissenschaftler im Terminal Garden, im Vivarium und all den Laboratorien und Werkstätten wie ein Mantra wiederholten. Nicht unbedingt wörtlich, aber der Satz wirkte wie ein Dogma: »Computing is not about computers anymore, it's about living.« Beim Computing geht es nicht mehr um Computer, sondern um das Leben. Bald schon sollte sich die digitale Elite nicht mehr darum scheren, Rechner, Chips und Geräte zu entwickeln. Es gab ja immer jemanden, der die baute, in der Regel irgendwo in Asien. Die Produkte der Gegenwart und Zukunft hatten keine Gestalt mehr. Das waren Rechenvorgänge, Prozesse und Konzepte, die Milliarden erwirtschafteten, ohne dass nur ein Atom verändert wurde. Das war Licht in den Herzen aus Glas. Die Produkte waren schon bald keine Gegenstände mehr, die die Firmen verkauften, sondern Gewohnheiten.

Ein Schritt war noch zu tun, um die Computerwissenschaften in eine digitale Industrie zu verwandeln. Ein neuer Raum musste geschaffen werden, in dem all die Bits wirken konnten, in dem es keine Atome, aber eine neue Welt geben sollte, in der sie Eigenleben entwickeln würden.

In der einen Ecke des Terminal Garden lag damals ein Büro, dem sich die anderen Wissenschaftlerinnen und Wissenschaftler nur mit Ehrfurcht näherten. Ein Herr mit Habichtgesicht, Stirnglatze und Hornbrille residierte dort. Marvin Minsky. Der Name sagte mir nichts. Erst später wurde mir klar, dass dieser Mann zu jenen Pionieren gehörte, die unsere Welt für immer verändern sollten. Marvin Minsky war zusammen mit John McCarthy einer der beiden Paten der künstlichen Intelligenz, ein Forschungsbereich »der sich damit beschäftigt, Maschinen Dinge tun zu lassen, die nach Ansicht der Menschen Intelligenz erfordern«, wie er das ausdrückte.

Marvin Minsky hatte keine Geduld für die Freundlichkeiten, die Negroponte so beherrschte. Das Sendungsbewusstsein, das später in der Digitalindustrie zur allgemeinen Umgangsform werden sollte, fehlte ihm. Ich sollte ihm über die Jahre immer wieder begegnen, und immer hatte man das Gefühl, dass es ihn viel Kraft kostete, wenn ihn die Situation wie ein Abendessen oder ein Empfang zu wenigstens einem Minimum an Floskelaustausch zwingen sollte. Erst wenn man mit ihm über seine Arbeit ins Gespräch kam und vielleicht aus der eigenen Welt eine interessante Frage mitbrachte, taute er regelmäßig auf. Er hatte es über die Jahrzehnte aber auch nicht leicht. Als der KI-Boom und seine Debatten im Herbst 2022 losbrachen, war er schon seit fast sieben Jahren nicht mehr am Leben. Während seiner Zeit war künstliche Intelligenz meist ein Forschungsfeld, das viel zu viel versprach und nichts halten konnte. Er war da nicht ganz unschuldig. Immer dachte er die philosophischen und gesellschaftlichen Dimensionen seiner Erfindungen mit. Er träumte von einer »Gesellschaft der Geister«, in dem die künstliche Intelligenz nicht nur die Rolle einer Maschine spielen sollte.

In dem Begriff steckte die erste Wolke Feenstaub, mit der die digitale Welt von Beginn an davon ablenkte, dass sich die Menschen den rigiden Sortier- und Rechenvorgängen der Mathematik und der Stochastik unterordneten. Künstliche Intelligenz, kurz KI, war ein Kunstbegriff, den sich Minskys Wegbegleiter John McCarthy ausgedacht hatte. Der schrieb 1955 einen Förderantrag für die Rockefeller-Stiftung. Er wollte eine Fachtagung an der Dartmouth University veranstalten, an der er forschte. Es sollte um die »stochastische neuronale analoge Verstärkungsberechnung« gehen, die Minsky entwickelt hatte. Das war ein Begriff, den keine Prüfungskommission geschweige denn irgendjemand in der Öffentlichkeit verstanden hätte. McCarthy fand eine viel bessere Formulierung. Künstliche Intelligenz sollte das Verfahren heißen. Das klang nach Science-Fiction, nach der Machbarkeit des Unmöglichen, nach Schöpfung.

Vier Jahre zuvor, 1951, hatte Marvin Minsky sein Konzept an der Princeton University zum ersten Mal in die Praxis umgesetzt. Sein »Labyrinthlöser« SNARC war eine rund 35 Zentimeter lange krude Maschine aus den Komponenten eines Autopiloten, wie ihn die B-24-Bomber im Zweiten Weltkrieg verwendet hatten, aus Vakuumröhren, Maschinenteilen und Elektromotoren, die auf eine Holzplatte montiert waren. Die Grundprinzipien der künstlichen Intelligenz waren schon angelegt. Mit den Röhren konstruierte Minsky vierzig künstliche neuronale Zellen, mit denen diese Maschine lernen konnte, sich in einem virtuellen Labyrinth wie eine Ratte auf Futtersuche zu bewegen. Man gab Signale ein. Jede richtige Umsetzung wurde belohnt und von den Neuronen abgespeichert. Das war der Beginn des Maschinenlernens, das siebzig Jahre später in neuronalen Netzen stattfinden würde, die aus 100 Milliarden solcher künstlicher Neuronen bestehen sollten.

Minsky hatte aber noch etwas anderes erreicht. SNARC war die erste Maschine, die nicht nur funktionierte, sondern so etwas wie Benehmen entwickelte. Das ist zumindest der Eindruck, den

KI bis heute auf die Menschen macht. Der eigentliche Unterschied ist, dass dies die ersten Maschinen sind, die nicht mehr den Naturgesetzen der Physik, sondern den Regeln der Informatik folgen. Die aber erfordert ein Maß an Abstraktion und Systematik im Denken, das die meisten Menschen überfordert. So war die Erfindung des Begriffs von der künstlichen Intelligenz sehr viel mehr als nur ein Verkaufsargument für einen Drittmittelantrag. Es war der Beginn der Mystifizierung einer Technologie.

Noch war es ein weiter Weg, bis KI zu einer Alltagstechnologie werden sollte. Als ich sein Büro mit den Regalmetern doppelt gestapelter Bücher, den Memorabilia und Bildschirmen betrat, war sein Forschungsfeld mal wieder eine Nische. Es herrschte gerade einer der sogenannten KI-Winter, jenen Phasen, in denen sich Forschung und Kapital von den vermeintlichen Denkmaschinen abwendeten. Viel zu groß waren die Erwartungen an eine Technologie gewesen, die zunächst nur schlichte Vorgänge automatisieren konnte. Dabei war KI nicht nur eine Maschine. Minsky hatte kurz zuvor sein Buch mit dem Titel »The Society of Mind« veröffentlicht. Da beschrieb er das Konzept, das er mit künstlicher Intelligenz entdeckt hatte. Es war ein Entwicklungsschritt, der weit über Technologie hinausgehen sollte. »Dieses Buch versucht zu erklären, wie der Verstand funktioniert«, schrieb er zu Beginn. »Wie kann Intelligenz mit Nicht-Intelligenz verschmelzen? Um diese Frage zu beantworten, zeigen wir, dass man einen Geist aus vielen kleinen Teilen zusammensetzen kann, die jeder für sich geistlos sind. Ich nenne dieses Schema, in dem jedes Teil aus vielen kleinen Prozessen besteht, ›Society of Mind‹. Diese werden wir Agenten nennen. Jeder mentale Agent kann für sich genommen nur eine einfache Sache tun, die überhaupt keinen Verstand oder Gedanken erfordert. Doch wenn wir diese Agenten in Gesellschaften zusammenführen – auf ganz bestimmte Art und Weise –, führt dies zu wahrer Intelligenz.«

Minskys Buch folgte keiner traditionellen Form der Argumentation. Er warnte seine Leserschaft gleich zu Beginn: »In diesem Buch gibt es kaum Technisches. Es ist eine Sammlung aus vielen kleinen Ideen. Jede ist an sich vernünftig, doch wenn wir sie alle zusammen verstehen, können wir die geheimsten Geheimnisse des Geistes erklären. Ein Problem besteht darin, dass diese Querverbindungen, auf die sich ihre Erklärungen verlassen, nicht in sauberen, geraden Linien von Anfang bis Ende verlaufen. Ich wünschte, ich hätte sie so angeordnet, dass man sie geradewegs von unten nach oben nachvollziehen könnte, indem man Schritt für Schritt vorankommt.« So war jedes Kapitel eine eigenständige Gedankenwelt, die mit den anderen Kapiteln in einem Kontext, aber nicht in Zusammenhang stand.

Was er da vorwegnahm, war eine neue Form des Denkens, die sich schon bald mit dem Internet verbreiten und etablieren sollte. Die Vernetzung der Ideen, der Menschen, Prozesse, des Wissens und der Information war die Grundlage der digitalen Gesellschaft. Hypertext machte das möglich, Textbausteine, die wie Türen zu neuen Texten funktionierten. Das Anklicken eines Links ist heute längst eine Alltagsgeste. Damals stellten solche Knoten und Verbindungen die Frühform jener Netze dar, die bald schon Vorgänge erlaubten, die keinen der bisherigen Erklärungsmodellen folgten. Das waren Prozesse, durch die die Digitalisierung den Aufbruch in eine Maschinenwelt möglich machte, in der die Menschen zwar alles nutzen und bedienen, aber kaum noch verstehen konnten. Und weil sich die Menschen immer schon schwertaten mit dem Umdenken und dem Wandel, war jeder neue Entwicklungsschritt der Digitalisierung immer wieder eine Herausforderung.

Marvin Minskys »Society of Mind« war aber weniger das Ende des linearen Denkens als seine Erweiterung durch das Paralleldenken. Das sollte die digitale Welt für immer verändern. Und auch die Gesellschaft. Einer seiner Schüler hatte gerade einen

Superrechner gebaut, der zumindest technisch zeigte, wie das funktionieren könnte. Danny Hillis hieß er, ein bulliger Wissenschaftler, der sein Haar in einem kleinen Pferdeschwanz trug und mit seinem schelmischen Lächeln jedes Debattenpodium auf seine Seite bringen konnte. Der Firmenname war Programm: »Thinking Machines Corporation«. Am Artificial Intelligence Laboratory des MIT hatte Hillis eine neue Rechnerarchitektur entwickelt, die auf dem Prinzip miteinander vernetzter Prozessoren beruhte. Bis dahin hatten Computer noch so funktioniert, dass ein Rechnerherz einen Vorgang nach dem anderen abwickelte. Schloss man aber mehrere solcher Herzen zusammen, konnten sie solche Vorgänge verteilen. 64 000 Prozessoren hatte er zusammengeschlossen. Die Gemeinsamkeit und Gleichzeitigkeit beschleunigte die Rechenvorgänge so weit, dass zunächst gar keine Software existierte, die diese Leistung ausreizen konnte.

Geld gab es damals noch keines in den rauen Mengen, in denen die Investoren ihr Risikokapital schon bald über die digitalen Technologien verteilten sollten wie Dünger. Die Einzigen, die sich bei Hillis meldeten, waren von der Defense Advanced Research Projects Agency (DARPA), dem Forschungsinstitut des Verteidigungsministeriums. Präsident Dwight Eisenhower hatte das Institut 1958 gegründet, weil die Sowjetunion im Jahr zuvor mit Sputnik 1 den ersten Satelliten im All installiert und somit symbolisch eine Flagge im Neuland gehisst hatte.

Die Gesandten von DARPA waren keine Unbekannten in Cambridge. Das amerikanische Militär war im 20. Jahrhundert der weltgrößte Nutzer von Computern und hatte schon lange die Projekte des MIT finanziert. In Washington sahen sie in den Thinking Machines die nächste Generation der Leitsysteme für Panzer, Flugzeuge und Raketen. Der Auftrag war es, KIs zu entwickeln, die Ziele erkennen und Sprachbefehle umsetzen könnten. Was heute jedes Smartphone kann, wäre damals ein Vorsprung auf dem kalten Schlachtfeld des Wettrüstens gewesen. Doch es kam bald anders.

Mit dem Ende des Kalten Krieges ermattete das Interesse der Kalten Krieger an Forschungsprojekten und Technologien, die erst einmal keinen Nutzwert hatten, außer der Welt zuzurufen, hey, jetzt haben wir es den Sowjets aber gezeigt. Die wiederum alles daransetzten zu beweisen, dass der Sozialismus sehr viel besseree Wissenschaft betreiben kann als der Kapitalismus. Egal ob Raumfahrt, Supercomputer oder KI, all die Milliarden, die während des Wettstreits mit der Sowjetunion in Wissenschaft und Technik gepumpt wurden, fanden bald neue Bestimmungen. Ein Epochenwechsel bahnte sich an. Das war nicht nur Haushaltspolitik. Die Gelder des Kalten Krieges hatten viel Grundlagenforschung finanziert. Da gab es einen langen Atem. Das neue Geld der Wissenschaft aber kam aus den Konzernen oder aus den Start-ups, die Wissenschaftlerinnen und Wissenschaftler selbst ausgründeten. Da wurden Ergebnisse fällig, denn Aktionäre, Investoren und Kreditgeber hatten weder die Geduld noch die Ausdauer, auf eine Zukunft zu warten, von der man oft nicht wusste, ob sie denn überhaupt anfangen würde. Danny Hillis wurde so zum Vorbild für eine neue Generation Wissenschaftler. Das Ziel vieler Wissenschaftler war nun nicht mehr der Heureka-Moment, sondern die Idee, die einen an die Börse brachte.

Es gab Ausnahmen. Marvin Minsky wollte kein Unternehmen gründen. Er wollte seine Gesellschaft des Geistes verwirklichen. Das Media Lab war der perfekte Ort dafür. Die Investoren aus der Privatwirtschaft interessierten sich allerdings für ein so abstraktes Prinzip wie die künstliche Intelligenz genauso wenig wie für Waffensysteme. Nicholas Negroponte wollte dagegen die Medienwelt revolutionieren. Das verstanden sie. Fernsehsender, Verlage und Hersteller von Elektrogeräten waren Durchlauferhitzer für Milliardensummen. Computer hatten zwar schon ihren

Einzug in den Alltag begonnen, aber letztlich waren es immer noch Büromaschinen. Negropontes Vision von einem vereinigten Medienreich, in dem der Privatcomputer als Herzstück sämtliche Medienformen zusammenführt, schien wie ein Heilsversprechen. »Bei der Datenverarbeitung geht es nicht mehr um Computer«, sagte er. »Es geht um das Leben an sich.«

Was er der digitalen Welt voraussagte, klang oft größenwahnsinnig. Im Rückblick lag er verdammt richtig. »Jedes Haushaltsgerät wird mehr Rechenleistung haben als jeder PC derzeit«, sagte er. Oder: »Derzeit sind Multimedia noch ein stationäres Gerät, das meist auf einem Schreibtisch oder in einem Wohnzimmer steht, weil Monitore so schwer sind. Aber sobald es kleine, dünne, helle Bildschirme mit hoher Auflösung gibt, wird sich das ändern.« Seine Teams arbeiteten an jenen Bildschirmen, die Bücher ersetzen sollten, an den Oberflächen, auf denen Finger als Eingabemodule funktionierten, an der Digitalisierung von Musik und Film, an sogenannten Wearables, die Rechenleistung an den Körper brachten. Schon in den Siebzigerjahren hatte er einen Vorläufer von Google Maps entwickelt, und mit dem selbstfahrenden Auto hatte er ja auch schon begonnen. Negroponte fand immer wieder die Worte, um den Rest der Welt davon zu überzeugen, dass hier etwas Gewaltiges entstand, ein Umbruch der Welt, wie sie die Menschen bisher kannten.

Als Redewendung setzte sich »Atoms to bits« nie durch. Kaum einer erinnert sich heute noch daran. Als Prinzip aber veränderte dieser Slogan die Welt der Menschen wie zuletzt die Entdeckung der Elektrizität und der fossilen Energien. Das hatte nicht erst mit Negropontes Media Lab begonnen, aber hier in Cambridge, Massachusetts, lag so etwas wie die Wegscheide der Geschichte. Mit dem Ende des Zweiten Weltkrieges löste Information Energie als wichtigsten Rohstoff ab. Landwirtschaft und Industrie waren auf dem Rückzug und verlagerten sich in Schwellenländer. Informationsindustrien wie die Medien, die Finanz- und bald schon die Digitalwirtschaft bestimmten fortan die Geschichtsläufe.

Negroponte blieb eine Ausnahmeerscheinung. Wissenschaftler waren keine Popstars, keine Politiker. Marvin Minsky wirkte im Vergleich oft nicht nur arrogant, sondern geradezu abweisend. »Alles, was man über Computer oder künstliche Intelligenz hört, sollte man ignorieren«, sagte er mal. »Wir stecken in den tausend Jahren ohne so eine Technologie, die alles durchdringt. Sie können lesen, was Ihre Zeitgenossen denken, aber Sie sollten bedenken, dass sie ahnungslose Wilde sind.« Die Rockstars der digitalen Welt sollten erst viel später kommen, als Unternehmer, Zerstörer und Milliardäre. Doch als ich da in den Laborräumen des MIT eine neue Welt entdeckte, hatte diese neue Zivilisation gerade erst begonnen. 1989 war das Jahr, das den Beginn der digitalen Welt bedeutete. Was zuvor wie versprengte Fürstentümer rund um das Arpanet existierte, all jene Computerverbände mit längst vergessenen Namen wie Comsat, Clarknet oder Nullnet, schloss sich erst langsam zu jener Einheit, die schon bald als Internet gefeiert wurde. Und wenn die Enthusiasten diese Erfindung mit der Entdeckung des Feuers, der Erfindung des Buchdrucks und der Elektrifizierung der Welt verglichen, schüttelten die meisten noch ihre Köpfe. Noch 1995 schrieb der Astronom Clifford Stoll in einem Gastbeitrag für das Nachrichtenmagazin *Newsweek* schnippisch: »Nicholas Negroponte, Direktor des MIT Media Lab, sagt voraus, dass wir bald Bücher und Zeitungen direkt über das Internet kaufen werden. Ja klar, sicher.« Der Text hatte den Titel »The Internet? Bah!«. Da standen Sätze, die später immer wieder hämisch zitiert würden, wie: »Visionäre sehen eine Zukunft mit Telearbeitern, interaktiven Bibliotheken und multimedialen Klassenzimmern. Sie sprechen von elektronischen Stadtversammlungen und virtuellen Gemeinschaften.

Handel und Wirtschaft werden sich von Büros und Einkaufszentren auf Netzwerke und Modems verlagern. Und die Freiheit der digitalen Netze wird die Regierung demokratischer machen. Blödsinn.« Da hatte die digitale Revolution längst begonnen, die schon bald die Leben aller Menschen für immer verändern sollte. Und ein paar Hundert Meilen nördlich vom Silicon Valley hatte Jeff Bezos gerade Amazon gegründet.

Aber nicht nur der maulige Wissenschaftler aus San Francisco zweifelte an der digitalen Zukunft. Als Nicholas Negroponte 1995 in der Talkshow von Charlie Rose saß, klagte er: »Die Firmen scheren sich nicht um Konsumenten.« Viele Digitalkonzerne glaubten immer noch, dass die Zukunft ihrer Industrie in Büromaschinen und Großrechnern läge.

Erst einmal sollte Marvin Minsky recht behalten. Niemand konnte voraussehen, was das Internet bewirken würde, das World Wide Web, die sozialen Netzwerke, die Smartphones und dann, zu Beginn der 2020er-Jahre, die künstliche Intelligenz erst als Superkraft für die Erkennung jeglicher Muster und Raster und schließlich sogar als Schöpferin von Texten, Bildern und Codes. Zunächst aber musste er bei mir erst einmal mit der irrigen Annahme aufräumen, dass es bei Computern um Leistung und Geschwindigkeit gehe. Jaja, die Thinking Machines seien eine Sensation, sagte er. »Aber in Zukunft wird es nicht darum gehen, wie leistungsfähig ein Computer ist, sondern mit wie vielen anderen Computern er verbunden ist.« Ich verstand ihn nicht. Marvin Minsky hatte mir gerade den Siegeszug des Internets vorausgesagt. Er wusste, dass die digitale Kultur erst einmal einen Ort brauchte, an dem sich all die Jäger und Sammler finden konnten, die bis dahin in ihren Laboratorien und Instituten und Firmen und Arbeitszimmern den Aufbruch in diese neue Welt gewagt hatten. Und auch das war erst einmal schwierig zu verstehen. Der Cyberspace war ein ortloser Ort, ein zentraler Platz ohne Zentrum. Doch genau das war die Utopie eines Raumes, in dem alle gleich waren und sich ohne Grenzen zu einem Weltgeist zusammenschließen konnten, der vor allem eine Befreiung war.

2. Kapitel
Die digitale Antike

Als die Subkultur in der einstigen Hippiehochburg San Francisco ihre E-Gitarren gegen Mac-Rechner tauschte und eine Vision für das Internet entwarf, zu der auch das erste soziale Netzwerk im Netz gehörte.

Man brauchte im Sommer des Jahres 1991 nicht viel Zeit, um zu begreifen, warum San Francisco in der zweiten Hälfte des 20. Jahrhunderts immer wieder so etwas wie das Athen all der neuen Zeitalter war, die hier andauernd ausgerufen wurden. Man musste nur ein wenig Zeit verbringen zwischen den viktorianischen Reihenhäusern, den Stadtparks, den Hügeln mit Blick auf die Bucht und all den Chiffren der Subkulturen, die hier ihre Spuren hinterlassen hatten. Da war der City Lights Bookstore der Beatniks mit seinen Regalen voller Gedicht- und Essaybände aus Kleinstverlagen, das Haight-Ashbury-Viertel mit den Plattenläden und Vegetarierlokalen der Hippies. Auf der anderen Seite der Bucht hielt sich an der Berkeley University der progressive Geist der Gegenkulturen. Es gab die Clubschuppen und ehemaligen Ballsäle, in denen die Metal- und Punkbands spielten. Hier war die äußerste Grenze des Zugs nach Westen. Gleich hinter der Golden Gate Bridge begann der Pazifik. Von hier aus konnte es nur noch in all die Räume gehen, die sich auf keinem Atlas mehr fanden, ins Weltall, in die Mikrokosmen der Biologie oder in die Lichtwelten der Rechner. Der Eingangsmonolog der Fernsehserie »Star Trek« über die Erkundungsreisen des Raumkreuzers *U.S.S.*

Enterprise war wie die Präambel einer Doktrin, diese Räume zu erobern: »Der Weltraum: die letzte Grenze. Dies sind die Reisen des Raumschiffs *Enterprise*. Seine Mission: die Erforschung fremder neuer Welten, die Suche nach neuem Leben und neuen Zivilisationen, die kühne Reise dorthin, wo noch kein Mensch zuvor gewesen ist!«

Aus dieser Welt hatte sich in den Lagerhäusern und Manufakturgebäuden rund um die einstige Hafenstadt eine neue Subkultur formiert, die sich als Fortsetzung all der Visionen verstand, die an der San Francisco Bay ihren Anfang genommen hatten. »New Edge« nannten sie es, eine Mischung aus New Age und Edge. Das Label sollte schon bald vergessen sein. Der Geist blieb.

Unten im Silicon Valley, bei gutem Verkehr auf dem Highway 101 eine knappe Autostunde nach Süden, entwickelten sie nur die Technik. Da waren Firmen wie IBM, Hewlett Packard und Sony, die schon viele Jahrzehnte lang Rechner bauten und programmierten, ein paar Neulinge wie Apple, Intel und Silicon Graphics. Endlose Reihen von Bürokomplexen hinter Zierbüschen bestimmten die Ortsbilder. Nur die neoklassizistischen Gebäude der Stanford University, gleich einem Anker in diesen Wucherungen der Suburbia in der Mitte des Valleys, stachen heraus. Und überall roch es nach Gardenien und Wisterien. Nicht störte, nichts lärmte, nichts sonst fiel auf. Hinter dem Glas und Stahl und Beton erstreckten sich gleich nach den Pastellfarben der Empfangsbereiche Tischfluchten mit Monitorreihen. Es war eine Welt, in der Menschen und Maschinen von Kühlaggregaten in ewigen Frühlingstemperaturen gehalten wurden. Der Umgangston war von einer Freundlichkeit und einer Jovialität geprägt, die nichts preisgab und schon gar nichts vom Geist einer Revolution ahnen ließen.

San Francisco war anders. Um zwei Uhr morgens im Dezibelsturm des Toon Town Raves in einer Halle am Rande des Mission Districts von San Francisco zwischen den Abstellgleisen des

Hauptbahnhofes und einem Einkaufszentrum war die Revolution schon viel greifbarer. Vielleicht nicht in Worte zu fassen. Auf der Empore standen drei Jungs an Computern und Keyboards, die sich *Tasti Box* nannten und mehr Hackerkollektiv als Band waren. Whoooompwhoompwhoomp-fffffFFFFFT. Wie eine Flipperkugel hatte sich die Ravekultur mit ihren Elektrobeats von Detroit und Chicago nach London und wieder zurück nach San Francisco katapultiert. In England hatten sie die Welle »Second Summer of Love« genannt, als Wiedergänger des Hippiesommers von 1967, der in San Francisco die Utopien einer Generation in den Raum stellte, die sich nicht mehr mit den Konventionen und Konsumträumen ihrer Eltern abgeben wollte, sondern an das Gute in den Menschen glaubte. Auch wenn der Rausch schon bald wieder vorbei war. Dieser zweite Sommer der Liebe, der da Ende der Achtzigerjahre begann, sollte ein wenig länger halten.

Siebentausend Menschen passten laut Hinweisschild der Feuerpolizei in die Halle, wahrscheinlich waren es mehr. Sie trugen Neonfarben, alberne Hüte, bemalte Mützen, Leuchtgirlanden und Plastikbrillen. Das war alles sehr weit weg vom Cool der Clubs meiner damaligen Wahlheimat New York, von den Türstehern, Cocktails und der Farbe Schwarz, vom Leder und den Modelabels, den DJs, die mit Raffinesse Musikkulturen zusammenmischten, immer auf der Suche nach der nächsten Nische, die den endlosen Strom der Neuigkeiten mit neuer Energie aufladen könnte. Downtown war eine Geisteshaltung, die den Wissensvorsprung als Graben zwischen Hipster- und Popkultur verstand. Das war der Gipfel des 20. Jahrhunderts mit seinen Distinktionsmechanismen, die das Prinzip des Adels über den Umweg der schwer durchschaubaren Hipster-Codes in die Subkulturwelt gebracht hatte, und gleichzeitig die Rebellion gegen die Massenkulturen, die nichts anderes waren als die kapitalistische Form des Konformismus.

Das neue Zeitalter, das da in San Francisco ausgerufen wurde, war das glatte Gegenteil. Alle sollten mitmachen. Alle! Laserstrahlen schossen quer durch den Saal. Auf Leinwänden flackerten zu *Tasti Box*' Beatströmen Sequenzen aus einem Gerät namens Videotoaster, mit dem auch Laien Effekte produzieren konnten, die damals mit ihren synthetischen Formen, Farben und Bewegungen wie visuelles Brausepulver wirkten. In einem Nebenraum gab es Virtual-Reality-Helme, die man über den Kopf stülpte, um in eine jener Frühformen des Metaverse einzutauchen, die noch aus grünen Vektorlinien auf schwarzem Grund bestanden. In einem anderen konnte man sich »Synchro-Energizer«-Brillen mit Kopfhörern aufsetzen, hinter denen bunte Lichter pulsierten, die angeblich eine harmonisierende Wirkung auf die Hirnströme hatten. Kaum jemand trank Alkohol, dafür gab es eine Smart Bar mit Smart Drinks und Smart Drugs. Mit Rausch hatte das wenig zu tun. Die Smart Drinks waren Nahrungsergänzungsmittel, die einem beim Denken helfen sollten. Wach wollten sie hier sein. Die Smart Drugs funktionierten ähnlich, nur wirksamer, das waren mal Psychopharmaka, mal Medikamente für Demenzpatienten oder Konzentrationsgestörte, die Hirnleistung optimierten. Ich war neugierig genug, um das zu probieren, aber das Kribbeln im Kopf kam wahrscheinlich von der Lautstärke und die gut gelaunte Wachheit von der Begeisterung, eine neue Popkultur zu entdecken. Ein paar wollten diese Wachzustände dann doch im echten Rausch erleben und bis zum nächsten Vormittag durchhalten, die schluckten X oder E oder Adam oder Eve, oder wie auch immer sie den sehr viel wirksameren synthetischen Euphoriebooster hier nannten, der in Europa als Ecstasy die Raves beschleunigte.

Die Toon-Town-Jungs und -Mädchen erzählten mir als Außenseiter dazu alles, was ich wissen wollte, und noch mehr. Von Techno-Schamanen war die Rede, von der Psychedelik der Computer und von einer Weltgemeinschaft, die sich über das Internet zusammenschließen würde, um beflügelt vom Weltwissen, das nun allen offenstand, einen Weltgeist zu schaffen. Digitale Kultur, so viel stand auch hier fest, war keine technische, sondern eine gesellschaftliche Fortschrittsbewegung mit einem Befreiungsmoment. Das war kein Bruch mit der Hippiebewegung, wie all die Formen des Cool in Europa und New York, egal ob Punk, Wave oder Downtown, sondern ganz im Gegenteil ihre Fortsetzung. Mit dem Siegeszug der Computer und des Internets, da waren sie sich in San Francisco ganz sicher, würde endlich das Wassermannzeitalter anbrechen.

Einer der Toon-Town-Jungs zeigte mir am nächsten Tag eine der ersten Pforten zur neuen Wahrnehmung des Cyberspace. Man sah ihm an, dass er seine Schlafenszeiten nach den Gezeiten des Nachtlebens und des Cyberspace ausrichtete. Seine dünnen Arme schlenkerten aus einem T-Shirt mit dem ironischen Aufdruck einer Micky Maus, seine Gesichtsfarbe hätte ein wenig Durchblutung vertragen. Er lebte im Haight Ashbury, dem ehemaligen Epizentrum der Hippiebewegung, in einem dieser viktorianischen Reihenhäuser, in denen früher auch die Rockstars der Psychdelic-Bewegung gewohnt hatten, die *Grateful Dead*, *Jefferson Airplane*, *Big Brother and the Holding Company* mit ihrer Sängerin Janis Joplin, die Theatergruppe Diggers mit ihren anarchischen Aktionen. Hier zwischen Platten- und Papierstapeln, Bücherbergen und Schachteln voller Kabel und Elektrokram stand unter einer Schutzhülle ein Macintosh, einer jener eleganten Computer, die eher wie ein Fernseher als wie ein Rechner aussahen, mit einer Benutzeroberfläche aus Grafiksymbolen, auf die man mit einer Maus einen kleinen Pfeil lenken konnte, der per Tastendruck dann die Funktionen auslöste, die man auslösen wollte.

Mit ein paar Klicks klinkte sich der Toon-Towner in ein Netzwerk namens Whole Earth 'Lectronic Link ein, das als The Well bekannt war. Zwei Hippies hatten das Netzwerk gegründet. Stewart Brand und Larry Brilliant. Der studierte Mediziner Brilliant hatte sich lange in Indien herumgetrieben und dann als studierter Epidemiologe einem Programm der Vereinten Nationen angeschlossen, das in den Siebzigerjahren die Pockenseuche besiegte. Brand wiederum war schon früh mit dem Schriftsteller Ken Kesey und seinen Merry Pranksters in dem bunt bemalten Magic Bus durch Amerika gezogen, über die Tom Wolfe seine legendäre Reportage »The Electric Kool-Aid Acid Test« geschrieben hatte. 1966 hatte Brand daheim auf dem Dach seines Hauses in North Beach auf einem LSD-Trip die Vision, dass die Menschen anders über ihren Planeten Erde denken würden, wenn sie ein Bild von ihm sehen könnten, auf dem er allein in der Weite des Weltraums zu sehen sei. Ein Jahr später veröffentlichte die NASA so ein Bild, das ein Satellit aufgenommen hatte. Brand nahm das Bild auf den Titel seines »Whole Earth Catalog«, eine Mischung aus Magazin und Warenkatalog, das bald schon zum Zentralorgan der Gegenkulturen wurde.

Für viele in der digitalen Kultur waren die siebzehn Ausgaben des Whole Earth Catalogs, die zwischen 1968 und 1971 erschienen, ein Vorläufer des Internets in seiner idealistischen Papierform. Die Hefte transportierten ein Gefühl von Gesamtheit und Gemeinsamkeit gepaart mit einem Universalismus, der weit über die Philosophien und Ideen seiner Zeit hinausging. In der ersten Ausgabe gab es ein Kapitel über Systemdenken am Beispiel von Buckminster Fullers Futurismus und Arthur Koestlers philosophischer Psychologie, Bauanleitungen für Solarpaneele und Pilzfarmen, Empfehlungen für Werkzeuge vom Hammer bis zum Tischrechner sowie für Bücher, vom Handbuch für Glasblasen über Selbsthypnose bis zu Norbert Wieners Grundlagenwerk zur Kybernetik. Dabei waren die einzelnen Texte und Themen gar nicht so wichtig. Im Koordinatensystem zwischen Selbstversorger-Ethos, Neo-Spiritualität und Techno-Utopien formierten sich da die Inhalte, die dem Paralleldenken bis dahin jenseits der Wissenschaften noch gefehlt hatten.

Nach den intellektuellen Grabenkämpfen und dogmatischen Verhärtungen der Gegenkulturen öffnete Stewart Brand die Pop- und Gegenkulturen mit seinem Whole Earth Catalog für einen unideologischen Denkansatz, in dem auch Widersprüche ihren Platz finden konnten. Das Gerechtigkeitsverständnis des Sozialismus und der Freiheitsbegriff der Libertären bildeten in diesem Weltbild nur zwei Seiten eines gemeinsamen Kampfes für die Zukunft. Der eigentlich kein Kampf war, sondern ein Weg. Denn es gab genügend Werte, auf die man sich einigen konnte. Vernunft zum Beispiel.

Kurz nachdem er den vorerst letzten Whole Earth Catalog herausgegeben hatte, nahm Stewart Brand den Auftrag des Zentralorgans der Popkulturen, des *Rolling Stone Magazine*, an. Er sollte über einen der ersten Computerspielwettbewerbe an der Stanford University berichten. So fand er sich an einem Abend im Oktober des Jahres 1972 zusammen mit der Fotografin Annie Leibovitz nahe der Santa Cruz Mountains im Artificial Intelligence Laboratory der Stanford University ein. Dort hatten sich Studenten und Forscher versammelt, die in dieser Nacht die ersten Intergalactic Spacewar! Olympics austragen wollten. Der Institutsleiter dort war John McCarthy, ebenjener Informatiker, der zu Beginn seiner akademischen Laufbahn an der Princeton University mit Marvin Minsky zusammengearbeitet und sich 1955 den Begriff »künstliche Intelligenz« ausgedacht hatte. Stanford hatte ihm 1963 den Auftrag gegeben, eine funktionierende künstliche Intelligenz zu konstruieren, und so hatte McCarthy ein Team aus jungen Forschern zusammengestellt, das Robotik, Bilderkennung, Sprachverständnis und -generatoren erforschte.

Brand beschrieb die Nacht dann im Stil der New-Journalism-Legenden Tom Wolfe und Hunter S. Thompson. Und so begann das Spiel mit den Umrissen der Raumschiffe auf dem Bildschirm, die sich bekriegten: »*Wo bin ich? Wo bin ich?* CLICKclickclick-clickclick. *Agh!* Clickclickclick clickclick. *Glitch.* Clickclick. OH NEIN! Tovar, Du hast mich umgebracht. *Oh, sorry.* Clickclick-click.« Das war Wolfes Sprachrhythmus: »Vier intensive Stunden, viel Raserei und gekonnte konzertierte Aktionen, ein Zirkus mit 15 Manegen in zehn verschiedenen Richtungen. Die bzz-bzz-busigste Szene, die ich seit dem Acid-Test der Merry Pranksters erlebt habe.« Doch der Schlüsselsatz der Reportage war gleich der erste: »Egal ob wir dafür bereit sind oder nicht, die Computer kommen zu den Leuten.« Was Brand bei den Hackern und Forschern entdeckte, war die Euphorie einer Aufbruchsstimmung, die sich erst dreißig Jahre später aus den Nischen der Nerdkultur in der Jahrtausendwende entladen sollte.

Angelegt war die Zukunft, die nun unsere Gegenwart ist, auch dort schon. Da war nicht nur die Hackermentalität der Computerspieler, die ihren Spacewar-Kosmos immer weiter perfektionierten. Nach der Spielenacht besuchte Brand das neugegründete Xerox-PARC-Forschungszentrum, wo Alan Kaye mit dem Dynabook die Frühform eines Laptops mit grafischer Benutzeroberfläche konstruiert hatte. Brand beschrieb dann auch das Arpanet des Verteidigungsministeriums als Zukunft einer vernetzten Welt.

Er behauptete nicht, dass er wusste, wie das alles ausgehen würde. »Solange Computer nicht für die Menschen da sind, werden wir keine Ahnung haben, wie sie wirklich funktionieren. Wegen ihrer Kosten und ihrer Größe sind sie heute noch den reichen und mächtigen Institutionen vorbehalten, die sie verständlicherweise in erster Linie als Buchführungs-, Sortier- und Kontrollgeräte entwickelt haben. Die Computer sind ein extrem wertvolles Hilfsmittel, um Hierarchien zu zementieren. Denn als

Orakel der programmierbaren Wahrheit, als erhabene Stimme einer unanfechtbaren Autorität, sind sie herrlich beeindruckend.« Und dann formulierte er einen Absatz, so etwas wie ein Grundgesetz der künstlichen Intelligenz, das ein halbes Jahrhundert später mit dem Zeitalter der generativen KI gültiger ist denn je: »Computer wissen einen Scheiß. Ihre besondere Begabung, die so etwas wie Intelligenz nahekommt, ist die Fähigkeit, ausgeklügelte Modelle zu erstellen und an ihnen herumzutüfteln, um Fragen, die mit ›Was wäre, wenn …?‹ beginnen, detailliert zu beantworten. Da sind sie Kindern ähnlich, die sich Intelligenz aneignen. Die grundlegende Tatsache der Computernutzung bleibt aber ›Müll rein, Müll raus‹. Wenn Sie einen Computer mit Unsinn füttern, wird er pflichtbewusst Ihre Fehler in Wahnsinn verwandeln, den er Ihnen zurückfüttert.«

Wer also sollte besser darauf vorbereitet sein, den Cyberspace mit dem ersten sozialen Netzwerk für die Menschen zu erobern, als Stewart Brand? The Well war die erste Agora der digitalen Gesellschaft. Hauptquartier war das Büro in einem Holzschuppen in Sausalito gleich auf der anderen Seite der Golden Gate Bridge. Brand und Brilliant hatten drei Männer fürs Tagesgeschäft rekrutiert, die eine noch radikalere Hippie-Biografie hatten als sie selbst. Die drei hatten in Tennessee auf »The Farm« gelebt. Hunderte Hippies aus dem Haight-Ashbury-Viertel hatten sich 1971 in die tiefe Provinz abgesetzt und dort eine Kommune gegründet, die mit Armuts- und Enthaltsamkeitsgelübden, mit Selbstanbau und Veganismus eine Alternative zur Konsumgesellschaft werden sollte. Bis zu 1600 Kommunarden lebten zeitweise dort in der Utopie der Farm. Als ihnen 1983 das Geld ausging, verließen die meisten Tennessee zurück Richtung Kalifornien.

Clifford Figallo kannte Stewart Brand noch aus Zeiten des Whole Earth Catalog. Der hatte in seinen zwölf Jahren als Kommunarde gelernt, woran eine utopische Gemeinschaft scheitern kann. Also wurde er der Manager. Das Büro von The Well bestand aus ein paar Räumen mit Schreibtischen voller Rechner, allerdings hätten sie auch die Hausboote in der benachbarten Marina vermieten können oder eine Folkzeitschrift herausgeben können. Der Geist der Utopie war eher Hippie als Hacker. »Bei The Well gibt es im Gegensatz zu den etablierten Netzwerken keine Gesetze«, sagte Figallo. Die etablierten Netzwerke waren die Onlinedienste wie Compuserve und America Online, über die auch Laien ins Internet finden konnten und die Nachrichtenseiten und Foren in ihre Software eingebaut hatten, die so etwas wie eine Diätversion des Internets vorgaukelten.

Auf The Well gab es auch Foren, die sich »Conferences« nannten. Über sechzig verschiedene Themen waren im Angebot. »Bei uns können die Leute neue soziale Umgangsformen ausprobieren und ihre eigenen Regeln aufstellen«, sagte Figallo. Er wirkte eher wie ein College-Professor als wie ein Veteran der Bewegung. Aber seine introvertierte Art täuschte darüber hinweg, dass Brand ihn nicht nur als Manager, sondern auch als Visionär geholt hatte. So fanden sich alle Dinge, über die man in einer Kommune wie The Farm oder in einem Kaffeehaus in Haight Ashbury diskutieren würde, in dem Netzwerk. Zur Auswahl standen Politik (eher links) und Gesundheit (gern Naturheilmittel), Emanzipationsbewegungen jeder Fraktion fanden hier ihre Heimat, Computer- und Brettspiel-Nerds, Informatik, Wissenschaften. Das ganze Weltbild des Whole Earth Catalog war auf The Well abgebildet.

Figallo behauptete, die meisten Mitglieder des Netzwerkes würden sich auch im echten Leben kennen. Zumindest die aus Kalifornien. Jerry Garcia war dabei, der Frontmann von *Grateful Dead*, sein Songschreiber John Perry Barlow, der mit der Electronic Frontier Foundation die erste digitale Bürgerrechtsbewegung gegründet hatte. Timothy Leary, auch dank seiner LSD-

Experimente der öffentlichste aller Hippie-Intellektuellen, hatte ein Konto, und sein Freund, der Science-Fiction-Schriftsteller Robert Anton Wilson, ebenso. All das machte The Well längst nicht zum Massenmedium. Es waren eben doch vor allem Professoren und Studenten, Hippies und Aktivisten, die sich da zusammentaten. Aber es vermittelte schon eine Ahnung davon, wie weit sich so eine Gemeinschaft ausdehnen würde. Gleichgesinnte aus Moskau, Tokio und Paris klinkten sich regelmäßig ein. Die Sprache war vielleicht Englisch, der Geist aber ein digitaler Kosmopolitismus.

Wie nahe sich die Subkulturen über die Technik-Euphorie damals kamen, zeigte sich ein paar Jahre später an einem Nachmittag in einem Hörsaal der Berkeley University. Jaron Lanier trat dort auf, ein junger Informatiker, der eine Firma namens VPL Research gegründet hatte. VPL stellte einen Datenhandschuh her, den man an das »Eye Phone« anschließen konnte, eine helmartige Konstruktion mit Datenbrille und Kopfhörer. So konnte man in schlichte Computerwelten eintauchen, sich darin bewegen und einfache Handlungen in einer Grafiklandschaft ausführen, die aus grünen Lichtlinien auf schwarzem Grund bestand. Lanier kam aber nicht allein auf die Bühne. Als Mitredner hatte er Timothy Leary mitgebracht, jenen begnadeten Psychologen, der seine gesamte Laufbahn nach Wegen gesucht hatte, den menschlichen Geist zu erweitern. Jahre später sollte er seine Begeisterung für die digitale Welt in seinem Buch »Chaos and Cyberculture« niederschreiben.

Anfang der Sechzigerjahre dienten dazu vor allem psychedelische Drogen, insbesondere LSD, aber auch Psilocybin, wie man es in »Magic Mushrooms« findet. Leary war bald auf dem Radar des FBI. Präsident Nixon erklärte ihn zum »gefährlichsten Mann Amerikas«. 1970 kam er wegen Marihuana ins Gefängnis. Die

Untergrundorganisation Weathermen verhalf ihm zur Flucht, die ihn nach Algerien, Schweiz, Österreich und Afghanistan führte, bevor er zurück in den USA wieder in Haft musste, aus der er erst 1976 wieder freikam. Kein Wunder also, dass im überfüllten Hörsaal viele saßen, die diesen Helden der Gegenkultur einfach mal live erleben wollten.

Das Bild der beiden auf der Bühne war ungewöhnlich. Der Ingenieur im psychedelischen T-Shirt mit einem Kopf voller Dreadlocks. Der Drogenprediger der Hippie-Ära mit grauem Haar in der Uniform der Uniprofessoren aus Oxford-Hemd und Kakihosen. Was sie dann aber erzählten, klang nach einer Vision vom Cyberspace der virtuellen Realität, der als elektronischer Garten Eden alle Probleme der Menschen in Bits auflösen würde. Leary hatte sogar seinen Kampfruf der Hippie-Ära umgeschrieben. Aus dem Aufruf, das Bewusstsein mit Drogen zu erweitern, »Turn on, tune in, drop out« (zu Deutsch in etwa »Einklinken, einschalten, aussteigen«), wurde »Einschalten, hochfahren, einklinken«. Der Computer habe eine ähnliche Macht, das Bewusstsein der Menschen zu verändern und zu erweitern, wie LSD, sagte er. Der Kampf, diese Kraft den Institutionen zu entringen, sei einst gegen FBI und CIA geführt worden. Nun müsse die Gegenkultur die Kraft der Computer vor IBM retten. Denn Personal Computer seien das LSD der Gegenwart. Das Zeitalter der Cyberdelics war angebrochen.

Kühn waren Learys digitale Visionen. Er sprach davon, dass die Menschheit zu einer neuen Spezies mutiere, die, ähnlich wie das Leben einst aus den Meeren aufs Land wanderte, in eine kybernetische Welt krieche, in der Materie seine Bestimmung als Information erlange. Nicholas Negropontes technische Vision von den »Atomen zu Bits« bekam bei Leary eine spirituelle Dimension, die bis dahin noch niemand formuliert hatte. Jaron Lanier führte Learys Gedanken noch ein paar Schritte weiter. Die virtuelle Realität sei nicht nur ein Weg in die Bewusstseinserweiterung. Die Wissenschaften hätten hier ein neues Werkzeug. In der Psychotherapie könne man sie einsetzen, in der Medizin. In einem Nebenraum führte er das nach dem Vortrag vor.

Ich streifte also den Datenhandschuh über die rechte Hand, der nicht viel größer war als ein Gartenhandschuh. Der war über einen Kabelbaum an einen Rechner angeschlossen. Ein Assistent setzte einem das »Eye Phone« auf. Das bestand aus einer Maske, die wie eine überdimensionierte Skibrille aussah und das Gesichtsfeld völlig umgab. Ein Kopfhörer spielte elektronische Musik in meine Ohren, um die Immersion in Laniers Cyberwelt komplett zu machen. Auf Knopfdruck leuchteten nun die grünen Linien auf, die im Dunkel der Brille eine Hand, Flächen, Wege und Gegenstände skizzierten. Bewegte ich meine Hand, bewegte sich ihr grüner Avatar. Ich konnte mit ihr durch den Raum schweben. Und dann schaltete Lanier das Programm ein, von dem er hoffte, dass es bald helfen würde, Krebs zu bekämpfen. Mit einem Male verwandelte sich der geometrische Raum in die Umrisse eines Körperinneren. Ein Lichtknoten symbolisierte einen Tumor. In der Hand war plötzlich ein Hammer. Nun bewegte ich mich auf den Lichtknoten zu, holte aus und zerschlug den metaphorischen Tumor in lauter Lichtscherben. Das, so Lanier, würde in nicht allzu ferner Zukunft Patienten helfen, den Kampf gegen ihren Tumor mit Eigenheilkräften zu unterstützen.

Leary und Lanier waren früh dran mit ihrer digitalen Spiritualität. Sie suchten nach einem Weg, aus den Sortiermaschinen und Kontrollmechanismen der Kybernetik eine Pforte zur Wahrnehmung zu machen. Das erinnerte an den Transzendentalismus, der sich in den Anfängen der industriellen Revolution formiert hatte. In der ersten Hälfte des 19. Jahrhunderts hatten Intellektuelle im Dunstkreis der Harvard University wie Ralph Waldo Emerson, Henry David Thoreau oder Margaret Fuller in der Naturverbundenheit der europäischen Romantik, der Spiritualität Indiens und dem Idealismus der altgriechischen Philosophie ein Gegengewicht zum Kapitalismus und der Technokratie Amerikas gefunden. Ganz ähnlich glaubten Leary und Lanier an einen zutiefst humanistischen Kern der Kybernetik, den die Idealisten des digitalen Zeitalters nur erkennen und freikämpfen müssten. Dann sei das Utopia nicht fern.

Nicht alle waren im San Francisco des digitalen Summer of Love so euphorisch wie die Cyberdelics-Propheten, die New-Edge-Raver, Hacker und Cyberpunks. Nicht weit von Sausalito fand die Computerkonferenz Tape One statt. Im Schatten der Platanen auf dem Gelände des Dominikaner-Colleges mischten sich die Abgesandten der Industrie mit den Protagonisten der Subkulturen. Die einen suchten Ideen, die anderen Geld. Beide wollten Computer für die Massen. Die einen sahen darin einen Markt, die anderen eine Utopie. Lag da nicht der Urgedanke des Marxismus, dass die Befreiung der Produktionsmittel auch die Befreiung des Volkes bedeute? Da standen dann auch all die Maschinen, die noch wenige Jahre zuvor ganze Institutsräume gefüllt hatten und nun unter einen Schreibtisch passten. Musikprogramme wie Logic Pro und Cubase, Videosoftware wie der Videotoaster kosteten nicht viel Geld und waren einfacher zu bedienen, als ein Instrument zu lernen. Was mit der Demokratisierung der Popmusik durch die Gitarren des Rock 'n' Roll begonnen hatte, nahm nun einen Lauf, der nicht mehr enden sollte. Hip-Hop, House und Techno überrollten bald schon die handgemachten Genres wie den Rock, den Folk oder den Jazz.

Inmitten der Menge stand an diesem Nachmittag Todd Rundgren, Rockstar, Hitproduzent und Gründer der Band mit dem programmatischen Namen *Utopia*. Ein Mann mit den gefälligen Zügen eines Popstar-Gesichts, hoch aufgeschossen, die Haare in einer Hippiematte, am Kinn ein Ziegenbärtchen, das bunte T-Shirt locker über der Hose. Es waren vor allem die Platten anderer Leute, die ihn berühmt gemacht hatten, Meat Loafs »Bat out of Hell« zum Beispiel, Hitalben für *Hall & Oates, Grand Funk Railroad* und *XTC*. Die Kritiker verglichen ihn mit Studio-Genies wie Brian Wilson und Brian Eno, weil er immer wieder das Potenzial neuer Technologien erkannte und damit den Pop einen weiteren Schritt nach vorne brachte. Was ihn auf einer Computermesse wie der Tape One in den Stand eines Gurus erhob.

Für seinen letzten Hit »Change Myself« hatte er das komplette Video im Alleingang mit dem Videotoaster produziert. Aus heutiger Sicht sehen die Spezialeffekte mit den fliegenden Schachbrettern, Uhren und Früchten hoffnungslos veraltet aus. Damals war das Video eine Sensation. Vor allem weil Rundgren die vier Minuten ganz ohne Hilfe auf einem Amiga-Computer programmiert hatte. Das war die Demokratisierung der Produktionsmittel, von der die Hacker und Cyberrebellen schon so lange geträumt hatten.

Rundgren hielt Hof. Fans drängelten sich um ihn, junge Männer vor allem, Frauen sah man auf der Messe keine, wie zumeist in der digitalen Welt. Rundgren erklärte, wie er seine Plattenproduktionen beschleunigt, das Video produziert, überhaupt die Computer in die Musikwelt gebracht hatte. Es waren nicht gleich Heilkräfte und Pforten des Bewusstseins, die er versprach, aber immerhin eine Tür in die bisher so unerreichbaren Sphären, die sich da für die Massen öffne. Statt teure Studiozeit mitsamt dem Tross aus Technikern und Ingenieuren anzuheuern, würden die Stars von morgen ihre Musik alleine in ihrem Zimmer mit dem Computer produzieren. Geld sei kein Hindernis mehr, um Kreativität auszuleben. Das sei zum einen eine Ermächtigung. Mit jeder Absenkung der Einstiegsschwellen durch digitale Werkzeuge verlören die Konzerne an Macht. Das Internet sei bald schon ein direkter Weg zwischen Musikern und Fans. Was also, wenn sich ein Teenager in seinem Kinderzimmer ein Lied ausdächte, das er dann ins Netz stellte und damit Millionen begeisterte? Eine Revolution sei das. Jahre später sollten Superstars wie Ed Sheeran, Dua Lipa und Justin Bieber ihre Karrieren mit YouTube-Videos aus ihren Kinderzimmern beginnen. Ganze Genres entstanden durch die Selbstermächtigung der Computer, all die neuen Formen des Hip-Hop, Techno, House, Trance, Drum and Bass, Dubstep, Grime, die vollständige Liste wäre endlos. Aber dann ließ er seinen Blick über die Menge schweifen, die ihn umgab, die Konzernvertreter, Hacker und Programmierer. »Sind ja alle ganz verliebt in die Technik«, sagte er. »Aber eines bleibt. Schlechte Ideen werden nicht besser, wenn man sie technisch einfacher umsetzen kann. Es werden nur mehr.«

3. Kapitel
Aufstieg zum Weltreich

*Wie zwei junge Außenseiter aus dem amerikanischen Süden
das Weiße Haus eroberten und dort das Fundament der
digitalen Gesellschaft mit Gesetzen zementierten.*

Senator Al Gore gab sich alle Mühe in den Wolken von Bratfett
und Zimtduft zwischen den Preisochsen und Milchkühen auf
der Landwirtschaftsausstellung im Herzen von Iowa, den Bürgerinnen und Bürgern eine Ahnung von jener Zukunft zu geben,
die ihm in diesem Wahlkampf so am Herzen lag. Er war nur Bill
Clintons Vizekandidat in diesem Rennen um das Präsidentenamt, aber sein Anliegen war mehr als nur der Wahlsieg. Und hier
in Iowa entschied sich in der Regel die Zukunft solcher Wahlkämpfe und des Landes und also auch dieser Vision, auch wenn
das Muhen und Grunzen und die Spieluhr des Riesenrades an
diesem Sommernachmittag 1992 eher nach einer Vergangenheit
klangen, in der die Farmer und Rancher und Plantagenfürsten des
Landes noch die Macht stellten. Gore war diese Welt nicht fremd.
Er war auf einer Tabakplantage in Tennessee aufgewachsen. In
seiner Stimme federte der Twang des Südstaatendialekts, der auch
hier im Mittleren Westen vertraut klang, oder zumindest signali-
sierte, dass hier einer das Herzland verstand. Das ergänzte sich gut
mit Bill Clintons Südstaatenakzent, den er nach Bedarf aus- und
einblenden konnte. So stellten sie sich in Jeans und Cowboystie-
feln auf die Ladefläche eines Pick-up-Trucks. Irgendjemand hatte
noch Strohballen hindrapiert. Für die Kameras.

Al Gores Anliegen, das er vortrug, nachdem Bill Clinton von Gerechtigkeit, Bürgerrechten und Arbeitslosigkeit gesprochen hatte, war komplex. Was an den Forschungsinstituten und in den Hackerzirkeln als Subkultur begonnen hatte, sollte die Nation in ein neues Zeitalter tragen. Es war nicht leicht, diese abstrakte Welt der Maschinen als eine Zukunft für alle zu verkaufen. Vor allem nicht für einen Berufspolitiker, der in Washington für seinen Mangel an Charme und Lässigkeit bekannt war, was ihn vielleicht als Nerd auszeichnete, aber als Redner auf einer Landwirtschaftsmesse nicht weiterbrachte.

Doch Al Gore hatte die perfekte Metapher gefunden. »Nach dem Zweiten Weltkrieg haben wir im ganzen Land Highways gebaut, weil alle Leute Autos gekauft haben«, sagte er. »Für das 21. Jahrhundert müssen wir ein Netz aus Informations-Superhighways bauen, weil alle Leute Computer kaufen. Jeder Amerikaner muss die Möglichkeit bekommen, mit seinem Computer mit Datenbanken in aller Welt zu kommunizieren.« Eine Milliardenindustrie sei da im Aufbau. Wohlstand, Wissen, Demokratie und vor allem Arbeitsplätze würde der Information Superhighway bringen. Jedes Schulkind werde den Zugriff auf die besten Bibliotheken der Welt haben. Umsonst. Die Demokratie werde ein neues Forum finden, in dem jeder eine gleichwertige Stimme habe. Die Hightechindustrie werde nicht nur neue, sondern vor allem gut bezahlte Jobs bringen.

Al Gore hatte lange an seiner Vision gearbeitet. Schon seit den Siebzigerjahren faszinierte ihn die digitale Welt. Als Nerd und als Politiker. Er hatte den Ausbau des Arpanet vom Computerverband ausgewählter Institute zum Netz für alle vorangetrieben. Er war einer der Ersten, die dafür kämpften, dass ein Hochgeschwindigkeitsnetz aufgebaut würde, das jeden Winkel des Landes mit den neuen Technologien verband. Immer wieder erklärte er seinen Kollegen im Senat, was künstliche Intelligenz sei, was ein

Hochgeschwindigkeitsnetz für die Wirtschaft bedeute, wie die Digitalwirtschaft die alten Industrien ablösen werde. Atome zu Bits, nur mit anderen Worten. Ein halbes Jahr vor seinem Auftritt in Iowa hatte der damalige Präsident George Bush der Ältere Gores Gesetzespaket ratifiziert, das 600 Millionen US-Dollar für den Aufbau einer digitalen Infrastruktur lockermachte. Mit dem Geld wurde unter anderem das nationale Zentrum für Supercomputer-Anwendungen an der University of Illinois eingerichtet. Dort konstruierten Programmierer dann 1993 den ersten massentauglichen Web-Browser Mosaic, der das Internet für die Massen öffnete. Das war an diesem Nachmittag zwar noch ein gutes Jahr hin, aber Gore wusste, wovon er sprach, als er dort die digitale Zukunft ausrief.

Später machten sich Kommentatoren darüber lustig, Al Gore habe »das Internet erfunden«. Während eines Interviews mit dem Nachrichtensender CNN hatte er nicht zu Unrecht gesagt, er habe die Initiative ergriffen, das Internet zu erschaffen. Als die Nischenforschung Anfang der Nullerjahre zur Billionenindustrie gewachsen war, tönten die Digitalkonzernchefs gerne herum, dass die Regierungsapparate viel zu schwerfällig seien, um mit dem Fortschritt mitzuhalten. Das war reiner Mythos. Die Wirtschaftswissenschaftlerin Mariana Mazzucato bewies Jahre später, dass Staaten, und insbesondere die USA, immer schon der Treiber für Innovation und Entwicklung gewesen waren. Vor allem die Grundlagenforschung werde in großen Teilen von Regierungen finanziert. Während des Kalten Krieges war es der Wettkampf mit der jeweils anderen Supermacht. Nun, nach dem Ende des Kalten Krieges, sollten die Forschungen vor allem auf die Friedensdividenden einzahlen. Von digitalen Technologien über Genforschung, Nanotechnologie bis zu Pharmakologie und Medizin waren es immer wieder die staatlichen Institutionen, die Forschung entweder finanzierten oder gleich selbst betrieben.

Das World Wide Web, jene Infrastruktur, mit der die Digitalisierung der Gesellschaft ihren Lauf nahm, ist das beste Beispiel. Die Basistechnologie entwickelte der britische Physiker Tim Berners-Lee, als er für die Europäische Organisation für Kernforschung, kurz CERN, in der Schweiz arbeitete, die von dreiundzwanzig Staaten betrieben wird. Um den Informationsaustausch zwischen den Laboratorien auf Schweizer und französischem Gebiet zu erleichtern, entwickelte Berners-Lee die Programmiersprache HTML und das Netzprotokoll http, die bis heute die Basis für das Netz bilden. Und auch der erste Browser für die Allgemeinheit war mit Mosaic eben das Produkt eines Regierungsprogrammes. Das Al Gore angestoßen hatte.

Die Bürgerinnen und Bürger von Iowa interessierten sich zwar mehr für Agrarsubventionen und Milchpreise, aber was der Mann aus Tennessee auf der Ladefläche versprach, klang zumindest für die Zukunft der Kinder gut. Und da war diese historische Anspielung, im Subtext verborgen und doch ein Signal, das im Unterbewusstsein der Nation Vertrauen und Hoffnung auslöste. Mit dem »Superhighway« schloss All Gore direkt an Dwight Eisenhowers Autobahngesetz von 1956 an, das die Interstate Highway Systems ins Leben gerufen hatte. Dieses Netz aus Autobahnen zwischen den Bundesstaaten war in den USA der Motor des Wirtschaftswunders gewesen, mit dem das Land zur reichsten Nation der Erde aufsteigen konnte. Die Highways waren aber auch der Treiber für eine Demokratisierung des Wohlstandes, der in den Vororten rund um die Metropolen Millionen das Idyll aus Einfamilienhaus mit Garten möglich machte. Die Pendlergesellschaft arbeitete tagsüber in den Büros der Großstädte, lebte abends mit viel Platz im Grünen. Die Stadtflucht hatte ihre Schattenseiten und Abgründe, vor allem nach den Unruhen der späten Sechzigerjahre war sie ein Spaltpilz, der so viel Errungenschaften der Bürgerrechtsbewegung an unsichtbaren Grenzen scheitern ließ. Aber das war Stoff für Soziologen. Im Gedächtnis der Nation funktionierte die Gleichung Highway = Wohlstand hervorragend.

Amerika war immer wieder gut darin, den globalen Zeitgeist aufzufangen, und immer bereit, seine Gesellschaft, Wirtschaft und Städte entsprechend zu verändern. Mit Plan. Die Verwandlung New York Citys von einer Manufaktur- und Hafenstadt in eine Finanz- und Medienmetropole war beispielsweise eines der radikalsten Städteplanerprojekte der Neuzeit. David Rockefeller, Banker und Oberhaupt der im frühen 20. Jahrhundert reichsten Familie der Welt, hatte Ende der Fünfzigerjahre die Vision, dass der Zeitenwandel mit Macht, Geld und einem Handlungswillen vorangetrieben werden müsste, der kein Vorbild kannte. Die Docks im Süden der Insel Manhattan waren zu klein für die neue Generation der Containerschiffe geworden. Die Fabriken und Manufakturen der Stadt konnten mit dem Weltmarkt nicht mithalten. Ein Symbol für den Wandel sollte es auch geben. So entstanden an der Südspitze die Zwillingstürme des World Trade Center, ein Denkmal für den Optimismus der Globalisierung aus Stahl und Glas. Ein ganzes Stadtviertel wurde dafür eingerissen, dessen Herz die Radio Row gewesen war, ein Sammelsurium aus über dreihundert Ladengeschäften und Werkstätten, in denen man Radio-, Fernseh- und Elektrogeräte hatte kaufen und reparieren lassen können.

Dem digitalen Zeitalter fehlen bis heute die Symbole. Kein Gebäude, kein Denkmal, kein Kunstwerk steht so exemplarisch für diese Ära, wie das World Trade Center für die Globalisierung. Man könnte das als Ausdruck des »Atome-zu-Bits«-Credos interpretieren. Dann aber findet man die Symbole für den Zeitenwandel nicht in der Skyline einer Metropole, sondern in den Anekdoten der Geschichtsschreibung. So war das Wahljahr 1992 mehr als nur der Generationenwechsel von den Republikanern der »Greatest Generation«, also jenen Amerikanern, die den Zweiten Weltkrieg gewonnen und die Welt von der Geißel der Diktaturen in Europa und Asien befreit hatten, zu den Baby Boomers, die in Friedenszeiten mit Wohlstand und Popkultur aufgewachsen waren. Bill Clintons Fernsehauftritte mit Sonnenbrille und Saxofon waren eine freundliche Form des Populismus, der sich an die jüngere Wählerschaft richtete. Für die Politik und den Lauf der Geschichte hatte das nicht viel zu bedeuten.

Die Anekdote, die den Zeitenwandel markierte, erinnerte eher an Richard Nixons Niederlage von 1960. Als Symbol für seinen Niedergang gilt bis heute sein Versagen, mit den neuen Medien umzugehen. Bei seiner ersten Fernsehdebatte gegen John F. Kennedy am 26. September im Studio des Fernsehsenders CBS in Chicago saß Nixon blass und im hellgrauen Anzug neben einem vitalen Kennedy in staatsmännisch dunklem Zwirn. Unter den heißen Studioscheinwerfern begann Nixon auch noch sichtlich zu schwitzen. Es heißt, Nixons Wahlkampf habe sich von dem Auftritt nie wieder erholt.

Der amtierende Präsident George H. W. Bush erlebte seinen symbolischen Niedergang, als er im Februar 1992 zum Kongress des Landesverbandes der Lebensmittelhändler nach Orlando reiste. Zu seinem Programm gehörte auch der Besuch eines Supermarktes. An der Kasse erwischte es ihn dann. Da zeigte man ihm ein neues Kassensystem, das Waren abwiegen und mithilfe von KI sogar verdruckte, verknickte oder sonstwie unkenntliche Barcodes auslesen konnte. Eine kurze Begegnung bei einem Pflichttermin, wie sie Amtsträger zu Hunderten absolvieren. Doch der Präsident schien beeindruckt. Viel zu beeindruckt. Die *New York Times* titelte am folgenden Tag: »Bush erlebt den Supermarkt und ist erstaunt«. Wie weltfremd kann ein Präsident sein, der sich an der Kasse von einem jener Scanner beeindrucken lässt, wie sie auch damals längst zum Alltag gehörten? Die KI-Methode, kaputte Codes auszulesen, mag neu gewesen sein. Aber die präsidiale Überraschung war Sinnbild für einen Mann, der in seinem Kokon des Elitenlebens den Kontakt sowohl zur Bevölkerung als auch zum technischen Fortschritt verloren hatte.

Amerikanische Wahlen sind viel zu komplex, als dass solche Momente wirklich etwas entscheiden. Als Symbol bleiben sie. So wurde der Wahlsieg des Clinton-Gore-Teams dann auch nicht als reiner Regierungs-, sondern auch als Generationenwechsel und Kulturwandel gefeiert. Da kamen zwei junge Südstaatler, beide Mitte vierzig, Intellektuelle. Bill Clinton war mit seiner Sozialpolitik für die Verhältnisse in Washington ein Progressiver. Al Gore hatte in dem sonst oft so unterbelichteten Amt als Vizepräsident Freiheit genug, seine Umwelt- und seine Technologiepolitik weiterzubringen, damals zwei Nischenthemen, die erst Jahre später die Politik und die Medien beherrschen sollten. Als sie im Weißen Haus einzogen, inszenierten die beiden mit ihrem Team diesen Wandel mit einem Rebellengestus, der wunderbar in ihre Zeit passte.

Von außen war davon nicht viel zu merken. Bill Clinton und Al Gore verkörperten sehr rasch die Rollen, die ihnen ihre Ämter abverlangten. Die protokollarischen Verpflichtungen und der Druck der Konsensfindung zwangen auch die beiden mächtigsten Männer der Welt in einen politischen Alltag, der sich im Oval Office so förmlich gestaltete wie schon seit Jahrzehnten, mit feinem Zwirn, Auftritten im Rosengarten und Ritualen am präsidialen Schreibtisch, wenn mal wieder ein Gesetz oder Abkommen unterzeichnet wurde und eine ganze Batterie Füllfederhalter dafür benutzt wurde, damit auch wirklich alle Beteiligen ein Memento bekamen. In den Nebenbüros aber war der neue Zeitgeist im neoklassizistischen Ambiente des Weißen Hauses und seinem wuchtigen

Verwaltungsgebäude mehr als nur ein Symbol. Für den Ablauf des präsidialen Alltags hatten Clinton und Gore ein enorm junges Team mitgebracht. Frauen und Männer zwischen Anfang und Mitte zwanzig, verdiente Wahlhelferinnen und -helfer, die meist direkt aus dem College oder der Uni zum Tross gestoßen waren, machten all die Jobs, die sehr viel mehr waren als nur Organisation und Service. Ihre persönlichen Assistenten, das Team, das sie täglich mit Infomaterial versorgte, die Medienmanager, die ihre Auftritte organisierten und meist selbst verkabelten, waren alle aus jener Altersgruppe, die der Schriftsteller Douglas Coupland gerade mit dem Titel seines Romans Generation X getauft hatte.

Generation X war die erste Alterskohorte, der es in Friedenszeiten nicht mehr so gut ging wie ihren Eltern. Die Popkultur mit ihrer Musik und ihren Filmen war ihre Stärke. So ein Wachstum wie das Wirtschaftswunder der Nachkriegsjahre, das den Wohlstand demokratisch in die Mittelschicht und ihre Suburbias verteilt hatte, gab es nicht mehr. Während der zwölf Jahre unter den Präsidenten Reagan und Bush Senior hatte die Umverteilung von unten nach oben begonnen. In der digitalen Kultur aber sollten sich bald die Türen zu einer neuen Welt öffnen, in der Wachstum nicht automatisch nach den Kriterien der Konsumgesellschaft gemessen wurde. Noch war es zu früh. Gores Information-Superhighway-Netz war nur eine Vision. Doch gerade im Weißen Haus war dieser Aufbruch zu spüren.

Im ersten Amtssommer der neuen Regierung wirkte es zumindest so. Zehn Tage verbrachte ich damals im Medienpool des Weißen Hauses. Und ich traf sie alle wieder, die vorher auf den Wahlkampfreisen ohne Bezahlung und Schlaf für ihre Kandidaten gekämpft hatten. Sie hatten auf die Richtigen gesetzt, und jetzt wurden sie belohnt. Und weil wir uns in den Gängen der Motels und Billighotels, in denen man auf solchen Touren meist nur wenige Stunden Schlaf mitnehmen konnte, verschwistert hatten, stand ich dann eben in den Gängen des Verwaltungsgebäudes des Weißen Hauses, in den Büros jener Twens, die dem Präsidenten und seinem Vize das Leben möglich machten. Das wirkte hin und wieder wie eine Instandbesetzung. Grinsend erzählten sie, wie sie die Telefone der Vorgänger in die Abstellkammern brachten, die noch Wählscheiben hatten, und die altertümlichen Rechner, in die man noch mühselige MS-DOS-Befehle eintippen musste. Sie hatten sonst nicht viel umgeräumt, sondern einfach ihre Powerbooks auf die Tische gestellt, die Telefonkabel in die Modembuchsen gesteckt. Rennräder und Mountainbikes lehnten an den Wänden. Dresscode gab es nur für die wenigen, die sich in der Öffentlichkeit oder vor Kameras mit den Chefs zeigen mussten.

Das waren die wenigsten. Andrew, 24 Jahre alt, war nun Bill Clintons persönlicher Assistent, schleppte Aktenkoffer und sorgte dafür, dass Gespräche nicht länger dauerten als geplant, was gar nicht so leicht war mit einem Chef, der jedem Gegenüber in Sekunden das Gefühl geben konnte, der Präsident der Vereinigten Staaten von Amerika sei in diesem Moment nur für sie oder ihn da, und das für immer, und der es liebte, sich in lange Unterhaltungen zu verstricken.

Die anderen ließen die Jacken über die Stuhllehnen baumeln, krempelten die Ärmel hoch. Ann, die jetzt die Abteilung für Dokumentation leitete und Clinton und Gore mit allem versorgte, was sie wissen mussten. Keith, der die Nachrichtendossiers für sie zusammenstellte. Oder Dave, immer im Ringel-Shirt, seine schütteren Haare zum Irokesen gekämmt, zuständig für die Auftritte des Präsidenten vor Kameras und Mikrofonen. Sie waren alle direkt aus der Uni zum Wahlkampf gestoßen, Mitte zwanzig und hatten nun einen Platz an der Spitze des Staates.

Dave konnte es nicht lassen zu zeigen, wie nah sie hier der Macht waren. Eines vormittags schob er mich ins Oval Office. Es war niemand da, aber auch ohne Chef war der Ort aufgeladen mit der Aura der Geschichte und der Macht, mit den Männern, die hier regiert hatten. Allein seit ich geboren war. Kennedy, Johnson, Nixon, Ford, Carter, Reagan, Bush. Jeder Name eine Ära. Und nun die Ära Clinton. Und Gore. Der hatte sich fest vorgenommen, nicht wie seine Vorgänger in den Fußnoten der Geschichte zu verschwinden oder sein Amt nur als Sprungbrett zu sehen. Er meinte das sehr ernst mit dem Epochenwandelmoment des Internets.

Es sollte noch dauern, bis Clinton und Gore digitale Weltgeschichte schreiben konnten. Skandale, Gesundheits- und Handelspolitik, Kriege im ehemaligen Jugoslawien, Somalia und Ruanda waren eine viel zu anstrengende Gegenwart, um sich mit der Zukunft zu beschäftigen. Aber dann am 8. Februar 1996 unterzeichnete Bill Clinton ein monumentales Gesetzespaket mit dem Namen Telecommunications Act of 1996. Es war die erste Reform der Telekommunikationsgesetze seit 1934. 210 Seiten und sieben Teile umfasste das Paket. Es entmachtete die großen Telefongesellschaften und öffnete den Markt. Zum ersten Mal behandelte ein Gesetz das Internet als gleichberechtigten Kommunikationsweg so wie Telefon, Fernsehen und Radio. Der entscheidende Teil aber befand sich in einem Absatz, der Teil des »Title IV« war, jenes Teils, der die Verbreitung von Obszönitäten im Kabelfernsehen und über Computernetzwerke regeln sollte.

Bis dahin gab es für jeden Anbieter von Kommunikation nach US-Recht stets nur zwei Möglichkeiten: Entweder entschieden sie sich – wie etwa Telefonanbieter –, nur die Vermittlung von Inhalten anzubieten und in keiner Weise einzugreifen. Oder dies eben doch zu tun, zu moderieren, bestimmte Inhalte nicht zu erlauben und andere freizugeben, so wie Medienkonzerne. Dann aber mussten sie für diese Entscheidungen auch die juristische Verantwortung tragen.

Die damals noch neuen Plattformen wie Compuserve oder America Online bewegten sich in einer Grauzone. Einerseits waren sie offen, jeder konnte posten, was er posten wollte. Andererseits wollten die Firmen nicht jeden Unsinn zulassen. Vor allem gab es Sorge, dass die Plattformen mit pornografischen Inhalten überschwemmt würden. Bald kam es zu ersten juristischen Auseinandersetzungen. Ein Fall betraf die Broker-Firma Stratton Oakmont des Börsenmaklers Jordan Belfort. Dessen Geschichte und Methoden beschrieb Martin Scorsese in seinem Film »The Wolf of Wall Street«, in dem Leonardo DiCaprio den Makler Belfort spielte. Im Oktober 1994 hatte ein unbekannter Nutzer im »Money Talk Bulletin Board« der damaligen Plattform Prodigy der Firma kriminelle Methoden vorgeworfen. Stratton Oakmont klagte dagegen, Prodigy sei haftbar für den Post. Ein Gericht des Staates New York gab der Makler-Firma 1995 recht. Prodigy sei für den Post haftbar, genauso wie die Verleger einer Zeitung für deren Inhalt.

Das war ein Dammbruch. Die Internet-Unternehmen jammerten, solche Urteile würden das Ende für ihre Plattformen bedeuten. So kam es, dass der Kongress schon ein Jahr später dieses Lex Silicon Valley verabschiedete, die legendäre »Section 230« in Clintons Telecommunications Act. Kein Provider sollte juristisch behandelt werden wie ein Verleger. Dazu kam eine »Gute-Samariter-Klausel«, die die Firmen vor Klagen derjenigen schützte, deren Inhalte sie künftig löschen würden. Es müsse nur im »guten Glauben« geschehen, dass es sich um »gewalttätige, obszöne, lüsterne oder schikanierende« Inhalte handelt. Das Gesetz war ein Freibrief, der Schutz vor so ziemlich jeder denkbaren Klage im klagefreudigsten Land der Welt.

Die bisherigen Gesetze hatten das für Radio und Fernsehen schon geregelt. Deswegen müssen beispielsweise grobe Flüche von amerikanischen Sendern bis heute mit einem Piepton unkenntlich gemacht werden. Auch in den neuen Medien sollte die Verbreitung unter Strafe stehen. Ein einzelner Absatz, tief in diesem Gesetzesteil versteckt, besiegelte aber den Aufstieg des Internets. Der Journalist Jeff Kosseff nannte sie Jahre später mal die »26 Wörter, die das Internet schufen«. Die 26 Wörter lauteten: »No provider or user of an interactive computer service shall be treated as the publisher or speaker of any information provided by another information content provider.« Kein Anbieter oder Nutzer eines interaktiven Computerdienstes darf als Herausgeber oder Sprecher von Informationen behandelt werden, die von einem anderen Anbieter von Informationsinhalten bereitgestellt werden. Damit hatte das Gesetz die digitalen Konzerne von jeglicher Verantwortung für Inhalte enthoben. Anbieter hatten damit den gleichen Status wie die von Telefonkabeln oder die Hersteller von Faxgeräten. Als die Giganten wie Google, Facebook oder Twitter später ihre Inhalte mit Algorithmen sortierten, als OpenAI, Microsoft und Google ihre KI-Chatbots auf die Menschheit losließen, die Texte im Sekundentakt ausspuckten, galt das als technischer, nicht als publizistischer Vorgang. Larry Page, Mark Zuckerberg oder Jack Dorsey waren eben keine Verleger, sondern die Anbieter von Infrastruktur. Das war nur scheinbar eine technische Feinheit. Der Siegeszug konnte beginnen.

Die Gesetzgeber hatten es mit diesem Absatz nur gut gemeint. Sie wollten die junge Industrie aus dem Silicon Valley vor den Gerichtsprozessen schützen, die sich in den USA hin und wieder wie Fluten über eine Branche ergießen können. Sie sollten recht behalten. Als die sozialen Netzwerke zwanzig Jahre später Hass und Hetze beförderten, als sie Teenager süchtig machten und in fernen Ländern Gewalt bis zum Völkermord auslösten, und als aus den Start-ups an den Küsten die wertvollsten und mächtigsten Firmen in der Geschichte der Menschheit wurden, waren es die Nutzerinnen und Nutzer, die man eigentlich hätte schützen sollen.

Aber bis dahin war es noch ein weiter Weg. Nun war die Euphorie des Aufbruchs erst einmal im Zentrum der Macht und schließlich im Gesetz angekommen. Wer hätte gedacht, dass die Worte des jungen Senators aus Tennessee auf der Ladefläche des Pick-up-Trucks nicht nur ein paar Wahlkampffloskeln, sondern der Beginn eines neuen Zeitalters sein würden? Das erst einmal von Euphorie bestimmt war, wie jede Aufbruchsstimmung in diesem Land, in dem der Westen nicht nur die Grenze der Nation, sondern auch die Außengrenze der Gegenwart für den Rest der Welt markierte. Clintons und Gores Gesetz von 1992 war eine Zäsur, ähnlich jenem Beschluss, als das Census Bureau 1890 die »Frontier« offiziell für geschlossen erklärte. Im Westen gab es damals kein unbesiedeltes Land mehr. 1992 war der Cyberspace erschlossen. Nun ging es nicht mehr um die Leistung der Pioniere, sondern um Macht. Dafür musste die junge Industrie aber erst einmal so viele Menschen wie möglich in diesen neuen digitalen Raum bringen. Im Westen waren die Verlockungen vielfältig gewesen. Billiges Land, Öl und Gold. Vor allem aber musste der Weg geebnet werden. Pferde und Planwagen würden keine Massen in den Westen bringen, das war damals schon klar. Erst die Eisenbahn machte das möglich. Und so war die digitale Welt noch auf der Suche nach einem Weg in den Cyberspace, den nicht nur die Pioniere machen könnten. Den gab es auch schon bald.

4. Kapitel
Das Mittelalter

Wie ein Code aus Genf die Pforte zur digitalen Wahrnehmung aufstieß und jeder mit ein paar Hundert Millionen Menschen gleichzeitig ins Gespräch kommen konnte. Zumindest theoretisch.

Es war ein sonniger Morgen im Frühling des Jahres 1994 in einem Büro hoch über der 42. Straße von Manhattan, als sich mir endlich das Tor zum digitalen Universum öffnete. Zuvor waren es nur Stippvisiten im Internet gewesen, wenn mir die Nerds ihre Welten zeigten. Da gab es das Usenet, das Altnet, die Bulletin Boards, den Internet Relay Chat und The Well. Sie bekamen leuchtende Augen, wenn sie Fenster um Fenster mit Befehlscodes und Texten öffneten, wenn sie mir erklärten, wie diese weitverzweigten Tunnel aus Chiffren und Texten in eine Unendlichkeit führten, die keine natürlichen Grenzen kennt. Das war ein fast schon metaphysisches Versprechen, das einen nicht so recht berühren wollte. Auch die großen kommerziellen Anbieter wie Compuserve oder America Online, die sich in den Achtzigerjahren als Türhüter des Internets aufgemacht hatten, bereiteten nicht viel Freude. Sie waren zwar einfacher zu bedienen, aber das Design erinnerte an die Handzettel mit den Tagesangeboten beim Discounter. Wenigstens konnte man dort schon E-Mails versenden, ohne gleich Protokolle zu lernen. Irgendwann hatten auch die Redaktionen in Deutschland E-Mail, und man konnte seine Texte per Mail schicken, was doch schneller ging, als sie Seite für Seite in die Faxmaschine zu füttern, die sie mit der Gemächlichkeit eines Pandabären in sich hineinkaute.

Fad blieben die Dinger. Das änderte sich auch nicht, als alle Welt Ende der Achtzigerjahre begann, den digitalen Raum Cyberspace zu nennen. Der Schriftsteller William Gibson hatte sich das ausgedacht. In seiner Kurzgeschichte »Burning Chrome« und seiner Romantrilogie »Neuromancer« war das der Begriff für die virtuellen Welten gewesen, in denen seine Heldinnen und Helden wie der Konsolencowboy Case oder die Straßensamurai-Kriegerin Molly Zweitleben führten, die sehr viel aufregender waren als die auf dem Planeten Erde. Bei Compuserve und im Altnet sah es eben doch noch so aus wie im Inneren einer Büromaschine. Und das waren sie nun mal, all die neuen PCs und Macs und Laptops, egal wie viel Popkultur die Firmen drumherum packten in ihren Werbekampagnen.

An jenem Frühlingsmorgen in New York war ich mit Adam Curry verabredet, einem der Moderatoren beim Musiksender MTV. Curry trug ein gemustertes Jackett und eine dieser Föhnfrisuren, die damals wie Bugwellen über die Stirnen der Menschen wogten. Es sollte um den Zustand der Popmusik, des Fernsehens und der Videokultur gehen. Curry sollte als Kronzeuge für den Tod der Subkulturen im bunten Geflacker der Videokultur herhalten. Ein pophistorischer Trauerfall schien das zu bestätigen. Kurt Cobain war ein paar Wochen zuvor gestorben, Sänger und Gitarrist von *Nirvana*, der letzte Rockstar, der so etwas wie eine Aufrichtigkeit der Popkultur verkörperte, seit Punk ein Klischee geworden und Hip-Hop im Nihilismus des Gangsta Rap versunken war. Belanglosigkeit bestimmte den Pop. Die meisten Bands, die damals die Playlisten bei MTV dominierten, kennt heute kaum noch einer, so wie *Hootie and the Blowfish*, *Boyz II Men*, *Weezer* oder *Alice in Chains*. Die Zukunft, so schien es, gehörte nun wieder den alten Männern wie Bob Dylan, Bruce Springsteen und Mick Jagger, die für das Neue nur ein paar Nischen freiließen, die immer kleiner wurden. Pop war immer weniger ein Weg in die Zukunft, erstarrte zum Kanon.

Adam Curry interessierte sich für solche Abgesänge nicht besonders. Er hatte auch schon ein paar Interviews zu viel über Kurt Cobains Tod gegeben, aber das gehörte mit zu seinem Job als eines der Gesichter von MTV, die eben auch als Pulsmesser des Zeitgeists herhalten sollten. Curry interessierte sich für etwas ganz anderes und er hatte damit natürlich sehr viel mehr Gespür für den Zeitgeist bewiesen als mit seinen Analysen zum Zustand des Pop. Auf seinem Schreibtisch am Fenster stand ein Macintosh-Computer mit Farbmonitor und Stereolautsprechern. Das war damals noch Luxus. »Hast du das schon gesehen?«, fragte er. Dann klickte er auf ein Icon mit dem Namen Mosaic. Ein Fenster öffnete sich, und ein Foto des Grand Canyon erschien in aller Pracht, darunter ein Text. Klick, klick, klick. Mit jedem Mal, mit dem Curry die Maustaste drückte, öffnete sich ein neues Fenster in eine neue Welt. In die Wüste, die Arktis, die Berge, aufs Meer, nach Hollywood, Europa und Asien. Immer weiter ging es mit einer Leichtigkeit, die man bald schon »surfen« nennen sollte. Es war, als bewege man sich durch das Innere eines endlosen Hochglanzmagazins voller Bilder, Geschichten und Hinweise. Aber man bewegte sich nicht einfach von vorne nach hinten. Das Surfen trug einen nach oben und unten, zur Seite, nach hinten, wieder vor, als treibe einen wirklich der Ausläufer der Kraft eines Sturmtiefs weit draußen auf dem Atlantik, der sich am Strand in Wellen bricht.

»Sie nennen es World Wide Web«, sagte er, ohne das weiter auszuführen. Ein junger britischer Informatiker hatte das erfunden. 1989 hatte sich Tim Berners-Lee das Hypertextmodell ausgedacht, eine Netzstruktur, in der jedes Wort in einem Text ein

Hyperlink zu einem neuen Text sein konnte, der wiederum aus Wörtern bestand, die wiederum zu neuen Texten führten. Das war ein Kontextgenerator, der oft wild wucherte, aber das vernetzte Denken nun nachvollziehbar machte.

Wenige Tage vor Weihnachten 1990 stellte Berners-Lee die erste Webseite der Welt ins Netz des CERN. Das Weltwissen und die Informationsfluten sollten hier eine Geschwindigkeit bekommen, wie sie die Welt nach über einem halben Jahrtausend linear geschriebener Bücher noch nicht erlebt hatte. In Amerika wurden sie da ganz wach. Am NCSA, dem National Center of Supercomputing Appliances in Urbana auf halbem Weg zwischen Chicago und St. Louis, hatten sie nicht nur das Verständnis, sondern auch die Möglichkeiten, diese neue Technologie aus der Schweiz zu einer amerikanischen Technologie zu machen. Seit Al Gore kurz vor seinem Amtsantritt als Clintons Vize noch als Senator ein Gesetzespaket mit dem selbsterklärenden Namen »High Performance Computing Act of 1991« durchgebracht hatte, schwamm das NCSA im Geld. Und so machten sich die beiden jungen Wissenschaftler Eric Bina und Marc Andreessen an die Arbeit, von denen Ersterer in den Annalen der Informatik verschwinden und der andere zu einem der mächtigsten Superinvestoren des Silicon Valley aufsteigen sollte.

Was die beiden da programmierten, ging noch einen Schritt weiter als Tim Berners-Lee. Sie begriffen, dass das World Wide Web nur dann aus den Nischen der Internet-Nerd-Kultur entkommen konnte, wenn man es auch sehen konnte. Bilder mussten her, bald auch schon Animationen, die ersten Videos. Es war, als hätten sie Nicholas Negropontes Vision vom Computer als Supermedium, das sämtliche Kulturgüter aus Atomen in Bits verwandelt, in einen Fiebertraum gepackt, der bald schon Millionen erfassen sollte.

Für mich war dieses erste Browserfenster eine Pforte der Wahrnehmung, was in der vollen Wucht des popgeschichtlichen Pathos gemeint ist. Wie ein Stromschlag durchfuhr mich das. So mussten sich die Menschen aus der Generation unserer Eltern gefühlt haben, als sie zum ersten Mal das »Sgt. Pepper's«-Album von den *Beatles* gehört, Jack Kerouacs »On the Road« gelesen oder Dennis Hoppers »Easy Rider« gesehen hatten. Die Welt konnte danach nicht mehr die gleiche sein. Da tat sich etwas auf, das sich nie wieder schließen würde. Endlich begriff ich, dass Cyberspace nicht nur der Modename für eine Technologie war, sondern die Verheißung einer neuen Kultur, in der die Gedanken nicht mehr von A nach B, sondern in 360-Grad-Sphären durch ein neues Universum fließen, nein rasen sollten. Und in dessen Zentrum stand der Computer, dieses Kunstwerk mit seinem Herz voller Chips, das Stromstöße in jede nur erdenkliche Richtung pumpen konnte, aus denen dann Zahlen, Gedanken, Wörter, Texte, Farben, Bilder und so vieles mehr entstehen sollte.

Adam Curry wusste, dass er nichts groß erklären musste. Er sah mir an, dass ich begriffen hatte und wahrscheinlich sehr bald in einen der Computerläden laufen würde, um so ein Tor zum Cyberspace zu kaufen. Weg mit dem Rechner, her mit dem Powerbook. Schon der Name. Buch der Macht. Manche feierten Tim Berners-Lee als den neuen Gutenberg. Noch war das nicht abzusehen. Aber das World Wide Web brauchte auch ohne historische Superlative nicht lange, um den Rest der Welt in die digitale Welt zu saugen. Mit einem Male konnte man dort nicht nur Texte und Nachrichten lesen. Man konnte Bilder ansehen, einkaufen, spielen, Geschäfte abwickeln, und zwar nicht nur als Konsument.

Es war verblüffend einfach, sich die Sprache des World Wide Web draufzuschaffen, vor allem, wenn man noch gewohnt war, mit einem MS-DOS-Rechner über Befehle zu kommunizieren. Hypertext Markup Language hieß diese Sprache, und jede leere Seite begann mit dem Signal an den digitalen Raum, dass man sich nun auf seine Kräfte einlassen würde: <html>, gefolgt von der Dreifaltigkeit <head>, <title>, <body>. Es dauerte keine Stunde, bis aus den langen Spalten solcher Befehlscodes eine Seite wurde, die mitsamt Bildern und Links im Netz stand. Live und mit der zumindest theoretischen Aussicht, dass die nun zehn Millionen andere Menschen auf der Welt auch sehen konnten. Viel mehr waren 1994 noch nicht im Netz. Das sollte sich bald ändern. Im Jahr drauf 40 Millionen, irgendwann im Jahr 2005 wurden daraus eine Milliarde, im Jahr 2023 waren es über fünf. Die Mehrheit der Menschheit. Aber damals war es noch eine digitale Elite, die sich vor allem auf Amerika und Europa verteilte.

Die Begeisterung wirkte ansteckend. Allein das Erlebnis, an einem langen Abend etwas zu veröffentlichen, wofür eine Redaktion Wochen brauchen würde, war berauschend. Und das auch noch für ein Publikum, das so ungleich viel größer war, weil es eben nicht zu einem Kiosk gehen oder ein Abonnement abschließen musste. Endlich blitzte dieses Funkeln in den Augen der digitalen Pioniere in der eigenen Wirklichkeit auf.

Für einen Beobachter wie mich war die Aufbruchsstimmung in Cambridge, Kalifornien, Washington und New York aber auch ein Gegengewicht zu all den Abgründen, in die ich damals als junger Krisenreporter blickte. Die Leichtigkeit, mit der man das Neuland der digitalen Räume erobern konnte, war ein wunderbarer Gegensatz zu den Reisen in die Krisengebiete mit all den Vorsichtsmaßnahmen, den tagelangen Suchen nach Leuten, die bereit waren, mit einem zu sprechen, nach den Widerständen in den Interviews und den Abgründen, die sich in diesen Geschichten auftaten. Der Drogenkrieg in Kolumbien, die Bandenkämpfe in Los Angeles und der Völkermord in Guatemala waren die Längen eines Teufelsdreiecks, in dem sich die Krisen gegenseitig in einer Gegenwart beschleunigten, in der es keine Zukunft gab.

In der digitalen Welt dominierten Neugier, Hoffnung, Euphorie, die einem als Journalist nicht oft begegnen. Den Unterschied spürte man schon in den Stimmlagen. Da waren die flachen Sprachmelodien der Menschen, die von den Kartellen, Todesschwadronen oder Gangs auf der Flucht waren, die Familie und Freunde verloren hatten, die mich an die Orte der Verbrechen und an die Gräber führten. Und dann waren da diese Wissenschaftler in Cambridge mit ihrer Selbstsicherheit, die Cyberpunks in San Francisco mit ihrem Glauben an eine Zukunft der Gleichheit und absoluter Demokratie, die neue Generation in Washington, die an ein Wirtschaftswunder im Netz glaubte, die Neugierigen in New York, jener Stadt, in der sie immer schon neugieriger waren als im Rest der Welt. Schön und gut, sagte ich mir, als der erste Rausch vorüber war, als die Webseiten abgegrast und auf die eigene eben keine Millionen, sondern nur ein paar Hundert gekommen waren. Das zeigte der Zähler an, den man am Ende der Seite einbauen konnte. Wo aber war mein Platz im Aufbruch? Ich konnte nicht programmieren, hatte keinen Sinn für Geschäfte und in der Politik nichts zu suchen. Kultur und Diskurs fanden in der Ultrademokratie des Internets keinen Halt. Das war eine Revolution im klassischen Sinne. Hierarchien lösten sich auf. Die Webseite mit meinen Artikeln und Fotos hatte zumindest in der Anmutung der frühen HTML-Webseiten den gleichen Stellenwert wie die der *New York Times* oder der Harvard University. Es gab im Netz keine Zentralfiguren, die eine Bewegung bündeln konnte, weder in der Kultur noch in der Politik, noch in den Wissenschaften. Kleinstgruppen, Nischen und Subkulturen hatten den gleichen Stellenwert wie Mehrheiten, Institutionen und Popkulturen. Das Internet war der große Gleichmacher. »Here Comes Everybody«, beschrieb der Medienwissenschaftler Clay Shirky dieses Phänomen 2008 mit dem Titel seines Buches über das »Organisieren ohne Organisationen« und die Dilettantisierung ganzer Berufszweige und Branchen, die das Internet mit sich brachte.

Wo war er also, der Weltgeist, den so viele in San Francisco beschworen hatten? Die neuen Formen der Kommunikation und Ideenfindung? Dieses Netzwerk aus Geistesblitzen, die sich aus aller Welt zu einem neuen Denken formieren würden? »All noise, no signal« schien dieser neue Weltgeist im Sinne der Kybernetik zu sein. Das große Rauschen ohne Signale. Es konnte ein großer Spaß sein, in all diese Kleinstgruppen, Nischen und Subkulturen abzutauchen, aber nach einem Abend im Netz, der sich bis in die Nacht zog, blieb doch meistens nichts übrig. Warum aber sollte man sich damit zufriedengeben? Das World Wide Web mochte eine Revolution sein, aber weder die Menschen, ihre Hirne noch die Gesellschaft veränderten sich, nur weil es Maschinen gab, die zunächst einmal die Kommunikationswissenschaften und dann den Handel aufmischten. Das Geistesleben und die Kultur blieben im Netz außen vor. Trotz all des Leuchtens und Funkelns in den Fenstern des World Wide Web blieb das Internet doch in einer Zeit der Finsternis gefangen, die eher an das Mittelalter erinnerte als an den Beginn des Zeitalters der Aufklärung, den die Utopisten für ihre digitale Revolution einklagten. Unzählige Weiler und Fürstentümer waren nun vernetzt und fanden doch nicht zusammen. Die Aufbruchsstimmung war aber viel zu mitreißend, um gleich wieder aufzugeben. Und es gab da draußen durchaus einen neuen Geist, nur musste man ihn finden.

5. Kapitel
Die Renaissance

Wie ein Kreis neuartiger Intellektueller eine Revolution anzettelte, die das Denken und die Welt für immer veränderte.

Ich fand den intellektuellen Mäzen der digitalen Renaissance ein paar Jahre später auf einer Farm in jenem Eck von New England, in dem die Hügellandschaft von Pferdekoppeln und Holzhäusern in adrettem Weiß bestimmt wird. Auch die Eastover Farm ist so ein altehrwürdiges Farmhaus, Baujahr 1773, mit Blumenrabatten drumherum, einem Tennisplatz und einem Swimmingpool auf dem Gelände. Sie liegt auf halbem Wege zwischen New York und Concord, Massachusetts, jenem Ort, in dem Ralph Waldo Emerson, Henry David Thoreau und Margaret Fuller mit dem Transzendentalismus im 19. Jahrhundert einen intellektuellen Aufbruch wagten, der sich mit seinem Glauben an das Gute im Menschen, an die Einheit der Natur und an einen Aufbruch deutlich vom puritanisch geprägten Geist der Nation absetzte.

John Brockman begrüßte mich dort an einem dieser lauen Sommernachmittage, die man in dieser Gegend am liebsten mit einem Krug selbstgepresster Limonade im Schatten auf der Terrasse verbringen möchte. Er trug einen weißen Panamahut und ein T-Shirt unter seinem Leinenjackett, wirkte eher wie ein Bohemien als wie die Schlüsselfigur eines intellektuellen Aufbruchs. »Welcome« sagte er, ein Wort, das bei ihm immer wie ein Versprechen klang. Brockman galt als der Inbegriff des Netzwerkers.

Als Literaturagent vertrat er vor allem Natur- und Technikwissenschaftler, die er zu einem Zirkel vereinte, der sich zunächst in New York in chinesischen Lokalen, Künstlerlofts, Wohnzimmern und in Konferenzräumen von Universitäten und Banken getroffen hatte. Große Namen fanden sich bei diesen Treffen. Der Evolutionsbiologe Richard Dawkins gehörte dazu, der mit seiner Memtheorie von den Verhaltens- und Informationsmustern, die sich evolutionär verbreiten, 1976 die Dynamik des Internets vorwegnahm, die später von seinen »Memes« geprägt sein würde. Der Kognitionsforscher Steven Pinker war einer der Mitbegründer dieses Zirkels, der in Harvard mit seiner »Computational Theory of Mind« die Denkformen des menschlichen Gehirns mit den Rechenprozessen der Computer verglich. Die KI-Pioniere Marvin Minsky und John McCarthy schauten öfter vorbei. Aber auch Boheme-Figuren wie Stewart Brand, der Yippie-Aktivist Abbie Hoffman oder der Lyriker Michael McClure kamen hin und wieder dazu. Denn die eigentlichen Wurzeln in Brockmans Denken waren die Bohèmejahre der Stadt New York.

Eigentlich hatte er eine Firma für Finanzleasing betrieben, aber Mitte der Sechzigerjahre war der Sog der Subkulturen in Downtown Manhattan viel zu stark für einen neugierigen Neuankömmling aus Boston. Brockman kuratierte Filmfestivals, betrieb die psychedelischen Lightshows im Nachtclub The World und hing in Andy Warhols Factory herum.

In dieser Zeit lernte er auch den Komponisten John Cage kennen, der in seinem Loft regelmäßig Abendessen ausrichtete. Bei einem dieser Dinnerpartys gab er Brockman 1965 das Buch »Cybernetics« des Mathematikers Norbert Wiener. Wieners Kommunikationstheorie von den Kontroll- und Regelungsmechanismen in Lebewesen und Maschinen sollte später die Grundlage für die digitale Revolution werden. Für Brockman war es das geistige Sprungbrett in die Welt der Wissenschaften.

»Reality Club« hatte Brockman seinen Zirkel getauft, als er ihn 1981 zum ersten Mal einberief. Fünfzehn Jahre später verlegte er seinen Club ins Netz. Edge.org hieß er dort. Das hatte er aus dem Motto des Reality Clubs abgeleitet: »Um an die Grenzen des Weltwissens zu gelangen, muss man die komplexesten und klügsten Köpfe in einen Raum setzen und sie sich gegenseitig die Fragen stellen lassen, die sie sich selbst stellen.« Was ursprünglich eine Verkaufsidee für seine Klienten gewesen war, entwickelte sich zu einer neuen Geisteshaltung, für die das World Wide Web das ideale Forum darstellte.

1988 hatte Brockman verfolgt, wie Stephen Hawkings »Eine kurze Geschichte der Zeit« zum Weltbestseller aufstieg. Der Physiker hatte zwar ein populärwissenschaftliches Buch geschrieben, aber es ging immerhin um Astrophysik, um Themen wie die Ausdehnung des Universums, um schwarze Löcher und Stringtheorie. Brockman sah da zunächst einen neuen Markt für Wissenschaftsbücher, die ein breites Publikum verstehen konnte, ohne dass sich die Autorinnen und Autoren intellektuell einschränken mussten. Sein Instinkt war perfekt. Mit den technischen und wissenschaftlichen Sprüngen der Gesellschaft, die in den Achtzigerjahren begannen, wuchs auch der Hunger nach Verständnis. Bald schon waren siebenstellige Vorschüsse für Wissenschaftsbücher Brockmans Spezialität. Sein Ruf als Königinnen- und Königsmacher half ihm, sich mit einem Kreis zu umgeben, der bald schon aus den Männern und in den meisten Fächern bis heute wenigen Frauen bestand, die diese Revolution vorantrieben. Die digitale Welt und die Wissenschaften verstanden sich dabei keineswegs als separate Einheiten. Die Interdisziplinarität des Media Lab am MIT war bald schon Vorbild. Nicht nur für Institute in aller Welt. Auch für ein Denken, das eben keine Horizonte erweiterte, sondern gleich einen ganzen Kosmos der Ideen.

Aus der Marktlücke im Buchhandel wurde in den Sitzungen

des Reality Club eine intellektuelle Strömung, für die er 1991 gemeinsam mit dreiundzwanzig Wissenschaftlerinnen und Wissenschaftlern ein Manifest verfasste. »Third Culture« nannten sie ihren Aufbruch in einer Welt des vernetzten Denkens, das mit dem World Wide Web an die Renaissance anknüpfen sollte, an jene Zeit, als die Künste und die Wissenschaften sich in den Salons italienischer und französischer Adeliger zu einem Aufbruch vereinten, der sich aus den Klammergriffen der Kirchen und der Königshäuser befreite.

Brockman hatte seine Dritte Kultur aus einem Essay des Physikers C. P. Snow abgeleitet, den dieser 1959 mit dem Titel »The Two Cultures« veröffentlicht hatte. Darin beklagte Snow, dass sich in der Revolution der Wissenschaften die Geistes- und Naturwissenschaften in zwei intellektuelle Lager gespalten hätten, die kaum noch eine gemeinsame Sprache fänden. Die Dritte Kultur aber, die Brockman und seine Weggefährten proklamierten, sollte diese Kluft schließen. »Fragen Sie mal einen Literaturwissenschaftler oder einen Philosophen, ob er eine Ahnung von Naturwissenschaften hat«, sagte er, als er mir auf der Terrasse die Dritte Kultur erklärte. »Da bekommen Sie oft ein Grinsen zur Antwort. Fragen Sie mal einen Physiker, ob er Shakespeare mag. Kein Naturwissenschaftler würde es zugeben, geschweige denn stolz darauf sein, keine Ahnung zu haben.« Brockmans Vision waren Bücher von Physikern, die Künstler und Philosophen, Bücher von Philosophen, die Mathematiker und Chemiker verstehen. Sein langjähriger intellektueller Sparringspartner, der Philosoph Daniel Dennett, war sein Musterbeispiel, der seine Buchmanuskripte erst einmal an vierzig, fünfzig befreundete Wissenschaftlerinnen und Wissenschaftler zum Gegenlesen schickte. Erst wenn die seine Theorien verstanden hatten, reichte er sie beim Verlag ein.

Mit der Webseite hatte John Brockman mit einem Mal ein Instrument an der Hand, das aus der Denkschule eine Debatte machen konnte. Bücher waren das Fundament, aber als Medium viel zu schwerfällig, um mit den Geschwindigkeiten der technischen und wissenschaftlichen Entwicklungen mithalten zu können. Auf der Webseite aber konnte er ohne den Vorlauf der gedruckten Medien Essays und Interviews veröffentlichen, die sein Kreis in Echtzeit kommentieren und beantworten konnte. Auch die Themen mussten sich keiner Blattlinie unterordnen. Egal ob Gentechnik, Biochemie oder Astrophysik, ob Soziologie, Philosophie oder der Aufstieg der digitalen Welt, alle debattierten mit allen. Und das gut zwanzig Jahre bevor der Soziologe Armin Nassehi in Europa die Technologiedebatten zu den eigentlichen Kerndiskursen der Gegenwart erklärte.

Brockman war aber trotz seiner Kindheit als Sohn eines Blumenhändlers in Boston durch und durch ein New Yorker, einer jener Millionen notorisch Neugieriger, die in der Verdichtung der Insel Manhattan ihre geistige Heimat gefunden hatten. Nirgendwo sonst auf der Welt waren sich Sub-, Pop- und Hochkultur physisch so nahe, die Einkommensscheren so spürbar und gleichzeitig in den Boheme- und Kulturwelten kein soziales Hindernis. In den Nachtclubs von Downtown, in Andy Warhols Factory und John Cages Loft waren die Ideen und Gedanken die eigentliche Währung des sozialen Status. Der Reality Club und Edge.org waren damit eine direkte Brücke von den Salons der Renaissance zur Radikalität des Gleichheitsgedankens im Internet. Die Türhüter der Deutungshoheiten und Grenzziehungen der Disziplinen hatten ausgedient. Richard Dawkins' Konzept vom Mem, das als Informationsträger die besten Ideen in exponentiellen Kurven verbreitete, egal ob es die Kräfte der Evolution oder der Aufklärung waren, die sie antrieben, wurde erneut zu einem Naturgesetz des intellektuellen Lebens.

Brockman hatte aber auch verstanden, dass die Debatte im Internet an natürliche Grenzen stößt. Schrift und Bild sind bis heute kein

Ersatz für den direkten Austausch. Sein guter Freund Stewart Brand hatte mit den »Flame Wars« auf seinem Netzwerk The Well auch schon genügend Erfahrung damit gemacht, was passiert, wenn Gruppen im gesichtslosen digitalen Raum diskutieren. Und da waren die Shitstorms und Spaltpilze, aber auch die Filterblasen und Rückkoppelungsschleifen der sozialen Medien noch zehn, zwanzig Jahre weit weg. Die Salons, die in der Vergangenheit der Motor der Aufklärung gewesen waren, sollten auch in der digitalen Gegenwart das eigentliche Medium der Ideengeschichte bleiben. Der digitale Raum konnte als Beschleuniger dienen, aber nicht als Ersatz.

Brockman hatte eine ganze Palette solcher Salons, die er veranstaltete. Da gab es die Edge Dinner, Abendrunden manchmal bei ihm zu Hause in seiner Altbauwohnung auf der Upper Westside direkt am Central Park. Jeder Besuch war da wie die Zeitreise in eine Welt, in der sich die Intellektuellen noch in genau solchen Wohnungen mit Altbaufluchten und riesigen Esstischen trafen, um die herum sie sich die Köpfe heißredeten. Man betrat das Gebäude über eine dieser Lobbys mit mannshohen Blumengestecken, Marmorboden und einem Doorman, der einen nach dem Namen des Besuchten fragte, um einen dann mit der Geste eines Hotel-Concierge zum Lift zu weisen. Oben war die Wohnung dann meist schon voll, die Gespräche schwirrten, es gab Wein und irgendwann lieferte ein Kurier das Essen aus einem der benachbarten Lokale. Ums Essen ging es da nicht, sondern um den Abend. Es gab keine Musik, kein Programm, keine Reden. Die Leute sind das Programm, sagte er immer und fluchte, wenn er mal wieder auf einer Konferenz war, auf der es beim Abendessen eine Einlage oder gar eine Vorführung gab.

Auch die Lokale, in denen Brockman seine Leute versammelte, wurden weniger nach der Speisekarte ausgesucht als vielmehr danach, ob man einen Raum fand, der groß genug und ohne Musikbeschallung zu haben war. Immer wieder gab es solche Runden in New York, aber bald auch in jeder größeren Stadt, in der er Klienten besuchte oder auf Konferenzen war, in San Francisco, Boston und London. Später gab es die legendären »Billionaires' Dinners« am Rande der TED Conference in Monterey, Los Angeles und Vancouver, jenem Ideenfestival, das Brockmans Idee vom Diskurs aller Disziplinen aufgriff und dann später mit Videos von den »TED-Talks«-Kurzvorträgen zum weltweiten Phänomen machte. Da trafen bald schon Tech-Milliardäre, Wissenschaftler und Popstars aufeinander.

Einmal im Jahr erweiterte John Brockman den Kreis. Kurz vor Jahreswechsel rief er zum »World Question Center«, bei dem sich das gesamte Netzwerk eine große Frage vornahm. Die Fragen überlegte er sich in der Regel mit den Weggefährten des Reality Club, mit Stewart Brand und Steven Pinker. Einmal stellten sie die Schlüsselfrage der Salonkultur, die oftmals der Keim epochaler Revolutionen war: Was ist Ihre gefährlichste Idee? Über einhundert solcher Ideen kamen da zusammen. Liest man quer durch dieses intellektuelle Feuerwerk, wird man schon bald im eigenen Kopf erleben, wie die Ideen aufeinanderprallen, wie sie Energie freisetzen und so neue Ideen schaffen.

Kern der Brockman-Welt aber waren die »Master Classes«. Da war der Unterschied zwischen den Online-Debatten und dem direkten Diskurs buchstäblich physisch zu spüren. Da war dieses Hochgefühl, das einen erfasst, wenn Ideen kollidieren, die wie in einem Teilchenbeschleuniger Energie freisetzen, die wiederum neue Ideen schafft. So kann man das beschreiben, wie es sich anfühlt, wenn man einen gelungenen Salon verlässt. Das war auch der Grund, warum sich Nobelpreisträger, Milliardäre und Superstars die Zeit nahmen, Kontinente und Weltmeere zu überqueren, wenn John Brockman so eine Einladung schickte. Die Debatten auf Edge verfolgten sie alle. Die Tiefenschürfungen waren legendär.

Dieses Hochgefühl erfasste selbst den Zaungast. An jenem Wochenende beispielsweise, als mich Brockman zum ersten Mal zu so einer Masterclass einlud. Da war ein gutes Dutzend großer Namen eingeladen, die ihr jeweiliges Feld entscheidend geprägt hatten: der Genforscher Craig Venter, der das erste Genom entschlüsselt hatte, sein Kollege George Church. Da war Robert Shapiro, der die Chemie der DNS erforscht, der Astronom Dimitar Sasselov, der Quantenphysiker Seth Lloyd sowie der Physiker Freeman Dyson, der seine Rolle als Wissenschaftler auch immer darin sah, allgemein akzeptierte Wahrheiten infrage zu stellen. Ein paar Wissenschaftsautoren waren gekommen, die Literaturredakteurin der Zeitschrift *New Yorker* Deborah Treisman.

Krüge mit Eiswasser und Limonade standen im Schatten von Sonnenschirmen auf runden Tischen, als sei das hier eine der Edge-Dinnerpartys. Später wurde noch Salat, Lachs und Pasta serviert. Die Stimmung war eher plauderig. Die meisten kannten sich von Abenden und Nachmittagen, zu denen Brockman geladen hatte. Bei anderen solchen Zusammenkünften war die Zahl der Nobelpreisträger vielleicht höher, doch was die Runde dann im warmen Sommerwind unter den rauschenden Wipfeln der Ahornbäume diskutierte, war die gewichtige Frage: Wie entsteht Leben? Seth Lloyd formulierte das Problem dann gleich zu Beginn: Die Wissenschaft wisse alles über den Ursprung des Universums und fast nichts über den Ursprung des Lebens. Ohne dieses Wissen stocherten die Wissenschaften an der Schwelle zum biologischen Zeitalter allerdings weitgehend im Dunkeln.

Brockman hatte die Wissenschaftler ganz bewusst ausgewählt. Sie waren zwar Vertreter sehr unterschiedlicher Felder, konnten sich aber schon lange nicht mehr auf ihre Einzeldisziplinen zurückziehen. Auch wenn ich mich spätestens in dem Moment als Außenseiter fühlte, als Robert Shapiro einen Witz über Ribonukleinsäuren machte, der ihm von den Wissenschaftlern lautes

Gelächter einbrachte und den ich nicht einmal im Ansatz verstand, war doch genau diese Überforderung der eigentliche Reiz, zu diesen Treffen und Essen zu kommen. Hier war ein Netzwerk, in dem alle Beteiligten an der Zukunft der Wissenschaft und Menschheit arbeiteten. Warum sollte man das auf Anhieb verstehen?

John Brockman führte solche Zusammenkünfte mit souveräner Lässigkeit. Er selbst verlor meist nicht viele Worte, pries die Vortragenden, stellte kurze Fragen. Viele seiner Treffen markierten den Beginn einer Phase, in der ein wissenschaftliches Thema den Lauf der Dinge prägte. So wie er später die Koryphäen der Verhaltensökonomie wie den damaligen Nobelpreisträger Daniel Kahneman und den künftigen Richard Thaler versammelte, kurz bevor die Finanzkrise von 2008 die traditionellen Wirtschaftswissenschaften in eine massive Identitätskrise stürzte. Oder wie jenes Zusammentreffen der naturwissenschaftlichen Moralforscher, die den Zerfall der amerikanischen Gesellschaft entlang der politischen Gräben im Blick hatten. Er übernahm da regelmäßig eine Rolle, die eigentlich aus dem 17. und 18. Jahrhundert stammte, als die meist großbürgerlichen Damen der Salons in ihren Wohnungen Soireen und Matineen gaben, die gesellig wirkten, doch in Wahrheit die Kräfte der Aufklärung bündelten.

Auch die Fixierung auf Landgüter und Metropolen stand bei Brockman in der Tradition. Im Italien der Renaissance trafen sich die Adeligen oft noch auf ihren Anwesen auf dem Lande. Als sich die Salonkultur rund um die europäischen Höfe etabliert hatte, waren diese Zusammenkünfte dann erste Formen einer urbanen und bürgerlichen Kultur. Im Paris des frühen 16. Jahrhunderts zum Beispiel bildeten sich die ersten Salons, als die Adeligen ihre Landgüter verließen und sich in der Hauptstadt um den König scharten. Zunächst zementierten sie nur die frühen Formen der bürgerlichen Kultur, die Musik, die Literatur. Bald aber kamen

Philosophen hinzu. In ganz Europa gehörte es schon bald zum Leben der großen Städte, dass Damen der Gesellschaft die wichtigsten Denkerinnen und Denker versammelten. Das waren zu ihrer Zeit oft radikale Versammlungen, denn in den Salons gab es keine Standesgrenzen. Hier gärten die intellektuellen Vorboten der Revolutionen, allen voran die französische. Und ähnlich wie im New York des mittleren und späten 20. Jahrhunderts war mit dem Vernunftdenken der Aufklärung der Intellekt zu einem neuen Maß des Ansehens geworden.

Es existierte aber eine noch größere Währung. In England hatte sich die in der Kaffeehauskultur des 17. Jahrhunderts entwickelt. Im Jahr 1650 hatte mit dem Grand Café in der Universitätsstadt Oxford das erste Coffee House der britischen Insel eröffnet. Dort hatte nicht nur die offene Struktur des Cafés einen enormen Effekt auf die Debattenkultur, sondern auch Kaffee und Tee, die neuen Getränke aus den Kolonien. In einem Land, in dem die gesamte Bevölkerung zu jeder Tageszeitung Alkohol trank, wirkten die Stimulantien des Koffeins wie Dünger für die aufblühenden Ideenkulturen. Vor allem aber bildete sich in den Salons und Kaffeehäusern Europas (und später auch Amerikas) das Grundprinzip der Innovation und des Fortschritts heraus, das Netzwerk. Denn es waren eben nicht die jähen Heureka-Momente in der Einsamkeit des Labors oder der Studierstube, mit denen die Wissenschaftler und Denker die Menschheit aus den dunklen Zeiten der Vormoderne in das Licht der Vernunft holten. In den oft heftigen Debatten in den Salons und Kaffeehäusern konnten die Ideen erst einmal fermentieren, um solche Heureka-Momente überhaupt möglich zu machen.

Die Rückkehr zu den Salons und Netzwerken in den Reality-Club-Treffen, auf Edge.org und später in den Konferenzen dieser neuen Denkwelten passte perfekt in ein Zeitalter, in dem sich die Massenmedien von den Veröffentlichungs- und Sendemodellen

verabschieden und in Netzwerke mit schier unendlichen Knotenpunkten verwandeln.

Die digitale Ära stellte die Frage, ob sich nun noch einmal vollzieht, was Jürgen Habermas den »Strukturwandel der Öffentlichkeit« nannte, jenen Aufstieg des Bürgertums und der Massenge-
sellschaft, der mit den Salons begann und die Deutungshoheiten
der Vergangenheit auf den Kopf stellte. Kirche und Staat wurden
abgelöst von Volk und Wissenschaft. Nun waren es Staat und Zivilgesellschaft, die von Wissenschaft und Technologie abgelöst
wurden. Das war allerdings keine Geschichte der Ermächtigung.
   Der aktuelle Kampf um die Deutungshoheiten, die John Brockman so vehement beanspruchte, war jedoch kein politischer Diskurs. Der hatte sich seit dem Ende der Ideologien in unzählige,
oft regionale Mikrokonflikte aufgelöst. Auch der Kampf zwischen Religion und Wissenschaft war längst entschieden. Und
doch waren es die Wissenschaften, die Gewissheiten infrage stellten. Auch an jenem Sommertag in Connecticut. Als die Wissenschaftler von der Frage nach dem Ursprung des Lebens schon
bald auf ihre Forschungen und Projekte kamen. Craig Venter erzählte von seinen Plänen, Bakterien zu entwickeln, die einmal
fossile Brennstoffe als Energiequelle ablösen könnten, und von
seiner Vision, eine Zelle und damit Leben im Labor zu erschaffen. Allen war klar, dass Energie aus einer züchtbaren Biomasse
eine Welt, deren Wirtschaft und Geopolitik auf dem Abbau fos-
siler Brennstoffe basiert, von Grund auf verändern würde. Ganze
Regionen würden sich damit verändern. Warum sollte man im
Nahen Osten dann noch Kriege führen? Es gäbe keinen Grund
mehr für die Abgesandten der demokratischen Welt, in Wüsten-
staaten Bücklinge vor Regenten einer Welt zu machen, in der Errungenschaften der Zivilisation wie Menschen- und Bürgerrechte
noch nicht einmal am Horizont der Zukunft auftauchten. Künst-

liches Leben aber würde das Selbstverständnis der Menschheit so grundsätzlich erschüttern, dass die Runde an diesem Nachmittag dann doch bald das Thema wechselte.

George Church beschrieb das Konzept, die Genetik als Sprache und das Genom als Mammutwerk zu betrachten, die es nun zu entschlüsseln gelte. Dimitar Sasselov berichtete von seiner Suche nach erdähnlichen Planeten. Seth Lloyd erläuterte die ungeahnten Möglichkeiten der Quantencomputer bei der Erforschung des Lebens. Allesamt Themen, die das Leben der Menschheit und ihr Verständnis von dieser Welt komplett verändern würden.

Was da vor Jahren unter den Ahornbäumen noch wie Science-Fiction klang, ist heute zum Teil schon wissenschaftliche Realität. Was sich aber ganz nebenher bei diesen Wochenenden, Abendessen und Treffen formierte, sollte die Welt für eine ganze Weile verändern. Da kamen junge Männer dazu, die im Internet Firmen gründeten. Brockman gefiel dieses Draufgängertum, Ideen in Millionen zu verwandeln, aus denen für einige von ihnen später mal Milliarden werden würden. Da saßen sie dann mit den Wissenschaftlerinnen und Wissenschaftlern zusammen, hörten zu, saugten auf, wie sich die Welt wandelte. Die Offenheit war enorm. Sie waren ja unter Freunden, Jeff, Mark und Elon, Larry und Sergej, ein paar Veteranen wie Bill und Paul. Hier formierte sich der innere Zirkel des 21. Jahrhunderts.

Nicht ohne Konflikte. 2006 verfasste Jaron Lanier, den sie alle als Enthusiast und Pionier der digitalen Welt kannten und dem ich noch als Missionar der digitalen Psychedelik begegnet war, einen Essay mit dem Titel »Digital Maoism«, den Brockman auf Edge.org veröffentlichte. Lanier war der Erste, der es wagte, mit der Aufbruchsstimmung und Euphorie des digitalen Zeitalters zu brechen. Der Weltgeist, so stand da, sei in Wahrheit ein Schwarmgeist. Und der sei nichts anderes als der Vorbote des Mobs. Die Unbarmherzigkeit der digitalen Massen entdeckte er zunächst im

Online-Lexikon der Wikipedia, einem eigentlich gemeinnützigen Verbund aus Tausenden Freiwilliger, die die Einträge verfassten, korrigierten, diskutierten und wieder neu verfassten. Die sozialen Medien waren bis dahin noch keine Kraft im Netz. Facebook war vor allem ein Bulletin Board für die amerikanischen Universitäten, Twitter ein Start-up in San Francisco. Bis heute gilt die Wikipedia als Fackelträgerin des Pioniergeistes einer neuen Form der Teilhabe und des kollektiven Willens in den Diensten des Allgemeinwohls.

Bald schon sollten sich seine Prophezeiungen bewahrheiten. Sie hatten es alle nur gut gemeint. Larry Page und Sergey Brin wollten mit ihrer Suchmaschine Google das Internet zur größten Bibliothek in der Geschichte der Menschheit machen. Mark Zuckerberg sah Facebook als Weltknoten, der alle Menschen miteinander verbindet. Jack Dorsey dachte sich mit Twitter eine Maschine für den grenzenlosen Meinungsaustausch aus. Google, Facebook, Twitter und die unzähligen Blogs und Foren simulierten dann schon bald genau dieses Erlebnis des Ideenaustausches für ein Publikum, das bis heute auf Milliarden gewachsen ist.

6. Kapitel
Die Aufklärung

*Wie sie an der amerikanischen Westküste erst das Internet
und dann das neue Denken ordneten und dabei die antike Figur
des Orators ins Zentrum des Geisteslebens zurückkehrte.*

Lange bevor die zukünftigen Giganten das Internet unter sich
aufteilten, klang Verheißung erst einmal so: Wiiiiiiee(plingpleng)
woaaacccccccchhhhhh. Jeden Morgen fand das Modem des
Rechners mit diesem Soundeffekt über die Kupferleitungen der
Telefongesellschaft seinen Weg in den digitalen Raum. Das Fenster öffnete sich und der Weg in die Kaninchenbauten begann. So
nannte man das frei nach »Alice im Wunderland«, wenn man sich
in den endlosen Verästelungen des Internets verlor, wenn immer
neue Strömungen der Weisheit oder auch der Ablenkung einen
aus der Zeit in die Tiefen des digitalen Raumes zogen, so wie die
Romanheldin in den Kaninchenbau und dann in die Parallelwelt
der Fabelwesen gefallen war. Noch so ein Relikt aus der Hippie-
zeit, in der Lewis Carrolls Buch als Metapher für die psychedelischen Wirkungen des Rausches gedient hatte.

Man musste sich in den digitalen Kaninchenbauten zunächst
noch selbst zurechtfinden. Die ersten Suchmaschinen wie Go-
pher, Lycos und Altavista funktionierten eher wie Zufallsgene-
ratoren. 1997 aber begann Google damit, das Internet mit einem
Algorithmus zu ordnen, der Relevanz erkennen konnte. John
Brockmans Edge.org fand sich da oft in den oberen zehn Plätzen,
auch wenn die Wissenschaftsdebatten der Dritten Kultur keines-

wegs eine größere Öffentlichkeit erreichten. Relevanz und Reichweite waren noch zwei unterschiedliche Parameter. Das sollte sich erst später ändern, als die Algorithmen der Suchmaschinen und dann der sozialen Netzwerke die Inhalte nicht mehr für die Nutzerschaft, sondern für die Werbekunden sortierten.

In der Welt all jener aber, die die Ideengeschichte des digitalen Zeitalters prägen sollten, war Relevanz mit dem Netz eine messbare Größe geworden. Das Hypertext-Protokoll machte es möglich. Hatte sich eine Idee mit möglichst vielen anderen Ideen vernetzt, wurde ein Text also mit anderen Texten verknüpft, stieg der Wert sehr viel deutlicher als mit Klicks und Abrufen. Auch das war ein Bruch mit dem linearen Denken der Vergangenheit, um das Paralleldenken der Zukunft zu manifestieren. Das war eine neue Form des Intellektualismus, der sich in Richard Dawkins' Konzept von der Evolutionsbiologie mit ihren Memes als Blaupause für die Ideengeschichte wiederfand. Auf dem Marktplatz der Ideen mussten sich Memes gegen ihre Konkurrenten durchsetzen, immer wieder, bis sie als buchstäbliche Sieger übrig blieben. »Digerati« nannte John Brockman die Protagonisten dieser neuen Denkschule, ganz bewusst so formuliert, dass das Wortspiel aus »digital« und »Literati« keine Fortsetzung des traditionellen Intellektualismus, sondern einen Bruch markierte.

Die Zeit war reif für so einen Ruck. Mit dem Kalten Krieg war auch das Zeitalter der Ideologien zu Ende gegangen. Francis Fukuyama hatte mit seinem Essay von 1989 das »Ende der Geschichte« und den Sieg der Demokratie zwar etwas voreilig verkündet. Als Leitmotiv des Zeitgeistes aber hielt sich seine Vision vom Weltbild des Westens mit seinen Wurzeln in den Werten und Erkenntnissen der Aufklärung als eine Art Schwamm, der alle anderen Werte und Weltbilder aufsaugen würde. Wenn aber Demokratie, Menschenrechte und der Freiheitsbegriff der Marktwirtschaft als Wertekanon gegeben waren, bedeutete das auch, dass da Raum war für eine neue Schule des rein rationalen Denkens. Der digitale Raum mit seinen Strukturen, die den Prinzipien der Mathematik und Informatik folgten, schien wie geschaffen für diese Digerati.

Brockmans Zirkel war für dieses Denken so etwas wie ein Epizentrum. Es gab keine Mission, keinen Bekehrungswillen, aber im Sinne der Memes verbreiteten sich die neuen Ideen über die Webseite, die Bücher, die Vorträge der Digerati in immer größeren konzentrischen Kreisen. Das funktionierte vor allem in jenem neuen Bildungsbürgertum, das in diesen Jahren seinen Aufstieg fortsetzte, den es in den Sechzigerjahren begonnen hatte. Mit den Abschlüssen der besten Universitäten, einem liberalen Weltbild und einer intellektuellen Offenheit hatte sich vor allem in den Metropolen eine neue Generation aufgemacht, die Schaltstellen der Gesellschaft zu besetzen, die später mal vom Backlash des Populismus als Elite und Klassenfeind beschimpft wurde. Zunächst aber begann im digitalen Raum erst einmal der Aufbruch einer neuen Aufklärung, der von den neuen Technologien beschleunigt wurde, wie einst die Befreiung vom Dogma der Kirchen und der Herrschaft der Königs- und Adelshäuser durch den Buchdruck.

Edge.org war nicht das einzige Forum der Digerati. Bald schon erkannten Wissenschaft und Technologie im Netz einen Durchlauferhitzer, der die traditionellen Medien nicht zwingend ersetzen, aber doch immens verstärken würde. Papers und Konferenzen mochten weiter die Arenen sein, in denen die Ideen gegeneinander antreten würden. Allerdings waren die Zirkel noch klein. Konferenzen besuchten nur die Eingeweihten, und die verstanden auch die wissenschaftlichen Papiere. John Brockmans Wochenenden, Dinnerpartys und Treffen waren einem noch kleineren Kreis der Digerati vorbehalten. Die Bücher verkauften sich prächtig, aber auch mit den Bestsellern blieb die Dritte Kultur in der Eindimensionalität der Texte. Und das in einem Zeitalter, das erst vom »Iconic Turn« und dann bald auch von der Vielschichtigkeit eines Internets bestimmt wurde, das mit den immer größeren Speicherplätzen, Rechner- und Übertragungsgeschwindigkeiten Nicholas Negropontes Versprechen vom Einheitsmedium aller Formen erfüllte. Audio und Video kamen dazu.

Ausgerechnet der Orator erlebte da seinen Wiederaufstieg, jene Figur der Antike, die mit dem Vortrag und der Debatte die Ideengeschichte noch ganz physisch lenkte.

Vorreiter dieser Wiedergeburt der öffentlichen Rede war eine Konferenz im amerikanischen Westen namens TED. Die drei Buchstaben standen für Technology, Entertainment und Design. 1984 hatte der Architekt und Designer Richard Saul Wurman das Treffen erstmals im malerischen Küstenstädtchen Monterey veranstaltet. Wurman war ein quirliger Herr mit Bart und Brille und einer Überzeugungskraft, die jeden sofort für ihn einnahm. Er war auch längst kein traditioneller Architekt und Designer mehr. Er hatte ähnlich wie die Wissenschaftlerinnen und Wissenschaftler vom Media Lab in Cambridge verstanden, dass Architektur und Design im digitalen Raum eine entscheidende, aber doch sehr andere Rolle haben würden. Die Architektur sollte fortan all die neuen Formen ordnen, die auf den ersten Blick eindimensional, auf den zweiten aber hochkomplexe Sphären aus Vernetzungen und Hierarchien waren, in denen die Naturgesetze nicht galten. Und nur das Design konnte zwischen Mensch und Maschine vermitteln. Da half keine Sprache mehr. Je komplexer die Algorithmen im Hintergrund arbeiteten, desto schlichter musste die Oberfläche sein, auf der sich die Nutzerinnen und Nutzer bewegten. Die Google-Startseite ist bis heute die perfekte Inkarnation dieses Prinzips. Eine leere Zeile, ein Knopf, ein Logo, mehr brauchte die Maschine eigentlich nicht. Fast identisch gestaltet sollte später die künstliche Intelligenz ChatGPT ans Netz gehen, die den digitalen Raum 2022 noch einmal revolutionieren würde.

Bei der TED Conference versammelten sich nach Richard Saul Wurmans Idee all jene, die aus der Technologie jenes Übermedium machen würden, das Nicholas Negroponte im Kopf hatte. Das Silicon Valley war von Monterey nur anderthalb Stunden entfernt, Hollywood ein paar Autostunden Richtung Süden. Bald schon wurde aus dem losen Treffen ein alljährliches Ereignis. Wer hier eingeladen war, gehörte zum inneren Zirkel der digitalen Elite. Auf der TED-Bühne erwachte die Technologie immer öfter zum Leben. Man erhaschte Blicke in die Zukunft. Bei der ersten Konferenz 1984 war es die Compact Disc, die vorgestellt wurde, bald schon der erste Macintosh-Computer. Die Granden des neuen Denkens wie Stewart Brand und Nicholas Negroponte hielten Vorträge, in denen sie die Zukunft ausmalten. Wissenschaftler wie der Mathematiker Benoît Mandelbrot verdichteten ihre Vorlesungen zu Performances für ein Publikum, das nicht vom Fach, aber vom intellektuellen Kaliber her auf Augenhöhe war. Musiker und Künstler kamen dazu. Der Jazzmusiker Herbie Hancock zum Beispiel, der immer schon die neuesten Geräte in seine Musik integrierte. Das war Dritte Kultur live. Bald hieß die TED Conference auch das »Woodstock der Ideen«.

Öffentlich war das nicht. In den Metropolen von London über New York bis San Francisco war eine Einladung zur TED bald schon ein Statussymbol. Auch im Publikum war man dort ein Teil der Stratosphäre eines Systems, das sich zwischen der Wissensökonomie und der Bildungsindustrie die Spitzenposition der Gesellschaft erobert hatte. Die Technologien waren zwar der Kern der Konferenz, doch letztlich war sie die Antipode zum Gleichheitsgedanken des Internets. Bis Richard Saul Wurman genug hatte. 2002 verkaufte er die Konferenz an den britischen Verleger Chris Anderson, der mit Computerzeitschriften ein Vermögen gemacht hatte. Das änderte alles.

Anderson war anders als Wurman. Er ist ein ernsthafter Brite, glatt rasiert und hoch konzentriert. Anderson wollte keinen inneren Kreis. Er wollte die Welt von den Vernunftgedanken überzeugen, die da aus der Mitte der Wissenschaft und Technik kamen. Das Missionarische hatte er von seinem Vater, der als Arzt und Evangelikaler durch die Welt gezogen war. Anderson fand auch ein Motto für die TED, das sich an Dawkins' Meme-Idee orientierte: »Ideas worth spreading«. Ideen, die es wert sind, verbreitet zu werden.

Meine erste Einladung kam für Oxford für die TED Global 2009. Unter Andersons Ägide war die TED Conference rasch aus dem Küstenstädtchen Monterey rausgewachsen. Die Konferenz selbst zog erst nach Long Beach um, den Handelshafen von Los Angeles, dann nach Vancouver, die Stadt am nordwestlichen Ende des zivilisierten Amerika. Ein Ableger für Europa sollte nun alljährlich in Oxford stattfinden, das der schweizerische Journalist Bruno Giussani kuratierte. Als das Unistädtchen zu klein wurde, zog TED Global nach Edinburgh weiter. Vor allem aber sollte die TED Conference über das Netz in den Rest der Welt wachsen.

Anderson hatte sich die Webproduzentin June Cohen geholt. Die erfand die »TED Talks«. Das waren Videos der Konferenzvorträge. Die durften sowieso nicht länger als achtzehn Minuten sein. Länger als ein Musikvideo, aber nicht so lang wie eine Vorlesung. Das richtige Maß, um komplexen Stoff an die digitalen Massen zu bringen, die es mit der Konzentration nicht so hatten, aber trotzdem mehr verstehen wollten als die sonst üblichen Ideenblitze, von denen in den Netzformaten nicht viel übrig blieb. Der Erfolg der Videoplattform YouTube war das perfekte Vehikel für diese Sorte Massenintellektualismus. Und Anderson wusste, wie er das finanzieren würde. Als gemeinnützige Organisation durfte TED zwar keinen Profit machen. Aber mit Eintrittspreisen in fünf- und sechsstelliger Höhe für die Konferenzen, mit Sponsoren und Mäzenen baute er die einstige Insiderveranstaltung zu einem neuartigen Medienimperium aus, das sämtliche Kanäle der menschlichen Kommunikation nutzte, um seine Ideen und Botschaften zu verbreiten. Das Internet in all seinen Inkarnationen, aber auch Radio, Fernsehen, Bücher und eben die Kunst des Vortrags, die bei der TED gepflegt wurde.

Der Rahmen vor Ort war perfekt. Das Oxford Playhouse vermittelte die ganze Pracht der Wissenschaftsgeschichte. 1933 im Art-déco-Stil erbaut, die Bühne von einem Rahmen in Gold und Rot umkränzt, das Auditorium mit seinen rotsamtigen Sitzen, die Lobby mit ihren Bars waren weit entfernt von der Nüchternheit, die in den Hörsälen der modernen Universitäten vorherrschte. Auf der Bühne lag ein kreisrunder roter Teppich. Das war der Zirkel, in dem sich die Vortragenden für die Kameras bewegen sollten. Das Logo der Konferenz als meterhohe Skulptur, ein paar stilisierte Regalwände voller Kuriosa als Kulisse, eine Leinwand für die Projektionen. Eine Show. Selbst die Vorträge waren mit einer Dramaturgie inszeniert, die garantieren sollte, dass ein digitales Publikum später dranbleiben würde, ohne dass die Inhalte litten. Der Architekt Bjarke Ingels erzählte zwar von den Schwierigkeiten einer nachhaltigen Architektur im Kontext der Metropolen, tat das allerdings mit dem Timing eines Stand-up-Comedian. Und wenn die Urbanistin Carolyn Steel erzählte, wie moderne Städte bald schon unregierbar würden, wenn nicht alle Bürger ihre Ernährungsgewohnheiten umstellen, dann hörte sich das an wie ein Thriller.

Wenn man zum ersten Mal dazustieß, war die Woche in Oxford, als hätte man endlich seine Familie gefunden. Da waren die Menschen, für die das sprichwörtliche Glas weder halb voll noch halb leer war. Entweder wollten sie es zum Überlaufen bringen. Oder sie waren zu dem Schluss gekommen, das Glas sei doppelt so groß wie nötig, da müsse man eine Lösung finden. Das wirkte hin und wieder wie der reine Größenwahn. Da trat ein Architekt namens Magnus Larsson ans Mikro, der wollte eine 6000 Kilometer lange Mauer quer durch die Sahara bauen, um die Versteppung des Kontinents zu bremsen. Gemeinsam mit einem wissenschaftlichen Team vom Londoner University College hatte er eine Methode gefunden, Sand mithilfe von Bakterien zu versteinern. Der Wüstenwind würde die versteinerten Dünen dann aushöhlen, sodass man die künstlichen Wälle mit Bepflanzung befestigen könnte. Die Mauer sollte auch keineswegs isoliert durch die Wüste verlaufen, sondern zeitgleich mit dem Sahara-Projekt Great Green Wall, einem Pflanzengürtel quer durch die Wüste, errichtet werden, einem schon angelaufenen Gemeinschaftsprojekt der Europäischen und der African Union. Da manifestierte sich das Netzdenken der digitalen Welt in der Härte der Realität mit diesem unbedingten Lösungswillen, der als Kern der künstlichen Intelligenz kein Scheitern vorsah. Das war radikaler Optimismus und schon die Umkehrung des »Atoms-to-Bits«-Prinzips von Nicholas Negroponte. Was sich da in den Bits als Gedanken formiert hatte, sollte nach den Plänen der neuen Visionäre bald schon zu Gebäuden und Landschaften werden.

Für jemanden, der in den Achtzigerjahren erwachsen wurde, als die Ideologien im Vorlauf zum Mauerfall immer deutlicher als eigentliches Problem des 20. Jahrhunderts erkannt wurden, kam dieses technisch-wissenschaftliche Lösungsdenken erst einmal einer Befreiung gleich. Da gab es keine Moral, wie in den Ideologien der Linken, und auch nicht den Sozialdarwinismus des Kapitalismus. Es ging nicht ums Rechthaben, sondern um die Kraft der Argumente und Theorien. Politik wurde nicht ausgeklammert, aber auch die vielen Aktivistinnen und Aktivisten, die aktiven und ehemaligen Politikerinnen und Politiker hatten auf der Bühne der TED-Konferenzen keine Anliegen und Themen, sondern Lösungsmodelle.

Die Ideologiefreiheit ging so weit, dass sich selbst eine Antifigur wie Bill Gates dort neu erfinden konnte. Als er da im Frühjahr 2015 die Bühne betrat, hatte man fast vergessen, dass er mit seinem Windows-Betriebssystem und seinen Office-Programmen in wenigen Jahren ein Weltmonopol errichtet hatte, das ihm Ende der Neunzigerjahre einen der größten Kartellrechtsprozesse aller Zeiten einbrachte. Bill Gates war der Erste, der den Archetyp des Kapitalisten in der digitalen Welt verkörperte. Er lieferte eine Vorahnung davon, dass hier eine Industrie im Entstehen war, die nicht nur nach den gleichen Regeln funktionierte wie die des 20. Jahrhunderts. Mit den Freibriefen, die Clinton und Gore im Gesetz verankert hatten, konnten sich Start-ups in einer Geschwindigkeit und mit einer Konsequenz zu Wirtschaftsmächten aufschwingen, wie man es seit dem »Gilded Age« des 19. Jahrhunderts nicht mehr erlebt hatte.

Bill Gates hatte die Chefetagen seines Konzerns längst verlassen, als er da auf dem roten Teppichkreis stand. In bester amerikanischer Tradition hatte er Buße getan, sein Vermögen zu großen Teilen verschenkt, dazu gehörte auch die zweistellige Milliardensumme, die er in die mit seiner Frau Melinda gegründete Stiftung gesteckt hatte. Sie wollten für Bildung, gegen Klimawandel und vor allem gegen Krankheiten kämpfen, die sonst niemand bekämpfen wollte, weil eine Seuche in Afrika für die Pharmakonzerne nur wenige Profit verspricht. Aids, Malaria oder Ebola sind die Plagen der anderen. So denkt der globale Norden zumindest bis heute.

Bill Gates dachte anders. Sein Weltbild vom vernetzten Planeten war keine Theorie. Er hatte die Welt schon buchstäblich vernetzt. Mit Betriebssystemen, Normprogrammen, Browsern. Wie so viele Digerati war er hochsensibel, wenn es um das Erkennen von Mustern ging. Es war oft nicht einfach, das Menschen zu erklären, die in der linearen Welt des Planeten Erde aufgewachsen waren. Aber genau da lag die Stärke der TED Conference, mit den Formen der Antike die Geschichten des 21. Jahrhunderts zu erzählen.

Und so rollte Bill Gates an diesem Nachmittag auf einer Sackkarre eine dieser Blechtonnen auf die Bühne des Konferenzzentrums, in denen amerikanische Bürger früher mal Wasser und Vorräte packten, mit denen sie die ersten Wochen nach einem Atomschlag im Bunker hätten überleben können. »Als ich ein Kind war, war die Katastrophe, vor der wir uns am meisten fürchteten, ein Atomkrieg. Deshalb hatten wir in unserem Keller ein Fass wie dieses, gefüllt mit Dosen mit Lebensmitteln und Wasser«, begann er seinen Vortrag. »Im Falle eines Atomangriffs sollten wir nach unten gehen, uns verstecken und aus diesem Fass essen. Heute sieht die größte Gefahr einer globalen Katastrophe nicht so aus. Stattdessen sieht es so aus: Wenn in den nächsten Jahrzehnten mehr als zehn Millionen Menschen sterben, wird dafür höchstwahrscheinlich ein hochinfektiöses Virus verantwortlich sein und kein Krieg. Keine Raketen, sondern Mikroben.« Er erzählte dann davon, wie er mithalf, die Ebola-Seuche in Westafrika zu bekämpfen. Und kam immer wieder auf den Vergleich mit dem Gleichgewicht des Schreckens des Kalten Krieges, das sich die Welt so viel kosten ließ. Im Gegensatz zur Vorbereitung auf die Seuchen, die da drohten.

Um zumindest der digitalen Elite nahezubringen, was für eine Anstrengung dieser Kampf ist, der sich eben nicht nur in Gesundheitsstatistiken und Pharmalaboratorien abspielte, sondern buchstäblich an der Front, hatte er in einem Nebenraum des Kongresszentrums eine Ebola-Station aufbauen lassen, so wie sie auch in Westafrika eingesetzt wurden. Drei Zelte standen dort. Vor dem ersten hatte Bill Gates am Morgen vor seinem Vortrag gewartet. Er trug einen rosafarbenen Pullover, und wie immer, wenn er sich in ein Thema hineinredete, bei dem er sich auskannte, stellte er ein Bein nach vorne, wippte von einem Fuß auf den anderen, rückte die Brille zurecht. Ja doch, man werde bald schon einen Impfstoff für Ebola haben, erzählte er. Aber das sei ja nur eine von vielen Seuchen, die der Menschheit drohten. Und die meisten kenne man noch gar nicht.

Dann geleitete er mich zum ersten Zelt. Ich solle doch mal nur für eine Viertelstunde erleben, wie es dort an der Front zugeht, sagte er. Zwei Helfer brachten die Schutzausrüstung herbei. Plastikoverall, Gummistiefel, Gummihandschuhe, Kopfhaube, Mundschutz, Skibrille. Jede nur mögliche Öffnung verklebten sie dicht mit Isolierband. Das dauerte. Ein anderer Assistent schob mich durch Schleusen, die im Feld verhindern sollen, dass Viren austreten, die aber auch dazu führen, dass die Luft in der Station sehr stickig ist. Dann stand ich in jenem Teil der Zeltreihe, in dem die Ärzte vor Ort arbeiten würden.

Auf einem Blechtisch hatten sie Aufgaben aufgebaut. Aus Bauklötzen einen Turm aufstapeln. An einem Tropf den Schlauch anlegen. Eine Schüssel Schokolinsen nach Farben sortieren. Die Aufgaben waren von der Schwierigkeit her ungefähr so wie die Routinehandgriffe eines Ebola-Arztes. Lauter Handgriffe, die man in der Regel im Lebensalter von sechzehn bis achtzehn Monaten gemeistert hat, die unter schwerem Plastik mit vermummten Händen und eingeschränkter Sicht aber zur Herausforderung wurden, sodass einem gleich der Schweiß den Rücken herunterperlte. Das begann zu jucken, nur konnte man sich in dieser Montur nicht kratzen. Für das Demo dauerte die Arbeit nur ein paar Minuten. Im Feld standen die Ärztinnen und Ärzte zwölf, zwanzig, noch mehr Stunden in der provisorischen Klinik. An diesem Vormittag stand man schon nach einer Viertelstunde wieder vor dem Zelt. Leicht erschöpft. Ein Assistent kam mit einer Packschere und befreite aus der Schutzkleidung. Bill Gates lächelte. »Na, wie haben Sie sich geschlagen?«

Was Bill Gates dann in seinem Vortrag forderte, war ein sehr reales Netzwerk der Menschheit gegen die Seuchen. Zehn Million Tote und Billionen Dollar wirtschaftlichen Schaden könne so eine Seuche kosten, warnte er. Warum sollte man so eine Bedrohung nicht mit der gleichen Wucht bekämpfen wie die Gefahr des Atomkrieges? »Wir haben Soldaten in Festanstellung, die auf ihren Einsatz warten. Wir haben Reserven, die wir auf eine große Zahl von Soldaten aufstocken können. Und die NATO hat eine mobile Einheit, die sehr schnell eingesetzt werden kann. Die NATO führt viele Kriegsspiele durch, um zu prüfen, ob die Leute gut ausgebildet sind. Ob sie über Treibstoff und Logistik Bescheid wissen und sie die gleichen Funkfrequenzen verwenden. Sie sind also absolut einsatzbereit. Das sind die Vorbereitungen, die wir für den Umgang mit einer Epidemie brauchen.« Das war das Denken von der vernetzten Welt, das auch schon seine Eroberung der digitalen Räume vorantrieb, die in ihrer Struktur bis heute im Denken des Kalten Krieges wurzeln, weil das Netz in seiner Frühform das Notrufsystem für eine fiktive Zeit nach dem Atomschlag war.

Als Bill Gates fünf Jahre später recht behielt, als das Corona-Virus die Welt in eine Pandemie stürzte, in der sieben Millionen Menschen starben, die die Weltwirtschaft offizielle 17 Billionen und inoffiziell weit über 100 Billionen Dollar kosten sollte, empfand der das als Niederlage. Doch die Welt war noch nicht bereit, ihre Strukturen für ein großes Ganzes aufzugeben. Strukturen, die in den Urzeiten der Stammeskulturen wurzelten, auch wenn es nun Nationalstaaten und erste globale Institutionen gab. Weder die Seuchen noch die Klimakatastrophe oder die wiederkehrende Gefahr eines Atomkrieges konnten die Menschen umstimmen. Das Netz und seine Lösungsmodelle waren für die meisten keine Vision, sondern eine Bequemlichkeit.

7. Kapitel
Die industrielle Revolution

Wie das Internet seinen Siegeszug über die Bequemlichkeit
der Menschen antrat und sich ein Hedgefonds-Manager
aus New York die Schwäche des Buchmarktes zunutze machte,
um ein Weltreich aufzubauen.

Die neue industrielle Revolution war eine unsichtbare Bewegung. Da gab es keine Schienenstränge, die über Brücken und durch Tunnels quer durch Kontinente gelegt wurden, damit Dampflokomotiven Raum und Zeit schrumpfen konnten. Es gab keine Städte, die in Licht getaucht wurden, in den Himmel wuchsen, in Wüsten wucherten. Wenn man versucht, sich an den Moment zu erinnern, an dem die neue Welt der Kommunikation zu einer Industrie wurde, fällt einem kein Schlüsselmoment ein, wie der erste Browser, das erste iPhone, der erste Chat mit einer künstlichen Intelligenz. Die Revolution bestand aus Alltäglichkeiten. Das Mittelbraun des Pappkartons mit dem lächelnden Pfeil von Amazon an der Flanke. Die Sekundenbruchteile, in der die Frage beantwortet war. Die Pings, Dings und roten Signalpunkte, die nun den Alltag in Myriaden Zeiteinheiten zwischen Nachrichten und Neuigkeiten aufsplitterten.

Die Revolution begann zum Beispiel mit einem Päckchen Bücher. Das Netz vergisst nichts, auch nicht die erste Bestellung, die ich am 23. Oktober 1995 bei jenem neuen Onlinebuchhändler namens Amazon aufgab. Das waren passend zur Zeit drei Bücher über den Zerfall der alten Ordnungen und die neuen weißen Flecken auf der Weltkarte. Robert Kaplans »The Ends of the Earth«, Samuel Huntingtons »The Third Wave«, Robert Peltons »The World's Most Dangerous Places«. Das war Recherchematerial für die vielen Reisen, mit denen ich mich damals jenseits der demokratischen Welt auf die Spuren dieses Zerfalls der Welt des späten 20. Jahrhunderts machte, in Lateinamerika, Afrika, Asien, dem Nahen Osten, dem Balkan, Russland.

Das Internet war da schon der buchstäbliche Draht nach Hause in die Redaktion, in die Archive, zu den Freunden. Die großen Anbieter hatten weltweit Einwahlnummern, über die man per Modem ins Internet kam. Wenn es sein musste, funktionierte das in Entwicklungsländern auch über ein Drittland. Immer wichtiger wurde das. Im Hotelzimmer war die Suche nach der Telefonbuchse schon der erste Schritt, noch bevor der Koffer geöffnet, die Dusche aufgedreht, geschweige denn der Fernseher angeschaltet wurde, wie früher in den vordigitalen Zeiten auf Reise.

Ich war viel mit Tomas Muscionico unterwegs, einer Art Solo-Musketier mit Kamera, dem dieser Draht schon so wichtig war wie mir. Was fluchten wir, als sich im Bürgerkriegsgebiet an der Nordgrenze Kolumbiens die Buchse des Hotelzimmers hinter einem Schrank verbarg. Oder in der Wohnung in Dakar, die wir für ein paar Monate gemietet hatten, wo es im modrigen Glamour des kolonialen Altbaus gar keine Buchsen gab, woraufhin wir mit dem Taschenmesser die Telefonleitung aus der Wand hebelten, den Stecker vom Modemkabel fieselten und das Laptop ans Netz zwirbelten, bis das Modem über einen Knotenpunkt in Lyon beruhigend fauchte: »Wiiiiiee(plingpleng)woaaaccccccccchhhhhh«.

Mit dem Netz kam aber auch die Überwachung. Woher kannten die PLO-Funktionäre im Gazastreifen wohl meine Flugpläne, als sie mir empfahlen, doch lieber meine Reise fortzusetzen, anstatt mich mit den Islamisten und Fanatikern der Hamas herumzutreiben? Mein Treiben war für sie leicht zu überwachen.

Der chronisch paranoide Jassir Arafat hatte, kaum im Präsidentenamt der Autonomiebehörde, gleich sieben konkurrierende Geheimdienste installiert. Einer davon war offensichtlich schon technisch auf dem neuesten Stand. Es war bald schon sehr klar, dass diese digitale Welt auch im privaten Mailverkehr eine digitale Öffentlichkeit war, in der nichts ein Geheimnis bleiben würde. Es sei denn, man kannte sich mit umständlichen Verschlüsselungsprotokollen aus. Aber wer tat das schon?

Es waren nicht nur die Geheimdienste, die das neue Medium als Überwachungsraum entdeckten. Auch die Bequemlichkeiten hinterließen Spuren. Was war das erst einmal für ein Spaß, als Amazon 1998 seinen Empfehlungsalgorithmus auf die Kundschaft losließ. Die Tipps waren gut. Seltene Jazzplatten, neue Bands, die Pop im Geiste der *Beach Boys* spielten, und vor allem Sachbücher. Kaum hatte man seine Suchen eingegeben oder gar mehr als ein Buch zum Thema gekauft, folgten Vorschläge. Beobachtet fühlte man sich da noch nicht. Es schmeichelte eher, dass sich hier ein dienstbarer Geist im digitalen Raum die Mühe machte, Musik, Filme und Bücher zu finden, von denen man noch nicht wusste, dass man sie kennen sollte.

Hin und wieder gab das Rückkoppelungsschleifen, die den Algorithmus in einen Starrkopf verwandelten. Nach dem langen Sommer mit dem Nazijäger des Simon Wiesenthal Centers Rick Eaton im Untergrund der Klansmänner, Skinheads und Neonazis hielt mich der Algorithmus eine Zeit lang für einen Rechtsradikalen und empfahl Verschwörungsbücher, Videos mit Hitler-Reden und rassistischen Kram. Sehr viel angenehmer war da schon die Vorstellung der Empfehlungsmaschine, dass ich nach einem ebenso langen Sommer in Afrika zu jenen Menschen gehöre, die diesen Kontinent verstehen und den Menschen dort helfen wollen. Was wussten wir, dass sich hinter den Empfehlungen nicht nur ein Algorithmus verbarg, sondern auch eine Ideologie, die

Nicholas Negropontes Vision von der Verwandlung der Atome in Bits nicht als technischen, sondern wirtschaftlichen Wandel manifestierte? In diesem damals noch so schlichten Onlinebuchhandel aus Seattle steckte schon alles, was die industrielle Revolution der digitalen Welt antreiben sollte.

Jeff Bezos war kein Buchhändler. Er interessierte sich nicht einmal besonders für Bücher. Er hatte zwar Informatik studiert. Die Berufsjahre, die ihn prägten, hatte er allerdings bei zwei Vermögensverwaltungen in New York verbracht. Vor allem seine vier Jahre beim Hedgefonds D. E. Shaw & Co zeigten ihm, wie in Zukunft Geld verdient würde. Seit ihrer Gründung 1988 hatte die Firma ihre Investments und Risikoanalysen über Algorithmen gesteuert. Ein großer Teil der Mitarbeiter waren Mathematiker, Programmierer und Wissenschaftler. Das waren nicht mehr die hemdsärmeligen Trader, die ihre Deals am Telefon verhandelten, sondern Nerds, die in den Zahlenmeeren der Börsenkurse Muster erkannten und ihre Rechner wie Jagdhunde dressierten. Kein Mensch konnte mit den Reaktionszeiten der Algorithmen mithalten. Vor allem aber erkannten diese Programme aktuelle Schwächen und künftige Stärken im Markt und konnten die Trader so auf die richtigen Spuren lenken.

Es war eine einzige Zahl, die den damals 30-jährigen Jeff Bezos auf die Idee brachte, einen Onlinebuchhandel zu gründen. Später erzählte er: »Der Weckruf war die verblüffende Statistik, dass die Internetnutzung im Frühjahr 1994 um 2 300 Prozent pro Jahr zunahm. So schnell wachsen die Dinge einfach nicht. Das ist höchst ungewöhnlich, und das brachte mich auf die Idee, darüber nachzudenken, welche Art von Geschäftsplan im Zusammenhang mit diesem Wachstum Sinn machen könnte.« Bezos und seine Frau MacKenzie Scott, die bei Shaw in der Verwaltung arbeitete, kündigten ihre Jobs.

Zwanzig Einzelhandelsfelder hatte Bezos auf seiner Liste. Der Buchhandel schien perfekt. Die Nachfrage nach Büchern war gewaltig, Bestände waren kostengünstig. Vor allem aber hatten große Ketten wie Barnes & Noble, Borders und Hastings die Branche schon aufgewirbelt. Unabhängige Buchhandlungen taten sich immer schwerer, gegen die Giganten anzustehen, die ihre Filialen oft im Zimtschnecken- und Seifenduft der Shopping Malls ansiedelten. Jede dieser Ketten hatte ihre Stärke. Barnes & Noble hatte die größte Auswahl und die größten Lager. Borders stellte Sofas auf und verkaufte Kaffee und Snacks, um die Funktion des Buchladens als Begegnungsstätte zu simulieren. Hastings verlegte sich darauf, neben Büchern auch CDs und Videos zu verkaufen und seine Geschäfte zum One-Stop-Kulturshopping zu machen.

Bezos und Scott überlegten, wo sie sich niederlassen würden. Die Wahl fiel auf Seattle. Zum einen hatte der Bundesstaat Washington nur fünf Millionen Bewohner. Das bedeutete, dass das Gros seiner Kundschaft aus allen anderen Bundesstaaten kommen würde und keine Mehrwertsteuer bezahlen musste, weil das bei Versandkäufen in den USA immer nur die jeweils Ortsansässigen müssen. Dann gab es im Nachbarstaat Oregon eines der beiden großen Verteilerzentren für Bücher im Land. Und schließlich hatte Microsoft die Stadt als Technologiezentrum etabliert, das es mit dem Silicon Valley aufnehmen konnte. Bezos und Scott fanden dort an der Westküste ohne Probleme all die Programmierer und Ingenieure, die ihre Maschine konstruieren könnten.

Auf ihrer Autofahrt von New York nach Seattle schrieb Bezos einen Businessplan. Die erste Finanzierung von 300 000 Dollar gaben ihm seine Eltern aus ihrem Ersparten. Start war in einer Garage. Schon nach einem Monat verbuchten sie einen Umsatz von 20 000 Dollar pro Woche. Ein Jahr später belief sich die Anschlussfinanzierung schon auf acht Millionen Dollar. Die kam von einer Venture-Capital-Gesellschaft namens Kleiner Perkins, die im Herz des Silicon Valley in Menlo Park angesiedelt war. Allerdings nicht als traditioneller Bankkredit. Venture Capital war eine neue Form des Geldes, das die meisten Start-ups der neuen Industrie finanzierte. Nur wenige Banken verstanden dieses Geschäft. Die meisten Gründer waren jung, hatten große Ideen, aber weder Sicherheiten noch Erfahrung. Jeff Bezos war eine exemplarische Figur. In den frühen Interviews erfüllte er mit seinen schütteren Haaren, den schlecht sitzenden Jacketts und seinem explosiven Lachen so ziemlich alle Klischees eines Nerds. In den Augen traditioneller Banker war das kein zukünftiger Industriekapitän, sondern eine jener Figuren, die in den Nischen der Wissenschaft und Technologie zu Hause waren. Sicher gab es mit Bill Gates schon ein Vorbild des Nerds als Gründer eines Milliardenunternehmens. Aber das Vertrauen fehlte noch.

Venture Capital basierte auf dem Prinzip, Neugründungen mit Geld auszustatten und dafür schon in der Startphase Anteile zu erwerben, die im Erfolgsfall ein Vielfaches einspielen würden. Die Banken verstanden noch nicht, wie viel Risiko dazugehörte. Wer im digitalen Raum gewinnen wollte, musste bereit sein, Verluste abzuschreiben, denn die Gelder waren keine Investitionen in einzelne Firmen, sondern in eine große Idee. Selbst mit der Faustformel, dass neunzig Prozent der Neugründungen in den ersten fünf Jahren pleitegehen, reichte eben schon ein Erfolg, um mit einem Treffer Millionen und Milliarden zu verdienen. »Unicorns« nannte man die Erfolgsmodelle, sobald sie mehr als eine Milliarde Dollar wert waren. Einhörner. Wobei sie bald schon keine flüchtigen Fabelwesen mehr waren, sondern in immer größerer Zahl auftauchten und an die Börse gingen.

Die meisten digitalen Firmen waren das Traummodell des Kapitalismus. Der Personalstand war niedrig, Gewerkschaften gab es keine, Produktion und Infrastruktur waren minimal. Vor allem aber verstand es die digitale Industrie, den Alltag der Menschen in eine Handelsware zu verwandeln. Ein banaler Vorgang wie der Kauf eines Buches, das Stellen einer Frage oder die Unterhaltung mit Freunden und Familien wurde zunächst von den künftigen Giganten Amazon, Google und Facebook extrem vereinfacht. Zeit und Raum spielten mit einem Male keine Rolle mehr. Man musste sich eben nicht zu einer Buchhandlung, Bibliothek oder in ein anderes Stadtviertel begeben. Ein paar Klicks, schon war das Buch unterwegs, die Frage beantwortet, das Urlaubsbild Freunden und Verwandten gezeigt. Was da im digitalen Raum entstand, war aber kein Utopia. Das war eine Serviceindustrie, die Lösungen für die Alltagsprobleme einer Wohlstandsgesellschaft fand, die bereit war, für Bequemlichkeit zu bezahlen. Immer seltener mit Geld, das senkte die Hemmschwellen.

Die ersten Dienste wie Compuserve oder America Online finanzierten sich noch über Abomodelle. Bald schon waren Aufmerksamkeit und Daten die neue Währung. Das Anzeigengeschäft verlagerte sich zu einem gewaltigen Anteil ins World Wide Web. Aber auch Service, Kultur, Handel und natürlich die Kommunikation wanderten in einem Maße in die digitale Welt, dass ganze Branchen ihre traditionellen Geschäftsmodelle verloren. Medien, Musik, Telefongesellschaften. Fast alle Industrien, die als Mittler funktionierten, wie der Einzelhandel, Reisebüros oder Taxiflotten, wurden überflüssig.

Was die Pioniere des World Wide Web da bauten, war nicht nur eine abstrakte Infrastruktur. Sie war das digitale Abbild einer gewaltigen Umwälzung, die sich in der urbanen Gesellschaft Amerikas und auch bald schon Asiens und Europas vollzog. Das war die Auflösung der Städte als Zentrum der Gesellschaft. Die Lebenswelt, in der die digitalen Lösungsmodelle entstanden, war eine andere. Das waren keine Großstädte im Geiste des 19. und 20. Jahrhunderts, keine Durchlauferhitzer der Ideen und Biografien wie New York und San Francisco, wie Berlin, London oder Paris. Gegen Ende des 20. Jahrhunderts hatte sich eine Siedlungsform ausgebreitet, die nie einen richtigen Namen bekam. Edge City war ein Begriff, Exurbia, ganz allgemein gab es den Begriff des »urban sprawl«, der Zersiedelung durch die urbanen Auswucherungen, die selten den Gesetzen der Großstadt folgten, wie man sie bis dahin kannte. Das waren Orte ohne Zentrum, ohne Wurzeln, ohne all das, was das Leben in der Stadt ausmachte.

Für Europäer führt der Besuch so eines Ortes rasch zur Desorientierung. Es gibt auch Großstädte, die so funktionieren, Los Angeles oder Houston zum Beispiel. Beide waren von Spekulanten gegründet worden. Los Angeles war die Vision zweier Bankiers, die Ende des 19. Jahrhunderts aus dem bedeutungslosen Ort am Wüstenrand eine Metropole machen wollten, die zum einen der Hafenstadt San Francisco, aber auch den Städten im Osten Konkurrenz machen sollte. Die Unwirtlichkeit der Gegend und der Wassermangel scherten sie nicht. Mithilfe der Zeitung *Los Angeles Times* propagierten sie Los Angeles als Wirtschaftswunderzone, in der es keine Gewerkschaften, aber unendliche Möglichkeiten gab. Zulieferbetriebe der Autoindustrie, Rüstungskonzerne und die Filmbranche wurden angesiedelt. Houston wiederum war zuvor nicht einmal ein Örtchen gewesen, sondern Brachland am Buffalo Bayou, das sie 1837 als Stadt registrieren ließen. Als sechzig Jahre später in der Gegend der Ölboom begann, wurde Houston das Zentrum dieser neuen Industrie.

Fährt man heute durch diese Städte, fehlen einem die Orientierungspunkte. Sie haben keinen richtigen Stadtkern, zumindest keinen, in dem es ein Straßen- oder wenigstens ein Geschäftsleben geben würde, wie man es aus den traditionellen Metropolen kennt. Rund um diese Gebilde wucherten die Suburbias, Schlafstädte als ein oft beklemmendes Idyll des Wohlstands.

Suburbias gab es auch in anderen Städten. Die Rassenunruhen der Sechzigerjahre ließen sie bald schon anschwellen wie einen Schwamm im Swimmingpool. Ungefähr um die Zeit, als sich die digitale Welt aufmachte, sich zur Technologie für die Allgemeinheit und damit zur Industrie zu wandeln, bekam die urbane Zerfaserung aber einen neuen Schub. Die Innenstädte waren verarmt und verödet. Bald schon zogen die Firmen den Suburbanites hinterher. Die Edge Cities entstanden, in denen Firmengelände, Bürokomplexe und Shopping Malls die öffentlichen Räume ersetzten. Das war eine Welt ohne Ästhetik und Gemeinsinn, die von den Leitlinien der Wirtschaft bestimmt wurde, von Effizienz, Profitabilität und Ordnung. Und weil sich das Leben an Orten abspielte, an denen nicht die Regeln des gesellschaftlichen Lebens, sondern das Hausrecht der Betreiber galten, wuchs hier ein Menschenschlag heran, der trotz aller rebellischen Gesten vom Geist des Konformismus bestimmt war. All die Schlagworte vom »thinking outside the box«, von der »disruption« und Innovation waren letztlich Floskeln für das Funktionieren in einer Industrie, in der nur Erfolg hatte, wer immer schneller Altes mit Neuem ersetzte. Alles, was die Anziehungskraft der Metropolen im 20. Jahrhundert ausgemacht hatte, der Trubel, Musik, Kunst, Literatur und die Kraft der Subkulturen, wurde in den Exurbias und ihren digitalen Abbildern nivelliert. Selbst die Mode als stärkste Kraft der Konsumkultur fand hier keinen Nährstoff mehr, um zu überleben. Die Menschen in den Exurbias, in den Firmenzentralen und Instituten der digitalen Welt kleideten sich so, wie ihre Technologien funktionierten. Optisch störte da nichts, Pastellfarben, legeres »Business casual« und Sportkleidung dominierten, Sneakers und Funktionsjacken. Markensymbole waren die einzigen Chiffren, die einen Rest an Distinktion zuließen. Bequemlichkeit war die oberste Maxime.

Das hatte auf den ersten Blick noch etwas Egalitäres. Es war egal, ob jemand die Fleecejacke oder den Hoodie von Patagonia,

Nike oder Adidas trug, die Sneakers von Asics oder New Balance. Das hatte auch nicht einen Hauch des klassenkämpferischen Gestus der Hip-Hop-Kultur, die zu jener Zeit den Rock als Leitmotiv der Popkultur ablöste. Wenn *Run DMC* »My Adidas« in die Mikrofone riefen, waren die Turnschuhe aus Herzogenaurach ein Statussymbol für jenen Teil der Gesellschaft, der aus den Wirtschaftskreisläufen der alten und neuen Industrien ausgeschlossen blieb.

Für Männer wie Jeff Bezos, Larry Page oder Mark Zuckerberg war die neue Uniform der Freizeitkleidung vor allem ein Zeichen der Effizienz. Wer sich nicht um sein Äußeres schert, kann seine Zeit mit Wichtigerem verbringen. Wenn Apple-Gründer Steve Jobs immer und überall in schwarzem Rollkragenpulli, mittelblauer Jeans und Turnschuhen erschien, Facebook-Erfinder Mark Zuckerberg in grauen T-Shirts oder die Google-Gründer Larry Page und Sergey Brin in farblosen Tops und karierten Freizeithemden, war das auch eine Absage an die Regeln einer Kulturwelt, die Individualität sichtbar machen wollte. Eine Industrie, die sich in der Vernetzung auf immer neue technische Normen einigen musste, hatte keinen Sinn für Eigenwilligkeit. Nicht einmal die Uniform der Bürowelt mit ihren Anzügen und Krawatten hatte da ihren Platz. Niemand will in solch unbequemen Klamotten eine Nacht durcharbeiten. Und weil es keine Gewerkschaften gab, die auf so veraltete Konzepte wie feste Arbeitszeiten pochte, war auch das eine Norm in dieser Welt, die ja auch keine Büro-, Ladenschluss- oder sonstigen Zeiten kannte.

Diese Ästhetik ohne ästhetische Momente setzt sich in allen Bereichen dieser Welt fort. Digitale Anwendungen sind von der Designsprache der Zweckmäßigkeit geprägt, wie sie Büromöbel, -material und -ausstattungen bestimmt. Als die digitale Welt sich aufmachte, Kultur nicht nur zu vertreiben, sondern auch zu produzieren, als die digitalen Unikate der NFT-Dateien in Umlauf kamen und generative KIs wie Midjourney und Dall-E anfingen, Bilder zu generieren, waren die pubertären Bildwelten der Videospiele die ästhetischen Parameter, die wiederum in der fotorealistischen Fantasywelt der Action- und Science-Fiction-Comics und den Männergesten des Heavy Metal wurzelten. Doch das waren schon Ausreißer. Gerade dort, wo sich dieses Ästhetikempfinden materialisiert, manifestiert sich das Lösungsdenken der digitalen Welt in einer visuellen Askese.

Fährt man durchs Silicon Valley, fällt einem bald schon auf, dass einem nichts auffällt. Schon die Ortsnamen klingen, als hätte sie sich ein Immobilienentwickler ausgedacht. Palo Alto, Menlo Park, Sunnyvale, Redwood City und Mountain View könnten auch die Namen für Schlafstädte sein, die ein Baulöwe in die Landschaft gestellt hat, nur Cupertino, Santa Clara und San José lassen ahnen, dass hier auch schon Menschen lebten, bevor die Firmenkomplexe in die Breite wuchsen. Die Ballung der Orte ohne nennenswerte »Downtowns« eine halbe Autostunde südlich von San Francisco wird stilistisch von einer Gesichtslosigkeit bestimmt, die sich neben der Mode auch in der Architektur und den Einrichtungen niederschlägt. Pflegeleichte Grünpflanzen und Blumenrabatten, pastellfarbene Interieurs und Bürohallen ohne jeden Charakter stehen im bizarren Kontrast zum Enthusiasmus und der Freundlichkeit, mit der die Menschen dort seit nun schon dreißig Jahren von den immer neuen Revolutionen erzählen, die sie anzetteln. Drumherum drängen sich die Einfamilienhäuser in austauschbaren Stildesigns. Colonial Revival, Spanish Mission oder Craftsman gaukeln eine Bodenständigkeit vor, die es hier nie gab. Die Schnörkel und Erker sind dekorative Relikte aus der Vergangenheit, so wie die Serifen der Schriftsätze in den digitalen Anwendungen. In der Exurbia von Silicon Valley manifestiert sich das Elysium, das sich nach dem Willen ihrer Schöpfer in den Lichtgeschwindigkeiten der Glasfaserkabel und

Satellitensignale über die ganze Welt verbreiten soll. Erst später wurde den Menschen klar, dass hinter dem Utopia der Welt als Netzwerk der Plan einer Zentralisierung stand, die von Machtinstinkten getrieben war. Die Herrscher des Römischen Reiches, die immer aufs Neue in mörderischen Kriegen gescheiterten Versuche, wieder eines zu errichten, die Räuberbarone der ersten Industriellen Revolution, sie alle waren von genau den gleichen Instinkten motiviert gewesen. Nur dass der Zentralisierungsplan dieses Mal in der Verpackung eines neuen Gemeinwohls daherkam, in der alle Menschen Nutzer wurden.

8. Kapitel
Die Räuberbarone

Wie die Pioniere der digitalen Industrie nach der Eroberung des Cyberspace nach neuen Grenzen suchten und sie dann im Weltall fanden.

Jeff Bezos war lustig. Sein Lachen belferte durch das Hinterzimmer des Fischlokals in Vancouver. Gut vierzig Frauen und Männer hatten sich zum »Billionaires' Dinner« zusammengefunden, das John Brockman jedes Jahr am Rande der TED Conference veranstaltete. Früher mal hatte das noch »Millionaires' Dinner« geheißen, damals, als es noch nicht um die milliardenschweren Firmeneinhörner ging, sondern noch um Millionensummen. Die Google-Jungs, Elon Musk und Mark Zuckerberg waren da schon zu Gast gewesen, als noch gar nicht klar war, dass sie mal zu den einflussreichsten und reichsten Männern nicht nur des 21. Jahrhunderts, sondern in der Geschichte der Menschheit aufsteigen würden. Aber das mit den Millionen war eine Dimension der Vergangenheit. Jetzt war das eine Welt, in der nichts unmöglich und immer genügend Geld verfügbar war, um das zu garantieren. Brockman hatte ein Gespür für Siegertypen. Die Zahl der Milliardäre in seinem Edge-Kreis stieg über die Jahre so kontinuierlich wie die der Nobelpreisträger.

Peter Gabriel war an diesem Abend da, nicht als Rockstar, sondern als Zaungast, weil er sich schon immer für Wissenschaft und Technik interessiert hatte, ein älterer Herr mit Kinnbart, der neugierig dreinschaute und vor allem zuhörte. Google-Gründer

Larry Page und Sergey Brin saßen an einem Tisch in der Ecke. Der Designer Tony Fadell war gekommen, der für Apple den iPod entworfen hatte. Marissa Mayer, Chefin von Yahoo, dem Portal mit der Suchmaschine, das immer noch eine Größe ist, auch wenn nicht mehr ganz so groß. Der Wissenschaftshistoriker George Dyson, Sohn des legendären Physikers Freeman.

Das Dinner im Fischlokal war keiner dieser Macho-Abende wie in der Hochfinanz, deren Spitzen sich in New Yorker Steakhäusern trafen, Maßanzüge und Sammleruhren trugen und dann nur über Geld redeten. Es war auch nicht wie im Zentrum der Macht in Washington, wo die Zahl der Leibwächter die Stufe auf der Rangliste markiert und sich hinter jeder Floskel im Smalltalk Strategie versteckte. Niemand hielt Wache vor der Türe. Niemand sprach über Geld oder Macht. Status sah nun anders aus. Sie trugen Jacketts von der Stange, Sportpullis und Sneakers, kamen mit dem Taxi oder dem Mietwagen. Es ging um Raumfahrt und Wissenschaft, um den Medienwandel, Biologie und Surfen. Und über die Raumfahrt, das neue Hobby eines winzigen Kreises aus Männern, die schon alles erobert und verdient hatten. Microsoft-Gründer Paul Allen unterhielt sich mit Jeff Bezos noch über sein Football-Team Seattle Seahawks, das gerade die Meisterschaft gewonnen hatte. So eine Mannschaft, egal in welchem Sport, gehörte schon lange zu den Statussymbolen der Vergangenheit. Bezos erzählte ihm, dass er gerade die Triebwerke der Apollo-11-Mondrakete aus dem Meer geholt und gleich dem Smithsonian Museum in Washington gestiftet hatte.

Am Tisch saß ich neben Bezos. Er hatte sich da schon verändert gegenüber seinen Nerd-Tagen in den Neunzigern. Der Kopf war rasiert, unter dem karierten Businesshemd zeichneten sich Muskeln ab. Das Essen war wie immer bei Brockmans Abenden gut, aber nicht spektakulär. Nichts sollte ablenken. Fleisch oder Fisch? Rot oder weiß? Der sanfte Jazz, der vorne an der Bar lief, war hier hinten ausgestellt. Keine Berieselung, keine kulinarischen Sensationen, kein Wein, der dazu verlockt, mehr als die höflichen zwei Glas zu trinken.

Bezos erzählte wenig. Dass Glück bei seinem Aufstieg so wichtig gewesen sei wie der Plan. Dass das für alle gelte, die Erfolg hätten. Hin und wieder brach er in sein Lachen aus, das man selbst in gut gefüllten Konferenzzentren schon lange hört, bevor er einen Raum betritt. Er fragte lieber. Er hatte die *Washington Post* gekauft und wollte von mir als einem, der bei der *Süddeutschen* für eine der letzten profitablen Zeitungen der Welt arbeitete, gerne wissen, wie das geht. Ganz detailliert. Wie schwierig die Digitalisierung gewesen sei. Wie die deutsche Leserschaft neue Formate annehme. Wie schwer die Anzeigeneinbrüche gewesen seien und ob der Verlag sein Geschäftsmodell verändert habe.

Bezos' Kauf der *Washington Post* war kein Machtgestus. Das gehörte zu seinem philanthropischen Portfolio, genauso wie das Stipendienprogramm, das er gemeinsam mit der TED Conference aufgesetzt hatte, um dem Nachwuchs aus Wissenschaft, Technologie und Aktivismus nicht nur Arbeitsjahre zu finanzieren, sondern sie auch in das immer globalere Netzwerk der TED einzubinden. Oder die Tafelrunden, die er veranstaltete, damit sich Intellektuelle ohne Auftrag und Beobachtung austauschen konnten. Das waren alles keine Geschenke. »Effective altruism« nannte sich diese Haltung, bei der jede Spende als Investition angelegt war, die später einmal vielleicht keinen Profit, aber auf alle Fälle ein Ergebnis bringen sollte.

Bill Gates arbeitete mit seiner Stiftung so, mit der er immerhin mitgeholfen hatte, Malaria- und Ebola-Epidemien und später die Corona-Pandemie einzudämmen. Genauso hatte Jeff Bezos den Ehrgeiz, die *Washington Post* als Institution der Demokratie und Öffentlichkeit zu retten. Die Zeitung hatte mit dem Watergate-Skandal, über den Präsident Nixon stürzte, die Blaupause für investigativen Journalismus geliefert. Und weil Bezos seinen Aufstieg vom Angestellten zum Milliardär seinem Geschick verdankte, eine Marktschwäche in eine Stärke zu verwandeln, war das marode Zeitungswesen eine perfekte Herausforderung. Da konnte er zeigen, wie richtige Investitionen vom Minusposten in der Bilanz zu Profittreibern wurden. Also wurde der Herausgeber ausgewechselt, digitale Technologie angeschafft, das Netzwerk der Korrespondentenbüros und die Belegschaft erweitert. Vor allem aber wurde die Grundhaltung reformiert. Anstatt sich als regionale Zeitung mit nationaler Bedeutung zu verstehen, sollte die *Washington Post* zur internationalen Plattform werden. Mit Erfolg. Bald schon hatte die *Post* im Netz die *New York Times* überholt, dann *Time* und sogar die Klickmaschine *Buzzfeed*, die ihre Mischung aus Journalismus, Klatsch und Memes zu einem Modell für Nachrichtenseiten gemacht hatte, die eine seriöse Publikation wie die *Post* kaum kopieren konnte. Die *Post* sollte eine Leserschaft kultivieren, die nicht auf Effekte, sondern auf Substanz reagierte.

Die gab es tatsächlich, und bald schon kopierten Zeitungen und Nachrichtenportale in aller Welt die Methode. Das Shorenstein Center der Harvard University nannte sie den »Bezos-Effekt«. Es war weder ein Widerspruch noch ein Zufall, dass einem der Haupttreiber der digitalen Revolution, die den Medien so zu schaffen machte, die Unmöglichkeit gelang, ein sogenanntes Traditionsmedium wieder in Form zu bringen. Bezos folgte nicht den Regeln des Marktes mit ihren immer gleichen Zyklen von Profitmargen und Sparprogrammen. Immer wieder war er bereit gewesen, kurzfristig Verluste zu machen, um langfristig seine Vision zu verwirklichen, egal, ob er seiner Kundschaft die Versandkosten zu Dumpingpreisen anbot, oder eben eine Zeitungsredaktion aus- statt abbaute. Dieses Lösungsdenken war der Treibstoff für die Pioniere dieser neuen digitalen Welt. Amazon,

Apple, Facebook oder Google waren keine Utopien, sondern Tatsachen. Auch wenn sie sich nach außen hin manchmal im Geist der digitalen Revolution als Visionäre verkauften.

Steve Jobs zum Beispiel hatte für den Start seiner Macintosh-Reihe 1984 beim Hollywoodregisseur Ridley Scott für die Werbepause beim Superbowl-Endspiel der Football-Meisterschaften einen einminütigen Film in Auftrag gegeben, der den Rechner als Artefakt der Popkultur etablierte und in einer Art vorausgreifenden Ironie den Kampf gegen all das verkündete, was in den folgenden vier Jahrzehnten die digitale Welt sehr viel klarer prägen sollte als der vermeintliche Rebellengestus.

»1984« hieß der Werbespot in direkter Anlehnung an George Orwells Roman über die Überwachungsdiktatur des »Big Brother«. Man sieht in dem Spot eine Leichtathletin mit einem Vorschlaghammer in eine Halle voll grau gekleideter Untertanen sprinten, die auf eine Leinwand starren, auf der eine Big-Brother-Figur eine Lobrede auf die Gleichschaltung der Gedanken hält. Bereitschaftspolizei mit Helmen und Schlagstöcken verfolgen sie, doch sie schleudert den Vorschlaghammer in die Leinwand, die in einer Lichtwelle explodiert, die über die Graugekleideten fegt.

Die Rede der Big-Brother-Figur war mit Bedacht eine Art Grundsatzerklärung des Konformismus: »Heute feiern wir den ersten glorreichen Jahrestag der Richtlinien zur Informationssäuberung. Wir haben zum ersten Mal in der Geschichte einen Garten der reinen Ideologie geschaffen, in dem jeder Arbeiter blühen kann, sicher vor den Schädlingen, die widersprüchliche Gedanken verbreiten. Unsere Vereinigung der Gedanken ist eine mächtigere Waffe als jede Flotte oder Armee auf der Erde. Wir sind ein Volk, mit einem Willen, einer Entschlossenheit, einer Sache. Unsere Feinde werden sich zu Tode reden, und wir werden sie mit ihrer eigenen Verwirrung begraben. Wir werden siegen!« Da steckte schon alles drin, was die Wirtschaftswissenschaftlerin Shoshana Zuboff von der Harvard University Jahre später als Überwachungskapitalismus bezeichnen würde. Die Allgegenwärtigkeit digitaler Technologien. Überwachungsmechanismen als Geschäftsmodell. Eine Gleichschaltung des Nutzerverhaltens, um Monopole zu zementieren. Aufmerksamkeit und Daten waren vielleicht die Währung. Das Nutzerverhalten aber war die eigentliche Ware. Wer das so manipulieren konnte, dass aus der Gerätenutzung eine Alltagsgeste oder gar ein Reflex wurde, hatte den Kampf ums Monopol gewonnen.

Steve Jobs wusste das. Deswegen war sein eigentlicher Erfolg gar nicht die Umstellung von text- auf grafikbasierte Nutzeroberflächen, auch wenn der Macintosh damit den Markt für Personal Computer enorm vergrößerte, weil die Arbeitsschritte als Bildsymbole so viel intuitiver waren als mit den Befehlscodes. Es war der Schritt von der Tastatur erst zur Maus, dann zum Klickrad des iPod, zur Wischbewegung auf dem iPhone und schließlich zur freihändigen Bedienung mit der Stimme über die Siri-KI in den iPhones. Das war nicht nur technischer Fortschritt, sondern Evolution. Mit der Vereinfachung der Bedienungsvorgänge hatte es Jobs geschafft, seine Geräte in die Verhaltensmuster der Nutzerinnen und Nutzer zu integrieren. Er hatte die Grundlagen für alle anderen Anbieter geschaffen, das Verhalten der Menschen in jede nur erdenkliche Richtung zu manipulieren. Damit ging die digitale sehr viel weiter als die industrielle Revolution.

Diesen Prinzipien folgte auch die neue Denkrichtung des Silicon Valley. »Solutionism« nannten Kritiker später dieses dogmatische Lösungsdenken, bei dem das Problem selten im Fokus stand, sondern vielmehr die Lösung. Denn die sollte es ja schaffen, sich in die Verhaltens- und Handlungsmuster zu schleichen. Wenn die digitale Industrie keine Produkte, sondern Gewohnheiten verkaufte, musste sie solche Gewohnheiten hin und wieder einfach erfinden. Nach diesem Muster arbeiteten die Baumeister des sogenannten Web 2.0, das den digitalen Raum in den größten Marktplatz der Menschheitsgeschichte verwandelte. So wie Amazon das Einkaufen, Google das Fragestellen und Facebook das Kommunizieren vom banalen Alltagsvorgang in weltweite Monopole verwandelt hatten, versuchten es unzählige Nachahmer. Manchen gelang es. Airbnb digitalisierte das Wohnen, Uber das Taxifahren, Booking das Reisen. Graue Eminenz blieb Microsoft mit seinen Betriebssystemen und Programmen für die Büroarbeit. Im Idealfall gelang es den Konzernen, gleich mehrere Alltagsvorgänge zu usurpieren. Google war darin mit Abstand am besten. Auf das Fragestellen folgten die Routenplanung mit Google Maps, das Videoschauen mit YouTube und das E-Mail-Schreiben mit Gmail. Allesamt Anwendungen, die ihre Nutzer immer enger in den Kosmos einbanden. Auch Amazon nahm schon bald seinen Plan in Angriff, vom Buchhandel zum »everything store« zu werden. Und Facebook erweiterte die Kommunikationswege vor allem, indem es die Konkurrenz aufkaufte, den Kurznachrichtendienst WhatsApp zum Beispiel oder die Bilderplattform Instagram.

Grob gesagt unterteilen sich die Herrscher des digitalen Raums in zwei Typen. Auf der einen Seite sind die Genies wie Larry Page und Sergey Brin, oder auch Bill Gates und Mark Zuckerberg, die ihre ersten Anwendungen noch selbst programmierten und im Herzen immer die Hacker und Ingenieure blieben, als die sie angefangen hatten. Auf der anderen Seite die Verkaufsgenies wie Jeff Bezos, Steve Jobs und Elon Musk, die kaum etwas selbst konstruierten und stattdessen die Gabe hatten, Ideen und Produkte in milliardenschwere Wirtschaftsmächte zu verwandeln. Gemeinsam hatten sie, dass sie allesamt technische Fächer studiert hatten.

Ein Jahr später saß ich beim Billionaires' Dinner mit Larry Page von Google an einem Tisch. Es war ein bizarrer Abend. Neben ihm saß Bob Dylans Sohn Jesse, Filmemacher, der seinem Vater kaum ähnlich sah, in dessen Sprachmelodie und Timbre man aber sofort den Reibeisengesang Bob Dylans erkannte. Larry Page wiederum war nicht ganz einfach zu verstehen. Eine Kehlkopferkrankung hatte seine Stimme zu einem leisen Raspeln reduziert, weswegen Jesse Dylan für den Rest des Tisches wiederholte, was er sagte. Ich hörte also die Worte eines der größten Visionäre des 21. Jahrhunderts in der Stimmlage eines der größten Visionäre des 20. Jahrhunderts. Das war an diesem Tisch so grandios bizarr, wie sich das jetzt liest.

»Über was denkst du gerade so nach, Larry?«, fragte Jesse zum Beispiel und wiederholte Larrys Antwort: »Wie man Geld auf dem Mond verdient.« Was in dem kurzen Moment wie aus einem surrealen Sci-Fi-Roman klang, aber Larry Page meinte so etwas ganz ernst. So wie fast alle Titanen der digitalen Welt ganz ernst über das Leben oder zumindest Geschäfte im All nachdenken. Nachdem sie den abstrakten Weltenraum des Cyberspace erobert hatten, warum nicht das echte Weltall als Nächstes?

Elon Musk hatte die konkretesten Pläne dafür. Mit seiner Firma SpaceX wollte er mittelfristig den Mars besiedeln, langfristig den Rest des Universums. Von allen Weltraumunternehmern war er am weitesten. Er hatte nicht nur eine Rakete konstruieren lassen, die unversehrt wieder landen konnte und nicht ihre Zündstufen als Schrott abwarf. Wissenschaftler an allen möglichen Instituten arbeiteten an Technologien für die Besiedelung des Mars. Bei einem Abendessen der Münchner Digitalkonferenz DLD saß ich einmal neben einem Botaniker vom MIT, der Tomaten und Trauben züchtete, die in Treibhäusern auf dem Mars überleben würden. Nebenher entwickelte er Rebsorten für Scheichs aus den Emiraten, die in der Wüste Wein anbauen wollten.

Musk hatte aber vor allem Aufträge der NASA gewonnen, mit seinen Falcon-Raketen Transportflüge zu übernehmen. Und mit

Starlink war er dabei, das größte kommerzielle Satellitennetz auf-zubauen, das die gesamte Welt mit Internet versorgte. Ein Plan, den auch Mark Zuckerberg mal gehabt hatte. Jahre später, 2019, verkaufte er die Abteilung allerdings an die Firma Kuiper Systems, mit der Jeff Bezos Starlink direkt Konkurrenz machen wollte. Das ging meistens unter, weil sich die Welt gerne über sein Weltraum-Tourismus-Unternehmen Blue Origin lustig machte, das Promis in penisförmigen Raketen in die Stratosphäre schickt. Auch Larry Page plante dann ein Unternehmen für den Weltraum, das er ge-meinsam mit dem Hollywood-Regisseur James Cameron grün-dete. Planetary Resources nannten sie es und setzten sich zum Ziel, den Weltraum nach seltenen Metallen wie Iridium, Palladium und Platin zu durchsuchen. Vor allem auf vorbeifliegenden Asteroiden wollten sie fündig werden, bevor sie das Projekt wieder aufgaben.

Kein Wunder also, dass sich an den Abenden niemand über die digitale Welt unterhielt. Die war längst erkundet, erobert und aufgeteilt. In Deutschland hatte das Wochenmagazin *Der Spiegel* damals geschrieben, solche Kreise wie hier seien »die neue Weltregierung«, was im Subtext die Weltverschwörung beschwor. Schiefer hätte das Bild nicht sein können. Das waren Männer, die ihr Denken in Wissenschaft und Technik geformt hatten. Sie ver-standen die Naturgesetze der Physik und Regeln der Informatik, und genauso präzise verstanden sie die Naturgesetze des Geldes und der Märkte. Und sei es nur, dass sie sich die Leute holten, die das auch im Detail und der Praxis taten. Was sie von den Pio-nieren der digitalen Welt unterschied, war der Ansatz. Die Pio-niere träumten von einem Utopia. Die Männer, die bald schon als Räuberbarone eines neuen Gilded Age verherrlicht und verteufelt wurden, brachten eine Härte und einen Pragmatismus ins Spiel, die den Verlauf der Digitalisierung und den Aufstieg der künst-lichen Intelligenz in den ersten beiden Jahrzehnten des 21. Jahr-hunderts in eine ganz andere Richtung lenkten.

9. Kapitel
Der Kolonialismus

Wie Deutschland die neue künstliche Intelligenz erfand und warum es seine Rolle als Nummer zwei der digitalen Welt schon so früh verspielte.

Wie tief der Kolonialismus seine Wurzeln in eine Gesellschaft getrieben hat, erkennt man an ihren Wörtern. In den gut dreißig Sprachen der Maya von Mexiko und Zentralamerika gibt es zum Beispiel kein Wort für Kirche, also sprechen sie in K'iche oder Kaqchikel von der »iglesia«, wenn sie das Gotteshaus der Christen meinen. Es geht aber noch einen Schritt weiter, denn wenn sie vom Auto oder einem Rechner sprechen, dann sagen sie »carro« und »computadora«, das sind spanische Lehnwörter aus dem amerikanischen Englisch, aus jenem Land also, aus dem die technischen Neuerungen in dieser Gegend immer schon importiert wurden. Heute mehr denn je.

In der deutschen Sprache gibt es eigentlich genügend eigenes Vokabular für die digitale Welt. Aber wer sagt schon Anwendung, Programmfenster und Rechner statt App, Browser und Computer? Im marktgetriebenen digitalen Raum des 21. Jahrhunderts sind Firmennamen ohnehin Synoyme, viele sogar Verben: Wir googeln, facebooken, instagramen, skypen, twittern, whatsappen, zoomen. Deutsche Marken sind keine dabei. Für die deutschen Digitalen bedeutet das eine fortwährende Kränkung. War Deutschland doch immer schon nicht nur das sprichwörtliche Land der Dichter und Denker, sondern auch der Rechner und Ingenieure.

Man kann sich zum Beispiel mit dem Informatiker Jürgen Schmidhuber treffen. In Wissenschaftlerkreisen ist er ein Rockstar. Sie nennen ihn den »Vater der modernen KI«. Deswegen ist das Audimax der Ludwig-Maximilians-Universität in München auch voll, als er an einem Nachmittag eine Gastvorlesung für das Munich Center for Machine Learning hält. Das war nicht immer so, aber seit ChatGPT die künstliche Intelligenz im Herbst 2022 zu einem der bestimmenden Themen nicht nur der Wissenschaft, sondern auch der Nachrichten und Smalltalks, der Ängste und Hoffnungen gemacht hat, hört man endlich auf ihn. Elon Musk postete am 23. November 2023: »Schmidhuber invented everything«. Schmidhuber hat alles erfunden. Zumindest im Kontext der generativen KI war das keine Übertreibung.

Bei seinem Auftritt federte Schmidhuber wie ein Sportler nach vorne auf die Bühne, ganz in Schwarz, graues Hipsterbärtchen, die Schiebermütze rasch noch aufgesetzt. Er erzählt aus seinem Münchner Leben an der TU und vom »Annus mirabilis 1990/91«, in dem er gemeinsam mit seinem Diplomstudenten Sepp Hochreiter die Grundlagen für so vieles gelegt hat, was dreißig Jahre später die digitale Gegenwart bestimmen sollte. Nach dem Vortrag gibt es stehenden Applaus und eine lange Schlange von Studierenden, die viele Fragen haben und ein Selfie mit ihm machen wollen.

Später dann in einem Lehrsaal erzählt er von der langen Geschichte der deutschen Computerpioniere. »Der erste Chip stammt zum Beispiel nicht aus den USA, sondern aus München«, sagt er. »Den hat Werner Jacobi bei Siemens entwickelt. Der hat 1949 seinen Halbleiterverstärker zum Patent angemeldet. Genauso die ersten Transistoren. Die gab es nicht erst 1948 bei Bell, das war Julius Edgar Lilienfeld, der 1925 in Leipzig den Effekt des Feldeffekttransistors entdeckte. Und letztlich geht alles in der KI auf Gottfried Wilhelm Leibniz' Kettenregel von 1676 zurück. Die besagte, dass sich jede Funktion als Verkettung differenzierbarer Funktionen darstellen lässt.« Außerdem führte er das binäre Zahlensystem mit den Ziffern 0 und 1 ein. Er erzählt dann noch von Konrad Zuse, dem Bauingenieur, der 1941 in Berlin den ersten funktionstüchtigen Computer mit dem Namen Z 3 baute.

Man hört dann aber doch den bitteren Unterton, wenn er davon spricht, was Sepp Hochreiter und er an der TU damals so alles entwickelten. »In den Jahren 1990 und 1991 haben wir hier in München einiges von dem geschaffen, was jetzt die neuen KIs ermöglicht«, sagt er. »Zum Beispiel das Prinzip, mit dem heute viele Bilder und Deepfakes generiert werden, bei dem zwei konkurrierende neuronale Netzwerke gegeneinander antreten und so besser werden. Das habe ich 1990 veröffentlicht.«

Was noch? »Eigentlich fast alles, was derzeit so populär ist. Ich hatte 1991 zum Beispiel ein neuronales Netzwerk, dessen Prinzipien in den Transformer-Netzwerken der generativen KIs wie ChatGPT stecken. Damit lernt eine KI, aus dem Beginn eines Gesprächs vorherzusagen, wie es weiter verlaufen wird.« Genau das tun die Large Language Models, die dann im Herbst 2022 den Durchbruch generativer künstlicher Intelligenz in der breiten Öffentlichkeit brachten. Also von KIs, die Inhalte selbst produzieren und nicht nur analysieren und sortieren. »Auch das berühmte ›Long Short Term Memory‹ hat Wurzeln im Jahr 1991, und zwar in der Diplomarbeit von Sepp Hochreiter, dessen Betreuer ich war. 2015 hat das Google aufgegriffen und auf Milliarden Telefonen installiert.« Schmidhuber entwickelte auch das erste Tiefe Lernen durch rekurrente neuronale Netze. In der Kombination können künstliche Intelligenzen seither Sprachen und Handschriften erkennen und übersetzen, Musik komponieren und Roboter so steuern, dass sie sich auch in einem Umfeld bewegen können, das sie nur zum Teil mit ihren Sensoren wahrnehmen können.

Und dann war da 2003 noch seine Gödelmaschine. Das ist eine KI, die ihre eigene Software vollständig überschreiben kann, sobald sie bewiesen hat, dass sie dadurch besser wird. Er machte entscheidende Schrittenach vorne auf dem Weg zum KI-Boom der 2020er-Jahre. Überhaupt sei die erste Hälfte der Neunzigerjahre wegweisend gewesen hier in der Gegend: »Gleich nebenan hat Ernst Dieter Dickmanns an der Bundeswehruniversität in den späten Achtzigerjahren das erste selbstfahrende Auto entwickelt. Der ist schon 1994 mit einer S-Klasse auf der Autobahn hundertachtzig gefahren, das ist viel schneller als die Google-Autos heute. De Wagen konnte schon automatisch andere überholen. Dafür hat er dieses Jahr endlich den Bayerischen Verdienstorden bekommen. Auch wenn er sich den mit Florian Silbereisen teilen musste. Und auch das World Wide Web wurde im Alpenraum erfunden, von Tim Berners-Lee am Kernforschungsinstitut CERN in der Schweiz.« Bitter? Auf alle Fälle. Ansteckend bitter. Deswegen doch noch die Frage, warum das Geld jetzt aber Firmen in Amerika und Asien verdienen und warum Deutschland den Anschluss verloren hat.

Jürgen Schmidhuber holt kurz Luft. Als Wissenschafler kann er sich keine Wut erlauben. Also dann historische Fakten: »Um 1990 herum lief es wieder gut für die großen Verlierer des Zweiten Weltkriegs. Westdeutschland war damals pro Kopf reicher als die USA. Etliche der berühmtesten Firmen waren damals noch deutsch, allerdings stammten fast alle der wertvollsten Firmen der Welt aus Japan, das einst mehr Roboter hatte als der komplette Rest des Planeten, und auch wichtige KI-Forscher. Dann begann der Abstieg. In Tokio kollabierte der Aktienmarkt, der vorher größer war als der von New York. Die Sowjetunion zerfiel, und Deutschland hatte auf einmal ganz andere Sorgen, weil es die beiden Teile zusammenbringen musste. Seither läuft es nicht mehr so. Parallel zum wirtschaftlichen Wiederaufstieg Chinas erlebten die USA in den Neunzigern ihre eigene Renaissance mit dem Silicon Valley. Die Dotcom-Blase platzte zwar zwischen 2000 und 2003, aber ein paar Firmen überlebten das, Apple, Google, Amazon, Microsoft.«

Es ist aber nicht nur der historische Bogen, mit dem Deutschland aus der ersten Liga der Digitalnationen geschleudert wurde. So eine banale Selbstbeobachtung an einem sonnigen Nachmittag am Schreibtisch im Münchner Osten ist eine ganz gute Metapher.

Da sitze ich also an einem Laptop, das mit 1100 Gramm ungefähr so viel wiegt wie zwei, drei Bücher von durchschnittlicher Romanlänge. Daneben liegt ein Smartphone mit 200 Gramm. Was da allerdings in den achtzig Jahren seit Konrad Zuses X-3-Rechner aus den Rechnerzentralen bis in unsere Hosentaschen geschrumpft ist, hat die abermillionenfache Leistung, wie sie beispielsweise die Rechnerzentrale der NASA besaß, als sie 1969 die Landefähre der Apollo-11-Mission auf den Mond manövrierte. Man blickt durch Bildschirme in den digitalen Raum, die Details deutlicher zeigen, als sie das menschliche Auge wahrnimmt. Mit jeder Eingabe in die Browser kommuniziert man mit Rechnerfarmen, die »Clouds« genannt werden, Wolken, und die schier Übermenschliches vollbringen. Die meisten stehen im amerikanischen Westen, nur wenige in Europa.

Allerdings dreht sich hier im Münchner Osten immer wieder mal eines dieser Windrädchen auf dem Bildschirm, mit dem Rechner und Smartphones anzeigen, dass sie für die Daten noch etwas Zeit brauchen. Oder dass sie gerade nicht mit dem Internet verbunden sind. Denn kaum verlässt die Leitung im Keller den Verteilerkasten, windet sich ein Kupferkabel mit schwarzer Plastikhülle durch den Vorgarten, taucht kurz aus dem Erdreich in die Kabelröhre vor dem Zaunpfeiler, in dem die damalige Deutsche Post dieses Kabel einst durch die Nachbarschaft zog, als die Telefone noch Wählscheiben hatten und das Land zwei Teile. Zwei Straßen weiter steht so ein grauer Kasten, durch den diese Kabel hindurchmüssen, und weil in der Straße gerade viel gebaut wird, ist der Verkehr in den Datenleitungen des Münchner Ostens gerade so stockend wie der auf dem Mittleren Ring, was einen, wie jeder Bewohner der deutschen Stau-Hauptstadt München bezeugen kann, viel Zeit und Nerven kostet.

Nun heißt die Behörde Deutsche Telekom und ist eine Firma. Die betrachtet die Versorgung privater Haushalte und Firmen mit digitaler Technologie nicht als essenzielle Infrastruktur, sondern als Service. Und weil die deutsche Telekom aus alten Zeiten immer noch fast sämtliche Leitungen besitzt und damit ein altes Staatsmonopol in privater Hand hält, gibt es keinen Konkurrenzdruck. Zumindest schicken sie mal jemanden vorbei. Der erste Techniker hat keine Ahnung und steckt nur lustlos ein paar Kabel um. Der zweite Techniker meint, der erste hatte keine Ahnung, und steckt sehr eifrig ein paar Kabel in dem grauen Kasten zwei Straßen weiter um. Der dritte Techniker glaubt, der zweite habe die falschen Kabel genommen. Der vierte Techniker räumt ein, dass sie alle keine Ahnung haben und man eigentlich neue Kabel verlegen müsste, die kämen ja bald, aus Fiberglas, wie es in den meisten Industrieländern seit den 1980er-Jahren der Standard ist. Die Grundlagen der Technik stammen aus den 1840er-Jahren. Der deutsche Physiker Manfred Börner meldete sein »optoelektronisches Lichtwellen-Leitersystem« schon 1966 für die AEG Telefunken als Patent an.

Die Lösung ist also keineswegs eine Reform der Telekom, sondern das »leapfrogging« einer jetzt schon veralteten Firma und ihrer Technologie, also das Überspringen eines Entwicklungsschrittes, wie sie es etwa in Afrika gemacht haben. Dort wäre es viel zu teuer gewesen, Leitungen über Land zu verlegen, also wurde der ganze Kontinent im späten 20. Jahrhundert auf Mobilfunk umgestellt. Auch in Deutschland gibt es technisch solide Angebote einer britischen, einer spanischen und einer amerikanischen Firma, um die digitale Lücke im Home Office zu schließen.

Da steht dann also ein weißer Kasten aus Großbritannien auf dem Fensterbrett und holt das Internet mit sehr viel mehr Bandbreite und Geschwindigkeit aus dem Äther. Und schon ist Deutschland wieder raus aus der digitalen Welt, selbst aus der sehr beengten Perspektive auf dem Schreibtisch im Münchner Osten.

Auch die Pläne der deutschen Regierung versprechen nicht viel. Als der damalige Minister für Verkehr und Digitales Volker Wissing im Juni 2022 auf der Netzkonferenz re:publica damit prahlte, die Zahl der Glasfaseranschlüsse in Deutschland werde sich bis 2025 verdreifachen, rechnete ihm der Moderator Markus Beckedahl vor, das seien bei der damals aktuellen Quote von 6,3 Prozent glasfaservernetzten Anschlüssen auch nur um die 19 Prozent. Dabei hatten sich fast sämtliche Parteien im Bundestagswahlkampf von 2012 zumindest den Ausbau der digitalen Infrastruktur in die Programme geschrieben, auch wenn das eigentlich ein Thema der frühen 1990er-Jahre ist. Die Debatten um generative künstliche Intelligenz, Quantencomputer und Kryptowährungen? Die Pläne fürs Metaversum, die nächsten Stufen der Digitalisierung mithilfe von Blockchains und dem Sprung der KI aus den Rechnern in den Alltag? Ein »Internet der Dinge«? Alles Leerstellen oder Fußnoten im digitalen Weltbild der Bundesrepublik des 21. Jahrhunderts.

Die Suche nach Antworten auf die ewige Frage, warum Deutschland immer eine digitale Kolonie der USA geblieben ist, führte in ein Ferienhaus an der südfranzösischen Atlantikküste. Dort lebte Werner Zorn, der während der Pandemie ganz dorthin gezogen ist. Als er mit mir sprach, war er achtzig. Er trug Turnschuhe zu Cordhosen und vertrieb sich die Zeit damit, Klavierzyklen von Robert Schumann zu üben, gegen einen Tischtennisroboter zu spielen und Bücher wie »Erlebnis Algebra« zu lesen.

Werner Zorn ist nicht nur vom Alter, sondern auch in der

Technologiegeschichte eine Generation vor Schmidhuber. Seine Pionierleistung war es, Deutschland ans Internet anzuschließen. 1981 gründete er als Leiter der Rechnerabteilung an der Universität Karlsruhe ein Projekt, das deutsche Institute in ein internationales Netz einbinden sollte. 1984 war er es, der die erste E-Mail im deutschen Netz empfing. Er wusste den Zeitpunkt noch ganz genau. Am 2. August um 10:14 Uhr bekam er unter seiner Mail-Adresse zorn@germany eine Mail von Laura Breeden, die in Boston das Computer Science Network CSNET leitete, das seit 1981 erstmals Rechner außerhalb des Arpanets des Militärs ins Internet geholt hatte, erst einmal vor allem von Universitäten.

1984 waren außer den USA nur Deutschland und Israel angeschlossen. »This is your official welcome to CSNET. We are glad to have you aboard«, hatte Breeden am Vortag geschrieben. Eine Echtzeitübertragung gab es damals noch nicht. Mails wurden gesammelt verschickt.

Drei Jahre später half er, China ans Internet anzuschließen, und schickte die erste Mail von dort. Der Text: »Ueber die Grosse Mauer erreichen wir alle Ecken der Welt«. Von der großen Firewall, mit der China sich digital isolierte, war damals noch nicht die Rede. Frage: Deutschland war also eines der ersten Länder im amerikanischen Internet, half China, sich anzuschließen, und ist heute trotzdem digitales Entwicklungsland, während in den USA Milliardenkonzerne entstanden sind und China dem Mutterland der digitalen Technologien mit Apps wie TikTok und WeChat Konkurrenz macht?

Zorn lächelte bitter, als er antwortete: »Deutschland hat den Einstieg ins Internet nicht verschlafen. Es hat das Internet in den ersten Jahren sogar regelrecht bekämpft.« Als er Anfang der Achtzigerjahre begann, am Aufbau eines deutschen Netzes zu arbeiten, gab es zwei Methoden, Rechner miteinander zu verbinden. Die eine nannte sich ISO-OSI und wurde von der International

Organization for Standardization (ISO) entwickelt. Die andere namens TCP-IP stammte vom amerikanischen Militär. Welche man verwendete, so Zorn, war damals nicht nur eine technische Entscheidung zwischen zwei Methoden der Rechnervernetzung, sondern eine Glaubensfrage. Das sei ein »Krieg der Standards« gewesen.

Grob gesagt basierte die Idee des ISO-OSI-Modells auf dem Zusammenschluss von Rechnern und Großrechnern. Der Grundgedanke von TCP-IP ist das offene Netz. Im ersten Fall geht es vor allem um Datenaustausch, im zweiten um Kommunikation. Das OSI-Modell endete in einer digitalen Sackgasse. TCP-IP ist das, was wir heute als Internet bezeichnen. »So, und jetzt raten Sie mal, worauf die Deutschen gesetzt haben?« Zorn erwartete keine Antwort auf seine rhetorische Frage. Die Bundesrepublik hatte sich also für den OSI-Standard entschieden. Und das war der grundlegende Irrtum.

In einer blauen Aktenmappe sammelte er seit Jahrzehnten alles, »was schiefgelaufen ist«: Dokumente, Texte, Protokolle, jeden Schnipsel, der seine These belegen könnte, dass Deutschland die Digitalisierung von Anfang an falsch verstanden und vergeigt hat.

In seiner Mappe fand sich auch das Manuskript einer Ansprache, die der damalige Bundesforschungsministers Heinz Riesenhuber im März 1984 auf der Gründungsveranstaltung des Deutschen Forschungsnetzes gehalten hatte. Mit der entwarf er damals die Vision von einem »Verbund der Verbünde«, erzählte von neuen Kommunikationsformen und einer »Informationslandschaft«. Das Wort Internet benutzte er noch nicht.

Zunächst einmal wurde das Deutsche Forschungsnetz DFN als Verein organisiert. Den förderte Riesenhubers Ministerium in einer ersten Stufe mit 100 Millionen D-Mark, eine der größten öffentlichen Forschungsinvestitionen der damaligen Zeit. So ziemlich alle Gelder für die Netzentwicklung gingen damals an den DFN-Verein. Das sei der zweite Fehler gewesen, sagte Zorn: »Das Problem war: Diese Leute hatten kein wirkliches übergreifendes Netz-Know-how.« Beim DFN-Verein hätten sie die amerikanische Internet-Technologie abgelehnt und bekämpft, weil sie nicht »OSI-konform« sei. Man merkte, wie ihn die Wut packte, wenn er davon erzählte. Das könne man doch kaum glauben: Da beginnt in Amerika eine Weltrevolution, Menschen vernetzen sich über Maschinen und beginnen miteinander zu kommunizieren. Und die Deutschen? Gründen einen Verein, pochen auf Standards, investieren dafür Abermillionen Staatsgelder. Deswegen reise man in deutschen Zügen bis heute von Funkloch zu Funkloch. An vielen deutschen Schulen gebe es immer noch kein funktionierenden WLAN. Informatik würde selten unterrichtet. Auch in der Verwaltung und der Industrie fehle es an der Umsetzung von digitalen Lösungsmodellen, die Zeit, Geld sparen und inzwischen auch Rohstoffverbrauch und den Klimaschaden reduzieren könnten. Zorn war sich sicher, dass der deutschen Wirtschaft ein »Multimilliardenschaden« entstanden war. »Außer SAP gibt es keine große IT-Firma mehr in Deutschland.« Schuld daran habe der DFN. Was man erst mal nicht nachprüfen konnte, aber wenn man sich weniger für Zahlen als für Denkweisen und den Umgang mit der Digitalisierung interessierte, verwunderte einen diese eine Geschichte doch, die Zorn dann noch aus den Achtzigern erzählte.

Vom damaligen Forschungsminister Riesenhuber gab es den Anstoß, dass der DFN-Verein als erste Organisation in Deutschland das Recht bekommen sollte, öffentliche Übertragungswege zu bauen. Das war vorher das Monopol der Post. Und da lag der bizarre deutschen Denkfehler, Datenpakete als Pakete zu betrachten. Die wurden auch so abgerechnet, nur eben nach Bits statt nach Gramm. »Das kann man sich ja vorstellen, wenn Sie eine große Datei haben und schicken die von Berlin nach Frankfurt und von da nach Amsterdam und dann nach New Jersey, und überall wird jedes Paket einzeln abgerechnet und quittiert, da bleibt die Performance für diese Netze natürlich auf der Strecke«, sagte Zorn. »Am Anfang wurden da einzelne Kilobyte verschickt, und jetzt sind es Gigabit, die da pro Sekunde durchs Netz jagen. Da ist es lächerlich zu sagen, ich mache Pakete von hundert Byte, die muss ich dann quittieren.«

Zorn konnte diesen und andere Denkfehler in der deutschen Technologiegeschichte für sich sogar an einem Datum verankern. Das war der 4. März 1982, als sich im Hamburger Forschungszentrum DESY die führenden deutschen Informatiker trafen, um die Gründung eines Forschungsnetzes vorzubereiten. Rund dreißig Teilnehmer hatte das Treffen. Doch da ging es, wie sich Zorn erinnerte, bald nicht mehr um weltweit offene Netze, sondern um deutsche Standortpolitik. »Ich kam mir vor wie in einer Volkskammerversammlung.«

Eine Delegation des Forschungsministeriums war kurz vor dem Treffen in die USA gereist und hatte dann auch den Anschluss an das US-amerikanische Arpanet mit seiner TCP-IP-Technologie empfohlen. In Hamburg hätten sie dann aber das Angebot der Amerikaner abgelehnt. Sie wollten das lieber auf Basis genormter Protokolle anlegen, da könne man nichts falsch machen. Warum also haben die deutschen Informatiker die Empfehlung der Delegation ignoriert? Das wäre eine Frage für Heinz Riesenhuber, der von 1982 bis 1993 das Bundesministerium für Forschung und Technologie leitete, also genau während der Jahre, als Deutschland laut Zorn die Einführung des Internets bekämpfte.

Riesenhuber lebte immer noch in Unterliederbach, als ich ihn besuchte, in dem hübschen Vorort von Frankfurt mit gepflegten Mietskasernen und Nebenstraßen voll Villengärten, die sich hinter Mauern und Hecken verbergen. Riesenhubers Haus war so eine Villa, die ein Industrieller Anfang des 20. Jahrhundert gebaut hatte. Der ehemalige Minister trug immer noch sein Wahrzeichen, die Fliege, das allgemeinverständliche Zeichen für Intellekt und Vertrauenswürdigkeit. Das Wohnzimmer wirkte wie ein Salon. Kaffee, Kekse und Aschenbecher standen beim Sofa. Alte Schule.

Werner Zorn kannte er, zumindest dem Namen nach. Die Klage, Deutschland habe es damals versäumt, sich ans Internet anzuschließen, fand er abwegig. »Mit was hätte sich Deutschland denn da andocken sollen?«, fragte er. »Wir hatten ja weder die Kompetenz noch die kritische Masse, um da auf Augenhöhe eine Partnerschaft einzugehen.« Als er seine Amtszeit unter Kohl antrat, sei das Internet auch gar kein Thema gewesen. »Das war damals noch ein Instrument der Wissenschaft. Eine Nische.« Das Leitmotiv war damals, die historische Lücke in der Technologiegeschichte Deutschlands zu schließen, die der Zweite Weltkrieg gerissen habe und der Braindrain in den Jahren danach, als die USA die besten deutschen Wissenschaftler zu sich holten. Mikroelektronik sei ein Thema gewesen, Informationstechnologie für den Mittelstand und Raumfahrttechnik. Und Luftfahrt. »Die Diskussion um Boeing und Airbus ging ja vor allem darum, dass sich da ein Monopol ausdehnen könnte, das uneinholbar wäre.«

Mit OSI hätte man vor allem versucht, über offene Normen und Standards in den Wissenschaftsnetzen dafür zu sorgen, dass sich in Übersee keine Monopole bildeten, von denen man abhängig würde. »Wir lobten damals einhundert Millionen Mark für Forschungslehrstühle an den Universitäten aus«, sagte er. Das, so sah er das, war der eigentliche Denkfehler. Es stimme schon, dass Deutschland den Anschluss ans Internet und die Digitalisierung verpasst habe. Aber das seien keine einzelnen Fehlentscheidungen gewesen. »Amerika hatte immer schon eine Industrie- und Gründerkultur, die uns fehlte. Die haben schon in den Fünfzigerjahren Programme aufgebaut, mit denen sie Gründungen mit Risikokapital unterstützten.«

Es sei aber auch eine grundsätzliche Einstellung: »Bei uns gibt es ein Hoheitsverständnis der Wissenschaftler, dass sie der Erkenntnis und nicht dem Geld zu dienen haben«, sagte er. Die Mentalität wie am Massachusetts Institute of Technology, als Wissenschaftler selbst Patente anzumelden und damit Firmen auszugründen, sei den deutschen Wissenschaftlern fremd. »Das ist ehrenwert und vernünftig. Aber dass ein Professor ein Unternehmen gründet oder in einen Beirat geht, bleibt bei uns noch unterentwickelt.« Ist das also der Grund dafür, dass in Deutschland so viele technische Neuerungen entwickelt werden, wie von Schmidhuber an der TU München? Mit denen dann in den USA das Geld verdient wird? Er nickte. »Wir haben versucht, die Patentverwertungsstellen der Hochschulen auf ein Niveau zu bringen, das in Amerika ganz selbstverständlich ist.« Er zuckte mit den Schultern. Erschwerend hinzu käme die Bürokratie, die immer alles komplizierter mache. Ob sich da noch grundlegend etwas ändere, bliebe abzuwarten. »Das ist jetzt eine wunderbare Herausforderung für diese Regierung, die wir gewählt haben«, sagte er.

Bis Mitte der 1990er-Jahre dauerte es, bis die deutschen Wissenschaftler und Institute begriffen, dass sie mit ihren genormten Datenpäckchen nicht weiterkamen und auf das eigentliche Internet setzten. Zehn Jahre hatte Deutschland verloren. In der digitalen Revolution sind das Jahrhunderte. Und so wurde aus der Vorhut der digitalen Technologie Deutschland eine der vielen digitalen Kolonien, die wie Satelliten um das Silicon Valley kreisen.

Nicht alle Länder ließen sich darauf ein, an die digitale Infrastruktur der USA anzudocken. Doch es waren nicht die Länder der Freiheit und Demokratie, die sich aus dem Internet ausklinkten. China, Russland und Iran schotteten ihre Untertanen einfach ab. Die »great firewall« Chinas wurde sprichwörtlich. Dafür war diesen Ländern die Kraft der Werte, die sich über das Internet verbreiteten, doch zu gefährlich für ihre Diktaturen.

Andere schlossen sich an. Nordkorea und Myanmar, Kuba, Nicaragua und Venezuela, Sudan und Uganda. Allesamt Chiffren für Unterdrückung, Verfolgung von Minderheiten und die Missachtung der Menschenrechte.

10. Kapitel
Hass und Hetze

Wie das Internet die Köpfe und Herzen der Menschen eroberte,
warum sich Lügen, Hass und Hetze im Netz so viel schneller
ausbreiten als Wahrheiten und Freundlichkeit, und warum
das schon seit den Achtzigerjahren so ist.

Es waren nicht nur Länder und Märkte, die der digitale Kolonialismus eroberte, es waren auch die Hirne und Herzen der Nutzerinnen und Nutzer. Zeit war der Rohstoff, um den die Eroberer kämpften. Jede Sekunde zählte, die ein Mensch damit verbrachte, auf einen Screen zu schauen, Tastaturen, Mäuse und Bildschirme zu berühren. Den Prozess dieser Verschmelzung von Mensch und Maschine trieben die »Big Five« Amazon, Apple, Facebook, Google und Microsoft mit enormem Aufwand voran. Das war nicht nur Ingenieurskunst. Das war Psychologie. Digitaler Komfort und Services waren die neuen Glasperlen.

Der Effekt war gewaltig. Die Gegenreaktion dann bald genauso. Der sogenannte Techlash (eine Wortschöpfung aus den Worten »technology« und »backlash«) sollte bald schon die Aufbruchsstimmung der digitalen Welt in ihr Gegenteil verkehren. Das begann mit dem Gefühl des Kontrollverlustes, und wie so manche kollektive Ohnmacht entlud sich das in Widerstand. Was sich da formierte, war so etwas wie ein digitaler Antikolonialismus.

Die Länder hatten längst damit begonnen. Vor allem die Europäische Union hatte in Brüssel in den Zehner- und Zwanzigerjahren des 21. Jahrhunderts die weltweit schärfsten Gesetze erlassen, die härtesten Strafen verhängt und die Digitalkonzerne als Erste in ihrer absoluten Freiheit eingeschränkt, den Alltag, den Menschen und seine Daten als unermessliche Ölfelder zu betrachten, die man auf ewig ausschürfen könnte. Der Digital Markets Act und der Digital Services Act des Europäischen Parlaments machten im September und Oktober 2022 den Anfang. Mit dem AI Act trat dann im Dezember 2023 das weltweit erste Gesetz für die Regulierung von künstlicher Intelligenz auf den Plan.

Die Ausgangslage war klar. Je nach Studie berührte ein Durchschnittsnutzer im Jahr 2020 den Schirm seines Smartphones beispielsweise zwei- bis dreitausend Mal am Tag. Hochgerechnet eine Million Berührungen im Jahr. Fünf bis sechs Stunden nutzten sie ihre Taschencomputer. Das war keine Gerätebedienung mehr. Das war Sucht mit Nebenwirkungen auf Alltag, Psyche und Gemeinleben. Eine schleichende Entwicklung, die man selbst erst nicht bemerkte. Journalistenalltag seit Mitte der 2010er-Jahre. Facebook, Twitter, Instagram, alles so eingestellt, dass der Nachrichtenstrom einen Nutzwert hatte. Themen fanden sich wie von selbst. Auch das Posten dauerte nur Sekunden. Geschichten weiterleiten, Anmerkungen machen, Pointen setzen. Der Nutzer sollte Marke sein, das war für Journalisten sozusagen Pflicht. Reichweite erhöhen, Sichtbarkeit. Der Zeitverlust war kaum merkbar, denn im Vergleich zum Verfassen eines Textes war der Vorgang so intuitiv wie reibungslos. Und die Gemeinde reagierte. Daumen rauf, runter, Herzchen, Smileys. Belohnung und Bestrafung immer dicht nebeneinander. So viel und schnelle Rückmeldung gab es bisher nie auf die eigene Arbeit, selbst wenn sie vielleicht nur aus einem Satz bestand.

Die Gewöhnungsphase war so schleichend wie der Siegeszug der Bequemlichkeitsanwendungen, mit denen sich die digitale Industrie ihre Vormachtstellung im Alltag erobert hatte. Mir war gar nicht bewusst, dass ich auf dieselben Mechanismen ansprang, über die ich immer wieder schrieb. Vor allem auf Facebook und Twitter waren es vor allem Angst, Empörung und Häme, auf die die meisten Zustimmungen kamen. Eine Geschichte über Klimawandel? Daumen hoch. Irgendwas über Trump? Herzchen. Eine fiese Bemerkung während der ARD-Talkshow? LOL-Smiley. Weil auf den sozialen Medien aber jeder sein eigener Chefredakteur ist, waren diese Reaktionen wie eine Marktforschung im Sekundentakt. Ob man sich dessen bewusst war oder nicht, die Themen änderten sich. Die Algorithmen sortierten die Beiträge nicht nur bei einem selbst in die emotionalen Schubladen. Sie unterteilten bei Facebook beispielsweise jedes Mitglied in rund fünftausend Datenpunkte. Dementsprechend wurden die Inhalte dann ausgespielt. Liberale sollten sich vor Rechtsradikalen fürchten, über den Klimawandel empören und sich über Provinzler lustig machen. Konservative sollten sich vor der Antifa fürchten, über Einwanderer empören und über weltfremde Eliten lachen. Filterblasen nannte der Politologe Eli Pariser dieses Phänomen, dass die Algorithmen der sozialen Netzwerke und Suchmaschinen die Interessen, Vorlieben, Abneigungen und vor allem die politischen Gesinnungen jeder einzelnen Nutzerin, jedes einzelnen Nutzers mit wissenschaftlicher Präzision berechnen konnten.

Die Plattformen selbst nannten das »Personalisierung«. Das sollte vor allem der Werbung helfen, mit der sie ihr Geld verdienten, aber die Algorithmen sortierten nicht nur die Online-Anzeigen, die Nachrichten, Witze und Aufrufe, sondern auch die Empfehlungen für Organisationen und Leute, die ähnlich dachten wie man selbst. Das war das Prinzip der Lokalzeitung potenziert auf das Allerinnerste jedes Einzelnen. Pariser beschrieb das mit einem Zitat von Facebook-Gründer Mark Zuckerberg, der einmal gesagt hatte: »Ein Eichhörnchen, das vor Ihrem Haus stirbt, ist für Sie im Moment vielleicht relevanter als Menschen, die in Afrika sterben.« Das klang zynisch, war aber gar nicht so gemeint. Der Nabelblick des Publikums war im Journalismus immer schon eine Hürde für jede Auslandsreportage.

Mit dem Horizont schrumpfte im Netz allerdings auch die Geduld. Immer empfindlicher wurden die Nutzer. Der »Shitstorm« wurde geboren, den der Duden schon 2013 ins offizielle Vokabular aufnahm, weil es keine deutsche Entsprechung gab. Der definierte ihn als »Sturm der Entrüstung in einem Kommunikationsmedium des Internets, der zum Teil mit beleidigenden Äußerungen einhergeht«. Und noch ein Phänomen wurde samt Anglizismus ins deutsche Netz importiert, die »Cancel Culture«, die den Shitstorm zur Waffe machte, die das Ziel der Empörung buchstäblich zerstören sollte. Beruflich, familiär, persönlich. Die jeweils eine Seite der politischen Lager schob die Verrohung der Onlinesitten gerne auf die andere. Vor allem die Konservativen sahen in den Übergriffen der Linken im Netz, die sich bald auch auf die Campus der Universitäten und den Kulturbetrieb ausweitete, eine neue Form der Zensur.

Der Fall der New Yorker PR-Managerin Justine Sacco gilt als so etwas wie der Patient Zero der Shitstorms. Die war Ende Dezember 2013 mit dem Flugzeug auf dem Weg nach Südafrika, wo sie ihre Familie besuchen wollte. Um sich die Zeit zu vertreiben, postete sie unterwegs zynische Witze auf dem Kurznachrichtendienst Twitter, der sich damals vom Nischen- zum Massenphänomen entwickelte. Aus dem Flieger: »Seltsamer, deutscher Kerl: Du bist in der ersten Klasse. Wir schreiben das Jahr 2014. Besorg dir ein Deo – innerer Monolog, während ich einatme. Gott sei Dank gibt es Medikamente«. Bei der Zwischenlandung in London: »Fröstelig – Gurkensandwiches – schlechte Zähne. Zurück in London!« Und kurz vor dem Einstieg in den Flieger nach Kapstadt: »Auf nach Afrika. Hoffentlich kriege ich kein Aids. Kleiner Witz. Ich bin ja weiß.« Reaktionen bekam sie auf keinen der Posts. Sie hatte auf Twitter aber auch nur einhundertsiebzig, die ihr folgten.

Als sie nach der Landung ihr Smartphone wieder einschaltete, sprudelte ihr allerdings eine Flut der Tweets, Sprach- und Textnachrichten entgegen. Einer aus ihrer Gefolgschaft hatte ihren Aids-Tweet an einen Journalisten des Nachrichtenportals *Gawker* geschickte, der fünfzehntausend Follower hatte. Während der elf Stunden, die sie ohne Verbindung im Flugzeug verbracht hatte, war sie weltberühmt geworden. Ihre Familie in Kapstadt war entsetzt. Sie waren langjährige Unterstützer des African National Congress. Josephine hatte Schande über sie gebracht. Sie war mit einem Male so berühmt, dass südafrikanische Hotelangestellte mit Streik drohten, sollte sie bei ihnen einchecken. Auf Twitter mehrten sich die Stimmen, die hofften, dass sie gefeuert, vergewaltigt oder umgebracht würde. Sie verlor dann ihren Job. Und ihre digitale Identität. Wenn man ihren Namen in eine Suchmaschine eingibt, bekommt man ausschließlich Links zu Geschichten über ihren Tweet. Mit dem sie sich eigentlich über ihre Privilegien als Weiße in Afrika und unterschwelligen Rassismus im Allgemeinen lustig machen wollte. Allerdings taugte der schwarze New Yorker Humor mit seiner Doppelbödigkeit nicht für diese neue Medienwelt. Sie sei eben weder eine Figur aus der boshaften Cartoonserie »South Park« noch eine Komikerin, sagte Sacco selbst. Eigentlich war der Impuls der Twittergemeinde vernünftig. Minderheitenwitze dürfen nach dem ungeschriebenen Gesetz der Comedy nur von Vertretern der Minderheit gemacht werden, auf die der Witz zielt. Die Judenwitze von Sarah Silverman sind brillant, würde sie ein Nichtjude machen, wären sie Antisemitismus. Aber das war gar keine Debatte.

Der Algorithmus hatte bei Twitter entschieden, dass Empörung der Impuls mit der größten Reichweite sei. Also schob er diese Dynamik an. Man kann dafür der Werbeindustrie die Schuld geben, die den Reichweitenhunger der Aufmerksamkeitsindustrie aufstachelte. Doch letztlich spiegeln das Internet und die sozialen Medien nur das, was in den Menschen und in der Gesellschaft vorgeht. Es lag in uns selbst, dass Angst, Hass und Hetze von den Algorithmen als die Emotionen mit der größten Wirkung erkannt wurden. Weil wir nicht anders können. Wir sind immer noch Menschen der Urzeit, die mit der Technologie des 21. Jahrhunderts herumhantieren wie Zeitreisende aus einer Filmklamotte. Mag schon sein, dass wir vergleichende Literaturwissenschaften, Systemtheorie und Quantenphysik verstehen. Aber dann reagieren wir doch wieder wie in den Urzeiten, als es für unser Überleben in der Savanne, Prärie oder Tundra wichtiger war, sich über das Rudel Wölfe am Horizont aufzuregen, als sich über den Sonnenuntergang zu freuen.

Nun hatte es den Streit im Netz von Anfang an gegeben. Das war kein Phänomen des Web 2.0. In den Diskussionsforen von The Well hatte das schon angefangen, in den frühen Chatsystemen, den Bulletin Boards, den Newsgroups des Usenets und auf den E-Mail-Listen, nur dass die Shitstorms da noch Flame Wars hießen. In den Anfängen war das nicht immer so bösartig wie später auf Facebook und Twitter. Es gab sogar eine Art Sportsgeist, ähnlich wie im Freestyle Rap die Angriffe und Beleidigungen als Wettkampf der Schlagfertigkeit zu verstehen. Hackergangs und Universitäten traten da gegeneinander an. Und wenn es doch mal grundsätzlich wurde, verliefen die Streitigkeiten und Ideologiegräben irgendwo in den endlosen Textschnüren der Oberflächen.

Der Informatiker Joe Talmadge veröffentlichte 1987 die ironischen »12 Gebote des *Flamens*« im Netz, die schon bald die Runde machten und sich heute noch wie eine Anleitung für die Netzdebatten der Gegenwart lesen:

1. Erfinde Dinge über Deinen Gegner: Es ist wichtig, Lügen wahr klingen zu lassen. Leite Dein Argument mit dem Wort »eindeutig« ein. »Eindeutig ist Fred Flooney ein Lügner und ein Drecksack obendrein.«

2. Gib Dich als Hobbypsychologe: Du bist klug. Du hast schon von Freud gehört. Du hast einen Psychologiekurs an der Uni belegt. Du bist eindeutig qualifiziert, Deinen Gegner zu psychoanalysieren: »Polly Purebread zeigt durch die Verwendung des Wortes ›Zucchini‹ in ihrem Posting, dass sie einen schweren Fall von Penisneid hat.«

3. Poste Deine *Flames* überall: Jeder im Netz wartet nur darauf, dass das nächste literarische Meisterwerk Deinen Rechner verlässt. Von rec.arts.wobegon bis alt.gourmand halten alle den Atem an, bis Deine nächste *Flame* erscheint. Deshalb: überall posten.

4. Es gibt viele Verschwörungen: Wenn alle gegen Dich sind, kann es nicht sein, dass Du ein Arschloch bist. Es gibt offensichtlich eine Verschwörung gegen Dich, und Du tust dem ganzen Netz einen Gefallen, wenn Du sie aufdeckst.

5. Drohe mit Klagen: Dies ist das Gegenteil von Regel Nr. 4 (sozusagen das Yin & Yang des *Flamings*). Die Androhung eines Rechtsstreits gilt immer als gute Form. »Indem sie sagt, dass ich in der falschen Gruppe gepostet habe, hat Bertha mich verleumdet und missbraucht. Wir sehen uns vor Gericht, Bertha.«

6. Zwinge Deine Gegner, ihre Behauptungen zu belegen: Selbst wenn Harry Hoinkus ganz offen sagt, dass er Tomatensauce auf seinen Nudeln mag, solltest Du Belege verlangen. Wenn *Newsweek* keinen Artikel über Harrys Nudelvorlieben geschrieben hat, dann lügt Harry offensichtlich.

7. Verwende fremdsprachige Ausdrücke: Französisch ist gut, aber Latein ist die lingua franca des *Flamens*. Du solltest den

Begriff »ad hominem« mindestens dreimal pro Artikel verwenden. Andere beliebte lateinische Ausdrücke sind »ad nauseum«, »veni, vidi, vici« und »fetuccini alfredo«.

8. Sag ihnen, wie klug Du bist: Warum mit intelligenten Argumenten überzeugen, dass Du klug bist, wenn Du es ihnen einfach sagen kannst? Behaupte, dass Du Mitglied bei Mensa oder Mega oder Dorks of America bist. Zitiere die Ergebnisse, die Du bei jeder Prüfung seit der High School erzielt hast. »Ich habe 800 Punkte bei meinen SATs, LSATs, GREs, MCATs, und ich kann auch das Wort ›premeiotic‹ buchstabieren.«

9. Beschuldige Deine Gegner der Zensur. Als amerikanischer Bürger hast Du das Recht, im Netz zu posten, was immer Du willst (das wird durch den 37. Verfassungszusatz garantiert, glaube ich). Jeder, der versucht, Deine Cross-Postings einzuschränken oder einen *Flame War* in die E-Mail zu verlagern, ist entweder ein Kommunist, ein Faschist oder beides.

10. Bezweifle ihre Existenz: Du hast Deine Gegner noch nie wirklich gesehen, oder? Und da Du das Zentrum des Universums bist, solltest Du sie schon gesehen haben, oder? Also existieren sie nicht! Das ist das Schöne an der Logik der *Flamer*.

11. Lügen, betrügen, stehlen, den Toilettensitz oben lassen.

12. Im Zweifelsfall beleidigen: Wenn Du die anderen 11 Regeln vergisst, erinnere Dich an diese. Irgendwann in Deiner wunderbaren Laufbahn als *Flamer* wirst Du zweifellos in einen *Flame War* mit jemandem geraten, der besser ist als Du. Diese Person wird Deine Lügen aufdecken, Deine Argumente zerpflücken und Dich generell wie einen Trottel aussehen lassen. An diesem Punkt gibt es nur noch eines zu tun: den Drecksack beleidigen!!! »Ach ja? Tja, Deine Mutter macht seltsame Dinge mit Gemüse.«

Was damals als Satire gedacht war, wurde mit den sozialen Medien zur gesellschaftlichen Antinorm. Angriffe, Lügen und Verschwörungsmythen steigern sich seit Mitte der 2010er-Jahre zu einem perfekten Sturm, der sich keineswegs in der abstrakten Welt des Netzes zusammenbraute. Als die sozialen Netzwerke Mitte der Nullerjahre damit begannen, das wunderbare Chaos der digitalen Debattenkultur zu bündeln, hatte die Spaltung der Gesellschaft in Amerika schon längst ihren Lauf genommen. Da hatte sich eine politische Kultur formiert, auf die andere Demokratien nicht vorbereitet waren. Nicht, dass die USA damit umgehen konnten. Was da seinen Lauf nahm, gipfelte am 6. Januar 2022 in einem Sturm aufs Parlamentsgebäude in Washington DC, der fast ein Staatsstreich geworden wäre.

Politik war in den USA keine Frage der Überzeugung mehr. Das demokratische Ideal von der Vernunft und der Kraft der Argumente war zu einer reinen Formalität verkommen, die man aus Gründen des Anstands pflegte. In Wahrheit war die Zweiparteienlandschaft eine klare Frontstellung. Demokraten gegen Republikaner. Die verstanden sich schon lang nicht mehr als Parteien, sondern definierten sich als Bewegungen. Angefangen hatte die Polarisierung mit Richard Nixons Kampf gegen die Woodstock-Generation. Um die Progressiven im Lande als radikale Minderheit abzustempeln, hatte er den Begriff der »schweigenden Mehrheit« geprägt. Damit meinte er das schon etwas ältere Bürgertum, das auch in Amerika das Wirtschaftswunder der Nachkriegsjahre vorangetrieben hatte, sich politisch selten äußerte, aber letztlich im Geiste der Konservativen dachte. Ronald Reagan aber war es, der das für die nächste Generation zum Kulturkampf eskalierte. Er verbündete sich in seinen Wahlkämpfen mit der religiösen Rechten. Die war in den Siebzigerjahren mit dem Fernsehen zu einem gewaltigen Machtblock angewachsen. Die sogenannten Televangelists wie Billy Graham, Pat Robertson oder

Jim und Tammy Faye Bakker rekrutierten mit ihren Fernsehpredigten nicht nur Gemeinden in Millionenstärke, sondern häuften über die Spenden und Beiträge auch gewaltige Vermögen an. Wer die als Kandidat auf seiner Seite hatte, konnte darauf zählen, dass sie ihre Gefolgschaft als Wähler lieferten. Dafür verlangten sie aber auch etwas. Keine Steuererleichterungen, Regierungsverträge oder wirtschaftsfreundlichen Gesetze, wie die traditionellen Interessensgruppen der Politik. Sie verlangten eine Politik der Werte. Ihrer Werte.

Mit dieser buchstäblich heiligen Allianz schuf Reagan die Grundlagen für einen Paradigmenwechsel vom wirtschaftlichen Populismus des 20. zum kulturellen Populismus des 21. Jahrhunderts. Seither führen konservative Republikaner ihre Wahlkämpfe auf der Grundlage moralischer und christlicher Werte, auch wenn sie dann im Amt eine Politik betreiben, die vor allem Industrie, Wirtschaft und die oberen zwei Einkommensprozent begünstigt. Da unterschieden sich Reagan, die beiden Bushs und Donald Trump nicht sonderlich voneinander. Denn im Wahlkampf bedienten sie sich zwar der »drei magischen Gs«: »Gays, Guns and God«. Schwule, Waffen und Gott sind in der amerikanischen Politik Reizthemen, die auch im Netz wie Zunder wirkten. Gleichzeitig sind es aber Themen, die auf den politischen und privaten Alltag kaum Auswirkungen haben. Da reicht Rhetorik, tun konnte man immer nur wenig.

Die Emanzipation der LGBTQAI-Gemeinden ist in den USA so weit fortgeschritten, dass sich die Debatte vor allem um die Feinheiten rechtlicher Definitionen und Sprachregelungen dreht. Ähnlich der Streit um die Waffengesetze. Immer noch würde es kein amerikanischer Politiker wagen, den Waffenbesitz dramatisch einzuschränken. Für einen beträchtlichen Anteil der amerikanischen Wählerschaft geht es dabei nicht um die Schusswaffen selbst, sondern um einen uramerikanischen Freiheitsbegriff, zu dem das Tragen einer Waffe nur als Symbol für das Recht des freien Bürgers auf Selbstverteidigung gehört. Bleibt noch Gott. Wird Gott bemüht, ist jede Diskussion zu Ende. Mit Gott diskutiert man nicht. Jede Spiritualisierung von Politik macht es der Opposition schwerer, Kritik anzumelden. Kaum ein westlicher Politiker verstand sich aber darauf so gut wie George W. Bush. Egal ob er die Privatisierung des Sozial- und Schulwesens als Rückenstärkung für den Glauben verkaufte oder seine Präsidentschaft als göttlichen Auftrag deklarierte, wer an ihm zweifelte, so die untergründige Botschaft, der zweifelte auch an Gott.

Nun konnte sich auch in den USA kein Präsident erlauben, die Trennung von Kirche und Staat infrage zu stellen, auch wenn der Kontinent ursprünglich von religiösen Fundamentalisten kolonisiert worden war, deren Puritanismus auch noch die Nationsgründer prägte. George W. Bush war aber ein Meister des »dog whistling«, der untergründigen Botschaften, die nur die Eingeweihten verstanden. Immer wieder streute er Worte aus dem Jargon der Evangelikalen ein, Anspielungen auf Bibelzitate. So zementierte George W. Bush den Aufstieg der religiösen Rechten, den Reagan begonnen hatte. Er hatte gleich nach seinem ersten Amtsantritt sogar ein »Amt für glaubensbasierte Initiativen« gegründet, das dem Weißen Haus unterstand.

Es war dann auch der stellvertretende Direktor dieser Abteilung David Kuo, der 2006 in seinem Buch über die »politische Verführung« der religiösen Wählerblöcke beschrieb, wie zynisch die Mobilisierung des Glaubens in der Politik ablief. Wie sich Bush und sein Kabinett heimlich über die Evangelikalen lustig machten. »Die christlichen Führungsfiguren wurden umarmt und angelächelt und dann hinter ihrem Rücken abgetan und als lächerlich, außer Kontrolle und einfach nur albern bezeichnet«, schrieb er. Bushs genialischer Wahlkampfstratege Karl Rove soll sie sogar als Irre bezeichnet haben.

Und dann kam der 11. September 2001. Die Anschläge der Al-Qaida-Terroristen auf das World Trade Center in New York, das Pentagon und womöglich auch das Kapitol in Washington bedeuteten eine Zeitenwende. Sie waren auch das Ende von Francis Fukuyamas Theorie vom Ende der Geschichte und einem siegreichen Kapitalismus, der die Demokratie in die Welt bringt. George W. Bush schien als denkbar ungeeignet für die Rolle eines Präsidenten, der so eine Zeitenwende steuern würde. Seinen Reden hörte man die Provinz in Texas an, in der er lebte. Seine Rhetorik war nicht besonders raffiniert, seine Gestik immer ein bisschen zu breitbeinig für einen aus der zweiten Reihe wie ihn. In den Augen seiner Gegner war er eben doch nur der Sohn des vorletzten Präsidenten, der schon nach einer Amtszeit gegen den Provinzler Bill Clinton verloren hatte. Doch als die Zwillingstürme an der Südspitze von Manhattan in Trümmern lagen, als sich die demokratische Welt mit den USA solidarisierte und nach dem Zusammenbruch der Sowjetunion im Islamismus erstmals wieder ein globales Feindbild entdeckt hatte, nahm Bush die Gelegenheit wahr. Einen »Krieg gegen den Terror«, der immerwährend sein sollte. Und er ließ den Menschen nur eine Wahl. Entweder man war für ihn oder gegen ihn.

Dieses Grundmotiv hatte schon seine Wahlkämpfe geprägt. Anstatt zu überzeugen, wollte er mobilisieren. Dieses Maß der Emotionalisierung war neu in der Politik der Demokratien. Zynisch, aber effektiv. Kulturkampfthemen haben vor allem eines gemeinsam. Sie lenken von den traditionellen Wahlkampfthemen wie Wohlstand, Arbeitslosigkeit, Gesundheitswesen, Lebensqualität und Sicherheit ab, die in Debatten vor allem vernünftige Argumentation verlangen. Stattdessen heizen sie die Empörungen an, die Wertedebatten auf beiden Seiten auslösen.

Höhepunkt waren dann der Herbst und Winter von 2023 auf 2024. Die Pogrome des 7. Oktober hatten die Debatte um den Nahen Osten nicht nur in den USA, sondern weltweit zu einem ideologischen Schlagabtausch reduziert, bei dem sich jeder für eine Seite zu entscheiden hatte. Ähnlich wie der Islamische Staat hatte die palästinensische Terrorgruppe Hamas die fast kostenlosen Propagandakanäle des Internets genutzt, um ihre Strategie zu flankieren. Aufnahmen ihrer Massaker, Misshandlungen und Entführungen machten jeden Gedanken an Frieden und Verhandlungen unmöglich, gleichzeitig putschten sie die Causa Palästina als Chiffre des Antikolonialismus der Linken und Progressiven in den demokratischen Ländern mit Bildern und Meldungen von den Verheerungen der israelischen Angriffe im Gazastreifen aus, deren »Search-and-rescue«-Mission schon bald zu einer »Search-and-destroy«-Mission geworden war.

Aber nicht nur die linke und die progressive Bewegung zerlegte sich in dieser Debatte. Die rechten Flügel der Republikaner nutzten die Gelegenheit, ihren Kulturkampf gegen die Bildungseliten bis in die Präsidien der Ivy-League- und anderen Spitzenuniversitäten zu tragen. Mit Erfolg. Nach einer Anhörung dreier Uni-Präsidentinnen war nicht nur das Image der Institutionen ruiniert. Der Begriff »Kontext« war durch die ungeschickten Antworten der Uni-Präsidentinnen nicht nur im Englischen ein Unwort geworden. In unzähligen Memes verbreiteten sich die Sekunden, in denen diese Präsidentinnen so kalt und unbarmherzig wirkten, weil sie nicht sagen wollten, dass der Aufruf zum Völkermord an den Juden gegen die Regeln ihrer Unis verstieß. Was rein rechtlich zwar korrekt war, emotional, moralisch und menschlich aber unmöglich. Selten gab es einen so klaren Etappensieg der Konservativen in diesem Kulturkampf, den das Netz so aufgeheizt hatte.

Bill Clinton hatte seinen Wahlkampf 1992 noch mit dem Leitmotiv »It's the economy, stupid« geführt. Das war noch die

Interessenspolitik und Argumentationslinie des 20. Jahrhunderts. George W. Bush nannte seinen politischen Kreuzzug euphemistisch »compassionate conservatism«, mitfühlenden Konservatismus. Auch wenn es für ihn nur ein Mittel zur Macht war, so etablierte er damit aber auch eine Debattenkultur, die in den sozialen Medien in Empörungswellen und Shitstorms explodierte, gegen die die Flame Wars der digitalen Frühzeit harmlose Geplänkel waren. Bald schon sprach man von einer Erosion der Demokratie. Nicht nur in den USA, aber die hatten diese Auflösung des öffentlichen Diskurses über das Internet in viele Teile der Welt exportiert. Auch wenn es nur eine Nebenwirkung einer zynischen Machtpolitik war, wurde mit den exponentiellen Effekten der Algorithmen ein globales Phänomen daraus.

11. Kapitel
Die Automatisierung

Wie sich die Debatte um künstliche Intelligenz schon zwanzig Jahre vor dem Boom der Denkmaschinen in die beiden Lager der Euphoriker und Apokalyptiker teilte und dabei religiöse Züge annahm, die sie nie wieder ablegte.

Und was, wenn die Maschinen das Denken anfangen? Wenn sie handeln? Wenn sie ein Bewusstsein entwickeln? Die sozialen Netzwerke waren das erste weltweite Experiment mit künstlicher Intelligenz, auch wenn niemand davon sprach. John McCarthy hatte das mal so erklärt, dass künstliche Intelligenz nicht mehr so genannt wird, sobald sie zum Alltag geworden ist. Deswegen gab es nun die Verben, die KI umschrieben. Googeln, facebooken, twittern und all die anderen Vokabeln der neuen Markenwelt verstand jeder. Dass hinter jeder dieser Anwendungen einfache KIs arbeiteten, die nicht nur den menschlichen Geist, sondern auch seine Emotionen ergänzten, war von Anfang an eine Selbstverständlichkeit. Im Layout eines Textfeldes hat künstliche Intelligenz keine Aura, sondern die Anmutung einer dieser vielen Sortiermaschinen, die das digitale Universum die meiste Zeit bevölkerten.

Doch mit den sozialen Medien kam eine neue Dimension in dieses Universum. Es waren eben nicht mehr nur die einzelnen Nutzer mit ihren Daten, Ideen und Reaktionen, die da mitspielten, sondern die Daten, Ideen und Reaktionen aller Nutzer, die auf diesem Netzwerk agierten. Bei Facebook waren das irgendwann einmal drei Milliarden. Was macht also ein Gebilde aus mehrfach ineinander verzahnten Algorithmen und drei Milliarden Geistern?

Der KI-Forscher und Futurist Ray Kurzweil hatte sich schon sehr viel länger damit beschäftigt, als er im Frühjahr 2014 auf die Bühne der TED Conference trat und seinen Vortrag mit einer der größenwahnsinnigsten Metaphern eröffnete. »Lassen Sie mich eine Geschichte erzählen«, begann er mit einem leicht breitbeinigen Stand auf dem Bühnenteppich. »Sie reicht zweihundert Millionen Jahre zurück. Es ist die Geschichte des Neocortex, was so viel wie ›neue Rinde‹ heißt. Bei diesen frühen Säugetieren, die aussahen wie kleine Nagetiere – und nur Säugetiere haben einen Neocortex –, war der Neocortex so klein und dünn wie eine Briefmarke. Er bildete eine dünne Hülle um ihr walnussgroßes Gehirn, die sie zu einer neuen Art des Denkens befähigte. Statt nur festen Verhaltensweisen zu folgen, wie die Nicht-Säugetiere, konnte sie neue Verhaltensweisen erfinden. Wenn eine Maus also vor einem Raubtier floh und ihr der Weg versperrt war, konnte sie versuchen, eine neue Lösung zu finden. Wenn es klappte, erinnerte sie sich daran und entwickelte ein neues Verhalten, das sich dann in der Gemeinschaft viral verbreiten konnte. Eine andere Maus, die das beobachtete, konnte sagen: ›Hey, das war ziemlich clever, um den Stein herumzugehen‹, und sie konnte sich dann ebenfalls das neue Verhalten aneignen.«

Er setzte sich dann zufrieden in einen Polsterstuhl und fuhr fort: »In den 2030er-Jahren werden wir uns mit der intelligenten Technologie vereinen, die wir erschaffen.« Er sagte das im Ton eines Wissenschaftlers, der von einer Entdeckung erzählt, die belegt und bewiesen ist. »Vor zwei Millionen Jahren bekamen wir den Neocortex und haben ihn an die Spitze der Hierarchie unseres Hirns gesetzt. Ähnlich wie schon vor zwei Millionen Jahren, werden wir diesen zusätzlichen Neocortex an die Spitze der Hierarchie setzen.« Allerdings sei es dieses Mal kein einma liger Vorgang. »Hätten wir vor zwei Millionen Jahren das Volumen unserer Schädel immer weiter vergrößert, wäre irgendwann die Geburt nicht mehr möglich gewesen, weil der Schädel nicht mehr durch den Geburtskanal gepasst hätte.« Deswegen würde der Mensch sein Hirn an die digitale Wolke anschließen, denn die Cloud sei nicht auf einen begrenzten Raum angewiesen. Derzeit verdopple sie ihre Kraft jedes Jahr. »Wir werden unendliche Ausdehnungsmöglichkeiten unseres Hirns haben. Und genauso, wie wir vor zwei Millionen Jahren neue Ausdrucksformen gefunden haben wie die Sprache und die Musik, werden wir neue Ausdrucksformen schaffen, die wir uns noch gar nicht vorstellen können.« Intelligenzquotienten von mehreren Tausend IQ seien dann möglich. Wenn KI dann erst einmal den Punkt der Singularity überschritten habe, wenn sie also übermenschliche Intelligenz und ein Bewusstsein entwickelt hätte, werde der Mensch Teil einer Superintelligenz.

Die Metapher vom digitalen Neocortex war rhetorisch brillant. Seit zwanzig Jahren war das Internet nun schon als die wichtigste Neuerung seit der Erfindung des Buchdrucks hochgejubelt worden. Mit der Wendung, künstliche Intelligenz mit dem wichtigsten Ereignis in der Entwicklung der Evolution zu vergleichen, stellte er KI nicht nur auf eine sehr viel höhere Stufe der Technologiegeschichte. Und auch wenn die Metapher eine Hyperbel war, so beschrieb er im Kern die Ausweitung des digitalen Universums doch ziemlich korrekt. Mitte der Zehnerjahre hatte KI ein Stadium erreicht, das aus dem Nischenfeld der Forschung eine funktionierende Technologie gemacht hatte. Das Internet war auf dieser Evolutionskurve gar nicht mehr der Mittelpunkt der Entwicklung. Die Vernetzung sämtlicher Rechner der Welt miteinander, die mir Marvin Minsky ein Vierteljahrhundert zuvor beschrieben hatte, war lediglich die Infrastruktur einer Digitalisierung, die gerade erst angefangen hatte.

Ganz so weit von der Wirklichkeit ist Ray Kurzweils Mythos von der Mensch-Maschinen-Verschmelzung nicht. Eine Schachtel, nicht viel größer als für ein Smartphone, kam da aus Paris. Darin war ein Stirnband, an dem man eine Plastikscheibe von der Größe eines Hamburger Patty befestigen konnte. Die setzte man sich dann auf den Hinterkopf, wo die Sensoren in der Scheibe die Signale des visuellen Kortex abtasteten. Das ist der Teil des Gehirns, der eigentlich das Sehen steuert. Der gibt so starke Impulse ab, dass man sie in Signale umwandeln kann, die der Computer versteht. Das Kalibrieren aufs eigene Hirn dauerte keine zwei Minuten. Dann steuerte man den Rechner nur mit der Kraft der eigenen Gedanken und Blicke. Die Demoprogramme ließen einen Squash spielen, einen Techno-Track zusammenmischen, durch Videokanäle zappen. Da wurde kein Knopf gedrückt, kein Befehl gesprochen, nicht einmal eine Geste gemacht. Der Effekt ist so verblüffend, dass ich auflachen musste, als ich die erste Runde machte. Vielleicht war Ray Kurzweil also gar nicht so ein Spinner? Und arbeitet Elon Musks Firma Neuralink nicht auch an solchen Hirn-Rechner-Verbindungen? Auch wenn die zu dem Zeitpunkt noch Affenschädel aufstemmten, um ihnen Chips in die Hirnmasse zu pflanzen. In der Evolution der Computereingabe vom Tippen über das Schieben, Wischen und Sprechen wäre das der Gipfel der Mensch-Maschine-Verschmelzung.

Auf der anderen Seite der Debatte war eine Gruppe Männer, die sich um drei neue akademische Einrichtungen gruppierten. Zwei davon waren in England. Das eine war das Centre for the Study of Existential Risk. Das hatten der Mitgründer des Internettelefondienstes Skype Jaan Tallinn und der ehemalige Präsident von Englands Wissenschaftsakademie Royal Society Martin Rees an der University of Cambridge gegründet. An der Oxford University hatte der Philosoph Nick Bostrom das Future of Humanity

Institute gegründet und in Amerika etablierte der Wissenschaftsphilosoph Max Tegmark das Future of Life Institute.

Nun sind Weltuntergangsszenarien ernst zu nehmende Themen. Die Klimakatastrophe, Seuchen, Bio- und Atomwaffen
sind sogar akute Gefahren, die der Menschheit ein Ende berei-
ten könnten. Vor allem das Zentrum für die Studien existenzieller
Risiken untersuchte all diese Probleme, erkannte aber auch früh,
dass künstliche Intelligenz bald schon zu diesen akuten Gefahren
gehören könnte. Die beiden anderen Institute fokussierten sich
von Anfang an auf KI.

Bostrom war der Star unter den KI-Philosophen. Schon 2003
hatte er ein Gedankenexperiment formuliert, das bis heute eine
der meistzitierten Metaphern für die Gefahr von KI ist. Nämlich die Allegorie vom Büroklammermaximierer. Nimmt man
beispielsweise an, dass jemand eine Superintelligenz konstruiert, wie Bostrom das hypothetische Modell einer übermensch-
lich intelligenten KI nannte, und wenn er dieser Superintelligenz
lediglich den Auftrag gibt, Büroklammern herzustellen, aber ihr
weder vorgibt, wie viele, noch auf welchem Wege, käme es automatisch zur Katastrophe. Die Superintelligenz würde zunächst
daran arbeiten, alles in der Welt zu Büroklammerfabriken um-
zubauen, sie würde sämtliche Rohstoffe des Planeten dafür ausbeuten, und wenn sie dann entdeckte, dass ihr die Menschen im
Weg sind oder ihre Körper gar Eisen enthalten, würde sie die
Menschheit zerstören. Wenn dann die Menschen aus dem Weg
geräumt und der Planet Erde bis auf die letzte Krume ausgebeu-
tet wären, würde die KI Sonden ins Weltall schicken, um andere
Planeten zu kolonisieren und dort weitere Büroklammerfabriken
zu errichten.

Er betrachtete diese Risiken eher wissenschaftlich: »Mich interessiert vor allem die Superintelligenz als potenzieller Dreh- und
Angelpunkt der Geschichte: Der Übergang zur Ära der maschi-

nellen Intelligenz könnte ein Schlüsselereignis in der gesamten Menschheitsgeschichte sein. Das könnte dann die langfristige Zukunft unserer menschlichen Zivilisation prägen.«

Bostrom war keineswegs der Erste, der vor den existenziellen Gefahren der KI warnte. Der Vater der Kybernetik Norbert Wiener selbst hatte schon 1949 einen Essay für die *New York Times* mit dem Titel »The Machine Age« geschrieben, in dem er vor den Gefahren dieses Maschinenzeitalters warnen wollte. Der Text war nie erschienen. Was Wiener da schrieb, war den Redakteuren der Zeitung noch zu bizarr in einer Zeit, in der Computer noch ein Gespinst von Science-Fiction-Romanen waren. 2012 entdeckte ein Forscher den Text im Archiv des MIT.

Es schien, als habe Wiener damals der Leserschaft sehr viel mehr zugetraut als die Redakteure. So schrieb er: »Inzwischen ist sich die Öffentlichkeit darüber im Klaren, dass ein neues Maschinenzeitalter angebrochen ist, das auf der Rechenmaschine und nicht auf der Kraftmaschine basiert. Die Tendenz dieser neuen Maschinen besteht darin, das menschliche Urteilsvermögen auf allen Ebenen, mit Ausnahme einer ziemlich hohen, zu ersetzen, und nicht darin, menschliche Energie und Leistung durch maschinelle Energie und Leistung zu ersetzen.«

Wiener fürchtete jedoch weniger das Ende der Menschheit als erst einmal ihre Verarmung: »Diese neuen Maschinen sind in der Lage, die gegenwärtige Grundlage der Industrie umzustürzen und den wirtschaftlichen Wert des gewöhnlichen Fabrikarbeiters so weit zu senken, dass es sich nicht mehr lohnt, ihn um jeden Preis einzustellen. Wenn wir unsere maschinellen Möglichkeiten einer Fabrik mit der Wertschätzung des Menschen kombinieren, auf der unser heutiges Fabriksystem beruht, steht uns eine industrielle Revolution von unermesslicher Grausamkeit bevor.«

Wiener warnte aber auch schon damals vor einer Vernebelung der Debatte: »Wir müssen bereit sein, mit Fakten statt mit modischen Ideologien umzugehen, wenn wir diese Zeit unbeschadet überstehen wollen.« Und auch er sah ein Ende der Menschheit am fernen Horizont der KI-Entwicklung: »Wenn wir Maschinen bauen, die lernen und deren Verhalten durch Erfahrung modifiziert wird, müssen wir der Tatsache ins Auge sehen, dass jeder Grad an Unabhängigkeit, den wir der Maschine geben, die Wahrscheinlichkeit erhöht, dass sie unsere Wünsche missachtet. Der Flaschengeist wird nicht freiwillig zurück in die Flasche gehen, und wir haben auch keinen Grund zu erwarten, dass er uns wohlgesonnen ist. Nur eine Menschheit, die zur Ehrfurcht fähig ist, wird auch in der Lage sein, die neuen Möglichkeiten zu kontrollieren, die wir uns da schaffen. Wir können demütig sein und mithilfe der Maschinen ein gutes Leben führen, oder wir können arrogant sein und sterben.«

Bostrom ging noch einen Schritt weiter. Es war nicht die Dominanz der Maschinen, vor der er warnte, sondern das Ende der Menschheit. Wie man von einem Weltuntergangsprediger erwartet, ist Bostrom eine düstere Erscheinung. Bei einer Dinnerparty in John Brockmans großräumigen Apartment mit Blick auf den Westrand des Central Park in Manhattan, wirkte er an einem Abend Mitte der Zehnerjahre mit seinem strengen Nickelbrillenblick, seinem hochgeschlossenen Wollpulli und seiner etwas abwesenden Art zu sprechen ein wenig wie ein fremdelnder Gast zwischen all den Tiefenentspannten und von Neugier Getriebenen, die Brockmans Runde sonst so ausmachten.

Über Singularity wollte er dann nicht sprechen. »Ich vermeide den Begriff Singularität, weil er für verschiedene Menschen so viele verschiedene Dinge bedeutet, dass er meiner Meinung nach mehr Verwirrung stiftet als Klarheit schafft«, sagte er. Bostrom sprach lieber über »Superintelligenz«. So heißt auch sein Buch zum Thema. Und die Gefahr? »Eine Gefahr ist das Aussterben der Menschen«, sagte er an diesem Abend. »Es ist nicht so, dass die Superintelligenz uns hassen würde oder dass sie uns ausbeuten würde oder Ähnliches.« Um all die Science-Fiction-Bedrohungen aus der Debatte zu räumen. Er referierte dann nochmal seine Metapher vom Büroklammermaximierer. Der sei aber nur eines von unzähligen denkbaren Beispielen. »Hätte man eine KI, deren Ziel es ist, die dezimale Erweiterung von Pi zu berechnen, dann hätte die KI einen pragmatischen Grund, die Menschen loszuwerden, damit wir sie nicht aufhalten können, aber auch, um die Erde in Computer zu verwandeln, die noch mehr Stellen hinter dem Komma berechnen könnten. Man kann in dieses Gedankenexperimente fast jeden anderen Wert einfügen. Dann kann man sich ausrechnen, dass eine ausreichend mächtige Entität, die diesen Wert maximiert, unseren Lebensraum zerstören könnte. Ich denke, das ist das größte Risiko.«

Zwischen den Euphorikern wie Kurzweil und den Pessimisten wie Bostrom hatte sich Mitte der Zehnerjahre eine Debatte verhärtet, die fast schon religiöse Züge annahm. War das nicht eine weltliche Version des Johannesevangeliums? Auf der einen Seite die Apokalypse, die die Unwissenden ins Verderben reißt, auf der anderen Seite die Rettung der Erleuchteten, denen die KI in dieser Erzählung wie der Messias begegnet, der sie mit gottgleicher Weisheit und ewigem Leben segnet.

Noch war es nicht so weit. Künstliche Intelligenz begann sich zwar langsam über die gesamte Bandbreite der Informatik zu verteilen. Doch noch war das Training einer solchen KI eine mühsame Angelegenheit. Es war im Sommer 2018, als ich nach einem Beispiel suchte, mit dem man den Stand der Technik illustrieren könnte. Ich landete dann im Vatikan. Dort lief ein Projekt namens »In codice ratio«, ein lateinischer Begriff für Codesystem. Die KI sollte das Geheimarchiv des Vatikans erfassen. Das ist im großen Querbau am Cortile del Belvedere untergebracht, ein paar

Hundert Meter vom Haupteingang der Porta Sant'Anna entfernt. »Archivum Secretum Apostolicum Vaticanum« heißt es, wobei es so geheim auch wieder nicht war. Wissenschaftler, Reporter und ausgesuchte Reisegruppen durften die düsteren Säle und fensterlosen Lagerräume durchaus besuchen, in denen sämtliche Dokumente, Akten und Korrespondenzen des Heiligen Stuhls seit dem 8. Jahrhundert gelagert sind.

Das neue Problem der Archivierung dort war, dass man Dokumente vom 8. Jahrhundert bis zur Erfindung und Verbreitung des Buchdrucks siebenhundert Jahre später nicht digital speichern konnte, denn Handschriften waren nicht maschinenlesbar. Und weil das Mittelalter nicht nur eine Ära der handschriftlichen Bürokratie war, sondern auch die Zeit, in der der Heilige Stuhl die einflussreichste Weltmacht stellte, fehlte der modernen Geschichtsschreibung der Einblick in ein großes Stück Weltgeschichte.

Das Labor des »In-codice-ratio«-Projekts war eine gute halbe Autostunde von den prächtigen Hallen des Vatikans entfernt im zweiten Stock eines Backsteinbaus auf dem Campus der Università degli Studi Roma Tre untergebracht. Letztlich bestand es vor allem aus dem nüchternen Arbeitszimmer des Professors Paolo Merialdo, mit einem handelsüblichen PC auf dem Schreibtisch und einem Bücherregal, das etwas verwaist wirkte mit seinen unsortierten Lehrbüchern und Aktenordnern. Merialdos Team versammelte sich um einen leeren Tisch, an dem sie ihre Konferenzen abhielten, was nicht so oft vorkam, weil sie meist über Rechner kommunizierten. Zwei Doktorandinnen arbeiteten mit Merialdo an der Programmierung. Und dann war da noch eine Paläografin, eine Wissenschaftlerin, die ausgestorbene Schriften erforschte. So wie die vier dann beschrieben, wie sie ihren Rechnern Schritt für Schritt etwas Neues beibrachten, merkte man erst, was für ein störrisches Biest so eine künstliche Intelligenz war.

Die Aufgabe war ja nicht nur deswegen so enorm, weil das Geheimarchiv 83 Regalkilometer Akten, Dokumente und Bücher umfasst. Briefe von Michelangelo finden sich darin genauso wie die Bannbulle, mit der Papst Leo X. Martin Luther aufforderte, seine 95 Thesen zurückzunehmen, oder der Brief, in dem Heinrich VIII. den Papst Clemens VII. um die Annullierung seiner Ehe bat. Nein, der wichtigste Grund war, dass die schon sehr einheitliche Schrift des 11. Jahrhunderts, die den Forschern heute die Arbeit sehr viel leichter machte, die KI immer noch überforderte. Meist geht es in den Dokumenten um Geld. Der Papst war so etwas wie der Kredithai seiner Tage. Da gab es viel zu verhandeln.

Buchstabe für Buchstabe musste die KI erst einmal lernen, die Schrift zu erkennen, sie zu Wörtern und dann zu Sätzen zusammenzufügen. Sie zeigten das mal live. Die Software unterteilte jedes Wort in eine Reihe von Fenstern, die halbe und Drittelbuchstaben erfassten, die für die Software zu Puzzleteilen wurden. Um zum Beispiel das lateinische Wort »sententiae« zu erkennen, vollzog die KI über 15 000 Arbeitsschritte. Je mehr Beispiele man in so eine künstliche Intelligenz hineinfüttert, desto besser kann sie lernen. »In codice ratio« war ein System aus sogenannten neuronalen Netzen, das mit statistischen Sprachmodellen arbeitete. Das heißt, die Software konnte Schrift und Sprache erkennen, aber nicht verstehen.

Um den Datensatz rasch zu erweitern, arbeiteten sie zusätzlich mit sechshundert italienischen Gymnasiasten im Team. Die bekamen auf einer Webseite Buchstaben aus den mittelalterlichen Dokumenten gezeigt. Als Menschen konnten sie die mit einem Blick entziffern. Sie bekamen also immer einen Buchstaben gezeigt und trugen ihn in moderner Schrift in ein Formular ein, damit diese Information dann dem Datensatz eingegeben werden konnte.

Ganz ähnlich funktionieren auch die »Captcha«-Sperren im Netz, bei denen man hin und wieder in einem Raster von zwölf

Bildern bestimmte Motive anklicken muss, zum Beispiel die vier Bildern, auf denen Motorräder zu sehen sind, oder die drei mit Zebrastreifen. Was den Webseiten angeblich dazu dient, Bots auszusortieren, also Mini-KIs, die auf sie zugreifen, und die Nutzer zwingt, sich als Menschen auszuweisen, war in erster Linie ein riesiges Trainingsprogramm für die künstlichen Intelligenzen selbstfahrender Autos.

Andere KI-Entwicklerfirmen arbeiteten mit Klickfarmen in Niedriglohnländern wie Kenia oder Indonesien, in denen Tausende Helfer saßen und solche Eingaben klassifizierten.

Die italienischen Schülerinnen und Schüler hatten für »In codice ratio« schon fünf Millionen Zeichen identifiziert. Das ist für eine künstliche Intelligenz nicht viel. Nach den strengen Parametern der KI-Forschung im amerikanischen Westen wäre »In codice ratio« immer noch eine sogenannte narrow artificial intelligence, eine schwache, weil sehr eng definierte KI, die eine oder nur wenige Aufgaben lösen kann, in diesem Falle eben eine unbekannte Schrift entziffern.

Die Hoffnung war in dieser Frühzeit der modernen KI, dass die Debatte schon an einem Punkt begann, an dem noch nicht alle Tatsachen geschaffen waren. Denn wenn schon bald höher entwickelte KIs aus den Laboren der Forschungsinstitute und Konzerne in den Alltag einziehen sollten, schrieben die Entwickler und Ingenieure so etwas wie die DNS der zukünftigen digitalen Gesellschaft.

Einige der wichtigsten Forscher, Wissenschaftler und Unternehmer dieser Welt trafen sich deswegen im Sommer 2017 in der kalifornischen Ferienanlage Asilomar, um einen Katalog ethischer Richtlinien zu verfassen. Diese »Asilomar Guidelines for AI«, die sie dort erarbeiteten, sollten so etwas wie ein philosophischer Quellcode für die KI sein.

Veranstaltet hatte die Konferenz Max Tegmark in seiner Rolle als Gründerchef des Future of Life Institute.

Die Wahl des Ortes war schon mal ein symbolträchtiges Signal. In Asilomar hatten sich 1972 die wichtigsten Vertreter der Genforschung getroffen, um sich auf Richtlinien ihres Feldes zu einigen. Dazu gehörten Sicherheitsmaßnahmen bei der Arbeit an Bakterien und Viren, die Auflage, dass experimentelles Erbgut nicht in die freie Natur kommen darf, sowie die Verbote, schädliche DNA oder Menschen zu klonen.

Ähnlich sollten die Asilomar-Prinzipien für künstliche Intelligenz dem Forschungsfeld als Richtlinien dienen.

Da ging es um Forschungsthemen. Oberstes Ziel der KI-Forschung sollte es sein, nützliche Intelligenz zu schaffen. Auch Investitionen in KI sollten auf Nutzwert ausgerichtet sein. Auf keinen Fall sollte KI Arbeitsplätze und Ressourcen wegautomatisieren, Rechtssysteme oder Gesellschaften ungerechter machen. Außerdem sollte es einen konstruktiven Austausch zwischen KI-Forschern und politischen Entscheidungsträgern geben.

Unter Forschern und Entwicklern von KI selbst sollte eine Kultur der Zusammenarbeit, des Vertrauens und der Transparenz gefördert werden. Der Wettbewerb sollte nicht zu aggressiv sein, damit Teams, die KI-Systeme entwickeln, aktiv zusammenarbeiten, um ein Abweichen von den Sicherheitsstandards zu vermeiden.

KI-Systeme sollten während ihrer gesamten Betriebsdauer sicher und geschützt sein, und zwar nachweislich, wo dies möglich und machbar ist. Wenn ein KI-System einen Schaden verursacht, sollte es möglich sein, die Gründe dafür zu ermitteln. Sollte eine KI an gerichtlichen Entscheidungen beteiligt sein, sollte sie auch eine zufriedenstellende Erklärung liefern, die von einer zuständigen menschlichen Behörde überprüft werden kann. Die Entwickler und Konstrukteure fortschrittlicher KI-Systeme sollten für die moralischen Auswirkungen ihrer Nutzung, ihres Missbrauchs und ihrer Handlungen verantwortlich sein. Außerdem sollten KI-Systeme so konzipiert sein, dass ihre Ziele und ihr Verhalten während ihres gesamten Betriebs mit den menschlichen Werten in Einklang gebracht werden können. Dazu gehöre vor allem, dass sie mit den Idealen der Menschenwürde, der Rechte und Freiheiten sowie der kulturellen Vielfalt vereinbar sind. Die Menschen sollten auch das Recht haben, auf die von ihnen erzeugten Daten zuzugreifen, sie zu verwalten und zu kontrollieren. Dabei sollte die Anwendung von KI auf persönliche Daten die tatsächliche oder gefühlte Freiheit der Menschen nicht unangemessen einschränken.

Ganz prinzipiell sollten KI-Technologien so vielen Menschen wie möglich zugutekommen und sie befähigen. Der durch KI geschaffene wirtschaftliche Wohlstand sollte breit gestreut werden, damit die gesamte Menschheit davon profitiere. Der Mensch sollte entscheiden, wie und ob er Entscheidungen an KI-Systeme delegiert, um von ihm gewählte Ziele zu erreichen. Ein Wettrüsten bei tödlichen autonomen Waffen sollte vermieden werden.

Da es keinen Konsens gab, sollten Spekulationen über die Obergrenzen für zukünftige KI-Fähigkeiten vermieden werden. Risiken, die von KI-Systemen ausgehen, vor allem katastrophale oder existenzielle, sollten entsprechend ihrer erwarteten Auswirkungen geplant und gemindert werden. Dazu müssten sie strengen Sicherheits- und Kontrollmaßnahmen unterliegen. Denn Superintelligenz sollte nur in den Diensten weithin geteilter ethischer Ideale und zum Nutzen der gesamten Menschheit und nicht nur eines Staates oder einer Organisation entwickelt werden.

Technik, Ethik und die Science-Fiction-Visionen von der Vernichtung und Erlösung greifen allerdings bis heute zu kurz, um die Menschheit auf ihre Co-Existenz mit einer neuen Intelligenz vorzubereiten. Wie schon bei den Digitalisierungswellen zuvor kamen Philosophie, Soziologie und die Geisteswissenschaften weder in Gang noch zum Zuge. Der Kunstkurator Hans-Ulrich Obrist startete im Herbst 2017 einen Versuch, KI nicht nur zu verstehen, sondern auch zu begreifen. Im Londoner Rathaus rief er einen »AI Marathon« aus. In der mächtigen Spiralkuppel mit Blick auf Themse und Tower Bridge trafen sich also ein paar Dutzend Wissenschaftler, Ingenieure, Künstler und Schriftsteller, um nach schlüssigen Bildern für die künstliche Intelligenz zu suchen.

Der Schriftsteller Adam Thirlwell und die damalige Präsidentin der Royal Society of Literature Marina Warner versuchten das zunächst einmal mit den »Märchen aus 1001 Nacht«. Sie machten sich Gedanken darüber, ob der morgenländische Märchengeist Dschinn, dieser dienstbare Wunscherfüller aus rauchlosem Feuer, nicht das perfekte Sinnbild für jene digitalen Kräfte sei, die mit künstlicher Intelligenz entfesselt wurden. Das digitale Lodern könne man als zeitgenössisches Bild für das rauchfreie Feuer sehen, es stelle sich auch die Frage nach der Beherrschbarkeit dieses eigentlich aufmüpfigen Flaschengeistes, sagten sie. Wer ihn aus seiner gottgewollten Gefangenschaft befreie, ahne erst einmal nicht, was Dschinns Zauberkräfte alles anrichten könnten.

Der Ansatz ist gerade deswegen so richtig, weil die zweite Ära der digitalen Technologien, die gerade in eine dritte mündet (ohne zu Ende zu gehen, aber diese Parallelentwicklungen machen es ja auch gerade so kompliziert), durch zwei so einfache wie schlüssige Metaphern begreifbar wurde, die beide aus der Welt der Literatur stammten. In dieser zweiten Ära verknüpften sich die Rechenmaschinen zu einem weltweiten Netz, in dem sich Gedanken und Informationen frei oder in Bahnen bewegen. Was heute selbstverständlich ist, war vor fünfundzwanzig Jahren noch eine gewaltige gedankliche Überforderung.

Nach Metaphern für die abstrakte Welt der digitalen Ströme hatten die Menschen immer gesucht. Da war das kybernetische

Universum des Cyberspace, den sich der Schriftsteller William Gibson Anfang der Achtzigerjahre ausgedacht hatte.

Die zweite Metapher, mit der sich die Menschen im Netz zurechtfinden konnten, war das Surfen. Die stammte von der Mediävistin und Bibliothekarin Jean Armour Polly aus Syracuse, New York. Sie hatte Anfang der Neunzigerjahre als eine der ersten Autorinnen Bücher und Essays über den Einfluss des Internets auf Kinder und Familien geschrieben. 1992 verfasste sie für eine Fachzeitschrift einen Text über die Informationssuche im Netz.

Damals, drei Jahre vor der Einführung des World Wide Web mit seinen eleganten Benutzerführungen und farbenfrohen Oberflächen, beschrieb man die Benutzung des Internets noch mit Analogien wie Graben, Wühlen oder Navigieren, allesamt Vergleiche mit mühsamen Verfahren aus der fernen Vergangenheit. Der kalifornische Jugend- und Freizeitglamour des Surfens traf die Euphorie des Aufbruchs zu den neuen Ufern des Internets schon besser.

Nun kamen Adam Thirlwell und Marina Warner bei ihrer Suche nach einem Bild für die künstliche Intelligenz nicht weit. »Der Dschinn ist weder Dämon noch Engel«, sagte Warner, was man über so ziemlich jede Technologie sagen könnte. Wie schnell sie an ihre gedanklichen Grenzen stießen, vor allem wenn sie versuchten, die gesellschaftlichen Folgen der KI zu erfassen, zeigte der Vortrag des Kognitions- und Robotikforschers Murray Shanahan. Der war in seiner Eigenschaft als Professor für Kognitive Robotik am Imperial College in London geladen. Mit den philosophischen Fallstricken der Technologie hatte er sich aber so richtig erst auseinandergesetzt, als der Regisseur Alex Garland ihn als Berater für seinen KI-Thriller »Ex Machina« aus dem Jahr 2015 holte. Shanahan brachte in dem Film ein paar Anspielungen auf den Philosophen Ludwig Wittgenstein unter, der seine Arbeit so beeinflusst hatte. So heißt die fiktive Google-hafte Firma des geheimnisvollen IT-Magnaten Nathan »Blue Book«, nach Wittgensteins »Blauem Buch«, in dem er Anfang der 1930er-Jahre Grundzüge der deskriptiven Linguistik und Notizen über das Denken skizzierte. In einer Szene hängt Gustav Klimts Gemälde von Wittgensteins Schwester Margarethe Stonborough-Wittgenstein in einem Gang. Außerdem spielte der Film in jenem Teil Norwegens, in den sich Wittgenstein in den 1910er-Jahren zurückgezogen hatte, um an seinem System der Logik zu arbeiten.

Shanahan gelang es an diesem Nachmittag in London, mit dem sonst so undurchdringlichen Wittgenstein in wenigen Minuten die Möglichkeit eines Maschinenbewusstseins zu skizzieren. Er stellte klar, dass sich der Mensch von der Idee lösen müsse, dass eine Maschine ein menschenähnliches Bewusstsein entwickeln könne, selbst wenn es zu einem Moment der Singularity kommen sollte, man sich aber trotzdem damit auseinandersetzen müsse. Wittgenstein habe nicht nur als einer der Ersten die Frage gestellt, ob Maschinen denken können. Er habe vor allem beschrieben, wie man sich angesichts anderer, exotischer Bewusstseins- und Wesenszustände wie den von Tieren, Pflanzen, Gesteinen oder Planeten als Mensch verändere. Künstliche Intelligenz gehöre in diese Reihe der exotischen Bewusstseinsformen, sagte er. »Wir sind in Gegenwart einer gewaltigen Kreatur«, sagte Shanahan. Die sei uns Menschen in manchen Bereichen durchaus überlegen.

Menschliche Sprache, so sagte er, sei zum Beispiel ein verrauschtes und mit nur geringer Bandbreite ausgestattetes Medium. Ein Team von KIs aber könne Inhalt ohne solche Beschränkungen einander klar und direkt vermitteln. Nur müsse man sich, um solche Vorgänge zu konstruieren, vom Vorbild des biologischen Gehirns lösen. Das sei zunächst ein Problem der Technik, dann der Rezeption und dann der Philosophie. Die Automatisierung und die Erzeugung von eigenständigen intellektuellen Leistungen einer KI stelle aber die Einzigartigkeit des menschlichen

Geistes infrage. Auch da müsse man umdenken und sich vom »Biozentrismus« lösen, der die organische Schöpfung als alleinigen Gipfel betrachte.

Tegmarks Konferenz zur Ethik im Umgang mit KI und Shanhans Erkenntnisse über Maschinenbewusstsein wurde 2017 nicht viel Aufmerksamkeit zuteil. Und doch leuchtete da wieder der Idealismus auf, der seit den Frühzeiten der digitalen Kultur so oft verloren gegangen war. Hatte die digitale Gesellschaft nicht aus ihren Fehlern gelernt? Und aus ihren Leistungen? Es war ja nicht so, dass die ersten KIs nur Schaden anrichteten. Es war noch gar nicht so lange her, dass die sozialen Netze einen Lichtmoment erlebt hatten.

12. Kapitel
Aufstand der Massen

Wie das Internet im Nahen Osten und der arabischen Welt
für kurze Zeit sein Versprechen als Motor der Demokratisierung
einlöste und warum Donald Trump genau damit zum
Präsidenten wurde.

Wael Ghonim hatte einen Traum. Er würde das Internet mit seinen Empörungsschleifen, seinen Inseln aus Hass und Nestern aus Angst zu einem Ort der zivilisierten Debatten und demokratischen Diskurse machen. »Das toxische Web wird überall auf der Welt zunehmend zu einem Problem«, sagte er an diesem sonnigen Nachmittag im Jahr 2014. »Sich im Internet zivilisiert zu verhalten und zu diskutieren, wird immer mehr zu einem drängenden Problem.« Wir quälten uns durch den Rush-Hour-Stau auf der Interstate 80 an San Francisco vorbei nach Südwesten. Wir hatten eine Konferenz in Napa Valley besucht, und weil Ghonim kein Auto hatte, nahm ich ihn im Mietwagen mit nach Palo Alto, wohin er mit seiner Frau und seinen beiden Kindern nach seiner Flucht aus Kairo gezogen war. Ghonim war ein nicht besonders großer Mann mit schmalen Schultern, der sich seiner neuen Heimat im Silicon Valley schon gut angepasst hatte. Er trug eine sandfarbene Hose und ein hellblaues Polohemd, die schwarzen Locken in einen unbestimmten Schnitt gekürzt. An den Revolutionär, der auf dem Tahrir-Platz in Kairo nur vier Jahre zuvor die Massen angefeuert hatte, erinnerte kaum noch etwas. Höchstens der stechende Blick hinter der Nerdbrille. So saß er auf dem Beifahrersitz und erzählte. Sehr viel lieber über die Zukunft als über die Vergangenheit, aber die hatte ihn nun mal hierhergebracht.

Mitte dreißig war er, aber das *Time Magazine* hatte ihn zu einer der einflussreichsten Persönlichkeiten des Jahres 2011 erklärt, weil er als einziges Gesicht der sonst namenlosen Revolutionäre des Arabischen Frühlings in Ägypten berühmt geworden war. Er war der »keyboard freedom fighter«, der Freiheitskämpfer mit der Tastatur. Das war ein Pfund, aus dem er nun hier in Kalifornien Kapital schlagen wollte. Zum Wohle der digitalen Menschheit, vor allem hier im toxischen Amerika. Nicht schlecht für einen Informatiker, der beim Ausbruch der Revolutionen in der arabischen und moslemischen Welt in Dubai lediglich als Abteilungsleiter der regionalen Google-Zentrale gearbeitet hatte.

Die Rolle des Revolutionärs gefiel ihm nicht. Sicher war er immer schon politisch aktiv gewesen. Gemeinsam mit dem Aktivisten Abdel Rahman Mansour hatte er in seiner Freizeit Webseiten für Oppositionelle in der Heimat Ägypten betrieben. Sie hätten nicht ahnen können, dass eine Facebook-Seite, die sie aufsetzten, das Schicksal ihres Landes für immer verändern würde. Am Abend des 6. Juni 2010 zerrten Polizisten des Mubarak-Regimes in Alexandria den 28-jährigen Blogger Khaled Said aus einem Internet-Café. Sie hatten ihn vermutlich im Visier, weil er ein Video ins Netz geladen hatte, auf dem zu sehen war, wie sich zwei Polizisten das Geld aus einer Drogenrazzia teilten. In einem Hauseingang prügelten die Beamten ihn zu Tode. Als seine Familie ihn in der Pathologie identifizierte, nahm sein Bruder mit dem Handy heimlich Bilder des Leichnams auf. Deutlich sah man, wie übel ihm die Polizisten mitgespielt hatten. Der Kiefer war ausgerenkt, Schädel und Nase zertrümmert, das Gesicht des Toten zu einer albtraumhaften Fratze entstellt.

Nach ein paar Tagen stellte die Familie das Bild ins Netz. Ghonim sah es und setzte sofort eine Facebook-Seite mit dem Titel »We are all Khaled Said« auf. Innerhalb weniger Tage hatte die Seite über 470 000 Mitglieder. Said wurde zur Symbolfigur und zum Auslöser für die Revolution in Ägypten, die schließlich zum Sturz des Diktators Husni Mubarak führte.

Was Wael Ghonims Pläne im Silicon Valley vier Jahre später illustrierten, war ein Nord-Süd-Paradox, das die Wirkung des digitalen Grabens mit dem Web 2.0 erst einmal umkehrte. Bis weit in die Nullerjahre hinkten die Schwellen- und Entwicklungsländer der digitalen Entwicklung hinterher. 2007 lag der Anteil der Menschen mit Internetzugang auf dem afrikanischen Kontinent noch bei durchschnittlich vier Prozent. Zum Vergleich waren es in Deutschland um die sechzig, in den USA über siebzig. Mit dem »leapfrogging« in den ärmeren Gegenden des Planeten, die mangels Festnetzes gleich auf Mobilfunk einstiegen, schloss sich die Kluft stetig. In Europa und den USA sind es über neunzig, im Rest der Welt über sechzig und in Afrika immerhin über vierzig Prozent, auch wenn sich dort Nutzer vor allem in den Megacitys in Nigeria, Kenia, Südafrika und Ägypten ballten. Doch während die sozialen Medien die negativen Wirkungen des digitalen Lebens, die Überwachungs- und Suchtmechanismen, die Erosion der demokratischen Diskurse und die Vereinsamung in den Filterblasen vorantrieben, hatte die neue Phase des Internets auf der südlichen Halbkugel oft ganz andere Auswirkungen. Das sogenannte Web 2.0 war dort ein Medium der sozialen und politischen Befreiung und ein Motor des Wohlstandes.

Es war nun keineswegs so, dass die Filterblasen einen gefangen hielten, als habe man sich mit dem Einloggen einer digitalen Lobotomie unterzogen. Wenn man sich beispielsweise die Middlebrow-Welt der europäischen Kultur- und amerikanischen Küstenstädte als Blase aussucht, fährt man ganz gut damit, nicht nur das eigene Weltbild zu bestätigen, sondern auch, Neuigkeiten aus einer Perspektive der humanistischen Vernunft zu erfahren. »News diet« nennen sie das in Amerika, eine Nachrichtendiät, die man sich zusammenstellt. Die großen Zeitungen und Zeitschriften, Fachjournale, Nischenblätter, ein paar Unis, NGOs und Intellektuelle, da spricht auch der Algorithmus darauf an und versorgt einen mit Substanz. Mit der notorischen Neugier eines Journalisten kann man sich sogar Filterblasen nach Bedarf so einrichten, dass sie einem einen ersten Blick in eine neue Welt möglich machen.

Ich habe seit dem Juni 2009 ein Konto bei Twitter. In Iran hatten nach den Wahlen in dem Jahr jene Unruhen begonnen, die bald schon als erste Volksbewegung des arabischen Frühlings »Twitter Revolution« genannt wurden. Was sich da auf den Straßen von Teheran zusammenballte, war ein Volkszorn, wie ihn das Land nicht mehr erlebt hatte, seit Ajatollah Chomeini und seine Anhänger 1979 den US-gestützten Schah Reza Pahlavi vertrieben und die persische Monarchie durch eine Theokratie ersetzt hatten.

Über die sozialen Medien bekam man da einen direkten Blick auf die Ereignisse, den einem die traditionellen Medien nicht liefern konnten. Doch im Netz konnte man sich die ungefilterte Wirklichkeit zusammenstellen, und die hatte eine Direktheit, die bis dahin unerreicht war. Weil Twitter damals noch keine nichtwestlichen Zeichensätze unterstützte, kommunizierten die Demonstranten nicht auf Farsi, sondern vor allem auf Englisch.

Am 12. Juni 2009 hatten die Präsidentschaftswahlen stattgefunden. Am folgenden Tag wurde Amtsinhaber und Hardliner Mahmud Ahmadinedschad zum Sieger erklärt. Die Opposition um Hussein Mossawi zweifelte das Ergebnis an. Im Nu formierte sich noch am selben Nachmittag unter den Platanen auf Teherans Einkaufsmeile Valiasr-Straße die sogenannte grüne Bewegung zum Protest. Die Farbe hatten sie von Mossawis Partei »Grüner

Pfad der Hoffnung« übernommen, die die ersten Proteste organisierte. Transparente, Armbänder und Stirnbänder verbreiteten sich im ganzen Land. Doch es ging um deutlich mehr als um Parteipolitik und Wahlergebnisse. Es war das erste Mal, dass sich der Überdruss im Gros der Bevölkerung manifestierte. Und weil sich die Oppositionellen mit und ohne Unterstützung der Mossawi-Partei über Twitter, Facebook und Blogs organisierten, bekam auch der Rest der Welt sehr bald von den Protesten mit. Mit etwas Geduld fand man schon bald die Konten der Opposition, konnte verfolgen, wo sich die Aufmärsche formierten und wo sie von Polizei und Milizen wieder zerschlagen wurden. Die Demonstranten warnten einander, wo die Einsätze stattfanden und wo es Verletzte gab. Fern aus München konnte man die Bewegungen auf Google Maps verfolgen, auf Google Images fand man Fotos, die einem das Stadtbild der Straßen von Teheran mit ihren prächtigen Ladenfronten und den Neonreklamen in persischer Schrift zeigten. Bald schon tauchten auf YouTube die ersten Videos auf von Menschenmengen, die sich wie ein Strom durch die Stadt bewegten, in der am Horizont der martialische Freiheitsturm am Azadiplatz in den Himmel ragte.

Es war am 20. Juni, als das Video auftauchte, das der Twitter-Revolution einen neuen Namen gab. Eine junge Frau in Turnschuhen, Jeans und schwarzem Kopftuch bricht zusammen. Unter ihrem Körper breitet sich in Sekunden eine Blutlache aus. Männer beugen sich über sie, versuchen, sie am Leben zu erhalten, dann fließt ihr Blut aus Mund und Nase, die Augen verdrehen sich. Ihr Name war Neda Agha-Soltan, eine 26-jährige ehemalige Philosophiestudentin, die Musikerin werden wollte. Sie war auf dem Weg zu einer Demonstration, als sie auf der Kreuzung des Karekar-Boulevards mit der Khosravi-Straße kurz ausstieg, weil die Klimaanlage ihres Autos nicht funktionierte und ihr heiß wurde. Kurz darauf brach sie zusammen. Einer der

Basij-Milizionäre, die auf Motorrädern durch die Stadt fuhren und Demonstranten mit Schlagstöcken auseinanderprügelten, hatte ihr in die Brust geschossen. Ihr Musiklehrer und ein Arzt stürzten zu ihr, versuchten vergeblich, sie zu retten.

Irgendjemand schickte das Handyvideo in die Niederlande. Von dort verbreitete es sich innerhalb von Stunden um die Welt. Nedas Name wurde zum Kampfruf der Demonstranten, und dass er übersetzt Ruf oder auch Gottes Stimme heißt, machte ihn umso stärker.

Bald schon tauchten immer mehr Videos von den Übergriffen der Sicherheitskräfte auf. In Isfahan stürmte die Polizei ein Studentenwohnheim. Erst umstellten sie es, drohten ihnen mit Lautsprechern, ihre Zimmer und die Gebäude zu verlassen, sonst würden sie schwer verletzt oder getötet. Die meisten folgten dem Befehl des Polizeikommandanten und wurden an den Ausgängen mit Schlagstöcken empfangen. Sechzig Studenten wurden verhaftet, rund hundert verletzt. Inmitten des Chaos und der Gewalt schafften es trotzdem einige, mit ihren Handys zu filmen. Auch als einzelne Polizisten das Feuer eröffneten. Unter dem Titel »Student dies after police shooting in Isfahan's students' dorm« sah man das Sterben eines jungen Mannes, das noch dramatischer war als die Sequenz mit Neda. Und die Aufnahme »Students shot in front of a camera« zeigte, wie mutig die Demonstranten waren. Da bewerfen sie ein Gebäude mit Steinen. Schüsse fallen. Die Menge flieht, ein junger Mann fällt getroffen aufs Pflaster. Sekunden später eilen ihm schon Freunde zur Seite, schütteln die Fäuste in Richtung Gebäude.

Nicht nur die Netzgemeinde, auch die traditionellen Medien nutzten die Internetkanäle als Quelle. Die meisten Kamerateams und Journalisten hatte das Regime schon gleich nach den ersten Demonstrationen des Landes verwiesen. Die wenigen, die noch da waren, wurden per Dekret in ihren Büros und Hotels unter

Hausarrest gestellt. Doch niemand konnte so direkt und dramatisch filmen wie die Demonstranten selbst, die nur ihr Handy auf das Geschehen vor sich halten mussten.

Für die Mediengeschichte waren diese Bilder ein Epochenwandel. Ähnlich wie die Fernseh- und Zeitschriftenbilder die Deutungsmacht der US-Regierung während des Vietnamkrieges brach und die weltweite Friedensbewegung der 68er in Gang brachte, waren die Tweets und Handyvideos aus Teheran von 2009 der erste Fall, dass selbst eine so hermetische Diktatur wie die Theokratie des Iran die Narrative nicht mehr einfangen konnte. Was sich da abspielte, sollte sich während der nächsten zwei, drei Jahre später im arabischen Frühling wiederholen, während der Jasminrevolution in Tunesien, beim Sturz Husni Mubaraks in Ägypten, in den Bürgerkriegen von Libyen und Syrien. Über ein Dutzend Länder der arabischen und islamischen Welt wurden von Protestbewegungen erfasst, die sich über die digitalen Medien organisierten und mit den Bürgern ihrer Länder und dem Rest der Welt kommunizierten.

Schon in Iran zeigte sich jedoch auch die Schwäche der digitalen Volksbewegungen. In den offenen Netzwerken verbreiteten sich in einer emotional so aufgeheizten Situation nicht nur unbequeme Nachrichten und Appelle, sondern auch Gerüchte und Falschmeldungen. Da wurde verbreitet, dass drei Millionen Bürger auf den Teheraner Straßen demonstrierten, dass Oppositionsführer Mussawi unter Hausarrest gestellt worden sei und dass der Leiter der iranischen Wahlbehörde die Wahlergebnisse für nichtig erklärt habe. Was alles nicht stimmte. Und auch die Geheimdienste warteten nicht lange. Zunächst versuchten sie, das Internet lahmzulegen. Dann griffen sie selbst mit Falschmeldungen ein, lenkten Demonstranten in falsche Richtungen, verbreiteten Panik und Verwirrung.

Der große Unterschied zum Epochenwandel von 1968 war die

Wirkung im Ausland. Da ging kein Ruck durch die Friedens- und Menschenrechtsbewegungen, durch die Studentenschaften oder die Linke. Es gab ein paar spontane Demos vor Botschaften, einen Aktionstag, einige Demokratien wiesen Diplomaten aus, Bundeskanzlerin Merkel forderte das Regime auf, Menschen- und Bürgerrechte zu respektieren. Die Linke schwieg weitgehend. Selbst Präsident Barack Obama hielt sich zurück. Nur im Netz wallte die Solidarität auf. Wirkungslos, aber dafür weltweit sichtbar.

Die iranischen Proteste fielen in die erste Phase jener Emotionalisierung der sozialen Netzwerke, die bald schon das Internet dominieren sollte. Eine fatale Wechselwirkung hatte da ihren Anfang genommen. Weil die Nutzer auf Empörung am schnellsten reagierten, beförderten die Algorithmen solche Inhalte, was die Empörung noch weiter anheizte. Die einfachste Methode, sich in so einem Mahlstrom zu positionieren, war es, einen Farbtupfer vor das eigene Profil zu setzen. Unzählige wechselten die kleinen Bildchen aus, mit denen man sein Konto auf den sozialen Medien kennzeichnen kann. Statt den üblichen Miniporträts oder Witzbildchen waren nun grüne Quadrate zu sehen. »Free Iran« stand in den Kästchen, oder es war ein Bild von Neda Agha-Soltan zu sehen oder ein durchgestrichener Ahmadinedschad. Man konnte sich die Vorlagen in Sekunden von anderen kopieren und das eigene Bild auswechseln. Später machte das Schule, wenn Nutzer ihre Profilbilder in den Regenbogenstreifen der LGBTQAI-Bewegung oder dem Blau und Gelb der Ukraine einfärbten oder auch einfach eine schwarze Kachel als Solidaritätsbekundung zur Black-Lives-Matter-Bewegung einfügten. Wohlfeile Gesten, die kein Geld und kaum Zeit kosteten. »Slacktivism« nannte man das im Englischen, ein Wortspiel aus den Worten »Slacker« (Faulpelz) und »Activism«. Den Sprung aus den Profilbildern auf die Straßen des globalen Nordens schaffte die grüne Bewegung genauso wenig wie all die anderen Solidaritätsbewegungen im Netz.

Gerade die Alt-68er machten sich über die politische Zahnlosigkeit der Netzgeneration lustig. Konnten sie doch immerhin darauf verweisen, dass die Protestbewegung gegen den Vietnamkrieg einen gesellschaftlichen Wandel ausgelöst hatte, der die gesamte westliche Welt erfasst und in den Staaten des Warschauer Pakts die Keimzellen für die Umwälzungen von 1989 gelegt hatte.

Nun gab es Unterschiede zu 1968. Da war zum einen das Machtverhältnis. Der Vietnamkrieg war das Symbol für die Rücksichtslosigkeit des Imperialismus der USA im Kalten Krieg, für den sich die demokratischen Gesellschaften des globalen Nordens als Verbündete mitverantwortlich fühlten und der die sozialistischen in ihrer Verteufelung des Westens bestätigte. Es war aber auch die Überschätzung der historischen Parallelitäten. Die Bilder vom Musiklehrer und dem Arzt, die neben der sterbenden Neda knieten, erinnerten an die Fotos, auf denen Friederike Hausmann neben dem sterbenden Benno Ohnesorg oder die weinende Mary Ann Vecchio auf dem Gelände der Kent State University neben dem sterbenden Studenten Jeffrey Glenn Miller knieten. Die Widerständigen von Teheran und Isfahan wiederum waren eine neue Generation, die gesellschaftlichen Wandel mit einem Medium erzwingen wollte, das letztlich vor allem die Jugend beherrschte.

Selbst der Generationenkonflikt schien sich zu ähneln. 1968 erhob sich eine Jugendkultur aus der Sicherheit des Wohlstandes gegen eine Generation, die in den Ländern der Alliierten aus dem Zweiten Weltkrieg als »Greatest Generation« gefeiert und nur in Deutschland und Österreich als Generation des Dritten Reiches aus dem Bewusstsein geschwiegen wurde. In Iran erhob sich 21 Jahre nach dem ersten Golfkrieg zwischen Iran und Irak eine westlich orientierte Jugend aus einem sehr viel bescheideneren und vor allem brüchigen Wohlstand gegen eine Generation, die nicht nur den verheerenden Krieg überlebt, sondern auch die islamische Revolution von 1979 zum Sieg gebracht hatte. Die vertrauten

Bilder und Strömungen ließen sich zwar in die vertrauten Denkmuster einer zweigeteilten Welt einfügen. Eine mutige Jugend gegen ein feiges Regime. Die mathematische Vernunft des Internets gegen den Fanatismus der Moscheen. Die unschuldige Neda gegen Ahmadinedschad, den antisemitischen Atomkrieger in spe.

Aber da ging unter, dass Oppositionsführer Mir Hussein Mussawi von 1981 bis 1988 Premierminister von Iran gewesen war, also während eines grausamen Krieges, in dem sein Land Zehntausende minderjähriger Soldaten mit Märtyrermythen in den sicheren Tod geschickt hatte. Auch dass er die Atompolitik Ahmadinedschads weiterführen würde, kam kaum zur Sprache. Oder die Frage, ob man von Demokratie sprechen kann, wenn das relevante Massenmedium eines Landes eben nicht das Internet, sondern die Kanzel ist. Denn der Iran, der sich da auf Twitter im Rest der Welt abbildete, war letztlich nur ein winziger Ausschnitt. In einem Land mit damals 74 Millionen Einwohnern hatten lediglich etwas über 19 000 Twitterkonten die Ortsmarke Iran.

Und noch etwas hatte sich verändert. Das gesamte 20. Jahrhundert über waren all die neuen Medien mit einer Entwederoder-Frage an ihre Grenzen gestoßen. Entweder konnte man über weite Entfernungen hinweg ein Gespräch führen, wie mit dem Telegraphen, dem Telefon oder einer SMS. Oder man konnte mit Medien wie dem Fernsehen, dem Radio, dem Film oder der Schallplatte Gemeinschaftserlebnisse erzeugen. Man hatte also die Wahl zwischen einem interaktiven Kanal und einer kommunikativen Einbahnstraße mit potenzieller Massenwirkung.

1968 hatte zwar die Produktionsmittel im besten Marx'schen Sinne demokratisiert. Rockmusik war das relevante Medium gewesen mit all den Nischenprodukten in ihrem Kielwasser, mit den Postern und T-Shirts, den Büchern und Comics im Eigenverlag, den Underground-Filmen und der neuen Clubkultur. Viel war neu an dieser Kultur. Jugend und Untergrund bestimmten den

Kanon, die traditionelle Kulturindustrie konnte alldem nur hinterherhecheln und versuchen, mit der Rebellion wenigstens Geld zu verdienen.

Die sozialen Medien und vor allem Twitter konnten nun beides. Sie erlaubten gleichzeitig das Gespräch und die Gruppenbildung. Für eine Volksbewegung die ideale Voraussetzung. Als in Ägypten aus dem Facebook-Protest eine Volksbewegung wurde, schien sich die Utopie vom Internet als Instrument für die Ermächtigung und Befreiung eines unterdrückten Volkes erstmals zu bewahrheiten. Die Jasminrevolution in Tunesien war das Vorbild. Dort hatte das Volk im Januar 2011 den Diktator Zine el-Abidine Ben Ali gestürzt. Auch dort hatten die sozialen Medien eine Rolle gespielt, wenn auch nicht ganz so prägend wie in Iran und Ägypten. Doch als Ben Ali am 14. Januar 2011 nach Dschidda floh, rief Wael Ghonim auf seiner Facebook-Seite dazu auf, sich an den geplanten Protesten am 25. Januar 2011 zu beteiligen.

Er selbst nahm sich bei Google in Dubai frei und reiste nach Ägypten. Am 25. marschierte er mit den Tausenden. Am 26. sperrte die ägyptische Regierung Facebook und Twitter. Am 27. sperrte sie das komplette Internet im Land, nur der Anbieter, auf dem die Börse lief, funktionierte noch. Am 28., dem »Tag des Zorns« mit seinen heftigen Ausschreitungen, verhafteten sie Ghonim. »Alle wussten ja, dass ich der Betreiber der Facebook-Seite war«, sagte er auf unserer Fahrt nach Palo Alto. »Ich weiß allerdings nicht, wie sie mich gefunden haben. Nicht über das Internet. Aber sie haben unsere Telefone abgehört.« Tagelang verhörten sie ihn, versuchten ihm zu unterstellen, dass er von ausländischen Mächten bezahlt würde. Vergeblich. Am 7. Februar kam er wieder frei.

Noch am selben Abend trat er in einer Talkshow auf. Dort schwärmte er vom Mut und der Kraft der Demonstranten, doch als die Moderatorin begann, die Namen der Toten zu verlesen, brach er in Tränen aus und verließ die Bühne. Die Moderatorin ging ihm hinterher. Das Interview, das er dann unter Tränen gab, in dem er sagte, er sei bereit, »für die Sache zu sterben«, machte ihn endgültig zum Volkshelden.

Der Tahrir-Platz war nun das Epizentrum der Bewegung. Massen von Demonstranten hatten den Verkehrsknoten im Zentrum von Kairo nicht weit vom Ufer des Nil besetzt. Zwei Tage nach seinem Auftritt im Fernsehen stand Wael Ghonim dort auf einer Bühne und hielt eine flammende Rede. »Mubarak – geh! Geh!«, rief er immer wieder unter dem Jubel der Menge von über hunderttausend. Drei Tage später floh Husni Mubarak mit seiner Familie aus Kairo. Der Vizepräsident gab bekannt, dass der Diktator seine Ämter niedergelegt hätte.

In einer Volksbewegung, die sich aus Hunderttausenden namenloser Bürger im Netz rekrutiert hatte, war Wael Ghonim nun für seine Landsleute und die Weltöffentlichkeit das Gesicht der Revolution. Sein Ruhm währte nicht lange. »Vor meiner Verhaftung erlebte ich, wie erstaunlich und ermächtigend soziale Medien sein können«, sagte er. »Sie machen es den Menschen möglich, sich zusammenzuschließen und eine Diktatur herauszufordern. Ich habe wirklich das Beste erlebt, was da entstehen kann.« Doch dann: »Nachdem Mubarak gestürzt wurde und ich mehr in der Öffentlichkeit stand, erlebte ich mit einem Mal all die negativen Aspekte des Internets.« Er nahm auf seinem Beifahrersitz einen tiefen Schluck aus seiner Wasserflasche. Die klassische kalifornische Übersprungshandlung.

»Es gab massive Gerüchte, ich sei ein Freimaurer oder ein Zionist, ich sei bei der CIA, ich sei all diese Dinge. Ich sah eine Geschichte auf Facebook, die zehntausend Mal geteilt wurde und behauptete, dass ich etwas getan hatte, was ich nie getan hatte.« Was, wollte er nicht sagen. Wael Ghonim seufzte. »Ich muss zugeben, dass mich das alles sehr getroffen hat. Es ist immer noch hart.

Wenn man in der Öffentlichkeit steht und all die negativen Reaktionen sieht, all die Gerüchte und gefälschten Geschichten. Und keiner unternimmt etwas dagegen. Die Regierung kann diese Mittel, die wir im Kampf gegen die Unterdrückung eingesetzt haben, ganz einfach für ihre Propaganda nutzen.«

Ausgerechnet die Seiten, die die Revolution möglich gemacht hatten, wandten sich nun gegen ihn. Und von den Betreibern kam keine Hilfe. »Es ist extrem schwierig, von Social-Media-Seiten eine Überprüfung von Informationen zu verlangen. Da gab es eine Seite, die gefälschte Zitate herstellte. Sie nahmen einen Aktivisten und unterstellten ihm ein lächerliches, gefälschtes Zitat, das aber alle wütend machte. Diese Zitate wurden Tausende Male veröffentlicht. Facebook wollte diese Seite aber nicht löschen. Sie sagten: Woher sollen wir wissen, ob das eine Fälschung ist oder nicht? Das können wir nicht. Die erstaunliche Erfahrung mit den sozialen Medien entwickelte sich für mich zu einem Albtraum, seit ich mehr in der Öffentlichkeit stehe.« Dieses toxische Web sei aber nicht ein Problem der negativen Kräfte, die da am Werk seien. Die Kultur der sozialen Netzwerke sei ein Grundproblem, und das wolle er jetzt hier an der Wurzel, im Silicon Valley ändern. Ein neues soziales Netzwerk wollte er aufbauen. Er nannte es Parlio.

Das Problem definierte er nicht politisch, sondern in der Struktur. »Es finden nur sehr wenige Gespräche im Internet statt«, sagte er. »Wenn sie stattfinden, ist das nicht die Norm. Die Norm ist, dass jemand etwas über die Welt zu sagen hat, auf seine öffentliche Seite geht und es postet. Meistens ist es so, dass jemand, der einen Beitrag postet, dann nicht mehr auf den Kommentar zurückkommt. Und auf der Kommentarseite sind viele der Beiträge entweder von Trollen oder von Leuten, die keinen wirklichen Beitrag zur Unterhaltung leisten. Die Plattformen werden derzeit hauptsächlich für die Verbreitung von Nachrichten und Meinungen und nicht für die Debatte genutzt.« Das aber habe die Debattenkultur ausgehöhlt. »Wie viele großartige Menschen, die man kennt, würden zum Beispiel einen Kommentar auf einer Nachrichtenseite oder einen Kommentar auf einer Facebook-Seite über eine Position schreiben, die sie vertreten? Die meisten, die Substanzielles beitragen könnten, werden das eher nicht tun, weil sie das Gefühl haben, dass das Signal-Rauschen-Verhältnis extrem niedrig ist. Wir dachten, dass wir vielleicht diese Rolle spielen könnten, dass wir vielleicht helfen könnten. Wenn wir die richtige Kultur schaffen, wenn wir klar erklären, was wir aufbauen wollen und was uns am Herzen liegt. So bekommen wir eine Gruppe von Leuten zusammen, die intellektuell neugierig sind, nachdenklich, höflich.«

Die Liste der Leute, die sich bereit erklärten, auf Parlio zu debattieren, war beeindruckend. Der Psychologe Steven Pinker, der Linguist Noam Chomsky, die Politikwissenschaftlerin Anne-Marie Slaughter, der Politologe Francis Fukuyama. Das war kein politisches Lager, sondern eine intellektuelle Liga. Sollte es der Mann, der aus der Versenkung der digitalen Welt eine Volksbewegung auf die Straßen gebracht hatte, schaffen, die Welt der Intellektuellen aus ihren Silos der Hochschulen, Bücher und Traditionsmedien ins Netz zu bringen?

Zwei Jahre nach der Gründung verkauften Ghonim und seine Mitstreiter Parlio an das soziale Netzwerk Quora. Die Utopie löste sich im Meer der Belanglosigkeiten auf. Es war das Jahr, in dem das Netz zum Forum einer ganz anderen Volksbewegung wurde. Das war eine Strömung, die erst in Amerika und dann auch bald schon im Rest der demokratischen Welt den Antiintellektualismus, den Furor und den Rechtsradikalismus ins Zentrum der Weltöffentlichkeit und schließlich als Stellvertreter dieser Weltsicht Donald Trump ins Weiße Haus brachte. Das aber war keine Volksbewegung, die aus dem Nichts in den Lauf der Geschichte platzte, wie die Bewegungen des Arabischen Frühlings. Das war ein perfekter Sturm, der sich schon lange zusammengebraut hatte.

13. Kapitel
Nazis

Wie ein Ku-Klux-Klan-Anführer in Florida die Grundlagen
für den Hass im Netz schuf und warum er mehr Macht
und Einfluss auf die Geschichte des Internets hatte, als man
glauben mag.

Der Traum vom zivilisierten Diskurs zieht sich wie ein Leitmotiv durch die Geschichte der sozialen Medien. Schon während der ersten Flame Wars auf The Well gab es die Hoffnung, die Pöbler zu zähmen und das Netz zu einem intellektuellen Forum zu machen. Es war aber nicht nur die Polarisierung der Politik, die die grobe Debattenkultur aus den Trinkhallen des 19. Jahrhunderts mit ihren Beleidigungen, Verleumdungen und Lügen in den digitalen Raum brachte. Parallel zur Spaltung der Gesellschaft radikalisierte sich in Amerika ein Randbereich der Gesellschaft, der bis dahin kaum eine Rolle gespielt hatte. Rechtsradikale waren immer eine Nischenerscheinung gewesen. Der Ku Klux Klan hatte nach dem Zweiten Weltkrieg seinen Schrecken verloren und war zu einer Art Trachtenverein des Rassismus verkommen. Doch mit den Achtzigerjahren kam eine neue Generation Radikaler ins Spiel, die mehr wollten, als nur Angst und Schrecken unter den Afroamerikanern des Südens zu verbreiten. Sie wollten Macht, einen Rassenkrieg und den Umbau der Gesellschaft. Das schlug sich bald schon in der digitalen Welt nieder.

Die Radikalisierung des World Wide Web von rechts begann fast zeitgleich mit seiner Kommerzialisierung. 1995 ging die Webseite Stormfront ans Netz, die von einem Mann betrieben wurde, der damals schon lange zum harten Kern der amerikanischen Neonazis gehörte. Don Black war einer der engsten Vertrauten von David Duke, dem Vorreiter der neuen amerikanischen Bewegung der Rechtsradikalen. Black und Duke kannten sich aus ihren Zeiten bei den Knights of the Ku Klux Klan in den Siebzigerjahren. Beide hatten die alten Strategien der Rassisten mitsamt der Roben, Kapuzen und Rituale dann bald hinter sich gelassen.

Rick Eaton hatte mir die Seite gezeigt, der Nazijäger vom Simon Wiesenthal Center in Los Angeles. Eaton galt als einer der besten. Er recherchierte seit Jahren verdeckt im rechtsradikalen Untergrund. In Deutschland hatte er sich eine Zeit lang als australischer Millionär ausgegeben, der auf der Suche nach Rechtsradikalen sei, die er mit Geld unterstützen könnte. Deutsche Neonazis hatten ihm dann Kontakte nach Argentinien gemacht. Dort spürte Eaton im Skiort Bariloche zwei ehemalige Nazi-Offiziere auf, Reinhard Kopps und Erich Priebke. Kopps war Mitglied des NS-Geheimdienstes gewesen. Priebke hatte als SS-Hauptsturmführer im März 1944 mitgeholfen, das Massaker in den Ardeatinischen Höhlen im Süden von Rom zu organisieren, bei dem nach einem Anschlag auf ein Polizeiregiment in Bozen 335 italienische Zivilisten ermordet worden waren. Eaton sorgte dafür, dass Priebke nach Italien ausgeliefert wurde, wo er 1998 zu Lebenslänglich verurteilt wurde.

Die meiste Zeit aber verfolgte Eaton die neue Generation amerikanischer Rechtsradikaler. Mit seiner etwas grobschlächtigen Erscheinung und seinem dunkelblonden Haar ging er in der Szene als Mitläufer durch. Er besaß sogar einen Mitgliedsausweis der Aryan Nations, die sich auf einem Gelände in den Wäldern von Idaho ein Lager gebaut hatten, das sie mit Stacheldraht und Wachhunden abriegelten. Eaton nahm mich gerne mit auf seine Reisen zu den Milizen, zu den Waffenmessen und Konferenzen. Als Deutscher mit Kahlkopf hatte ich dort einen Vertrauensvorschuss, der auch dann nicht hinterfragt wurde, wenn ich erzählte, dass ich für eine deutsche Zeitschrift arbeitete, die zum Mainstream gehöre. Für Eaton war so ein deutscher Freund eine gute Legitimation.

Wir saßen in seinem schmucklosen Büro im Simon Wiesenthal Center, als er mir die Naziseite zum ersten Mal zeigte. Der Schriftzug »Stormfront« zog sich in Frakturschrift über den Schirm, darunter ein Logo aus einem Keltenkreuz und dem Slogan »White Pride World Wide«. Die Seite verbreitet Texte, Strategiepapiere für den »Rassenkrieg« sowie Nazi-Symbole und rassistische Karikaturen zum Runterladen.

Ende der Achtzigerjahre hatte Eaton schon begonnen, die Internetaktivitäten der Rechtsradikalen zu beobachten. Seit klar wurde, dass Timothy McVeigh und seine beiden Komplizen ihren Bombenanschlag auf das Regierungsgebäude in Oklahoma City im Netz geplant hatten, waren die Cybernazis ein Schwerpunkt bei Eatons Arbeit geworden. 186 Menschen waren bei diesem Anschlag am 19. April 1995 ums Leben gekommen, der bis zum 11. September 2001 der schwerste Terroranschlag in der Geschichte der USA bleiben sollte.

Eaton hatte in den Wochen vor dem Anschlag eine deutliche Zunahme der Netzaktivitäten in den rechtsradikalen Gruppen beobachtet, und auch, dass Rezepte für selbst gemachte Bomben herumgereicht wurden. McVeigh und seine Komplizen hatten einen 2,4 Tonnen schweren Sprengsatz aus Düngemitteln und mehreren Hundert Litern des Benzinverstärkers Nitromethan gemischt, den sie in einen Lastwagen der Mietwagenfirma Ryder verstauten.

Im Netz hatte McVeigh noch zum radikalen Untergrund gehört, der sich schon Jahre vor dem World Wide Web auf den Bulletin Boards, dem Newsnet und auf den Vorläufern der Chaträume, den Internet Relay Chats, gebildet hatte. Es gab damals schon ein anonymes Strategiepapier, das bei den Rechten im Umlauf war. Rick Eaton zeigte mir das. Man solle in die normalen Diskussionsgruppen und Newsgroups einsteigen und dann dort den Ton verändern: »Schreibt eine Nachricht mit dem Titel ›Kill All Niggers‹, und ihr werdet sehen, wie die Liberalen die Diskussion für euch am Laufen halten.«

Das war schon ein erster Schritt aus dem Untergrund. Die meisten Führerfiguren suchten schon länger das Rampenlicht der Massenmedien. Der Gründer der White Aryan Resistance Tom Metzger war zum Beispiel ein beliebter Talkshowgast. Vor allem die Krawallsendungen am Nachmittag, die in den Neunzigerjahren so populär wurden, holten ihn immer wieder ins Studio, weil sie wussten, dass der stämmige Glatzkopf für Empörung und Aufruhr sorgen würde, vor allem, wenn er mit afroamerikanischen Promis wie Oprah Winfrey oder Whoopie Goldberg auf der Bühne saß. Er sagte dann Sachen wie: »Weiße waren die besten Krieger, und wir haben immer die besten Waffen gehabt. Wir waren die Könige der Fleischfresser und haben uns nach oben getötet. Darauf sollten wir stolz sein.«

Meist fiel das Studiopublikum mit Buhrufen, wüsten Beschimpfungen und Gebrüll über ihn her. Wenn Metzger seine Hass- und Hetzreden von sich gab, versuchte hin und wieder auch mal jemand, die Bühne zu stürmen. Metzger war das nur recht. »Wenn 99 Prozent der Zuschauer über mich herfallen, bleibt immer noch ein Prozent, das mir zustimmt«, sagte er. Bei einem Talkshowpublikum von ein, zwei Millionen sei das simple Mathematik, was ihm das bringen würde. Mehr jedenfalls als seine eigene »Race-and-Reason«-Sendung im Kabelfernsehen mit ein paar Zehntausend Zuschauern, seine Internet-Newsgroups oder die Rockkonzerte für Skinheads, die er daheim in der Gegend von San Diego veranstaltete. Auf denen rekrutierte er seine direkte Gefolgschaft. Nicht umsonst galt Metzger als »Pate der Skinheadbewegung« in Amerika. »Wir trauen der traditionellen Rechten nicht mehr«, sagte er. »Die alten Kräfte wie der Klan sind zu engstirnig. Es geht um mehr, als ein paar Märsche zu veranstalten oder ein paar Schwarze aufzuhängen.«

Metzger gehörte auch zu den Autoren auf Stormfront. Er hatte sofort begriffen, dass hier das nächste Massenmedium im Aufbruch war, das Fernsehen, Radio, Zeitungen und Zeitschriften abhängen würde. Nicht umsonst lautete das Motto der Stromfront-Seite »Weißer Stolz weltweit«. Den Umgang mit den Medien und dem System hatte Metzger schon in den Siebzigerjahren gelernt, als er in Louisiana für den Ku-Klux-Klan-Anführer David Duke gearbeitet hatte. Duke war ein gut aussehender, flachsblonder Rechtsradikaler, der von 1974 bis 1980 als Grand Wizard of the Knights of the Ku Klux Klan, so etwas wie der Bundesvorsitzende der ältesten Rassistenorganisation des Landes, fungiert hatte. Duke verließ den Klan im Streit und gründete die National Association for the Advancement of White People als gemeinnützige Organisation. Das war sein erster Schritt in Richtung Mitte der Gesellschaft, mit erstmals ironischem Zwischenton, weil er seine Gruppe nach der National Association for the Advancement of Colored People benannt hatte, einer der ältesten Bürgerrechtsorganisationen des Landes. Diese Sorte menschenverachtender Ironie sollte später Donald Trump perfektionieren. Duke kandidierte dann für den State Senate von Louisiana, wurde Abgeordneter. In den Neunzigerjahren reiste er nach Russland, wo er den antisemitischen Hardliner Wladimir Schirinowski traf. Das war sein Traum von der weltweiten Volksbewegung der Rassisten.

Es war aber sein zweiter Mann im Team, der das Internet für die vermeintliche Bewegung erobern sollte. Don Black hatte die Leitung des Klan damals von Duke übernommen. Die beiden kannten sich noch aus ihren Studentenzeiten, als sie mit einem dritten

Gleichaltrigen namens Joseph Paul Franklin zu einem Parteitag der American Nazi Party gefahren waren, die das Hakenkreuz im weißen Rund als Parteiwappen führte. Franklin war dann bald schon abgetaucht und wurde zum Serienmörder, der über Jahre hinweg Schwarze und gemischte Paare ermordete, 1980 verhaftet und schließlich 2013 hingerichtet wurde.

Don Black hatte 1979 vergeblich einen traditionellen Wahlkampf für das Bürgermeisteramt von Birmingham in Alabama geführt. Als Grand Wizard of the Knights of the Ku Klux Klan hatte er dann seine eigenen Pläne für die Weltrevolution. Gemeinsam mit neun anderen Klansmännern hatte er den Sturz der Regierung des Inselstaates Dominica vorbereitet. Bei Nacht wollten sie von New Orleans aus mit Maschinengewehren und Sprengstoff bewaffnet in See stechen und die Insel stürmen. Allerdings hatten sie das Boot von einem V-Mann des FBI gemietet. So wanderte Black für drei Jahre ins Gefängnis.

Das war nun schon eine Weile her, als ich Kontakt mit ihm aufnahm. Stück für Stück ließ er mich an sich heran. E-Mail, Fax, Telefon, die Anweisung, nach Palm Beach zu fliegen und dann dort noch einmal anzurufen. Dann würde er mir sagen, wo ich hinzufahren habe. Ein bisschen Paranoia war immer gut für die Aura des Untergrunds, auch wenn Black nichts Strafbares tat mit seiner Webseite. Hass und Hetze waren in den USA von der Verfassung geschützt, da gab es keine Grenzen wie in Europa oder gar Deutschland.

Die Fahrt vom Flughafen dauerte über den Southern Boulevard nur zehn Minuten. Kurz vor der Brücke links abbiegen, hatte er gesagt. Die Bingham Island Bridge führt zum Mar-a-Lago Club, einem prächtigen Anwesen am Strand, das der New Yorker Bauunternehmer Donald Trump gekauft hatte. Hier auf der Landseite der Lagune war Palm Beach allerdings eine dieser

Ecken von Florida, in denen auch die Palmen nicht darüber hinwegtäuschen konnten, dass das Tropenklima die schäbigen Holzhäuser hier mit Moder und Fäule zerfraß und das Elend lauerte.

Black wohnte hinter wuchernden Hecken und Pflanzen in einem der kleinen Holzhäuser. Er wirkte wie so viele Computernerds etwas unsportlich, untersetzt, das speckige Gesicht mit der Knubbelnase seltsam bubenhaft. Er trug ein gestreiftes Polohemd, die Haare ein wenig zu lang. Die Luft in seinem Wohnzimmer war schwül und salzig. Er hatte keine Klimaanlage. Überhaupt wirkte die Kommandozentrale der Cybernazis etwas ärmlich. Ein paar abgenutzte Büromöbel standen herum, ein durchgesessenes Sofa. Im Bücherregal standen Hitler-Biografien, Naziliteratur und Reihen von Computerdisketten. Auf einem langen Tisch drei Rechner. Auf einem Schreibtischstuhl saß ein etwas älterer Herr mit tiefen Zornfalten im Gesicht. Er stellte sich als Historiker vor, auch wenn später im Gespräch schon bald klar wurde, dass er sein Geschichtswissen vor allem aus Büchern zweifelhafter rechter Verlage, Internetquellen und den Nazidokus des History Channels im Kabelfernsehen bezog.

Eine der Quellen waren offenbar auch die Diskussionskanäle auf Stormfront. Don Black hatte die Seite schon geladen, als der Fotograf und ich ankamen. Es war 1995 noch nicht so leicht, eine Webseite zu konstruieren. Man musste die Programmiersprache HTML beherrschen, jede Unterseite, jedes Bild, jede Grafik einzeln über einen FTP-Server hochladen, die meisten zeichneten die Seitenstrukturen mit Stift als Diagramm. Don Black grinste, als er davon erzählte, wie sie ihm das alles im Gefängnis beigebracht hatten. Wer vorgab, sich bessern zu wollen, durfte auf Staatskosten Kurse belegen. So hätte er das Programmieren gelernt. Und zwar gründlich. Er hatte nun mal drei Jahre lang viel Zeit, und im Computerraum war es allemal angenehmer als in der Zelle.

Als er dann begann, die Unterseiten seiner Seite aufzurufen, die Links anzuklicken, die Grafiken zu zeigen, spürte man seinen Traum von einer Weltrevolution, der hier zwischen dem durchgesessenen Sofa und dem staubverklebten Fenster zu seinem verwucherten Garten umso bizarrer wirkte. Er zeigte die Texte, die er veröffentlicht hatte. Essays seines Freundes und Mentors David Duke. Vom Gründer der National Alliance William Pierce, dessen Roman »The Turner Diaries« vom großen Rassenkrieg handelte, und den sich Timothy McVeigh als Vorbild für seinen Anschlag genommen hatte. Da waren die Foren mit Themen wie »Kultur und Ideologie«, »Theologie« und »News«, eine Rubrik, in die Mitglieder Nachrichtenschnipsel nach dem Muster »Schwarzer sticht weiße Frau nieder«, »Mestizo vergewaltigt Weiße« und dergleichen Klischees einstellten.

Da waren aber vor allem die Links zu all den anderen Webseiten. Eine Art Neonazi-Internationale. Zu den Organisationen von David Duke und William Pierce, die den Rechtsradikalismus in der etablierten Politik verankern wollten. Zur Christian Identity Church, die verkündete, Arier seien das auserwählte Volk Gottes. Zum Institute for Historical Review, das vor allem pseudowissenschaftliche Abhandlungen von Holocaust-Leugnern wie Fred Leuchter und Robert Faurisson vertrieb. Dann waren da die Militias, die selbst ernannten Volksmilizen, die sich damals in ihren Lagern in den Wäldern von Montana und Michigan mit Manövern und schweren Waffen auf den kommenden Bürgerkrieg vorbereiteten. »Ich habe Leute aus Deutschland, Norwegen, Schweden, England und Australien an meiner Seite hängen«, sagte Black stolz. In Deutschland arbeitete er mit Thomas Hetzer zusammen, der unter dem Fernseh-Ekel-Pseudonym Alfred Tetzlaff das Computernetzwerk Thule-Netz aufgebaut hatte. Er rief dann eine Seite mit Nazisymbolen, Hakenkreuzen und rassistischen Karikaturen auf. »Das ist besonders für die Deutschen. Zum Runterladen«, sagte er. Denn das sei dort ja alles verboten.

Es entspann sich dann mit seinem Freund dem Historiker eine etwas zu lange Diskussion um Zensur und die deutsche Geschichte, um Schuld und Unschuld, die Zahlen des Holocaust und die Gefahr, dass die weiße Rasse aussterben könne. Solche pseudointellektuellen Debatten begegneten mir immer wieder in diesen Kreisen. Schon früh hatten sie dort sehr gefestigte Überzeugungen, zu denen auch damals schon Falsch- und Fehlinformationen gehörten, die sich allerdings noch nicht so schnell verbreiteten wie später dann in den sozialen Netzwerken. Höhepunkt unserer Unterhaltung an diesem Tag war, als der selbst erklärte Historiker mich aus dem Nichts heraus fragte: »Parlez vous français?«, und als ich nickte, mit bedrohlichem Unterton fragte: »Votre ami là, c'est un juif?« Ich zuckte nur mit den Schultern, auch wenn der Fotograf ja wirklich ein New Yorker Jude war, den die Neugier nach diesem Abgrund des Hasses und des Antisemitismus mit mir nach Florida gebracht hatte.

Don Black wusste, dass er auf dem Radar des Simon Wiesenthal Centers war. Und dem des Southern Poverty Law Centers, der Anti-Defamation League und all den anderen Bürgerrechtsorganisationen. Er war sogar stolz darauf. »Mein größter Feind ist das Klima hier«, sagte er grinsend und zeigte auf die Computer. »Das zerfrisst die Kontakte.«

Stormfront sollte noch Jahre das Epizentrum des rechtsradikalen Internets bleiben. Amerikanische Netzanbieter hatten Black zwar schon bald nach seinem Start die Verträge gekündigt. Aber seither ließ er die Seiten vor allem über China laufen.

Die Mitglieder und Besucher der Seite waren vor allem Männer. Hier fanden sie einen Ort, sich zu radikalisieren. »Früher musste man noch mit dem Auto zu einem Aufmarsch des Klans fahren«, schrieb einer. »Heute reicht es schon, den Computer einzuschalten.« Ein bedrohlicher Unterton schlich sich allerdings bald ein. Es reiche nicht, sich zu seiner Überzeugung nun auch im Internet zu bekennen, wurde immer öfter angemerkt. Man müsse auch handeln. Und das taten sie.

Später bezeichnete die Bürgerrechtsorganisation Southern Poverty Law Center die Seite als »Mordhauptstadt des Internets«. In nur fünf Jahren, so ein SPLC-Bericht von 2014, hätten Stormfront-Mitglieder über einhundert Menschen ermordet. »Der typische Mörder im rassistischen Forum Stormfront.org ist ein frustrierter, arbeitsloser, weißer erwachsener Mann, der bei seiner Mutter oder einer entfremdeten Ehefrau oder Freundin lebt«, stand in dem Bericht, ein Typus, der später als »Incel« bezeichnet würde, als »involuntary celibate«, unfreiwillig zölibatär. Das Radikalisierungsmuster sei immer das gleiche. Es seien immer Männer, die die Schuld an ihrem Versagen zunächst bei der Gesellschaft und dann bei Randgruppen suchten. Im Netz fänden sie Gleichgesinnte. Stormfront war dann die erste Webseite, die diese Filterblase des Hasses und der Radikalisierung übersichtlich bündelte. Das beschleunigte die Radikalisierung. Zunächst langsam. Dann immer schneller.

Der erste Stormfront-Abonnent, der seinen Hass in die Tat umsetzte, war Buford O'Neal Furrow, ein Ingenieur und Mitglied der Aryan Nations aus Tacoma in Washington, wo er seit seiner Scheidung bei seinen Eltern lebte. Über das Stormfront-Forum »weiße Singles« hatte er sich noch mit einer Frau ausgetauscht. Der damals 37-Jährige belud seinen roten Chevrolet-Van an einem Sommertag im Jahr 1999 mit fünf Sturmgewehren, zwei Pistolen und sechstausend Stück Munition. Er wollte »Juden killen« und so fuhr er nach Los Angeles. Drei Ziele hatte er ausgemacht. Das Skirball Cultural Center, die University of Judaism und das Museum der Toleranz des Simon Wiesenthal Centers. Drei Tage lang irrte er durch die Vororte von L.A. Dann fuhr er zum jüdischen Gemeindezentrum North Valley, das auch einen Kindergarten betrieb. 250 Kinder spielten gerade im Hof, als Furrow mit einer

Maschinenpistole in die Lobby lief und das Feuer eröffnete. Ein Fünfjähriger, zwei Sechsjährige, eine 16-Jährige und die 68-jährige Rezeptionistin wurden verletzt. Furrow floh und erschoss dann wenig später auf einer Straße wahllos einen Postbeamten.

Einen Amokläufer nach dem anderen beschrieb der Report. Alle nach demselben Muster. Der bekannteste aber war der norwegische Amokläufer Anders Breivik, der am 22. April 2011 in Oslo und auf der Insel Utøya 77 Menschen tötete, davon alleine 69 Jugendliche, die auf Utøya an einem Ferienlager teilnahmen. »Zum Zeitpunkt der Morde war Breivik seit fast drei Jahren ein registriertes Mitglied bei Stormfront«, heißt es in dem Bericht weiter. Unter dem Benutzernamen »year2183« schrieb er Beiträge gegen »Feminismus, korrupte, verräterische Politiker, korrupte, verräterische Medien, einwanderungsfreundliches Judentum und eine korrupte Wissenschaft und Moslems.«

Stormfront blieb immer Zentrum und Blaupause des rechtsradikalen Internets. Die sozialen Medien waren eine Zeit lang ein neues Forum. Doch dort wurden Radikale bald schon gesperrt und ihre Inhalte gelöscht. 2008 gingen die Mitgliederzahlen bei Stormfront gleich nach dem Wahlsieg Barack Obamas nach oben. Während der Amtszeit Donald Trumps nahm vor allem die Zahl der Beiträge zu. Trump, so glaubten viele Rechtsradikale, sei ein wahrer Rebell, der ihre Ideologie ins Zentrum der Macht gebracht hätte.

2017 löschte die Organisation, die in den USA die Netzadressen verwaltet, Stormfront aus dem zentralen Verzeichnis. Don Black kannte das Spiel. Er suchte einfach eine neue Firma, die ihn mit seiner Adresse ins Netz stellen würde. Und so stand sie da weiterhin, das Design seit 1995 weitgehend unverändert im frühen Stil des World Wide Web. Links das Keltenkreuz, darunter eine lange Liste mit Foren. Das Epizentrum des Hasses. Und die Blaupause für all die Filterblasen, in denen der Hass und die Hetze brüten, wachsen und wuchern konnten.

14. Kapitel
Sabotage

Wie ein Hacker aus dem australischen Bildungsbürgertum
die Mächtigen der Welt in Bedrängnis brachte und damit
den Journalismus revolutionierte.

Julian Assange hatte schon früh die Eigenschaft, wie aus dem Nichts aufzutauchen. Lange genug hatten die Mächtigen der Erde den Gründer der Enthüllungsplattform Wikileaks schon gejagt. Hier war ein Mann, der nur mit einem Laptop und einem Netzanschluss die Mächtigen herausfordern konnte. Seit dem Sommer 2007 hatte Wikileaks immer wieder Dokumente veröffentlicht, die für Aufruhr sorgten. Wikileaks wies der Präsidentenfamilie in Kenia Korruption nach, belegte die Menschenrechtsverletzungen im US-Militärgefängnis Guantanamo Bay sowie Mauscheleien der deutschen Regierung bei den Verhandlungen des Mautsystems Toll Collect und bei der Aufklärung des Luftangriffs auf einen Tanklastzug in Kundus in Afghanistan, der rund hundert Opfer forderte und den ein Oberst der Bundeswehr befohlen hatte. Aber das war erst der Anfang.

Bei der TED Conference im englischen Oxford im Frühsommer 2010 nahm mich einer der Organisatoren in einer Pause zur Seite. Es werde da noch einen Überraschungsgast geben, den könnte ich vor seinem Auftritt noch treffen. Jetzt. Eilig ging es hinter der Bühne des Oxford Playhouse durch Treppenhäuser und Gänge. In einem Hinterzimmer saß er dann. Julian Assange hatte seinen schmalen Körper in einen der Sessel gefaltet. Seine weißen Haare machten ihn noch bleicher. Er sprach mit der festen, langsamen Stimme eines Mannes, der einerseits von seiner Mission überzeugt ist und auf der anderen Seite jedes Wort überlegen muss, das ihm zum Verhängnis werden könnte. Immerhin hatte Assange drei Monate zuvor das Video veröffentlicht, dem seine Organisation Wikileaks den Titel »Collateral Murder« gegeben hatte. Das war die Aufzeichnung der Zielkamera eines Apache-Kampfhubschraubers der amerikanischen Streitkräfte. Der hatte am 12. Juli 2007 in einem Vorort von Bagdad das Feuer auf eine Gruppe Menschen eröffnet. Man kann sich das Video immer noch auf der Webseite von Wikileaks ansehen. Es gehört zu den finstersten Dokumenten über die Grausamkeit des Krieges und die Arroganz der amerikanischen Invasoren. Gerade weil man nur die groben Schwarz-Weiß-Aufnahmen sieht und dazu den Funkverkehr der Soldaten und die Schüsse der Bordkanone hört.

Man sieht die Straßen des Vorortes in der Morgensonne. Männer laufen zusammen, nicht sonderlich eilig. Einige scheinen Waffen zu tragen. Die Soldaten an Bord des Hubschraubers melden das der Zentrale, bitten um Genehmigung, das Feuer zu eröffnen. »Engage«, kommt der Befehl. Die Soldaten beobachten einen Mann, der an einer Straßenecke kauert. Sie glauben, er trägt eine Panzerfaust. Erst später sollte sich herausstellen, dass es der 22-jährige Fotoreporter der Nachrichtenagentur Reuters Namir Noor-Eldeen war, der eine Kamera mit einem Teleobjektiv trug.

Kurz darauf hört man das Pochen der Kanone, die Salven panzerbrechender 30-Millimeter-Geschosse abfeuert. Man sieht die Staubwolken der Einschläge, wie die Männer auseinanderlaufen, stürzen, liegen bleiben. Der Hubschrauber verfolgt einen der Flüchtigen, schießt ihn nieder. Dann kreist er um die Szene. Ein einziger der Niedergeschossenen versucht, von der Straße wegzukriechen. Später sollte sich herausstellen, dass es der 40-jährige

Reuters-Mitarbeiter Saeed Chmagh war. Wie ein Raubvogel umkreist ihn der Hubschrauber. »Komm, greif dir eine Waffe«, feixt einer der Soldaten. Dann dürften sie schießen.

Nach einer Weile kommt ein dunkler Minibus. Männer steigen aus, tragen den Verwundeten zum Wagen. Wieder fragen die Soldaten nach einem Schießbefehl. Wieder bekommen sie ihn. Wieder das Pochen, die Staubwolken, Umrisse von Menschen, die fallen. Minuten später kommen Bodentruppen der Amerikaner, sondieren die Lage und finden im zerschossenen Minibus zwei verletzte Kinder, die sie davontragen.

Assange wusste ganz genau, was er da getan hatte. Mit dem World Wide Web hatte sich Nicholas Negropontes Vision verwirklicht. Das Internet hatte das Fernsehen und die Zeitungen als wichtigste Nachrichtenquelle abgelöst. Über die exponentiellen Mechanismen der Plattformen verbreitete sich das Video von der Wikileaks-Seite weltweit. Versuche der amerikanischen Behörden, das Video sperren zu lassen, brachten nichts. Wurde es auf einem Server gelöscht, tauchte es auf einem anderen wieder auf. Der panarabische Nachrichtensender Al-Jazeera zeigte es zum Beispiel. Wikileaks hatte seine eigenen Server zu dem Zeitpunkt schon nach Island verlegt. Der skandinavische Inselstaat hatte seine Medien- und Datengesetze mithilfe von Wikileaks so formuliert, dass er wie ein Schutzhafen für die digitale Welt funktionierte.

Assange wusste auch, wie wichtig der Quellenschutz ist. Zu diesem Zeitpunkt hatten die amerikanischen Behörden einen Soldaten im Irak verhaftet. Später erst wusste man, dass der sein Informant war. Aber an diesem Tag sagte Assange in seinem bedächtig rechtssicheren Ton: »Bradley Manning ist ein 22-jähriger Geheimdienstanalyst für die U. S. Army. Er wurde in Bagdad festgenommen. Er ist angeblich die Quelle für das Collateral-Mur-

der-Video, das die Tötung von 18 bis 26 Menschen in einem Vorort von Bagdad zeigt, zu denen auch zwei Reuters-Journalisten
gehörten. Er wurde nach Kuwait überführt, wo er inhaftiert ist.
Sollten die Anschuldigungen wahr sein, dass er der Whistleblower war, der uns das Video zur Verfügung stellte, ist er ein politischer Gefangener der USA, der in Kuwait festgehalten wird, was
es ihm unmöglich macht, mit der Presse zu sprechen oder sich
effektiv rechtlich vertreten zu lassen.« Mit keinem Wort ließ er
die Annahme zu, er wisse von Manning als Quelle. Dabei hatte
der Soldat, der sich schon in Irak als Frau identifiziert hatte und
heute Chelsea Manning heißt, noch sehr viel mehr Daten aus
der CIDNE-Datenbank der Streitkräfte heruntergeladen, die bei
Wikileaks landeten. 400 000 Dokumente aus dem Irak- und weitere 90 000 aus dem Afghanistankrieg hatte sie besorgt. Aus dem
einfachsten Grund, der Leute dazu treibt, Whistleblower zu werden. Aus schlechtem Gewissen, weil ihr der Krieg in Irak immer
sinnloser erschien, je länger sie dort stationiert war.

Der Spiegel, die New York Times und der Guardian werteten
die Datenmassen aus. Die Ergebnisse waren niederschmetternd.
Es kam heraus, dass die USA in Afghanistan schon lange an Boden verloren, dass sie von der Misshandlung irakischer Zivilisten wussten und auch dort die Lage kaum unter Kontrolle war.
Es waren aber nicht nur traditionelle Nachrichtenmedien, die
das auswerteten. Wikileaks selbst stellte die kompletten Datensätze ins Netz. Das war nicht ungefährlich, entsprach aber dem
fundamentalistischen Verständnis von Transparenz, das in der
»Cypherpunk«-Bewegung wurzelte, die Assange mitgegründet
hatte. Radikale Transparenz bei den Mächtigen, Schutz der Nor-
malbürger durch Verschlüsselung. Da gab es keinen Mittelweg.

Was die Welt in der Figur des australischen Aufdeckers Assange
da zum ersten Mal in diesem Ausmaß kennenlernte, war die Figur
des Hackers. Daheim in Australien hatte Assange schon als Teen-

ager mit zwei anderen Hackern die Gruppe International Subversives gegründet. Sie hackten sich damals in die Computernetzwerke des amerikanischen Verteidigungsministeriums und des Atomlabors in Los Alamos ein. Als er zwanzig war, knackten sie den Zugang zum Zentralserver der Telefonfirma Nortel in Melbourne. Assange wurde verhaftet, angeklagt und verlor das Sorgerecht für seinen kleinen Sohn. Er kam mit einer Geldstrafe davon, doch die drei Jahre Verhandlungen gingen nicht spurlos an ihm vorüber.

Das Gefühl, ständig verfolgt zu werden, haben die meisten Hacker. Genauso glauben sie, vielleicht nichts Erlaubtes, aber auch nichts Böses zu tun. Hacker leben nicht für den Nervenkitzel der Gesetzlosigkeit, sondern der mathematischen Problemlösung. Dazu gehört auch der Reiz, Dinge zu tun, nur weil sie technisch möglich sind, so wie sich in Systeme zu hacken, ohne weiteren Schaden anzurichten. Das Selbstverständnis der Hacker gründet sich in einem Leitmotiv, das ein mathematisches Pendant zum Grundsatz der Aufklärung ist: Alle Daten sind frei.

Von den Hackern, die wirklichen Schaden anrichten, die Viren freisetzen, Netzwerke lahmlegen oder Webseiten einfrieren, distanziert sich die Hackerszene in der Regel. Für die gibt es sogar einen eigenen Begriff – die Cracker. Denn der Wertekanon der Hacker ist streng. Keinen Schaden anzurichten, Informationen gratis zu teilen, für die Freiheit der Daten, aber gegen Angriffe auf die Privatsphäre zu kämpfen, gehört alles zu den Grundsätzen.

In der digitalen Welt gelten Hacker deswegen auch nicht als Outlaws, sondern als besonders kreative Problemlöser. Einige von ihnen haben es zu Ruhm und Reichtum gebracht. Steve Jobs und Steve Wozniak, die Apple-Gründer, waren frühe Hacker, ebenso wie Linus Torvalds, der das offene Betriebssystems Linux schuf. Julian Assange gehörte schon früh zu den radikalsten Verfechtern eines fundamentalistischen Hacker-Ethos. Vor allem die Forderung, dass alle Netze offen und alle Informationen frei sein sollten, vertrat er mit missionarischem Eifer. Mit diesem Hacker-Ethos, verbunden mit einem zornigen politischen Bewusstsein, baute er Wikileaks als Netzwerk auf, in dem die Freiheit der Information mit einer Radikalität umgesetzt wurde, die bis dahin einzigartig war

Als er sich das nächste Mal meldete, war er in England schon im Hausarrest. Nach Anklagen in England, den USA und Australien hatte man ihn zunächst in London ins Gefängnis gesteckt. Im Dezember 2010 wurde er auf den Landsitz eines Gönners verlegt. Dort konnte er Besuche empfangen, seine Arbeit fortsetzen und Interviews geben.

Er glaubte fest daran, dass seine Arbeit und die der anderen Hacker die Welt verändern würde. Auch wenn er auf die Frage, wo er denn seine größte Wirkung hätte, einräumte, dass all das, was auf den Straßen passierte, immer noch wichtiger war als das, was sich im Netz abspielte: »Im Arabischen Frühling. Das fing mit Tunesien an. Das heißt nicht, dass unser Beitrag die Arbeit, den Mut und die Opfer der Aktivisten schmälert. Tunesier wussten sehr wohl über die Korruption Bescheid. Genauso wussten die über zwanzigtausend politischen Gefangenen und ihre Angehörigen in Ägypten genau, was es heißt, unter Mubarak politisch aktiv zu sein. Die eigentliche Enthüllung war, dass Washington all das ebenfalls wusste. So konnte man die Korruption und die Folter nicht nur in den Ländern selbst, sondern auch in den USA und Europa nicht mehr leugnen, wo man diese Regimes ja unterstützt hat. So brach die externe Unterstützung der Regimes zur gleichen Zeit zusammen wie die interne.«

Und doch sah er in Wikileaks mehr als nur eine Enthüllungswebseite. »Der wichtigste gesellschaftliche Aspekt unserer Arbeit ist sicherlich, dass wir das Internet politisiert haben. In fast jedem

Land der Erde finden Sie eine junge Generation, die mit dem Internet groß geworden ist und unserer Ideologie folgt, dass das Recht der Menschen, frei zu kommunizieren, ein Grundrecht ist. Diese Ideologie wird derzeit von jungen Menschen vertreten, die auch schon in Regierungsstellen und Konzernen arbeiten, die sie wiederum in die Pflicht nehmen, dieses Recht zu respektieren.«

Die Vorwürfe, dass Ideologie meistens zum Dogma würde, verwarf er: »Das Recht der Menschen zu kommunizieren, ist eine sehr einfache Ideologie, die es gibt, seit die Menschen sprechen können. Sie findet nun in einer vernetzten Welt allerdings ihren stärksten Ausdruck, weil der potenzielle Wert der Kommunikation so hoch ist.« Seine Kritiker verortete er lieber in einer soziokulturellen Ecke: »Es gibt sicherlich Aspekte eines Generationenkonflikts. Wir werden allerdings von vielen Radikalen unterstützt, die in ihren Sechzigern und Siebzigern sind. Ich glaube, der eigentliche Konflikt ist der zwischen Menschen, die vom Fernsehen indoktriniert, und Menschen, die vom Internet geprägt wurden. Die Generation, für die Fernsehen eine geringere Rolle spielte, fühlt sich uns auch eher verbunden. Es ist auch eine Generation, die weitaus gebildeter ist als die Generationen, die mit Fernsehen und Zeitungen aufgewachsen sind. Die Möglichkeiten und Formen der Bildung sind durch die Kommunikationsrevolution einfach größer und vielschichtiger geworden.«

Es ging ihm da um nichts weniger als um eine Revolution: »Wir waren nie nur eine technische Organisation. Wir haben die Leute immer schon auf die Tugenden der Transparenz eingeschworen. Da sind wir eher hineingestolpert, aber nun haben wir eben ein Forum, in dem wir darüber sprechen können, wie wichtig diese Tugenden sind. Das ist ein Privileg, das uns als Folge unseres Kampfes verliehen wurde.«

Assange selbst konnte bald schon nicht mehr kämpfen. Erst flüchtete er sich für sieben Jahre in die Botschaft von Ecuador in

London. Wikileaks arbeitete und veröffentlichte weiter. Eine Sensation vom Kaliber des Materials aus Afghanistan und Irak hatten Assange und seine Mitstreitergruppe nicht mehr zu bieten. Ein großer Datenschub aus den diplomatischen Korrespondenzen, der kaum Erkenntnisse lieferte, aber für die Diplomatie und ihre Informanten weltweit großen Ärger erzeugte, brachte ihm erstmals auch aus dem Journalismus und den Nichtregierungsorganisationen Kritik an seinem fundamentalistischen Verständnis von Transparenz ein.

Während der amerikanischen Präsidentschaftswahlen manövrierte sich Assange in den Augen der ihm sonst so geneigten liberalen Weltöffentlichkeit sogar ins Aus. Im Sommer veröffentlichte Wikileaks E-Mails aus dem inneren Zirkel des Democratic National Committee. Nur einen Monat vor dem Wahltag veröffentlichte Wikileaks dann die E-Mails von John Podesta, dem Wahlkampfmanager von Spitzenkandidatin Hillary Clinton. Die Mails richteten schweren Schaden an. Richtige Skandale waren darin zwar nicht zu finden, aber sie zementierten das Bild von Hillary Clinton als Machtmensch in einer Elitenwelt aus Wall-Street-Kapitalisten und Medien-Monopolisten. Die Mails waren vielleicht nicht der Grund für Clintons Wahlniederlage, aber trugen sicher dazu bei.

Was Julian Assanges Image für immer beschädigte, war, dass die Mails mit großer Sicherheit von Russlands Geheimdienstabteilung 26165 gestohlen worden waren, die auch als Hackergruppe »Fancy Bear« bekannt ist. Die Methode war ganz einfach. Podesta bekam eine Mail, die aussah, als sei sie vom Kundendienst von Google, in der er gewarnt wurde, jemand hätte das Passwort für sein Google-Mail-Konto missbraucht, er solle das sofort ändern. Ein Mitarbeiter vom technischen Dienst des Wahlkampfbüros versicherte Podesta, das sei eine legitime Mail. Und so klickte er auf den Link, der den russischen Hackern den Weg in sein Mail-Konto öffnete.

Assange und Wikileaks bestritten immer, dass sie die Mails aus Russland bekommen hatten. Erholt haben sie sich von den Vorwürfen nie. Was unbestreitbar bleibt, ist, dass Julian Assange und Wikileaks eine neue Phase des Whistleblower-Journalismus einleiteten. Als Redakteur bei der *Süddeutschen Zeitung* hatte ich da einen Platz in der ersten Reihe. Für den investigativen Journalismus waren solche Informanten aus dem Inneren der Institutionen immer schon wichtig. Nicht erst seit Daniel Ellsberg die »Pentagon-Papers«-Studie der Beratungsfirma Rand Corporation an die *New York Times* und die *Washington Post* weitergeleitet hatte, aus denen die Öffentlichkeit erfuhr, wie sie über den Vietnamkrieg belogen wurde.

Auch bei der *Süddeutschen* landeten immer wieder Unterlagen, die Missstände aufdeckten. Dann aber meldete sich bei meinen Kolleginnen und Kollegen vom Investigativ-Ressort jemand aus der Offshore-Kanzlei Mossack Fonseca aus Panama City. Die Firma war darauf spezialisiert, Gelder von Wohlhabenden, Reichen, aber auch von Diktatoren und Steuerflüchtlingen über Offshore-Banken und Briefkastenfirmen dem Zugriff von Behörden zu entziehen. 2,6 Terabyte Firmenunterlagen lieferte die Quelle, das entsprach rund 11,5 Millionen Dokumenten.

Mit einem Netzwerk aus über 400 Journalisten in 80 Ländern arbeitete die *Süddeutsche* das Konvolut auf. In der Redaktion bekam man nichts davon mit. Selbst als mehrere Journalisten aus aller Welt im Glasturm der Zeitung am Stadtrand von München zusammenkamen, wurde das als Workshop mit Kolleginnen und Kollegen aus aller Welt deklariert und geheim gehalten. Weil auch 400 Journalisten solche Datenmengen nicht sichten können, programmierte das Ressort für Datenjournalismus eigene KI-Anwendungen. Die Rechner, auf denen gearbeitet wurde, hatten keinen Anschluss ans Internet und standen in abgeschlossenen Büros, in die keine Reinigungskräfte durften. Am 3. April 2016 begannen die Veröffentlichungen. Die Recherche löste weltweit Skandale aus. Politiker stürzten, Verbrechen wurden aufgedeckt, Gesetze geändert oder erlassen. Die Offshore-Industrie hat sich nie mehr davon erholt.

Immer neue solcher Whistleblower-Recherchen gab es seither. Die Paradise Papers deckten zum Beispiel Geldwäsche auf, die China Cables das Straflagersystem der chinesischen Regierung, das Pandora Projekt den weltweiten Missbrauch von Überwachungssoftware der israelischen Firma NSO, die Suisse Secrets die schmutzigen Geldgeschäfte Schweizer Banken, die Facebook Files die menschenverachtende Firmenpolitik beim größten sozialen Netzwerk im digitalen Raum. Julian Assange war für diesen Journalismus vielleicht kein Vorbild. Sein Transparenz-Fundamentalismus hatte nicht nur Schaden angerichtet, sondern widersprach auch jedem Presse-Kodex. Aber er war auf alle Fälle ein Pionier.

Ab dem 11. April 2019 saß Julian Assange dann im Hochsicherheitsgefängnis Belmarsh im Osten von London, das wegen der Haftbedingungen dort auch das »britische Guantanamo Bay« genannt wird. Serientäter wie der »Grindr Killer«, der »Night Stalker« und Terroristen wie der Neonazi-Bomber David Copeland sitzen dort ein. Die USA haben von Großbritannien gefordert, dass er ausgeliefert wird. Sie wollen ihn mit einer Klageflut vor Gericht bringen. Auch wegen Spionage. Eines war allen klar: Würde er von der mächtigsten Demokratie für seine Arbeit verurteilt, wäre das ein schwerer Schlag für den Journalismus und für die Freiheit der digitalen Gesellschaft.

15. Kapitel
Die Arbeiterbewegung

Wie die Digitalkonzerne den Menschen Abhängigkeit und Ablenkung als Zukunft und Rebellion verkauften, bis die Leute genug hatten und sich zur Gegenbewegung des Techlash formierten.

Die bisher größte weltweite Kampagne für Verhaltensmanipulation auf globaler Ebene begann am kalten, aber sonnigen Vormittag des 9. Januar 2007 um 09:41 Uhr kalifornischer Ortszeit in der Kongresshalle des Moscone Centers in San Francisco. Das war der Moment, in dem Apple-Gründer Steve Jobs das erste iPhone vorstellte. Seit er 1997 an die Spitze der Firma zurückgekehrt war, die er gegründet und dann vorübergehend verloren hatte, war er bekannt dafür, dass er seine Produkte wie Fetische inszenierte und seine Kundschaft dafür seiner Firma zumindest während seiner Lebzeiten folgte wie einer Sekte. Der Heimcomputer iMac, die Powerbook-Laptops und der Musikspieler iPod waren der Konkurrenz nicht nur funktional überlegen. Mit ihren edlen Oberflächen und dem Design, im Geiste des Midcentury-Modern-Gestalters Dieter Rams gehalten, waren das Objekte, die nicht nur überzeugten, sondern Begierden und Emotionen ansprachen, von denen viele gar nicht wussten, dass sie sie hatten. In den sonst eher konsumkritischen Kreisen junger Kreativer und Bildungsbürger waren Apple-Computer eine Marke, die die Rebellenposen der jüngsten Pop-Vergangenheit mit dem digitalisierten Lebensgefühl der Gegenwart und der Aura der Zukunft kombinierte. Seit dem Frühjahr 2001 hatte er dazu in aller Welt Apple Stores bauen lassen, die aus den Stadtbildern der Metropolen mit ihren oft mehrstöckigen Glasfronten und Verkaufsräumen, der asketischen Innenarchitektur und den altargleichen Produktpräsentationen wie Kathedralen einer Technomoderne wirkten. Wer sich zu Apple bekannte, durfte den angebissenen Apfel auf dem Rücken seines Rechners, seines Laptops oder iPods wie ein Signum vor sich hertragen.

Höhepunkt jedes Geschäftsjahres waren die Macworld-Messen in San Francisco, und das Hochamt waren die Auftritte von Steve Jobs. Der inszenierte seine Auftritte sekundengenau. Seinen schwarzen Rollkragenpullover, die Jeans und weißen Turnschuhe waren nicht nur sein Markenzeichen, sondern wie ein Talar der säkularen Moderne. Die hatte er schon längst mit seiner »Thinkdifferent«-Werbekampagne usurpiert, einer Reihe von Porträts all jener Figuren, die das 20. Jahrhundert als goldene Ära der Wissenschaften, Kultur und progressiven Politik geprägt hatten. Das reichte von Albert Einstein, Buzz Aldrin und Thomas Edison über Miles Davis, John Lennon und Pablo Picasso bis zu Martin Luther King Jr., Muhammad Ali und Joan Baez. Dazu gab es einen Werbetext im Sprechrhythmus eines Gebets:

Ein Hoch auf die Verrückten.
  Die Außenseiter.
  Die Rebellen.
  Die Störenfriede.
  Die runden Stifte in den eckigen Löchern.
  Diejenigen, die die Dinge anders sehen.
  Sie halten nichts von Regeln.
  Und sie haben keinen Respekt vor dem Status quo.
  Man kann sie zitieren, ihnen widersprechen,
    sie verherrlichen oder verteufeln.

Aber das Einzige, was man nicht tun kann,
ist sie zu ignorieren.
Denn sie verändern die Dinge.
Sie bringen die Menschheit voran.
Und während manche sie als Verrückte sehen,
sehen wir sie als Genies,
denn die Menschen, die verrückt genug sind zu glauben,
dass sie die Welt verändern können,
sind diejenigen, die es tun.

Ein brillanter Winkelzug, denn so verkaufte Steve Jobs die kollektive Gleichschaltung der digitalen Gesellschaft als Höhepunkt einer Kultur des Individualismus, des Geniekultes und der Gegenkulturen. Apple-Geräte, so die Botschaft, waren Pforten der kulturellen Wahrnehmung, Schleusentore der Kreativität, Instrumente der Selbstermächtigung. Und an diesem Januarvormittag sollte die Kulturgeschichte der digitalen Welt ihre nächste Stufe nehmen.

Jobs war nicht nur ein Meister des Verkaufens, sondern auch des Vortrags. Und so steuerte er mit seinem Vortrag, den er um Punkt 09:00 Uhr begonnen hatte, unaufhörlich auf den Höhepunkt zu, den er für 09:41 Uhr geplant hatte. Tagelang hatte er die Rede auf die Sekunde genau geprobt. Seit diesem Tag zeigen die Werbeabbildungen für iPhones deswegen immer die Uhrzeit 09:41 an. Und so sagte er: »Heute stellen wir drei revolutionäre Produkte vor. Das erste ist ein Widescreen-iPod mit Touch-Bedienung. Das zweite ist ein revolutionäres Mobiltelefon. Und das dritte ist ein bahnbrechendes Internet-Kommunikationsgerät.« Gefolgt von der Überraschungsnachricht, dass diese drei Produkte ja nur eines waren. Das iPhone.

Weder Technologie noch Struktur waren neu. Wie meist bei Apple-Produkten waren es Struktur, Design und Marketing, die sie so erfolgreich machten. Und doch war das iPhone der Sprung der digitalen Welt in den Alltag. Nun gab es keinen Rechner mehr, der zu Hause oder im Büro auf dem Schreibtisch stand und dann einfach aus war, wenn man ihn ausgeschaltet hatte. Das Internet war von da an ein ständiger Begleiter. Und was für einer. Wie ein rolliger Terrier hingt das Ding an einem, fiepte, klingelte, vibrierte. Selbst wenn man die Benachrichtigungen ausschaltete, wedelten die Symbole der Apps mit kleinen roten Fähnchen. Neue Nachrichten! Wichtige Nachrichten! Die Apps der sozialen Netzwerke meldeten, dass einen jemanden mochte, hasste oder sonst wie Aufmerksamkeit schenkte. Und wer wollte keine Aufmerksamkeit? Mithilfe des iPhones konnte man nun an jedem beliebigen Ort mit Empfang drei Grundbedürfnisse befriedigen: Konsum, Gesellschaft und Neugier. Das war praktisch, bequem und nach kurzer Zeit allgegenwärtig. Bis dahin waren Computer Maschinen, die Maschinen und Prozesse antrieben. Mit dem iPhone wurden sie zur Unterhaltungselektronik.

Die Reibungslosigkeit, mit der das alles funktionierte, in Kombination mit den Belohnungssystemen der sozialen Netzwerke führte bald schon dazu, dass sich die Smartphones wie ebenjene rolligen Terrier zwischen alles und jeden zwängten, was und wer bis dahin das Leben bestimmt hatte. Nun war es von Anfang an Steve Jobs' Geschick gewesen, nicht nur den Konsum, sondern vor allem die Gewohnheiten der Menschen zu verändern. Bis in die Gestik. Mit der Einführung der grafischen Oberfläche und der Maus hatte er das Tippen mit dem Klicken und dem Schieben ersetzt. Das iPhone ging noch einen Schritt weiter und ersetzte diese beiden immer noch mechanischen Vorgänge durch das Tasten und Wischen. Bald schon würde es den nächsten Schritt geben, den Nicholas Negroponte mit seinem »Media Room« konzipiert hatte, in dem der Mensch die Maschine mit Gesten und Mimik steuern würde.

Die Frage stellte sich aber schon vorher. Wer behielt die Kontrolle? War es der Mensch, der die Maschine befehligte, oder war er schon in einem digitalen Raum, der die eigentliche Kontrolle übernommen hatte, weil er die Menschen nicht nur mit Technologie, sondern auch mit neuen Gewohnheiten, Gesten und Reizen umgab, also mit psychologischen Kontrollmechanismen, die sehr viel mächtiger waren als die mechanischen Kontrollmechanismen der Befehlseingabe?

Die Übernahme des Alltags und der Gewohnheit vollzog sich weiter schleichend. Es schienen nur wenige Sekunden zu sein, die es dauerte, einen Post auf Facebook, Twitter oder Instagram abzusetzen. Sparte es nicht viel Zeit, Routinen wie den Einkauf, die Alltagsplanung oder die Kontaktpflege ins Smartphone auszulagern? Eine Geste wurde in den Technologiedebatten gerne ignoriert. Das war der starre Blick ins Smartphone, der die Menschen immer häufiger und länger aus der Wirklichkeit in den digitalen Raum zog. Es dauerte zehn Jahre, bis den Menschen klar wurde, was sie verloren hatten. Man fühlte sich im Vollbesitz der Kontrolle. Bis die ersten Aussteiger kamen und das mulmige Gefühlt bestätigten, dass da etwas nicht in Ordnung war mit der allgegenwärtigen digitalen Welt. Und so begann die erste Konterrevolution des digitalen Zeitalters am kalten und wolkenverhangenen Vormittag des 28. April 2017 um 09:15 Uhr Ortszeit auf der Bühne des Kongresszentrums von Vancouver. Tristan Harris betrat als erster Redner des letzten Tages der TED Conference die Bühne. Ein undankbarer Slot, vor allem weil der Höhepunkt des Vormittages ein Auftritt des Superunternehmers Elon Musk war, der damals noch als Visionär gefeiert wurde mit seinen Elektroautos, Superbatterien und Raumschiffen, die die Energiewende vorantreiben, der die Menschheit vor der Zerstörungskraft der künstlichen Intelligenz bewahren und den Mars besiedeln wollte. Der Saal war also noch nicht so gut gefüllt, wie es sein Vortrag verdient hätte.

Harris war der klassische TED-Redner. Anfang dreißig, ge- pflegter Bartschatten, lässiges Jackett, grobes Hemd, Jeans und voller Überzeugung. Im Silicon Valley hatte er eine dieser steilen Karrieren gemacht, von denen der Rest der Welt nur träumte. An der Stanford University hatte er bei B. J. Fogg studiert. Der hatte dort 1998 das Persuasive Technology Lab gegründet, das Labor für Überzeugungstechnologie, das er 2018 in Stanford Behavior Design Lab umbenannte. Denn was als Technologieinstitut be- gonnen hatte, arbeitete da verstärkt an Techniken der Verhal- tensforschung. Das hatte im Labor zunächst mal eine positive Ausrichtung. Es sollte um sogenannte Menschenzentrierte Tech- nologie gehen, um die Sicherheit und Gesundheit von Menschen über die gesamte Lebensspanne hinweg durch menschenzent- rierte technologische Innovationen. Innovation sollte beschleu- nigt werden, um die digitalen Produkte und Dienstleistungen den Bedürfnissen der Menschen anzupassen. Der digitale Gra- ben zwischen Einkommensschichten, Altersgruppen und Län- dern sollte überwunden werden. Und ganz prinzipiell sollte In- formationstechnologie vereinfacht werden, damit immer mehr Menschen sie immer besser nutzen könnten.

Unterm Strich war das zum einen eine Optimierung von Tech- nologie und zum anderen eine Verhaltensmanipulation der Kon- sumenten, die im digitalen Raum Nutzer genannt wurden. Kein Wunder also, dass Absolventen aus Foggs Studiengang von gro- ßen Konzernen wie Facebook abgeworben wurden. Oder dass sie selbst Firmen wie Instagram und Clubhouse gründeten. Tristan Harris landete bei Google, wo er in der Abteilung arbeitete, die die Nutzerbindung optimierte. »Design Ethicist« war sein offizieller Titel, oder wie er es ausdrückte: »Ich habe untersucht, wie man die Gedanken der Menschen auf ethische Weise lenken kann.«

In seinem TED Talk beschrieb er das gleich zu Beginn: »Stellen Sie sich vor, Sie betreten einen Kontrollraum mit einer Reihe von

hundert Leuten, die über einen Schreibtisch mit kleinen Dreh-
knöpfen gebeugt sind, und dieser Kontrollraum beeinflusst die
Gedanken und Gefühle von einer Milliarde Menschen. Das mag
wie Science-Fiction klingen, aber das gibt es tatsächlich, und zwar
schon heute.« Präzise unterteilten die Wissenschaftler der Digi-
talfirmen die Gedankenströme der Nutzer in kleine Zeitblöcke,
die sie mit all den Signalen und Hinweisen in Richtungen lenken,
in die die Menschen vielleicht gar nicht denken wollten.

Im Idealfall fänden die Firmen Wege, die Gedankenströme
gleich ganz zu vereinnahmen. Die Autoplay-Funktion kann das
zum Beispiel. Googles Videoplattform YouTube führte die 2015
als erste ein. Anstatt dass ein Video einfach zu Ende ist, sucht
der Algorithmus nach einem ähnlichen Video, das automatisch
zu spielen beginnt. Der Streamingdienst Netflix übernahm die
Methode wenige Monate danach, auch Facebook und seine Bil-
derdienstseite Instagram bauten das ein. Der Kampf um die Aufmerksamkeit und Zeit ihrer Nutzer war aber nicht nur ein Kon-
kurrenzkampf. Netflix-Chef Reed Hastings brachte das in einem
Interview mal auf den Punkt, als er sagte, seine Konkurrenz sei
weniger Amazon oder das traditionelle Fernsehen: »Wenn Sie
eine Sendung von Netflix sehen und süchtig danach werden, bleiben Sie nachts lange auf. Wir konkurrieren mit dem Schlaf. Da
geht es um eine ganze Menge Zeit.«

Harris' anderes Beispiel war das Netzwerk Snapchat, das vor
allem bei Teenagern beliebt ist, die dort Bilder austauschen, die
sie mit Comicsymbolen und Filtern verfremden können. »Dort
haben sie Snapstreaks erfunden«, erzählte Harris. »Das ist eine
Funktion, die die Anzahl der Tage anzeigt, an denen zwei Personen miteinander kommuniziert haben. Mit anderen Worten, sie
haben zwei Menschen etwas gegeben, das sie nicht verlieren wollen. Denn wenn man als Teenager 150 Tage am Stück miteinander kommuniziert hat, möchte man nicht, dass diese Zahl ver-

schwindet. Denken Sie also an die kleinen Zeitblöcke, die das in den Köpfen der Kinder einplant.« Wie bei allen digitalen Anwendungen rede man sich das gerne schön, dass das doch gar nicht so viel Zeit koste. »Wir sagen dann, dass sie Snapchat einfach so nutzen, wie wir früher am Telefon getratscht haben. Das ist wahrscheinlich in Ordnung. Dabei wird jedoch übersehen, dass in den 1970er-Jahren, als Teenager einfach nur am Telefon getratscht haben, keine hundert Ingenieure auf der anderen Seite des Bildschirms saßen, die genau wussten, wie Ihre Psychologie funktionierte, und Sie in eine Zwickmühle manövriert haben.«

Auch die Erwachsenen seien in solchen psychologischen Zwickmühlen gefangen. »Empörung funktioniert hervorragend, um unsere Aufmerksamkeit zu binden, denn wir suchen uns die Empörung nicht aus. Sie passiert uns. Und wenn du der Facebook-Newsfeed bist, profitierst du, ob du willst oder nicht, von der Empörung. Denn Empörung ist nicht nur eine Reaktion in einer emotionalen Zeit, in einem emotionalen Raum, für dich selbst. Wir wollen diese Empörung mit anderen Menschen teilen. Wir wollen also auf ›Teilen‹ klicken und sagen: ›Ist das zu fassen, was die da gesagt haben?‹ Wenn Facebook die Wahl hätte, Ihnen den Empörungsfeed oder einen ruhigen Newsfeed zu zeigen, würden sie Ihnen den Empörungsfeed zeigen, nicht weil sich jemand bewusst dafür entschieden hat, sondern weil es besser funktioniert, um Ihre Aufmerksamkeit zu bekommen. Und der Newsfeed-Kontrollraum ist uns gegenüber nicht rechenschaftspflichtig. Er ist nur für die Maximierung der Aufmerksamkeit verantwortlich. Aufgrund des Geschäftsmodells der Werbung ist auch derjenige dafür verantwortlich, der am meisten dafür bezahlen kann, in den Kontrollraum zu gehen und zu sagen: ›Diese Gruppe dort drüben, ich möchte diese Gedanken in ihre Köpfe einplanen.‹ So kann man gezielt eine Lüge direkt an die Menschen richten, die dafür am empfänglichsten sind.

Und weil das viel Geld bringt, wird das alles nur noch schlimmer werden.«

Harris schloss mit einem kleinen Seitenhieb auf Elon Musk: »Anstatt uns Sorgen über hypothetische künftige künstliche Intelligenzen zu machen, sollten wir uns lieber um die künstliche Intelligenz kümmern, die es bereits gibt, nämlich diese Newsfeeds, die nur ein Ziel verfolgen. Fast so, als würden wir nicht weglaufen, um neue Planeten zu kolonisieren, sondern den, auf dem wir bereits sind, reparieren.«

Was heute nach Binse klingt, war damals einer der ersten Querschläger in einer Technologiedebatte, die bis dahin vor allem von einer Euphorie und einer Aufbruchsstimmung bestimmt war, die sich zum Dogma und zur Ideologie verhärtet hatten. Selbst die kritischen Stimmen erwähnten in ihren Vorträgen, Essays und Op-Eds zumindest in einem Nebensatz, dass sie ja keine Technikfeinde seien, nein, im Gegenteil, sie glaubten natürlich auch an die Zukunft, nur eben nicht ganz so ungetrübt wie die meisten.

Nach Harris' TED Talk löschte ich erst einmal die Zeitsauger-Apps von meinem Telefon. Facebook, Twitter, LinkedIn, Instagram, klick und weg. So mühelos es war, sie zu bedienen, so geschmeidig wurde man sie auch wieder los. Oder? Fehlte da nicht was? Die Pings, Dings und roten Fähnchen, die vermeldeten, der digitale Raum beachtet dich, nimmt dich ernst, wichtig, für voll. Gerade uns Journalisten hatte man das alles als neue Grundvoraussetzung unseres Berufs verkauft. Reichweite, Wirkung, Profil, der Mensch als Marke. Hatte gut geklungen.

Die Konten behielt ich, aber ich wurde nun zum Beobachter am Rande, der die Netzwerke am Rechner auf dem Browser öffnete, wie einst in den Nullerjahren. Das war ein wenig, als hätte man sich auf dem Münchner Oktoberfest nach ein paar Runden im Rotor an die Balustrade gestellt. Die Fliehkräfte waren weg.

Die anderen klebten noch an der Wand des Zylinders, kicherten, juchzten, kreischten. Der Blick auf die eigene Timeline war ein bisschen peinlich. Es war erst ein paar Monate her, dass Donald Trump die Präsidentschaftswahlen gewonnen und sein Amt angetreten hatte. Und niemand beherrschte die Empörungsschleifen so meisterhaft wie er. Mit Karacho war ich auf ihn hereingefallen, hatte seine Ungeheuerlichkeiten weitergeleitet und kommentiert. Mit seinen kalkulierten Ausrutschern nach rechts, seinem Kirmes-Humor und seinem Gespür für die Massen, egal ob im Saal oder im digitalen Raum, hatte er nicht nur die Wahlen gewonnen. Als mächtigster Mann der Welt machte er damit auch Politik. Innenpolitisch feuerte er ein Störfeuer der Beleidigungen über Twitter ab, die er dann bei seinen Auftritten wiederholte. Etablierte Medien waren »fake news«, Hillary Clinton war »Shrillary«, die hinter Gitter gehört, jeder halbwegs vernünftige Mensch im Politikbetrieb war für ihn ein »nut job«, ein Fall für die Klapse. Dass sich Menschen wie ich über ihn aufregten, gehörte genauso zur Strategie wie der »Endlich-sagt's-mal-einer«-Ton, mit dem er seine Anhänger mobilisierte.

Schon während seines Wahlkampfes hatte er gedroht, eine Mauer an der Südgrenze bauen zu lassen, die das Nachbarland bezahlen müsste. Als er das zwei Jahre später noch einmal auf Twitter wiederholte, sah sich der damalige mexikanische Präsident Enrique Peña Nieto gezwungen, auf dem gleichen Kanal zu antworten: »Präsident @realDonaldTrump: NO. Mexiko wird NIEMALS für eine Mauer bezahlen. Nicht jetzt, nicht irgendwann. Mit freundlichen Grüßen, Mexiko.« Twitter-Diplomatie nannte man das schon bald. Trump erklärte Mexiko zum Feind, drohte Iran und Nordkorea mit Atomkrieg, und während der ersten Monate der Covid-Pandemie gab es einen Twitter-Schlagabtausch mit dem chinesischen Außenministerium, in dem sich die beiden Supermächte beschuldigten, die Seuche ausgelöst und verschleppt zu haben.

Und dann waren da die Lügen. »Flood the zone with shit« – den Raum mit Mist fluten, nannten sie in Amerika die Strategie, so viele Unwahrheiten in Umlauf zu bringen, dass Teile der Öffentlichkeit entweder verwirrt oder sogar davon überzeugt wurden. Trumps Chefstratege Steve Bannon hatte sich das ausgedacht, denn der eigentliche Gegner seien die Medien. So entstand eine regelrechte Sekte der Verschwörungsanhänger, die sich QAnon nannte, nach dem bis heute unbekannten Q, der im Netz Hin- und vermeintliche Beweise für die Theorie verstreute, die darauf hinauslief, dass die Demokraten ein Haufen korrupter Satanisten seien, die mit Kinder handelten, um sie sexuell zu missbrauchen. Der Datenwissenschaftler Sinan Aral vom Massachusetts Institute of Technology untersuchte das Phänomen. Er fand heraus, dass sich eine Lüge auf Twitter sechsmal so schnell verbreitet und rund tausendmal mehr Leute erreicht wie eine Wahrheit. Die Erklärung sei ganz einfach. Lügen seien überraschend, deswegen lösten sie auch schneller emotionale Reaktionen aus, die wiederum den Reflex des »reposts« auslösen. Die Wahrheit sei in der Regel sehr viel langweiliger, deswegen reagierten die Menschen weniger oder gar nicht darauf.

Es waren aber nicht nur der Konsum und die Politik, auf die die sozialen Medien eine sehr direkte Wirkung hatten. Sie schlichen sich in sehr viel mehr Nischen und Teile des Lebens, als man dachte. In ihrer Auflösung von Atomen zu Bits verwandelten sich diese Produkte in Gewohnheiten. Besser konnte es für deren Verkäufer gar nicht laufen. Es war dann auch erstaunlich, wie viel Zeit und Energie der kleine Schritt freisetzt, die paar Apps zu löschen und auch sonst nicht mehr mit den Netzwerken zu interagieren. Es sind Banalitäten, an denen man so etwas anekdotisch festmachen kann. Ich spiele seither in einer Band, habe das Kochen gelernt, und hin und wieder – das ist der allergrößte Luxus – langweile ich mich.

Zu diesem Zeitpunkt hatte der Widerstand gegen den Sog der digitalen Welt in der Forschung schon längst begonnen. Da waren zunächst mal die volkswirtschaftlichen Studien, die nachwiesen, dass die Produktivität mit dem Internet und den digitalen Technologien nicht wie versprochen zugenommen hatte. Im Gegenteil, sie hatte sogar abgenommen. Die Federal Reserve Bank of Chicago hatte zum Beispiel das Wachstum von einundzwanzig westlichen Industrienationen untersucht. Das hatte in den Jahren zwischen 1990 und 2000 im Schnitt um die 2,5 Prozent gelegen. Zwischen 2000 und 2010 gab es allerdings nur noch in der Schweiz einen Leistungszuwachs, in den anderen zwanzig Ländern ging die Produktivität sogar zurück.

Die Erklärung lieferte der Wirtschaftswissenschaftler Robert Gordon von der Northwestern University. Der schrieb in seinem Buch »The Rise and Fall of American Growth«, dass die großen Produktivitätsschübe bis zum Ende des 20. Jahrhunderts vor allem von den großen Erfindungen des späten 19. Jahrhunderts angetrieben wurden. Von der Elektrizität, dem Verbrennungsmotor, von Zentralheizungen und Stahlgebäuden, von der Schreib- und der Waschmaschine, von Radio, Telefon und Antibiotika. Von Technologien, die das Leben der Menschen wirklich verbesserten.

Der große Produktivitätsschub durch Computer habe wiederum zunächst in den 1970er- und 1980er-Jahren stattgefunden, als unzählige Routinearbeiten in Büros und Verwaltungen automatisiert wurden. Der sei nie so massiv gewesen wie der durch die Innovationen der ersten Phase. Der Höhepunkt seien die Neunzigerjahre gewesen, als sich Computer und Internet mit Plattformen wie Amazon, Google und Wikipedia zu enormen Motoren der Arbeitsleistung verbunden hätten. Dann aber sei der Schub vorbei gewesen: »Viele der Erfindungen, die mühsame und repetitive Büroarbeit durch Computer ersetzten, liegen schon lange zurück, nämlich in den 1970er- und 1980er-Jahren. Seit dem Jahr 2000 konzentrieren sich die Erfindungen auf Unterhaltungs- und Kommunikationsgeräte, die kleiner, intelligenter und leistungsfähiger sind, aber die Arbeitsproduktivität oder den Lebensstandard nicht so grundlegend verändern wie elektrisches Licht, Autos oder Sanitäranlagen.«

Diese neue Generation digitaler Erfindungen führte sogar zu einem Phänomen, das Wirtschaftswissenschaftler das »Produktivitäts-Paradox« nennen. Das hat viele Faktoren. Da sind die viele Zeit und der Aufwand, den jede Firma betreiben muss, um ihre Belegschaft in den neuen Technologien zu schulen. Fehler des Managements, die neuen Technologien auch wirklich so einzusetzen, dass sie die Arbeit erleichtern und nicht erschweren, wie durch eine Verkomplizierung von Arbeits- und Produktionsabläufen, eine Überforderung durch ein Mehr an Informationen, die erkannt, analysiert und verarbeitet werden müssen. Die ständige Anforderung, Soft- und Hardware zu aktualisieren, was oft kaum oder keinen Mehrwert für die Arbeit, aber einen enormen Aufwand an IT-Verwaltung und Nachschulung bringt.

Vor allem aber – und das gilt nicht nur für die Arbeitswelt, sondern für das Leben an sich – machen die digitalen Innovationen des 21. Jahrhunderts jede Form von Erleichterung oder Beschleunigung sofort wieder zunichte, weil sie zum Großteil auf Ablenkung ausgerichtet wurden. »Der iPod löste den CD-Walkman ab, das Smartphone ersetzte das herkömmliche Mobiltelefon durch Funktionen, die teilweise Desktop- und Laptop-Computer ersetzten«, schrieb Gordon. »Diese Innovationen wurden mit Begeisterung angenommen, aber sie boten auch neue Möglichkeiten für den Konsum am Arbeitsplatz und in der Freizeit, anstatt die historische Tradition fortzusetzen, menschliche Arbeit durch Maschinen zu ersetzen.« Die Ablenkungen sind so banal wie die E-Mail einer Freundin zu beantworten, schnell mal nach einem Buch zu suchen, durch den Newsfeed bei Facebook zu scrollen oder ein Video anzusehen. Mini- und Mikropausen, die sich summieren. Fast ein Drittel der Arbeitszeit geht so verloren, was nur die amerikanische Volkswirtschaft rund 588 Milliarden Dollar im Jahr kostet. Und die Menschen nicht nur bei der Arbeit viel Lebenszeit.

Der französische Soziologe Gérald Bronner hat den Verlust der Zeit und Aufmerksamkeit »Kognitive Apokalypse« genannt. In seinem gleichnamigen Buch rechnet er das detailliert vor. So hätten die Menschen mit jedem technischen Fortschritt nicht nur Gehirnmasse und kognitive Fähigkeiten, sondern auch Gehirnzeit dazugewonnen. Die definiert er zum einen als Gegenteil zum Stumpfsinn geistiger Routinearbeiten und als kognitiven Überschuss, der intellektuelle Freiräume schafft. So wie die Technologien des späten 19. Jahrhunderts mit der Eliminierung körperlicher Routinearbeit das schon einmal taten. Er rechnet das für Frankreich vor, man müsste für arbeitseifrige Länder wie Amerika, Deutschland oder China sicher ein wenig abziehen. Aber die Zahl ist beeindruckend. Zieht man Arbeitszeit sowie die Zeit für Schlaf, Essen und Körperpflege ab, blieben dem modernen Menschen fünf Stunden Hirnzeit zur freien Verfügung. Das ist das Fünffache wie noch 1900 und sogar das Achtfache wie 1800. Das sei umgerechnet ein enormes gesellschaftliches und volkswirtschaftliches Kapital. Auf eine Lebenszeit umgeschlagen seien das 17 Jahre der Zeit, die man nicht schläft. Auf das Land Frankreich mit seinen 67 Millionen Einwohnern und der durchschnittlichen Lebenserwartung von 82,5 Jahren seien das 1,139 Milliarden Jahre verfügbarer Gehirnzeit, die Frankreich als Kapital besitze. Und was tun die Menschen mit all diesem Kapital?

Sie verpulvern es im Netz. Sie echauffieren sich über die Ungeheuerlichkeiten, betreiben leere Kommunikation und schauen Pornos. Er vergleicht die vor allem männlichen Pornokonsumenten mit männlichen Rhesusaffen, die sich vom Anblick des Hinterteils eines Weibchens sogar von überlebenswichtiger Nahrungssuche ablenken lassen. So albern das Bild sein mag, so perfekt bringt es den Grundmechanismus des World Wide Web auf den Punkt. Das Wirtschaftsmagazin *Forbes* hat das mal für die Marktführerwebseite Pornhub durchgerechnet. Laut Jahresbericht der Firma für 2023 zählt die Seite 36 Milliarden Besuche im Jahr, die im Schnitt 10 Minuten und 9 Sekunden dauern. Die Endsumme für den intellektuellen Leistungsverlust ist beeindruckend: 694 744 Jahre verfügbare Gehirnzeit gehen alleine durch diese Webseite verloren. Und sie ist nicht die einzige. Ein Drittel aller im Netz konsumierten Videos sind laut Bronner Pornos. Rund 136 Milliarden Pornofilme würden jedes Jahr im Internet angesehen. Das generiere Einnahmen von rund 100 Milliarden Dollar im Jahr.

Im Herbst nach Tristan Harris' Auftritt folgten dann immer neue Dissidenten aus den Chefetagen und Gründerzirkeln des Silicon Valley. Chamath Palihapitiya, der beim bis heute mächtigsten sozialen Netzwerk Facebook Chef der Abteilung für Nutzerwachstum gewesen war, sagt: »Die Dopamin-gesteuerten Rückkopplungsschleifen, die wir geschaffen haben, zerstören das Funktionieren der Gesellschaft. Da gibt es keinen zivilen Diskurs mehr, keine Zusammenarbeit, nur noch Fehlinformationen und Unwahrheiten.« Sean Parker, der zu Beginn der Nullerjahre erst mitgeholfen hatte, mit dem Datentauschnetz Napster das Geschäftsmodell der Musikindustrie weitgehend zu zerstören, und dann in der Frühphase als Präsident zu Facebook stieß, gab sich richtig reumütig. »Es verändert buchstäblich die Beziehung zur Gesellschaft, zueinander«, sagt er bei einer Konferenz der Nachrichtenseite Axios. »Wahrscheinlich beeinträchtigt es die Produktivität auf seltsame Weise. Gott weiß, was es mit den Gehirnen unserer Kinder anstellt.« Er gab offen zu, was das Ziel bei der Entwicklung von Facebook gewesen sei: »Wie können wir so viel Zeit und bewusste Aufmerksamkeit wie möglich in Anspruch nehmen?« Deswegen hätten sie die »Like«-Knöpfe entwickelt, die den Nutzern einen kleinen Dopaminschub verpassen, damit sie noch mehr Inhalte hochladen. »Das ist eine Feedback-Schleife der sozialen Bestätigung. Genau eines solcher Dinger, die sich Hacker wie ich ausdenken, weil man eine Schwachstelle in der menschlichen Psychologie ausnutzt.« Selbst der Erfinder des World Wide Web und somit Pate der digitalen Gesellschaft Tim Berners-Lee schaltete sich in die Debatte ein: »Die Menschen werden von sehr gut trainierten KIs in die Irre geführt, die herausfinden, wie sie sie ablenken können«, sagte er der britischen Zeitung *The Guardian*. »Das System ist gescheitert. So wie Werbeeinnahmen mit Clickbait funktionieren, hilft das Web der Menschheit nicht mehr, Wahrheit und Demokratie zu fördern. Deshalb bin ich besorgt.«

Bald hatte dieser Stimmungswandel im Silicon Valley und im Rest der Welt einen Namen. Techlash. Ein Wortspiel aus Technologie und Backlash, dem englischen Wort für eine kraftvolle Gegenreaktion oder einen Rückschlag.

Im Jahr darauf zog dann ausgerechnet Jaron Lanier als Renegat über die TED Conference, der frühe Prophet der digitalen Kultur, der Verkünder der Wunderkräfte aus dem Rechner, der Erbe des Glaubens an das Gute im Menschen aus den goldenen Hippiejahren. Und zwar mit Furor. Er trug immer noch die Dreadlockfrisur der Rebellion und schnaufte schwer, als ich ihn traf. Vom euphorischen Leuchten in seinen sehr blauen Augen war seit unserer ersten Begegnung in Berkeley fast zwanzig Jahre zuvor nichts übrig geblieben. Es war die kalte Wut, die in ihm hochkochte, wenn er darüber sprach, was aus seinen Utopien geworden war.

Seine Bücher hatten ihn zu einem der »Public Intellectuals« gemacht, die in Amerika die Debatten bestimmen. Aus der digitalen Welt gab es zu diesem Zeitpunkt nur wenige, die diesen Status hatten. Lanier hatte ihn sich mit vierhundert Seiten starken Büchern wie »Gadget« und »Wem gehört die Zukunft?« erkämpft.

Eigentlich war er schon viel früher als Renegat aus der Reihe seiner Weggefährten geschert. Schon im November 2000 hatte er einen Essay mit dem Titel »One Half a Manifesto« auf John Brockmans Edge.org-Forum veröffentlicht. Da wetterte er über den »kybernetischen Totalitarismus«, vor allem über die Verklärung des Computers zum hirnähnlichen Phänomen, was er Kognitionsforschern wie Daniel Dennett und Steven Pinker vorwarf. Die waren die Avantgarde bei der Ideologisierung der digitalen Kultur. In ihrem Kielwasser kamen die Schlagworte wie »disruption«, »innovation« und »design thinking«, die so verheißungsvoll klangen und doch nur Synonyme für Verdrängungsstrategien in einem immer härteren Markt wurden.

Digitale Kultur werde nicht zwangsläufig zu einer besseren Welt und Gesellschaft führen, schrieb Lanier damals schon. Er warnte vor massiven Gefahren. Im Silicon Valley behandelten sie ihn wie einen Ketzer, auch wenn sich bald herausstellte, dass der Erneuerungsfanatismus dieser Welt vor allem einer immer kleineren Zahl von Firmen zugutekam, die ganze Wirtschaftszweige zerstörten und keineswegs etwas Neues oder Besseres schafften, sondern Monopole.

Im Mai 2006 legte Lanier wieder auf Edge.org mit dem Essay »Digital Maoism« nach. In dem Text warnte er erstmals vor den Gefahren des Internets, besonders vor jenem Schwarmgeist, den viele immer noch als ultrademokratischen Weltgeist verklärten. Dieser Schwarmgeist sei nichts anderes als die Pöbelherrschaft böswilliger Massen, schrieb Lanier. Das sei nicht die Ermächtigung der Einzelnen. Genauso wie im Maoismus und dem Faschismus verwandelten die digitalen Technologien den freien Willen der Einzelnen in einen Konformismus der Vielen.

Er wusste durchaus, was Pöbel- und Schreckensherrschaft bedeuten. Seine Familie hatte sie unmittelbar erlebt. Seine Mutter war nur knapp dem Holocaust entkommen, sein Vater den russischen Pogromen. Deswegen hatte er auch einen so sensiblen Instinkt, wenn sich irgendwo auch nur ein Anflug von Totalitarismus und Gesellschaftskontrolle regte. Das löste bei ihm sofort all jene Reflexe aus, die Holocaust- und Pogromüberlebende ihren Kindern mitgegeben haben, weswegen die amerikanischen Juden immer schon zu den wichtigsten Gesellschaftskritikern gehörten. Nicht nur in Amerika.

Lanier sollte recht behalten. Und so hatte er 2018 ein Buch veröffentlicht, das nur halb so umfangreich, aber sehr viel erfolgreicher werden sollte. Es hatte gar keinen richtigen Titel, sondern einen Aufruf auf dem Cover: »Zehn Gründe, warum du deine Social Media Accounts sofort löschen musst«.

Die Gründe, die er da im Buchtitel ankündigte, waren auch die Kapitel-Überschriften, die sich wie die Vollzugsmeldungen seiner Befürchtungen von 2000 und 2006 lasen:

Du verlierst deinen freien Willen.

Social Media ist deprimierender Mist.

Social Media macht dich zum Arschloch.

Social Media untergräbt die Wahrheit.

Social Media macht das, was du sagst, bedeutungslos.

Social Media tötet dein Mitgefühl.

Social Media macht dich unglücklich.

Social Media fördert prekäre Arbeitsverhältnisse.

Social Media macht Politik unmöglich.

Social Media hasst deine Seele.

In diesem Ton sprach er auch mit mir in dieser Woche. »Das sind doch keine sozialen Netzwerke«, sagte er und schnaufte wieder. »Das sind Großmächte der Verhaltensmanipulation.« Noch ein Schnaufer. »Und wir haben das alles schon so lange gewusst.«

Pause. »Wiener! Der hat es gewusst.« Norbert Wiener, der Mathematiker, der mit seinen Büchern über Kybernetik der Urvater der digitalen Kultur bleibt. Auch für Lanier. »1950 schrieb der schon, dass es mal ein Computersystem geben könnte, das permanent alle Daten von Menschen sammelt und diesen Menschen in Echtzeit Feedback gibt, um sie in eine Skinner-Box zu setzen, in so einen Käfig, in dem sie in Laboren Verhaltensexperimente mit Tieren machen. Und dann hat er noch geschrieben, man könnte sich auch ein globales Computersystem vorstellen, in dem jeder ständig Geräte bei sich trägt, die ihm auf jede Verhaltensregung Feedback geben, und in dem die gesamte Bevölkerung einer Verhaltensmodifikation unterworfen ist. Eine solche Gesellschaft wäre wahnsinnig, könnte nicht überleben, könnte ihre Probleme nicht bewältigen. Und dann schrieb er, das sei aber nur ein Gedankenexperiment, und eine solche Zukunft sei technologisch nicht machbar.«

Jaron Lanier musste kurz Pause machen, als er mir das alles erzählte. »Und genau diese Welt haben wir uns nun gebaut.«

16. Kapitel
Panoptikum

Wie die digitale Welt zu einer Überwachungsmaschine
wurde und wie eine kleine Firma aus London diese
Mechanismen im Auftrag von Donald Trump dazu
benutzte, die US-Wahlen zu kapern.

Der Techlash kam keineswegs aus dem Nichts. Die erste Vorahnung, dass die großen Plattformen Teil eines gewaltigen Problems sein könnten, kam, als der ehemalige Auftrags-Cyberagent Edward Snowden im Sommer 2013 beschloss, als erster Whistleblower der digitalen Geschichte die Überwachungsmethoden seiner Auftraggeber CIA, NSA und DIA aufzudecken. Als er ausstieg, hatte er für die Beratungsfirma Booz Allen Hamilton im Auftrag der NSA gearbeitet. Diese National Security Agency ist der größte Geheimdienst der USA und für die Überwachung elektronischer Kommunikation zuständig. Snowden enthüllte, dass die NSA gemeinsam mit Geheimdiensten in aller Welt so ziemlich das gesamte Internet überwachte. Programme wie XKeyscore, Prism und Boundless Informant schürften im Netz nach Daten, die sie Einzelpersonen zuordnen konnten. Die Five-Eyes-Länder Kanada, Großbritannien, Australien und Neuseeland sowie Partnerländer »dritter Klasse« wie Deutschland, Frankreich und Brasilien arbeiteten der NSA zu.

Die Geschichte war ein Thriller. Seine geheimen Gespräche mit der Filmemacherin Laura Poitras und dem Journalisten Glenn Greenwald, seine Flucht nach Hongkong und dann nach Moskau machten Poitras' Doku »Citizenfour« so dramatisch wie einen Agentenfilm. Das brachte ihr sogar einen Oscar. Snowden wirkte dabei mit seiner Streberbrille und seiner ruhigen, vernünftigen Art durchweg sympathisch. Da war ein Nerd, der von seinem schlechten Gewissen getrieben war und der Welt einen großen Dienst erwies. Dass das Internet in totalitären Staaten wie China, Russland und Iran ein Überwachungsinstrument darstellte, war jedem klar. Dass aber das Mutterland der digitalen Welt, die USA, so unverfroren und vor allem so allumfassend im Netz spionierte, war ein Schock. Mit einem Male waren Selbstverständlichkeiten infrage gestellt. Das Internet als Mittelpunkt einer digitalen Moderne. Amerika als Speerspitze eines demokratischen Westens. Der Rechtsstaat als Garant für eine freiheitliche Gesellschaft.

Snowdens 1,7 Millionen Dokumente brachten der Weltöffentlichkeit erstmals so richtig mit Ruck ins Bewusstsein, dass das Internet keineswegs ein globales Netzwerk war, sondern eine Infrastruktur, die von den USA aufgebaut wurde. Das funktionierte nach dem Motto »It's America's world, we just live in it«. Im Internet war die Welt nur Gast. Und ganz offensichtlich beobachteten die Gastgeber jeden Einzelnen auf Schritt und Tritt. Sie machten beim Datensammeln auch keinen Unterschied zwischen Freund oder Feind. Im Sommer 2013 wurde so ziemlich jedem bewusst, dass man im Internet keinen Moment unbeobachtet bleibt.

Doch wonach suchten die Geheimdienste dort? Ein Handbuch für Schnüffler des Department of Homeland Security DHS gab da einen ersten Einblick. Das ist die Behörde, die nach den Anschlägen des 11. September 2001 gegründet wurde, um 22 Bundesbehörden vom Katastrophenschutz Fema über den Grenzschutz, den Zoll bis hin zur Küstenwache in einer einheitlichen Kommandostruktur zu vereinen.

Auch das DHS unterhielt eine Abteilung für die Überwachung des Internets. Um die Suchprogramme zu füttern, hatte die Behörde eine Liste von 317 Schlüsselbegriffen erstellt, die aus Internetnutzern »Personen von Interesse« machten. Das waren offensichtliche Wörter aus den jeweiligen Gefahrenfeldern. Terror, Jihad und Hamas. Angriff, Militia und Rohrbombe. Anthrax, Sarin und Nordkorea. Allerdings standen auch Begriffe wie Schwein, Blitz und Schnee auf der Liste der Schlüsselreize für die KI der Landesschützer, oder auch Grippe, Symptome und Heilung.

Auch die NSA führt solche Listen, allerdings weiß niemand, welche und wie viele Begriffe da draufstehen. Man konnte allerdings so einen Zugriff auf das eigene digitale Leben mit einem der offenen Programme simulieren, die NSA-Methoden anwendeten. Da gab es ein Programm namens Immersion vom Massachusetts Institute of Technology. Wenn man dem das eigene Google-Mailkonto freigab, konnte es einem eine soziale Struktur erstellen, die verblüffend gut funktionierte.

Noch besser wirkte das bei dem Programm Wolfram Alpha, das auf der Software Mathematica basiert, einem der ersten digitalen Algebrasysteme, das der Mathematiker Stephen Wolfram programmiert hatte. Wenn man die mit dem eigenen Facebook-Konto verknüpfte, erstellte sie ein Persönlichkeitsprofil mit beunruhigend exakter Analyse.

Der Selbstversuch zeigte dann erst einmal die Wohnorte der Facebook-Freunde an (113 Städte in 22 Ländern), wie alt sie waren (19 bis 84 Jahre mit einem Schwerpunkt bei den 40- bis 50-Jährigen), die am häufigsten verwendeten Worte in den Posts (»für«, »selber«, »mich«, was die Tendenz bestätigte, in sozialen Netzen den eigenen Narzissmus zu kultivieren).

Beim Nachzählen ergab sich, dass mir lediglich 383 der damals 1052 Facebook-Freunde schon einmal im richtigen Leben begegnet waren. Dabei wurde es bei den sozialen Funktionen aller 1052 richtig interessant. Das sind Daten, mit denen Geheimdienste Netzwerke konstruieren. Wolfram lieferte dafür fünf Kriterien.

Da gab es die »sozialen Insider«, die größte Gruppe, das waren all jene, die die meisten gemeinsamen Verbindungen hatten, in meinem Fall allesamt Kollegen, denn Journalisten sind schon von Berufs wegen eifrige Netzwerker. Die »sozialen Verbinder« zogen direkte Linien zwischen meinen und ihren Freunden. Die »sozialen Drehscheiben« verknüpften gleich mehrere Netze in meinen Freundeskreisen. Das sind zwar nur Metadaten, aber aus solchen Mustern ziehen Geheimdienste oft mehr Informationen als aus einer E-Mail, die sie abfangen.

Hätte man mein Netzwerk nun genauer durchleuchtet, hätte man da aus vergangenen Reporterjahren gleich mehrere Verbindungen zu Terrorgruppen gefunden. Da war der Sohn eines Scheichs aus der Führungsriege der Hamas aus dem Gazastreifen, ein Neonazi mit Verbindungen zum bewaffneten Untergrund und ein Ex-Mitglied der RAF. Für die NSA wären diese Knoten sicher Auslöser gewesen, um mein gesamtes Netzwerk in ein anderes Gefahrenmuster einzustufen. Das hätte geheißen, dass sämtliche meiner 1052 Facebook-Freunde mitsamt ihren Metadaten nun »Personen von Interesse« gewesen wären. Oder vielleicht auch waren? Man weiß das ja alles nicht so genau.

Facebook eignete sich für das Experiment deswegen so gut, weil es nicht nur das größte aller digitalen Netzwerke ist, sondern auch, weil es seine Struktur und seine Daten schon früh für die Werbeindustrie optimiert hatte. Über 52 000 Datenpunkte sammelt Facebook angeblich von jedem Nutzerabo. Rund hundert davon sind Daten, die Werbekunden kaufen und auswerten können. »Das Zeitalter des Überwachungskapitalismus« nannte das die Wirtschaftswissenschaftlerin von der Harvard University Shoshana Zuboff. In ihrem gleichnamigen Buch beschrieb sie den Aufstieg einer neuen Wirtschaftsform, die die Errungenschaften der Gutenbergschen Zeitenwende aufhoben. Wissen war nun kein Instrument der Befreiung mehr, sondern der Kontrolle der

Massen. All die neuen Fluten der Information und über Einzelne, über Gesellschaften, über Konsum und Entscheidungsprozesse waren im Privatbesitz der amerikanischen Digitalkonzerne. Das, so schrieb sie, sei nicht nur eine Gefahr für den freien Willen der Einzelnen, sondern auch für die Demokratie.

Das war nicht nur eine Floskel. Im amerikanischen Wahljahr 2016 wurde aus der Theorie Realität. Zuboff entwickelte ihre Ideen gerade in Artikeln. Donald Trumps Geschick mit den sozialen Medien war nicht nur ein Musterbeispiel der digitalen Unterhaltungskunst. Sein Erfolg im Netz beruhte auch auf einem Datenschatz, den ihm die Firma Cambridge Analytica in eine Superwaffe der Wahlkampfführung umgerüstet hatte. Mittels legaler, wenn auch nicht ethischer Methoden hatte der Laden über eine pseudowissenschaftliche Firma namens Global Science Research massenhaft Daten amerikanischer Wähler aus Facebook abgezweigt. Das lief zum Teil über scheinbar harmlose Persönlichkeitstest, bei denen man zu lustigen Fragen ein paar Antworten ankreuzte. Zum Schluss willigte man dann ein, dass die Firma Zugriff auf das eigene Profil und die Kontakte bekam. Rund 50 Millionen Datensätze sammelte Global Science Research so ein.

2014 hatte Cambridge Analytica begonnen, amerikanische Kandidaten zu unterstützten. Für viel Geld. Der Firmenchef Alexander Nix behauptete, er habe aus dem ultrarechten texanischen Senator Ted Cruz einen Politiker gemacht, der es immerhin bis in die Vorrunde der Präsidentschaftswahlen schaffte. Nach Cruz' Niederlage bei den Primaries wurde Donald Trump der wichtigste Kunde.

Angeblich hatte Cambridge Analytica da schon Profile von 220 Millionen US-Bürgern erstellt. Ob die Zahl stimmte oder nicht, ob ihre Arbeit Trumps Wahlsieg ermöglichte oder nur flankierte, ob Russland in die Machenschaften involviert war oder nicht, ließ sich nie endgültig feststellen. Sicher war allerdings, dass der US-Wahlkampf nur einer von vielen war, in die sich Cambridge Analytica einmischte.

Brittany Kaiser hatte das enthüllt. Die hatte bei der Firma den Posten der Direktorin für Kundenentwicklung. Eigentlich kam sie aus der linken Ecke. Sie hatte für Amnesty International gearbeitet, für Menschenrechts- und Entwicklungshilfe-Organisationen. 2007 hatte sie zu Barack Obamas Team aus jungen Digitalen gehört, die ihm damals zum Wahlsieg verholfen hatten. Nix erkannte ihr Talent und warb sie an. Und weil ihre Eltern in Geldschwierigkeiten waren und sie ihnen helfen wollte, nahm sie den Job an. Trotz der Kundschaft aus einem politischen Lager, das sie bis dahin bekämpft hatte.

Als Cambridge Analytica schon bankrott war, als die Untersuchungen liefen, welchen Schaden die Firma beim US-Wahlkampf und beim Brexit angerichtet hatte, wurde Kaiser zur Whistleblowerin und zur Kronzeugin vor den Untersuchungsausschüssen. Rechtzeitig zum Wahlkampf 2020 veröffentlichte sie auch noch ein Buch, mit dem sie auch nach München kam, um es bei der Digitalkonferenz DLD vorzustellen.

Sie war auch dort eine Figur, die nicht so recht in die Szenerie passen wollte zwischen den Techies in ihren Fleece-Jacken und den Finanzmenschen mit ihren hellblauen Krägen. Da war diese zornige Frau mit ihrem breitkrempigen Hut, mit Slippern, auf die bunte Totenköpfe aufgenäht waren, und einer sehr rot karierten Jacke, und stellte nicht nur ihre eigene Arbeit infrage, sondern auch die Grundlagen der digitalen Welt. »Die Geschäftsmodelle müssen sich ändern«, sagte sie. Und vor allem: »Die Führungsebenen der Tech-Firmen müssen strafrechtlich für ihre Produkte haften.« Für solche Forderungen bekommt man auf solchen Konferenzen immer Applaus. Weil alle vorgeben, dafür zu kämpfen, dass die Welt »ein besserer Ort« wird. In Wahrheit fürchteten sich alle vor ihr, weil sie zeigte, welche Abgründe sich hinter dem Datensammeln verbergen.

Minutiös konnte sie beschreiben, wie Cambridge Analytica in diesen Datenozeanen mit den Informationen über Millionen Wähler gefischt hatte. Da war das »Microtargeting« der sicheren und möglichen Wähler der Republikaner. Danach wurden nicht nur Trumps Online-Kampagnen ausgerichtet, sondern auch seine Wahlkampfreisen. Mit den Datenanalysen konnte sein Team herausfinden, welche Zitate aus seinen Reden für Werbespots taugten und wo man die ausspielen sollte. Mindestens so wichtig war es aber, die Wählerschaft der Gegenseite davon abzuhalten, zum Wählen zu gehen. Eigentlich ist Wahlunterdrückung illegal, aber mit den richtigen Daten konnten auch die zögerlichen Hillary-Clinton-Wählerinnen und -Wähler über gezielte Online-Werbung in die richtige Richtung geschubst werden. Als Brittany Kaiser am 9. November 2016 mit Trump und seinem Team im New Yorker Hilton seinen Sieg feierte, wurde ihr klar, wie weit sie gegangen war.

Das wahre Ausmaß aber wurde ihr erst bewusst, als der Psychometriker an der Stanford University Michal Kosinski in Interviews erklärte, er habe den ursprünglichen Test entwickelt, der über die Facebook-Funktion »My Personality« solche Unmengen Daten abschöpfte. Die Firma Global Science Research habe seine Methode einfach kopiert. Wie präzise diese Daten seien, beschrieb er mit einer einfachen Rechnung. Die Auswertung von siebzig »Likes«, mit denen man auf Facebook seine Zustimmung äußert, seien genug, um mehr über diese Person zu wissen als deren oder dessen Freunde, hundertfünfzig Likes, um mehr zu wissen als die Eltern, mit dreihundert Likes »kannte« man die Person besser als jeweilige Lebenspartner.

Der Vergleich mit dem »Panopticon« war ein beliebtes Bild, jenes Überwachungsgebäude, das sich der englische Sozialreformer Jeremy Bentham Ende des 18. Jahrhunderts ausgedacht hatte. Ein runder Bau mit nach innen offenen Räumen und einem zentralen Überwachungsposten sollte es Institutionen wie Gefängnissen, Schulen, psychiatrischen Einrichtungen und später auch Fabriken erlauben, eine größere Menge Menschen mit nur einer Aufsichtsperson zu kontrollieren. Vor allem im Strafvollzug schien seine Utopie von der Rundumüberwachung in Kombination mit einem Belohnungssystem und un- oder unterbezahlter Arbeit viele Probleme zu lösen, die überfüllte Gefängnisse mit unterbesetzten Wachmannschaften brachten.

Das Problem mit dem Internet als Panoptikum war, dass jeder Einzelne, der sich darin bewegte, zu einer Figur aus Glas wurde, der Blick von außen aber unmöglich war. Es gab keinen Einblick, keine Daten, keinen Quellcode, keine Auskunft. Selten genug, dass mal ein Wissenschaftler wie Sinan Aral vom Massachusetts Institute of Technology Zugang zum Datensatz von Twitter bekam. Seine Studie kam zu einem vernichtenden Urteil, das sein Verlag etwas vage zum Slogan auf dem Cover seines Buches »The Hype Machine« umformulierte: Wie soziale Medien unsere Wahlen, unsere Wirtschaft und unsere Gesundheit stören – und wie wir uns anpassen müssen. Auf mehr als dreihundert Seiten analysierte Aral die innere Mechanik der sozialen Netzwerke. Da stand auch die verblüffende Zahl, dass sich jede Lüge sechsmal schneller verbreitet und tausendmal mehr Menschen erreicht als jede Wahrheit. Aber das erinnerte ein wenig an China, das ein bisschen Dissidenz zulässt, solange sie sich nur in den akademischen Zirkeln und ihren Publikationen manifestiert. Es kriegt halt niemand mit.

Auch »The Hype Machine« hinterließ im öffentlichen Diskurs kaum Spuren, obwohl es eines der besten Bücher zum Thema Erosion der demokratischen Prozesse durch soziale Medien ist. Ein dickes Buch mit Diagrammen, Zahlen und komplexen Analysen findet nur ein ausgewähltes Publikum, das in der Regel schon wohlinformiert und kritisch im Umgang mit digitalen Medien ist. Der Wert eines solchen Buches für die Wissenschaft mag gewaltig sein, verändern wird es wenig.

Höhepunkt dieser Aushöhlung der Demokratie war dann der 6. Januar 2021. Im amerikanischen Sprachgebrauch muss man zu diesem 6. Januar die Jahreszahl nicht dazusagen, weil jeder weiß, was die Chiffre bedeutet, so wie jeder weiß, dass mit 9/11 die Anschläge vom 11. September 2001 gemeint sind und mit dem 7. Oktober die Pogrome im Grenzgebiet zum Gazastreifen. Am Vormittag des 6. Januars also versammelten sich ein paar Tausend Anhänger Donald Trumps zu einer Demonstration im ovalen Park vor dem Weißen Haus. An diesem Nachmittag sollte eine Sitzung des Abgeordnetenhauses den Wahlsieg Joe Bidens formalisieren. Gegen Mittag hielt Trump eine Rede, in der er einmal mehr behauptete, man habe ihn um den Wahlsieg betrogen. Dann forderte er seine Zuhörer auf, zum Kapitol zu marschieren und dort weiter zu protestieren. Und er sagte den folgenschweren Satz: »Wenn ihr nicht kämpft wie der Teufel, werdet ihr kein Land mehr haben.« Für eine Horde, zu der rechtsradikale Gruppen wie Bürgermilizen, die Proud Boys und die Oath Keepers gehörten, die teilweise bewaffnet waren, kam das einem Aufruf zum Umsturz gleich. Und so marschierten sie nicht nur zum Kapitol, sondern überrannten Polizeisperren, brachen Türen auf und stürmten das Gebäude.

Trump hetzte die Meute auf Twitter weiter auf. Die Bilder, die da um die Welt gingen, kannte man sonst aus Ländern, in denen Militär und Guerilla Staatsstreiche mit dem Gestus des Sturms auf die Bastille inszenierten. Grobschlächtige Gestalten stapften da durch die Gänge und Hallen, die sonst als Heiligtum der Macht zu den bestgeschützten Orten der Welt gehörten. Bis in den Plenarsaal kämpften sie sich vor. Voller Zorn suchten sie nach den vermeintlichen Volksfeinden, nach Trumps Vizepräsident Mike Pence, von dem sie glaubten, dass er die Wahlbestätigung mit einem Veto hätte stoppen sollen, nach Parlamentssprecherin Nancy Pelosi, die Trump aufs Schärfste kritisierte, ihn lächerlich machte. Das waren keine Demonstranten mehr, das war ein Lynchmob. Einer der Aufrührer setzte sich dann auch in Pelosis Büro, durchwühlte ihren Schreibtisch.

Keine Figur aber war so bizarr wie der »QAnon-Schamane« Jake Angeli. Auf dem Kopf trug er eine Büffelmütze mit Hörnern, die bald schon zum Symbol für den archaischen Sturm aufs Kapitol werden sollte. Trotz der Kälte stellte er seinen nackten Oberkörper mit den Wikinger-Tätowierungen zur Schau, das Gesicht mit der US-Flagge geschminkt. In der Rechten hatte er einen Speer mit einem Sternenbanner, um den Hals ein Megafon. Und weil er sich wie viele der Aufrührer im Netz politisiert hatte, war er auch schon in kürzester Zeit identifiziert.

Seine Biografie deckte sich ziemlich genau mit dem Persönlichkeitsmuster, das die Bürgerrechtsorganisation Southern Poverty Law Center einst für die Radikalisierten auf der Neonazi-Webseite Stormfront erstellt hatte. Angeli war ein arbeitsloser, alleinstehender Schauspieler, der in Phoenix, Arizona, bei seiner Mutter lebte. Seine Welt war eine Mischung aus esoterischen und rechtsradikalen Verschwörungstheorien. Auf seiner Webseite »Star Seed Academy« bot er Kurse für »Karmabereinigung«, »Eintritt in die göttliche Matrix« und »spirituelle Selbstverteidigung« an. In einem Interview auf YouTube beschrieb er, wie er sich die vielen Splitter der QAnon-Lehre aus dem Netz zusammengesucht, wie es irgendwann klick gemacht und er plötzlich den Lauf der Welt verstanden habe. Wie »die Kinderschänder und Kabbalisten von der Partei der Demokraten« eine »neue Weltordnung« errichten wollten. Einzig Donald Trump könne die Welt vor dieser Machtergreifung retten. Wie so viele andere auch hatte er in der Einsamkeit seines Junggesellenzimmers und den Tiefen des Internets ein Erweckungserlebnis, das ihn in eine hermetische Welt der Gleichgesinnten führte, die so fanatisch wie die Anhänger einer Sekte waren. Und die nun das Parlament der mächtigsten Demokratie der Gegenwart stürmten.

Schlimm genug, dass ein amtierender US-Präsident seine Anhänger zum Volkssturm aufrief. Was der 6. Januar allerdings noch zeigte, war, dass die Dynamik der sozialen Netzwerke sehr wohl Volksbewegungen ermächtigte, nur dass sie keinen Unterschied machte, ob es die Freiheitskämpfer des Arabischen Frühlings, die Schlächter des Islamischen Staats oder eben die Antidemokraten hinter Donald Trump waren. Das Internet war ein mächtiger Verstärker. Was sich 1999 bei den Protesten gegen die Welthandelsorganisation in Seattle erstmals gezeigt hatte, war nun ein Mechanismus mit Auslösern, die auf kleinste Erschütterungen reagierten.

Der 6. Januar war auch der Moment, an dem die Chefetagen der Digitalkonzerne realisierten, was für eine Wirkung die destruktiven Kräfte in ihren Netzwerken entwickeln konnten. Das waren keine Kriege in fernen Ländern mehr, die sie nicht verstanden, weil solche Wirklichkeiten in ihren pastellfarbenen, klimatisierten Kokons an der amerikanischen Westküste abstrakte Exotika blieben. Das waren keine Minderheiten einzeln Radikalisierter, die in ihren Bilanzen nur als Störfaktoren auftauchten, weil sie im Vergleich zu den Gesamtnutzerzahlen erst viele Stellen hinter dem Komma, im Blick der demokratischen Öffentlichkeit aber als große Gefahr auftauchten. Der 6. Januar war der Tag, an dem die Demokratie der USA nur knapp einem Staatsstreich entkam, der seine Wucht in den sozialen Netzwerken entwickelt hatte.

Zum ersten Mal reagierten sie. Am 7. Januar ließ Mark Zuckerberg das Konto des zu diesem Zeitpunkt ja noch zwei Wochen lang amtierenden Präsidenten Donald Trump sperren. Anderthalb Tage später folgte Twitter dem Beispiel, und dann so ziemlich alle anderen Kanäle, auf denen Trump und seine Anhänger gepöbelt hatten. Googles Videoplattform YouTube, die Netzwerke für Videospieler wie Twitch und Discord, die bei den Teens und Twens die Plattformen der Erwachsenen abgelöst hatten, selbst die Einkaufsseite Shopify sperrte Trump. Vier Jahre lang hatten sich Trump und die sozialen Medien gegenseitig aufgeputscht. Trump hatte Twitter als Sprachrohr benutzt, Facebook als Hebel für die Mobilisierung. Mehr als 150 Millionen Menschen folgten ihm quer über die Plattformen hinweg, 35 Millionen allein auf Facebook. Trump hatte es verstanden, die traditionellen Wege zu umgehen, über die Präsidenten mit dem Volk kommunizierten. Die Fernseh- und Radiosender, Zeitungen und Zeitschriften hatte er nicht nur gemieden, sondern als »fake news« beschimpft. Seine Live-Auftritte waren dann oft das Rohmaterial für seine Konten bei den sozialen Medien, so wie seine Rede im Park am 6. Januar.

Das Silicon Valley hatte sich also auf die Seite der Demokratie geschlagen. Für die Gründerchefs Mark Zuckerberg von Facebook und Jack Dorsey von Twitter oder für Google- und YouTube-Boss Sundar Pichai war die digitale Amtsenthebung des mächtigsten Mannes der Welt ein Vorgang von ein paar Mausklicks. Es war der Höhepunkt eines Machtkampfes, der bald schon darin gipfeln sollte, dass Elon Musk Twitter kaufen und die Welt der sozialen Medien endgültig ruinieren sollte. Davor aber sollte sich die Tür, die diese Welt so hermetisch versiegelte, einen Spalt weit öffnen. Facebooks Abteilung für Öffentlichkeitsarbeit rief an.

17. Kapitel
Nationenbildung

Wie schwer sich eine Firma wie Facebook damit tut, sich zu definieren, wenn zu ihr mit drei Milliarden Abonnenten mehr Menschen gehören als zu jedem Nationalstaat und jeder Weltreligion.

Der Anruf von Facebook kam unerwartet. Kaum ein Konzern im sowieso schon verschwiegenen Silicon Valley agiert so geheimniskrämerisch mit seinen NDA-Knebelverträgen, die jeden zum Schweigen verurteilen, der sie unterschreibt. Es folgten Gespräche und Interviews, die allesamt nicht zitiert werden durften. Man wollte, dass ich den Konzern besser verstehe. Die Arbeitsweisen und die Motivation. Viel zu heftig war die Kritik geworden am größten sozialen Netzwerk aller Zeiten, eine der wertvollsten Firmen in der Geschichte der Menschheit. Es sollte immer noch um das gehen, was Gründerchef Mark Zuckerberg mal so formuliert hatte: »Bei Facebook geht es um echte Verbindungen zu echten Freunden. Gib den Menschen die Macht, eine Gemeinschaft zu schaffen und die Welt näher zusammenzubringen.« Das formulierte er immer wieder neu und immer wieder um, bis es in den ewigen Wiederholungen wie ein Mantra wirkte.

Bei Facebook hatten sie nicht erst seit dem Sturm auf das Kapitol vom 6. Januar damit begonnen, ihre politische Verantwortung ernster zu nehmen. Gleich nach dem Cambridge-Analytica-Skandal im Wahljahr 2016 hatten sie ihre Monitor-Abteilungen erweitert und Teams aufgebaut, die so etwas wie die innen- und außenpolitischen Abteilungen der Firma waren. Leute, die Zuckerberg besser kannten, sagten, dass er diese Macht nie haben wollte, die er nun mit diesem sozialen Netzwerk hatte. Marktmacht vielleicht, die brachte die Milliarden, die man dann nutzen konnte, um die Welt der Technologie weiter zu verändern, für die er sich als Ingenieur eigentlich interessierte. Aber die politische Macht, die man nicht berechnen konnte, die zäh und langsam und unerbittlich sein konnte, war nichts für ihn. Aber es war eben nicht nur die Technologie, sondern auch die Gesellschaft, die Mark Zuckerberg mit seinem Netzwerk veränderte, das ihn 2007 nur drei Jahre nach der Firmengründung mit 23 Jahren zum damals jüngsten Selfmade-Milliardär aller Zeiten gemacht hatte.

Über die Hälfte aller Amerikaner und noch mehr Europäer hielten diesen Einfluss für schädlich. Es mochte zwar sein, dass über neunzig Prozent der Leute auf Facebook die Plattform vor allem dazu nutzten, Familienfotos, Einladungen und Witze zu teilen, Hobby-, Berufs- und Nachbarschaftsgruppen zu gründen, aber die schlechten Nachrichten über den Konzern dominierten. Zuckerberg hatte sich schon vor Untersuchungsausschüssen des US Congress rechtfertigen müssen, was ihm selten gelang, weil er mit seiner starren Mimik und seiner Behördensprache so unglaubwürdig wie unsympathisch wirkte. Deswegen hatte er sich die Spezialisten geholt, die sich mit der Welt auskannten und nicht nur mit der Technik.

Es hatte im Silicon Valley schon mal so eine Anstellungsrunde in den Chefetagen gegeben. Das war, als die neuen Plattformen in den Nullerjahren die Milliardengrenzen übersprangen und die Gründerchefs einsehen mussten, dass sie als Ingenieure und Coder keine Ahnung vom Geschäft hatten. Nicht umsonst hatte Zuckerberg die Zufahrtsstraße zu seiner Firmenzentrale Hacker Way genannt. Bei Google hatten sie Eric Schmidt geholt, der lange Erfahrung bei den Etablierten gesammelt hatte, sowie Sheryl

Sandberg, die vorher bei der Unternehmungsberatung McKinsey und im Finanzministerium gearbeitet hatte. Die machten aus der Firma einen Konzern. Zuckerberg warb Sandberg 2008 von Google ab. Die brachte ihm dann Facebook 2012 an die Börse. Leute wie Schmidt und Sandberg waren keine Nerds. Das waren Profis aus dem Herzen des Kapitalismus, die wussten, dass sie hier auf einem Feld arbeiteten, auf dem es jeweils nur einen Gewinner geben kann. Eine Suchmaschine, ein soziales Netzwerk, einen Onlinehändler, eine Software- und eine Hardwarefirma. Inzwischen ist das längst entschieden. Google, Facebook, Amazon, Microsoft und Apple bestimmen die digitale Welt. Mit der generativen KI kam der Chiphersteller Nvidia dazu. Mehr Platz ist da nicht.

Facebook war für diese Sorte Geschäft das wahrscheinlich beste Modell, weil sich die Kundschaft auf der Plattform besser vermessen und kontrollieren ließ als in jedem anderen Umfeld. Als allerdings die Unkontrollierbaren zum Problem wurden, die Pöbler, Trolle und Hetzer, als die Unwägbarkeiten der Politik im Netz aus dem Ruder liefen, holten sich Zuckerberg und Sandberg 2018 einen, der sich auf diese Sorte Chaos verstand. Nick Clegg, ehemaliger Parteivorsitzender der Liberal Democrats, von 2010 bis 2015 unter David Cameron stellvertretender Premierminister. Er war dann auch der Erste, der offiziell mit mir sprach.

Man kannte das Gesicht noch aus dem Fernsehen. Er trug jetzt nicht mehr die Maßanzüge und Haifischkrägen von der Jermyn Street in London, sondern Hornbrille, Pulli und Seitenscheitel. Er war keiner von den Eton Boys, die das britische Parlament sonst bestimmen. Er hatte in Cambridge studiert, durchaus eine Spitzen-Uni, aber eben nicht die Machtschmiede gleich neben dem Windsor Castle der Königsfamilie. In Amerika hatte er unter dem legendären intellektuellen Querschläger Christopher Hitchens bei der Wochenzeitschrift *The Nation* ein Praktikum absolviert, dem Zentralorgan der amerikanischen Linken, und dann in der Partei der britischen Liberal Democrats Karriere gemacht. Man hört immer noch den feinen britischen Akzent durch, wenn er spricht.

Es war die Zeit der Pandemie, also saß er in seinem Arbeitszimmer vor der Videokamera. Das kalifornische Morgenlicht fiel durch eines dieser weiß gerahmten Kassettenfenster, die den vorindustriellen Landcharme vermitteln sollen, der im Silicon Valley die Zugehörigkeit zu den obersten Gehaltsklassen signalisiert. Das Fußvolk verbrachte sein Leben in Glaskolossen voll Tischreihen mit Rechnern und Bildschirmen vor Wänden mit Wandgemälden bekannter Graffiti- und Pop-Art-Künstler.

Er fand dann auch gleich die Beschwichtigerworte, um seinen Job zu beschreiben: »Es gibt sicher Leute, die keinen Streit mögen und deswegen so einen Job nie annehmen würden. Aber es gibt keinen Ort, an dem die Kollisionen zwischen kommerziellen und technologischen Entwicklungen, zwischen politischen und ethischen Kräften so interessant sind wie hier. Da als Brücke zu fungieren, ist fantastisch.« Und weil er wusste, dass man Journalisten nicht wie Werbekunden behandeln kann, fuhr er fort: »Es gab ein paar große Ereignisse, die eine doch sehr demütigende Wirkung auf Facebook hatten.« Nick Clegg formulierte das höflich. »Das waren die US-Wahl 2016 und die Beweise, dass es da eine russische Einmischung gab. Und natürlich das Cambridge-Analytica-Problem.« Und er sagte auch: »Es gibt hier im Silicon Valley traditionell einen Hang zu Größenwahn und eine Art Denkfeindlichkeit im politischen Bereich. Und weil wir in der Vergangenheit diesen Prozess der Tech-Euphorie und des Tech-Utopismus durchlaufen haben, der sehr albern war, sind wir jetzt beim anderen Extrem angelangt, beim Tech-Pessimismus.« Den sollte er nun wieder einfangen.

»Es gibt im Grunde drei Wege, mit denen wir den Techlash regeln können«, fuhr er sachlich fort. »Erstens durch Regulierung. Zweitens müssen wir die Macht dezentralisieren. Wenn es keine Regulierung gibt, müssen wir uns trotzdem rechenschaftspflichtig machen. Und drittens müssen die Nutzer selbst mehr Kontrolle über ihre Erfahrungen bekommen. Wir müssen transparenter machen, wie unsere Algorithmen funktionieren.« Um alldem einen demokratischen Rahmen zu geben, hatte er das Oversight Board gegründet. Das war ein Gremium unabhängiger Experten, das sich den Anschein eines obersten Gerichtshofs gab. Streitfälle konnten dort eingereicht werden, die wurden dann einer Prüfung unterzogen. Der Juraprofessor Michael McConnell von der Stanford University gehörte dazu, die jemenitische Friedensnobelpreisträgerin Tawakkol Karman und der ehemalige Chefredakteur des *Guardian* Alan Rusbridger. Konzipiert hatte das alles der Verfassungsrechtler Noah Feldman von der Harvard University. Der war in Juristenkreisen schon früh in seiner Laufbahn Legende, weil er 2003 mit nur 33 Jahren der zentrale Autor der neuen Verfassung des Irak gewesen war, nachdem die amerikanischen Streitkräfte Saddam Hussein vertrieben hatten.

Er meldete sich aus seinem Büro in der Uni. Also ist die Strukturierung eines sozialen Netzwerks in dieser Dimension eher »Nation Building« als Firmenführung? Er schüttelte gleich mal vehement den Kopf. »Die Nutzer von Facebook sind keine Nation. Sie sind eine Gemeinschaft von knapp drei Milliarden, die weder Gemeinsamkeiten haben noch einen gemeinsamen kollektiven Prozess der Identitätsfindung. Mal davon abgesehen, dass sie nicht wählen.« Das Aufsichtsgremium war auch eher eine PR-Maßnahme als ein Instrument, um einen demokratischen Prozess ins Firmengefüge von Facebook einzuführen. Ein paar Wochen später im Mai 2021 musste das Oversight Board seine bis dahin wichtigste Entscheidung fällen. Sollte Ex-Präsident Donald Trump sein Konto zurückbekommen?

Nick Clegg fand es dann erst mal eine gute Idee, dass ich ein wenig den Entscheidungsprozess der täglichen Arbeit mitbekam. Mit Monika Bickert sollte ich reden, der Leiterin der Abteilung für »public policy«, einer Mischung aus Innen- und Außenministerium. Bickert hatte eine dieser »Best-and-brightest«-Karrieren gemacht, die im 21. Jahrhundert irgendwann ins Silicon Valley führen. Doktortitel Jura an der Harvard Uni, Staatsanwältin in Chicago und Washington, D.C., Rechtsbeistand an der Botschaft in Bangkok, dann bei Facebook erst mal Rechtsberaterin für Kinder- und Datenschutz.

Noch so ein Gespräch, das man nicht abdrucken durfte. Dafür lud sie mich zu einer ihrer Teamkonferenzen ein.

Die Sitzung begann zur Ortszeit am frühen Abend in Europa, also am frühen Morgen in Kalifornien und zu allen möglichen Tageszeiten bei den zweiundsiebzig Mitarbeiterinnen und Mitarbeitern, die Bickert zum großen »policy forum« in einer Videokonferenz versammelte. So nannte sie die Runde, in der sie und ihr Team im Zweiwochenrhythmus Richtlinien und Strategien festlegten. Auf den ersten Blick unterschied sich das Forum nicht weiter von all den anderen Videokonferenzen, an die man sich während der Pandemie gewöhnt hatte. Wobei die Richtlinien von Facebook schon seit Jahren in solchen virtuellen Räumen entwickelt wurden. Mit Mark Zuckerberg selbst spricht in der Regel nur der kleine Kreis. Clegg, Bickert, der »Vice President Integrity« Guy Rosen, ein paar Manager und natürlich Sheryl Sandberg, bis sie die Firma im Sommer 2022 verließ.

Zweihundert Mitglieder hatte Bickerts Team, verteilt über elf Büros in aller Welt. Die legen mithilfe der Experten die Richtlinien fest, die jederzeit angeglichen werden, wenn es die Lage erfordert. »Unser Engagement für die freie Meinungsäußerung steht an erster Stelle«, sagte Bickert. Clegg hatte das etwas direkter formuliert: »In einer freien Gesellschaft steht es den Menschen frei, Mist zu reden, und die sozialen Medien sind nicht dazu da, die Menschen von ihrem Vergnügen, Mist zu reden, reinzuwaschen.« Auch wenn er einwendete: »Es ist allerdings unsere Pflicht, Dinge zu entfernen, die Schaden anrichten, und Fehlinformationen zu identifizieren.«

Fensterchen für Fensterchen kam das Team in die Runde. Niemand grüßte, das sparte Zeit. Alle wussten ja, was zu tun ist. Eine Facebook-Anwältin aus Washington machte den Anfang mit einer Präsentation. Die Folien waren übervoll mit Firmenjargon und Abkürzungen. Um HCTs ging es vor allem, Harmful Conspiracy Theories. Verschwörungstheorien, die das Potenzial haben, unmittelbaren Schaden anzurichten. Was tun in welchen Fällen? Kann man die Reaktionen standardisieren oder muss man sie Fall für Fall entscheiden? Was tun zum Beispiel mit der Mär vom »Great Replacement«, dem Verschwörungsmythos vom »Großen Austausch«, jener »Umvolkung«, die der französische Verschwörungstheoretiker Renaud Camus 2011 mit seinem Buch erst in Europa und dann in Amerika in Umlauf gebracht hatte? Da schrieb er von einem angeblichen Plan, die weiße Mehrheit gegen Muslime oder nicht weiße Einwanderer auszutauschen. Der Schriftsteller Michel Houellebecq hatte das Motiv in seinem Roman »Unterwerfung« aufgenommen. Allerdings hatte auch der Attentäter, der im neuseeländischen Christchurch in zwei Moscheen einundfünfzig Menschen tötete, diesen Mythos als Theorie angenommen. Einwurf vom Mitarbeiter aus dem Mittleren Westen. Hinter ihm hing ein Bild von Ronald Reagan, ein Hinweis, dass hier auch die konservative Seite zu Wort kam. »Auf der anderen Seite redet auch der rechtskonservative Fernsehmoderator Tucker Carlson auf dem nun mal sehr beliebten Sender Fox News davon.« Was also tun? Millionen Konservative verprellen?

Einig war sich dafür die Runde, dass die »Love-Jihad«-Theorie großen Schaden anrichtet, das ist eine indische Variante der Islamkritik, die von den Hindu-Nationalisten so radikalisiert wurde, dass es zu Lynchmorden und Überfällen gekommen war. Eine Mitarbeiterin aus Indien berichtete. Maßnahmen sollte das Team vor Ort selbst einführen. Die »Love-Jihad«-Erzählung war auch der Auslöser für die bisher schlimmste Fehlerkette in der Geschichte von Facebook gewesen. Die Militärdiktatur in Myanmar hatte ihre Facebook-Konten damit gefüttert, in der sie die muslimische Minderheit der Rohingya im Land als Terroristen und gefährliche, sexhungrige Wilde verteufelte. Ein Regierungssprecher hatte 2016 auf Facebook offen zur Verfolgung der Muslime aufgerufen und sogar ein Massaker angekündigt, das dann auch stattfand. Damit hatten die ethnischen Säuberungen begonnen, die später als Völkermord eingestuft wurden. Facebook hatte davon nichts mitgekommen. Zu dem Zeitpunkt gab es nur einen einzigen Content-Moderator, der die burmesische Sprache beherrschte, und der saß in Dublin. Es sollte bis 2018 dauern, bis Facebook Konten und Seiten der Hetzer in Myanmar sperrte. Solche Fälle gab es aus vielen Ländern, aus Mexiko, Kolumbien, Sri Lanka. Die größten Sorgen bereitete Bickert zur Zeit der Sitzung Äthiopien, wo Wahlen anstanden. Sie sagte dann im Gespräch: »Unser Fokus liegt auf der Sicherheit der Menschen, dem Kampf gegen Fehlinformationen und Falschnachrichten, der Förderung der digitalen Kompetenz, der Bekämpfung von Hassreden und der Erhöhung der Transparenz bei politischer Werbung.«

Nach sechzig Minuten wurde die Videokonferenz pünktlich beendet. Einiges würde sich im »Transparency Report« wiederfinden, den Facebook alle drei Monate veröffentlicht. Da wurde die Arbeit von Bickerts Abteilung in Zahlen festgehalten. Im ersten Quartal 2021 waren die Teams und Algorithmen demnach gegen 8,8 Millionen Inhalte eingeschritten, die den Tatbestand des Mobbings und der Belästigung erfüllten, gegen 31,8 Millionen, die die Standards zur Darstellung von Sexualität verletzten, neun Millionen Mal gegen Terrorismus und Hetze. Tendenz bei diesen Themen steigend. Nur Hatespeech und Fake News hatten abgenommen. Ob dieser Rückgang etwas damit zu tun hatte, dass Donald Trump nicht mehr als Treiber im Netz war, galt da als noch nicht hinlänglich bewiesen. Die Datenfirma Zignal Labs hatte zwar gemeldet, dass Falschnachrichten nach seiner Sperrung erst einmal um 73 Prozent abgenommen hätten.

Im Mai gab das Oversight Board dann seine Entscheidung zum Thema Trump an die Geschäftsleitung zurück. Mark Zuckerberg entschied das selbst und persönlich. Weitere zwei Jahre sollte Trump nicht auf Facebook veröffentlichen dürfen. Keine richtige Entscheidung, nur ein Aufschieben des Problems. Für diejenigen, die sich von außen mit dem Gremium beschäftigten, war das sowieso nur eine fadenscheinige Flucht nach vorne. In London hatte sich sogar eine Organisation formiert, die sich »The Real Facebook Oversight Board« nennt. Auch da gehörten prominente Politiker, Wissenschaftler und Aktivisten dazu. Die philippinische Journalistin und Friedensnobelpreisträgerin Maria Ressa zum Beispiel, die seit Jahren anprangert, wie der Diktator Duterte Facebook instrumentalisiert. Auch die Harvard-Professorin Shoshana Zuboff oder der britische Abgeordnete der Konservativen Damian Collins, der den Untersuchungsausschuss zum Brexit leitete.

Der hielt von Zuckerbergs Entscheidung, Trump nun für zwei Jahre weiter zu sperren, nicht viel. »Wie hoch sollte die Strafe für die Anstiftung zu einem Aufstand sein, bei dem fünf Menschen starben?«, fragte er mich. Nein, es müssten schon externe Gremien mit richtiger Macht sein, die solche Vorgänge bei Facebook beurteilen und ahnden. »Man kann das nicht den Firmen selbst überlassen«, sagte er. »Da gibt es überhaupt keine Transparenz.« Denn nicht einmal die Mitglieder des Oversight Boards bekämen Zugang zu den nötigen Daten. »Alles, was wir über die schlimmen Dinge wissen, die in diesen Firmen passieren, wissen wir entweder durch Whistleblower oder Gerichtsakten«, sagte er. Wie diese geleakte hausinterne Untersuchung von Facebook, die ergab, dass 64 Prozent aller Nutzer, die sich radikalen Facebook-Gruppen anschlossen, diese von der Plattform selbst empfohlen bekamen. Und dass sich die Facebook-Leitung weigerte, das zu beheben.

Also doch der Druck von außen? Den gab es ja. Die US-Behörde FTC hatte 2019 wegen Verletzungen der Privatsphären wie dem Cambridge-Analytica-Skandal eine Strafe von fünf Milliarden US-Dollar verhängt. Doch selbst solche Summen relativieren sich bei einem Jahreseinkommen, das sich von knapp 70 für 2019 bis zum Geschäftsjahr 2022 auf über 116 Milliarden Dollar steigerte. Die meisten Strafen bewegten sich sowieso im zweistelligen Millionenbereich.

Der Wirtschaftswissenschaftler der New York University Scott Galloway brachte das auf den Punkt: »Wir stellen 25-Cent-Strafzettel für Parkuhren aus, die 100 Dollar die Viertelstunde kosten.« Sein Vorschlag: »Entweder ist ein Konzern zu groß, dann muss er zerschlagen werden. Oder er ist groß genug, dann muss er als Infrastruktur reguliert werden.« So ganz verstand sowieso niemand, wie Facebook funktionierte. Das sollte sich erst im Herbst des darauffolgenden Jahres ändern. Da meldete sich über einen Berliner Anwalt jemand ohne Namen. Das Angebot war die höchste Form des Reporterglücks. Die Wahrheit über Facebook. Von innen.

18. Kapitel
Die Facebook-Papiere

Wie eine Whistleblowerin entlarvte, dass Mark Zuckerberg mit Facebook eine Höllenmaschine gebaut hatte, über die er längst die Kontrolle verloren hat.

Ihr Signal-Konto trug immer noch den Namen »Sean McCabe«, als Frances Haugen im Sommer 2021 zum ersten Mal in der Videokachel auftauchte, eine Frau in T-Shirt mit den sehr großen, silberfarbenen Hörmuscheln eines Kopfhörers über ihrem blonden Haar und dem freundlichen Akzent aus dem Herzland des Mittleren Westens. Sie saß auf einem grauen Sofa, das ich damals noch an der amerikanischen Ostküste vermutete, aber in ihrer Wohnung in Puerto Rico stand. Wochen der Vorgespräche und Verhandlungen mit dem Anwalt aus Berlin, der Hilfsorganisation Whistleblower Aid aus Washington und der Agentur für politische PR und Beratung Bryson Gillette aus Los Angeles waren vorausgegangen. Noch hatte sie sich nicht entschieden, an die Öffentlichkeit zu gehen. Die Wirtschaftszeitung *Wall Street Journal* hatte schon die ersten Artikel geschrieben, die auf den vielen Tausend Dokumenten beruhten, die sie aus der Zentrale von Facebook in Menlo Park geschmuggelt hatte. Zwei Jahre lang hatte sie dort als Produktmanagerin gearbeitet, zuständig für die »Sicherheit des Produkts«, was Konzernsprech dafür war, dass ihr »Civic Integrity Team« als eine Art eine Eingreiftruppe für ethische Fragen operierte. Nicht nur auf Facebook, sondern auch auf der Bilderseite Instagram und dem Kurznachrichtendienst

WhatsApp, die Zuckerberg gekauft hatte. Nach den ersten Artikeln hatte sie gemerkt, dass eine amerikanische Zeitung allein nicht genügend Öffentlichkeit für die Missstände bei einer Plattform schafft, die weltweit agiert und Schaden anrichtet.

Sie entschied sich dann doch, mit vollem Namen und ihrem Gesicht an die Öffentlichkeit zu gehen. Am 3. Oktober 2021 sendete die amerikanische Nachrichtensendung »60 Minutes« ein Interview mit ihr. Am Tag darauf begann die *Süddeutsche Zeitung* in Zusammenarbeit mit einem halben Dutzend anderer europäischer Zeitungen mit der Veröffentlichung der Facebook Files. Die *Süddeutsche Zeitung* war schon lange eine der ersten Adressen für Whistleblower aus aller Welt. Es hatte sich herumgesprochen, dass der Quellenschutz auch über Jahre hinweg funktionierte, keine Unschuldigen durch Enthüllungen geschädigt wurden und vor allem das Material seriös ausgewertet wurde.

Frances Haugen war nun die letzte in einer ganzen Reihe von Whistleblowern bei Facebook. Allerdings hatte bis dahin noch niemand eine solch umfangreiche Materialsammlung mitgenommen. Tausende Dokumente hatte sie von Bildschirmen abfotografiert, um keine digitalen Spuren zu hinterlassen. Diese Fotos wurden dann mithilfe von künstlicher Intelligenz in maschinenlesbare Dateien verwandelt. Und so ergab sich schon sehr bald ein vernichtendes Gesamtbild eines Weltkonzerns, der die Kontrolle über sich selbst verloren hatte.

Wie so viele war sie eigentlich als Idealistin angetreten. Sie war eines dieser amerikanischen Kinder, die mit dem Glauben aufgezogen werden, dass man die Welt zu einem besseren Ort machen kann. Das ist für die meisten Amerikaner keine Floskel, sondern ein Credo. In Iowa City wuchs sie auf, einem Universitätsstädtchen, das wie eine Insel der Bildung und Kultur in den endlosen Weiden und Feldern des »Corn Belt« liegt, einer ansonsten eher konservativen Gegend, in der sie Mais anbauen und Schweine züchten. Sie kam aus einem Akademikerhaushalt. »Wir hatten so viele Bücher, dass wir Regale im Klo aufstellen mussten«, sagte sie. »Und es gab einen großen Garten. Das war schon alles sehr idyllisch.« Ihr Vater praktizierte als Arzt, ihre Mutter war Professorin für Biochemie an der University of Iowa, bevor sie sich zur Priesterin der Episkopalkirche weihen ließ. Aber da wohnte Frances schon längst nicht mehr daheim. Sie hatte in einem Vorort von Boston am Olin College of Engineering studiert. Google holte sie mit einundzwanzig nach Kalifornien. Danach arbeitete sie für das Bilderportal Pinterest, die Bewertungsseite Yelp und ein Start-up. Zwischendurch machte sie noch einen MBA an der Harvard Business School. Dann meldete sich die Personalabteilung von Facebook.

Erst wollte sie nicht. Facebook hatte einen schlechten Ruf. Nach Trumps Wahlsieg im November 2016 galt das Netzwerk als Durchlauferhitzer für Lügen, Hass und Infomüll. Die Untersuchungen rund um den Cambridge-Analytica-Skandal hatten den schlechten Ruf dann endgültig zementiert. Mark Zuckerbergs Experiment einer Weltgemeinschaft war gescheitert. Es war an der Westküste auch nichts Ungewöhnliches, dass sich die Personalabteilung von Facebook meldete. Facebooks schlechter Ruf hatte der Firma richtige Personalprobleme eingehandelt.

»Ich habe mich so gequält«, erzählte Frances Haugen. Aber als Idealistin hatte sie die Hoffnung, dass sie den Konzern vielleicht von innen zum Besseren verändern könnte. Es gab da auch noch einen Antrieb aus ihrem eigenen Leben. »Ich habe selbst erlebt, was Falschinformationen und Hetze anrichten können. Ein wirklich guter Freund hat sich über soziale Medien radikalisiert, und ich musste mit ansehen, wie er wegen Dingen, die er auf 4chan und Reddit gelesen hatte, völlig aus der Bahn geworfen wurde. Er diskutierte mit mir darüber, dass George Soros die Weltwirtschaft steuert. Das war das reinste Land der Verschwörungstheorien.«

Anfang 2019 trat sie ihren Job an und landete mitten im weitläufigen Firmenkomplex, den der Star-Architekt Frank Gehry ein wenig wie einen Universitätscampus angelegt hatte, mit weitläufigen Flachbauten und vielen bunten Elementen, Grünflächen und Bäumen.

Haugens Elan hielt nicht lange. »Wenn ich durch die Büros von Civic Integrity gelaufen bin, spürte ich, wie ausgebrannt und traumatisiert die Leute dort waren«, sagte sie. Einmal hatte ihr Team den Algorithmus so erfolgreich verändert, dass der Anteil an Desinformation auf Facebook in einem Quartal fast um ein Drittel zurückgegangen war. Nur kurze Zeit später stieg er aber wieder rapide an. Irgendjemand hatte parallel zu ihrer Abteilung ebenfalls am Algorithmus gearbeitet. Die eine Abteilung wusste nicht, was die was die andere tat. »Unsere kleinteiligen Änderungen wurden von Maßnahmen zunichtegemacht, die allein darauf ausgerichtet waren, die Plattform weiter wachsen zu lassen, sodass unsere Bemühungen überhaupt nicht mehr ins Gewicht fielen.« Das Problem mit der Desinformation war dann sogar noch größer geworden. Das Management interessierte sich allerdings nicht dafür.

Stundenlang konnte sie aus dem Innenleben des Konzerns erzählen. Und die Liste der Ungeheuerlichkeiten, die sich in ihren Unterlagen fanden, wurde über die Wochen, in der unser Rechercheteam mit ihr zusammenarbeitete, immer länger. Da waren die wirklich dramatischen Fälle. Die mexikanischen Drogenkartelle, die über Facebook Auftragskiller rekrutierten und grauenhafte Videos von Morden und Folterungen hochluden, um ihre Gegner einzuschüchtern. Da waren die Netzwerke von Menschenhändlern, die über Facebook unterbezahlte Haushaltshilfen und Arbeiter aus Asien in die arabische Welt verschoben. Da waren die Kriegsfürsten, die das Netzwerk für ihre Propaganda nutzten, die politischen Parteien auch in demokratischen Ländern, die Wahlen beeinflussten, die Trollfarmen in Russland, die Hacker aus China. Vor allem aber zog sich die Untätigkeit des Konzerns wie ein Leitmotiv durch die Akten. Die Chefetagen wussten von alldem, unternahmen aber nichts dagegen. Nicht einmal, wenn sie Vorschläge bekamen, was man tun könnte.

Noch genauer wurden die Dateien, wenn es um Amerika ging. Da war zum Beispiel dieser Spruch von Trump, einer der berühmtesten Posts in der Geschichte der sozialen Medien. Ende Mai 2020 schrieb er: »When the looting starts, the shooting starts«. Wenn das Plündern beginnt, fängt das Schießen an. Facebooks Algorithmen identifizierten den Post eindeutig als »Hate Bait«, als Hassköder. Trump hatte als Präsident damit sehr direkt den Demonstranten von »Black Lives Matter« gedroht, die damals auf den Straßen demonstrierten, weil ein Polizist den unbewaffneten Afroamerikaner George Floyd getötet hatte. »Unsere Algorithmen waren zu fast neunzig Prozent sicher, dass dieser Post gegen Facebooks Regel gegen die Anstiftung zu Gewalt verstößt«, stand in Haugens Unterlagen. Normalerweise hätte ihn das Team gelöscht. Immerhin hatte Mark Zuckerberg wieder und wieder gesagt, auf Facebook seien alle Nutzer gleich. Sein Traum von der digitalen Weltnation war zumindest nach außen hin die Idee eines egalitären Systems. Aber wie im echten Leben auch, muss sich eine Gesellschaft Gerechtigkeit leisten können. Und so gab es das Programm X-Check.

Das ließ VIPs mit besonders hoher Reichweite mehr Spielraum. Regeln galten nur in Ausnahmefällen. Donald Trump hatte mit seinen über 34 Millionen Followern nicht nur Reichweite, sondern gerade mit solchen Posts auch immer besonders viele Reaktionen. Das wollte niemand bremsen. Im Team waren sie verärgert. Vor allem nach dem Sturm auf das Kapitol am 6. Januar hatten Haugens Mitarbeiter das Gefühl, dass die Firma, für die sie da arbeiteten, Beihilfe dazu geleistet hatte, dass Trump-Anhänger und Rechtsradikale das Parlament stürmten und Abgeordnete ermorden wollten. Da half auch nicht, dass Zuckerberg im Intranet von Facebook schrieb, dies sei ein »dunkler Moment« in der US-Geschichte. Im Gegenteil. Das sorgte für noch mehr Unmut. Irgendjemand (die meisten Namen in den Facebook Files waren geschwärzt, um sie zu schützen) schrieb im Mitarbeiterforum, Facebook hätte doch lange genug »Öl ins Feuer« gegossen und man solle jetzt nicht so tun, als habe man keine Ahnung gehabt. Und jemand anderes postete, sie hätten doch oft genug Verbesserungen vorgeschlagen, seien aber »abgeschmettert« worden. »Ich bin in der Hoffnung hierhergekommen, Veränderung zu bewirken und die Gesellschaft zu verbessern«, hieß es da, man hätte genug von »thoughts and prayers« – von Gedanken und Gebeten.

Die politischen Auswirkungen der Netzwerkeffekte waren aber nur eines der vielen Probleme, die Frances Haugen fand. Ein anderes waren die Suchteffekte und die Auswirkungen auf die Psyche. Facebook wusste das alles. Mit wissenschaftlicher Präzision hatte die Firma zum Beispiel erforscht, welche Folgen es hat, wenn sich Teenager ständig mit den Bildern auf Instagram vergleichen, die in der Regel mit Filtern geschönte Idealbilder sind, egal ob sich nun Gleichaltrige inszenieren wie Popstars oder Popstars wie Teenager. In einer internen Präsentation von 2019, die Haugen herausgeschmuggelt hatte, hieß es: »Wir machen Körperbildstörungen schlimmer für eins von drei Teenagermädchen« und: »Jugendliche führen das Ansteigen von Angstzuständen und Depressionen auf Instagram zurück«. In Großbritannien gaben 13 Prozent der befragten jugendlichen Mädchen an, sie hätten Suizidgedanken, die Instagram verstärkt hätte. Facebook unternahm nichts. Im Gegenteil, die Firma plante sogar eine Kinderversion für Instagram. »Ich habe immer wieder gesehen, was passiert, wenn es einen Konflikt zwischen Profit und Sicherheit gibt«, sagte Francis Haugen. »Facebook löst diese Konflikte regelmäßig zugunsten seines Profits.«

Noch dramatischer sei die Situation in nicht englischsprachigen Ländern. Die Facebook Files zeigten, dass sich rund 84 Prozent des Aufwands bei der Bekämpfung von Desinformation auf Maßnahmen bündelten, die englischsprachige, also vor allem amerikanische Nutzer schützten. Der Rest der Welt wurde mit 16 Prozent des Budgets betreut. Hass und Hetze würde in anderen Sprachen manchmal gar nicht verfolgt, sagte sie. Facebook bestritt diese Zahlen, aber eine andere interne Präsentation zeigte, dass Länder einmal im Jahr auf eine Rangliste der Krisenherde gesetzt wurden. Die war in drei Stufen unterteilt. Auf der Alarmstufe 1 standen für 2021 zehn Länder, unter anderem Indien, Jemen und Myanmar, denn dort herrschte Krieg oder Kriegsgefahr. Diese Einordnung zog allerdings kaum Änderungen der Firmenpolitik vor Ort nach sich. Eine andere Studie in den Papieren zeigte zum Beispiel, dass man in Afghanistan Hassrede gar nicht in der eigenen Sprache melden konnte. Das Fazit war ernüchternd: »Obwohl Hassreden durchweg als eine der wichtigsten Missbrauchskategorien auf dem afghanischen Markt eingestuft werden, ist die Verfolgungsquote für Hassreden mit 0,23 Prozent beunruhigend niedrig.«

Ähnlich dramatisch war die Lage in den arabischen Ländern. 220 Millionen Nutzer sprachen Arabisch, damit waren sie die drittgrößte Sprachgruppe auf Facebook. Eine interne Studie fand allerdings heraus, dass nicht nur zu wenige Moderatoren für diese Länder da waren, sondern auch, dass die vor allem aus Marokko und Syrien stammten, die aber Posts aus beispielsweise Jemen oder der Golfregion nicht wirklich einordnen können. Und das, obwohl Facebook fast jedes einzelne Land, in dem hauptsächlich Arabisch gesprochen wurde, als »Hochrisikoland« einschätzte, weil es dort »Terrorismus oder Menschenhandel« gebe. Es fehlte aber nicht nur an Monitoren, sondern auch an Algorithmen. Die konnten im englischsprachigen Internet gute Arbeit leisten. Allerdings ist die Entwicklung von künstlicher Intelligenz in anderen

Sprachen teuer und meist mangelhaft. Algorithmen konnten in der arabischen Sprache damals beispielsweise nicht zwischen Koran-Zitaten und Aufrufen zu Gewalt unterscheiden.

Deutschland stand wegen der Bundestagswahlen für 2022 neben dreizehn anderen Ländern wie Mexiko, Iran und Kamerun auf Stufe 2. Wobei Facebook in die Arbeit in Deutschland immerhin mehr Ressourcen steckte als anderswo, weil es in Deutschland genügend Mitarbeiter gab, die all die Kontexte verstanden, die aus vermeintlich harmlosen Posts Hassrede machen. Das war auch eine politische Entscheidung, denn Deutschland war eine treibende Kraft in den Bemühungen, Digitalkonzerne in Europa mit Gesetzen zu regulieren.

Frances Haugen hatte sich mit ihrem Schritt in die Öffentlichkeit auch dazu entschieden, genau dafür zu kämpfen. Sie wollte, dass sich wirklich etwas verändert. An dem Tag, als ihre Enthüllungen in der *Süddeutschen Zeitung* und in Europa erschienen, trat sie vor den US-Senatsausschuss für Handel, Wissenschaft und Verkehr. Dann reiste sie nach Berlin, London und Brüssel.

Im darauffolgenden Sommer erschien ihr Buch »Die Wahrheit über Facebook«. Fast zeitgleich konnte sie ihren ersten Erfolg verbuchen. Der oberste Gesundheitsbeamte der USA, Surgeon General Vivek Murthy, hatte soziale Medien zum Gesundheitsrisiko erklärt. Wie sie das aufnahm? Sie meldete sich wieder von ihrem grauen Sofa in Puerto Rico mit den silbernen Ohrmuscheln auf dem Kopf. Und konnte ihre Freude nicht verhehlen.

»Ich war total platt. Der Surgeon General macht so was nicht oft. Seit den Sechzigerjahren vielleicht zehn, fünfzehn Mal. Als verkündet wurde, dass Zigaretten Krebs verursachen, zum Beispiel, oder dass Sicherheitsgurte Leben retten, dass Stillen für Babys gesund ist.«

Würde das Auswirkungen haben?

»In der Regel dauert es zwei, drei Jahre nach so einer Erklärung, bis wirklich etwas passiert. Das macht mich auch ein bisschen nervös. Europa ist viel früher eingeschritten und hat Gesetze wie den Digital Services Act DSA erlassen. Ihr hattet aber auch eine dramatisch gefährlichere Version von Facebook. Wie die meisten nicht englischsprachigen Länder, um die sich Facebook nie so stark gekümmert hat. Da gibt es zum Beispiel diesen Fall aus Norwegen. Zwei Journalisten haben einen Cluster mit über fünfhundert Facebook-Konten gefunden, auf denen junge Mädchen vom Suizid schwärmten. Die Journalisten sind mit ungefähr tausend Posts zu Facebook, aber die meinten nur, da können wir nichts machen, das müssen Sie halt anzeigen. Die hatten gar keine norwegischsprachigen Mitarbeiter.«

Noch eine Frage. Die Gesundheitsbehörde CDC ermittelte, dass der Anteil der Mädchen im Teenageralter, die schon mit Suizidgedanken gespielt hätten, von 2011 bis 2021 von 19 auf 30 Prozent gestiegen sei. Das ist der Zeitraum, in dem sich soziale Medien rapide verbreiteten, was andere Untersuchungen bestätigen. Ist die Gefährdung von Kindern nicht immer eine rote Linie?

»Die Wahrheit ist, bei jedem sozialen Problem gibt es eine begrenzte Anzahl von Kindern, deren Schaden wir in Kauf nehmen. Nehmen Sie die USA. Uns ist Waffenbesitz sehr wichtig. Wir sind bereit, eine ganze Menge Kinder dafür sterben zu lassen. Wenn es um Sicherheitsgurte geht, sind wir strenger. Deswegen setzen wir Achtjährige in Kindersitze, das rettet so um die sechzig Leben im Jahr.«

Und bei sozialen Medien?

»Da erreichen wir demnächst einen kritischen Punkt. Die Suizidraten für Kinder und Jugendliche gehen in den USA steil nach oben. Ich befürchte nur, dass die Leute dann emotionale Entscheidungen fällen.«

Ist das nicht besser als keine Entscheidungen?

»Nicht unbedingt. In Europa wurde zum Beispiel umsichtig gehandelt, deswegen habt ihr mit dem DSA ein gemäßigtes, aber wirkungsvolles Gesetz. Nicht wie in China, wo Kinder und Jugendliche soziale Medien vierzig Minuten pro Tag benutzen dürfen, und dann ist Schluss. Oder in Utah, wo sie jegliche Privatsphäre für unter Achtzehnjährige per Gesetz mehr oder weniger abgeschafft haben. Oder in Montana, wo sie TikTok einfach verboten haben. Aber so funktioniert das nicht. Soziale Medien gehören zum Erwachsenwerden dazu. Wir brauchen vernünftige Gesetze, keine Verbote.«

Warum ist der DSA denn so gut?

»Weil er die Machtverhältnisse zwischen diesen Firmen und der Öffentlichkeit ausgleicht. Die Firmen müssen ihre Risiken offenlegen und dann zeigen, wie sie sie ausräumen. Und sie müssen ausreichend Daten zur Verfügung stellen, damit das nachvollziehbar ist. In seiner Erklärung warnt der Surgeon General zum Beispiel davor, dass dreißig bis fünfunddreißig Prozent aller Kinder nach Mitternacht noch auf sozialen Medien unterwegs sind. Das ist ein echtes Problem. Schlafmangel ist ein gewaltiger Risikofaktor für Depressionen, Angstzustände, Bipolarität, Schizophrenie, für Drogenmissbrauch. Außerdem steigt die Sterberate, weil Schlafmangel die Unfallstatistiken ansteigen lässt. Nicht nur Autounfälle, Kinder, die von der Leiter fallen und so einen Blödsinn. In so einem Fall verpflichtet der DSA eine Firma wie Facebook, nachzuweisen, was für Kontrollmechanismen sie einbauen, um diese Risiken zu senken.«

Die Frage blieb, ob solche Kontrollmechanismen denn überhaupt funktionieren können. Vor allem im Rest der Welt. Denn das eigentlich Erschreckende an den Facebook Files waren nicht einmal die Einzelfälle. Es war die Erkenntnis, dass Mark Zuckerberg eine Höllenmaschine konstruiert hatte, die er selbst nicht mehr im Griff hatte. Und nichts zeigte das so deutlich wie der Fall Myanmar.

19. Kapitel
Aufruf zum Völkermord

Wie die Dynamik in den Algorithmen bei Facebook
in Südostasien einen Genozid anfeuerte und warum eine
Klage der Opfer das Rechtsverständnis des digitalen Raums
verändern könnte.

Der Zauber von Burma ist bis heute ungebrochen, daran hat auch die Schreckensherrschaft der buddhistischen Militärjunta nichts geändert, die das Land 1989 in Myanmar umtaufte. Reist man dorthin, scheint es, als habe die Zeit stillgestanden. George Orwell beschrieb das Land schon in den 1920er-Jahren in seinem Roman »Tage in Burma« mit den Worten des Schwärmers. »Der Irrawaddy floss mächtig und ockerfarben und die Flecken, die die Sonne einfingen, glitzerten wie Diamanten«, heißt es da. »Die Stadt der Einheimischen, das Gericht und das Gefängnis lagen rechts, meist versteckt in grünen Hainen aus Pappel-Feigen. Die Turmspitze der Pagode ragte aus den Bäumen wie ein schlanker Speer mit einer Spitze aus Gold.«

Bis heute ist Myanmar einer der letzten weißen Flecken auf der Weltkarte, auch wenn es auf den Listen der besten Reiseländer auf den obersten Plätzen rangiert. Traumhafte Strände gibt es, wilde Bergwelten, Palmenhaine wechseln sich mit Reisfeldern ab, und überall stehen die Tempel mit ihren goldenen Pagoden. Das Grauen vollzieht sich in den umkämpften Gebieten des Goldenen Dreiecks und den Dschungeldörfern in der Provinz Rakhine, weit abseits der Touristenkorridore zwischen der Hauptstadt Rangun und den Tempeln von Mandalay und Bagan. Die Touristenströme aus Europa und Amerika brachten nur ein wenig von der Welt in das Land, das sich ansonsten abschottet. China und Russland unterstützen das Land in der Weltpolitik, und es gibt gute Verbindungen nach Sri Lanka, weil in beiden Ländern der Theravada-Buddhismus Staatsreligion ist. Das Internet mit seinen Fenstern zur Welt brauchte deswegen lange, um anzukommen. Noch 2011 hatte lediglich ein Prozent der Menschen dort Zugang zum Netz, die meisten von ihnen gehörten zu den Eliten in der Metropole Rangun und der Retortenhauptstadt Naypyidaw. Militärs, Wohlhabende, Akademiker. Die Telefongesellschaften kontrollierte das Militär, soziale Netzwerke waren gesperrt. Dann aber versteigerte das Regime 2012 Lizenzen für Mobilfunk an zwei Privatfirmen aus Norwegen und Katar. Myanmar war für die digitale Welt das letzte unerschlossene Land. Der Wettbewerb um die Internetzugänge war heftig.

Als Erstes fiel der Preis für eine SIM-Karte von umgerechnet 150 auf 1,50 Euro. Drei Jahre später hatten dann schon über die Hälfte der Menschen in Myanmar Zugang zum Internet. Facebook war die mit Abstand beliebteste Plattform, weil sie Videos, Bilder, Chats und Nachrichten in einer einzigen App anbieten konnte, die nur wenige Daten verbrauchte. Die meisten Handys, die es in Myanmar zu kaufen gab, hatten es schon bald vorinstalliert. Im Sommer 2016 kam dann der entscheidende Schub. Facebook brachte seine »Free-Basics«-App nach Myanmar. Damit hatte sich das soziale Netzwerk schon in anderen ärmeren Ländern zum Marktführer vorgekämpft, weil man damit kostenlos auf Facebook sowie auf fünfunddreißig weitere Webportale zugreifen konnte, ohne für den Datenverkehr bezahlen zu müssen. Das Verfahren nennt man »Zero Rating«, in den meisten Ländern ist das verboten. Die offizielle Rechtfertigung von Facebook lautet, dass man damit Menschen den Zugang zum Netz ermöglichen will, die es sich sonst nicht leisten könnten. Der Effekt war gewaltig. Die Zahl der Nutzerkonten in Myanmar stieg rapide.

Das Problem am Zero Rating ist, dass damit ein Marktführer wie Facebook zu einer Art Ersatz-Internet wird, weil sich nur die wenigsten den Zugang zu anderen Seiten leisten wollen oder können. Weil sie damit aber vollends den Algorithmen des sozialen Netzwerks ausgeliefert sind, die den Nachrichtenstrom nach den Regeln der Aufmerksamkeitsökonomie sortieren, können Hass und Hetze in einer Diktatur wie Myanmar noch stärker die Öffentlichkeit prägen als in einer pluralistischen Gesellschaft.

So kam es dann auch. Unter dem Namen Han Nyein Oo verbreitete jemand zunächst Klatsch über Promis. Bald wurde er damit zum Influencer mit für das kleine Land enormen Follower-Zahlen. Dann mischten sich Berichte über Angriffe auf Soldaten und Morde an Offizieren in die Klatschnachrichten. Die Schuldigen in diesen Krimigeschichten waren immer »Minderheiten«. Das verstand jeder. Mit Minderheiten waren die Rohingya gemeint, ein zwei Millionen Menschen starkes Volk von bengalischen Moslems, das seit dem 9. Jahrhundert im Südwesten des Landes in der Provinz Rakhine an der Grenze zu Bangladesch lebte. Die Rohingya waren schon lange eine unbeliebte Minderheit im Land. Erste Spannungen gab es gleich nach dem Abzug der britischen Kolonialherren im Jahr 1948. Weil Diktaturen Feinde brauchen, erklärte das Militärregime sie nach dem Putsch von 1962 schon bald zu Staatsfeinden. 1982 wurde ihnen die Staatsbürgerschaft aberkannt. Sie waren nun Illegale im eigenen Land.

Han Nyein Oo, der dann auf Facebook gegen sie hetzte, war allerdings keine echte Person, sondern ein Pseudonym, das sich die Propagandaabteilung der Tatmadaw ausgedacht hatte, der burmesischen Streitkräfte. Bald ging der Hass automatisch viral. Die Nachrichtenagentur Reuters sammelte die Hetzposts ein. Da stand dann: »Wir müssen sie so bekämpfen, wie Hitler die Juden bekämpft hat, verdammte Kalar!« Das ist in der burmesischen Sprache ein Schimpfwort für alle Menschen mit dunkler Hautfarbe. Ein anderer sagte: »Tränkt sie mit Benzin und legt Feuer, damit sie Allah schneller begegnen können.« Oder: »Diese untermenschlichen Kalar-Hunde, die Bengalis, töten und zerstören unser Land, unser Wasser und unser Volk. Wir müssen ihre Rasse vernichten.«

Es waren aber nicht nur die Militärs, die gegen die Rohingya hetzten. Niemand betrieb den Hass im Netz so systematisch wie Ashin Wirathu. Der fungierte als Abt des Masoyein-Klosters in Mandalay, war aber vor allem der Anführer der 969-Bewegung, die er nach einer heiligen Zahl seines Glaubens benannt hatte. Wenn er mit seiner orangefarbenen Robe und seinem geschorenen Schädel auftrat, wirkte er wie das Idealbild des Buddhisten. Er gab sich vor Kameras als friedvoller, in sich ruhender Geistlicher. In Wahrheit war er ein brutaler Nationalist. Er hetzte nicht nur auf Facebook, sondern auch in seinen Predigten, bei Aufmärschen, er ließ Pamphlete verteilen und Aufkleber, mit denen Ladenbesitzer zeigen konnten, dass ihr Geschäft von Buddhisten geführt wird. Vor allem aber verstand er sich auf die Technik, Facebook mit Lügen zur Waffe zu machen. Immer wieder schrieb er, die Rohingya seien Terroristen, die das Land erobern wollten. Er verbreitete Geschichten wie die über einen muslimischen Ladenbesitzer in Mandalay, der eine buddhistische Frau vergewaltigt haben sollte. Ein Lynchmob stürmte daraufhin dessen Geschäft. Dann wieder behauptete er, die Rohingya hätten für den 11. September Anschläge im ganzen Land geplant, um an die Anschläge in Amerika anzuschließen. Das verbreitete sich in Windeseile, Menschen verbarrikadierten sich zu Hause. Das war die direkte Umsetzung der »Love-Jihad«-Verschwörungstheorie, die radikale Hindus in Indien erfunden hatten, um dort gegen Moslems zu hetzen.

Was das Problem in Myanmar besonders dramatisch machte, erklärte Frances Haugen dann so: »Facebooks Strategie ist es, seine Nutzer zu Gruppen und Seiten mit möglichst großer Reichweite zu leiten. Das führt dazu, dass einige wenige den Diskurs bestimmen. In den Vereinigten Staaten, als ich diese Analyse gemacht habe, haben zwölf Prozent der Nutzer achtzig Prozent der Inhalte geliefert. Aber in vielen Ländern der Welt liefern ein Prozent der Menschen achtzig Prozent der Inhalte.« Wenn das wie in Myanmar das Militär und die netzerfahrene 969-Bewegung sind, ist die Konsequenz, dass sich Gegenstimmen nicht durchsetzen können, weil sie der Algorithmus nicht wahrnimmt.

In der Konzernzentrale von Facebook bekamen sie von der Hetze in Myanmar nichts mit. Mitte der Zehnerjahre gab es angeblich nur einen einzigen Mitarbeiter, der der burmesischen Sprache mächtig war und von Dublin aus Inhalte auf Gewaltaufrufe und Hetze überprüfen und notfalls löschen konnte. Angeblich gab es noch drei weitere in Kuala Lumpur, die für ein Subunternehmen arbeiteten. Genaues ließ sich nie herausfinden. Eindeutig aber geht aus den Facebook Files hervor, dass Mitarbeiter von Hilfsorganisationen und Journalisten den Konzern ab 2014 vor der Hetze gegen die Rohingya warnten. Allerdings blieben ihre Mails an Facebook unbeantwortet.

Die Katastrophe kam 2017. Aus den Einzelfällen und Übergriffen wurde eine Kampagne der Armee. Es kam zu Massakern, Massenvergewaltigungen, ganze Dörfer wurden niedergebrannt. Zwischen 600 000 und einer Million Menschen wurden vertrieben. Die meisten flohen nach Bangladesch und Thailand.

Man wolle den Terror bekämpfen, hieß es aus der Hauptstadt Naypyidaw. Das war nicht das erste Mal. Immer wieder hatte es Pogrome des Militärs gegen die Rohingya gegeben. 1954 die »Operation Monsun«, 1978 folgte die »Operation Drachenkönig«,

1991 begann die »Operation saubere und wunderschöne Nation«. Doch keine dieser »Operationen« war so brutal wie die Massaker vom Sommer 2017, die sie »Räumarbeiten« nannten.

Die Flucht war oft keine Rettung. Rund 1,5 Millionen Rohingya leben in Lagern. Die meisten in der Nähe der Grenze in Kutupalong. Mit fast 600 000 Bewohnern ist es das größte Flüchtlingslager der Welt, eine Zelt- und Hüttenstadt, keine fünf Kilometer von der Grenze und dem nächsten Stützpunkt der Tatmadaw entfernt. Das Lager ist ein Höllenkreis, unterteilt in dreiunddreißig Bezirke. Gangs kontrollieren Geschäfte mit Entführungen und Erpressung, Brandstiftung, Drogen und Menschenhandel grassieren. Frauen und Männer werden nach Thailand und bis nach Indonesien oder Malaysia verkauft, für gefährliche Arbeiten, zur Zwangsprostitution.

Tun Khin ist einer der wenigen Rohingya, die es weiter geschafft haben. In London hat er die Burmese Rohingya Organisation gegründet. Er vermittelte mir ein Gespräch mit Augenzeugen aus Kutupalong. Ich sollte verstehen, was sie durchmachen mussten. Gräuel, die sich nicht nachvollziehen lassen, wenn man nur die Akten der Facebook Files liest oder die Berichte der Menschenrechtsorganisationen. Ich sollte wissen, was Hetze bedeutete, wenn sie aus dem Netz in die Wirklichkeit springt. In einem Land der Völkermörder wie Myanmar.

Ins Lager zu fahren war unmöglich, deswegen musste es ein Videogespräch sein. Tun Khin meldete sich ein paar Tage nach dem ersten Gespräch. Samstag am Vormittag? Auf Zoom? Ganz sicher? Die Augenzeugen müssten lange Wege in den Lagern auf sich nehmen, um zu einem Internetanschluss zu kommen.

Pünktlich erschien das Bild aus Kutupalong auf dem Schirm. Menschen drängten sich vor der Webcam. Im Hintergrund sah man das Innere einer Lagerhütte. Die Wände aus Bambusstreben und Zeltplanen waren mit bunt bedruckten Tüchern abgehängt.

266

Die Frauen waren aus dem Dorf Tula Toli, das ähnlich wie El Mozote oder Srebrenica ein Synonym für historische Grausamkeit geworden war. Rund 3000 Menschen hatten dort gelebt, 450 waren ermordet worden, 350 galten als vermisst. Genaue Zahlen gab es nicht, denn niemand war seither dort gewesen. Menschenrechtsorganisationen wussten nur, dass sämtliche Häuser abgebrannt waren, denn das zeigten die Satellitenbilder.

Eine Frau namens Momtaz Begum begann mit monotoner Stimme zu reden. Tun Khin übersetzte. Es war der 30. August 2017. Fünf Tage zuvor hatte es Angriffe auf Kasernen und Reviere der Gegend gegeben, vermutlich von der Arakan Liberation Army, einer Rebellentruppe von ein paar Hundert Mann, die es schon seit den späten Sechzigerjahren gibt, für die Regierung immer wieder ein vorgeschobener Grund, die Rohingya als »Terroristen« zu verfolgen. Morgens um acht kamen die Soldaten, es werden so um die 150 gewesen sein. Sie liefen mit Fackeln durchs Dorf und zündeten die Holzhäuser an. Liefen die Bewohner ins Freie, schossen sie auf sie. Nicht alle waren Soldaten. Aus dem Nachbardorf kamen auch die buddhistischen Nachbarn, Knüppel und Macheten in der Hand. Einige kannten sie, hatten sich noch neulich auf dem Markt gesehen und auf den Feldern.

Momtaz' Mann und ihre Söhne wurden ermordet. Sie stockte. Plötzlich trat vor der Kamera ein Mann im Parka zwischen die beiden Frauen. Sein Name sei Mohammed Suleiman. »Sie sagten, wir seien Tiere. Wir seien keine Menschen.« Mit einem Mal brach er in Tränen aus. »Meine Töchter, meine Frau. Alle ermordet.« Er schluchzte. Die eine Tochter hätten die Soldaten erschossen, die andere hätten die aus dem Nachbardorf mit Macheten umgebracht. Die dritte hätten sie verschleppt, er wisse nicht, was mit ihr geschehen sei.

Viele der jungen Frauen und Mädchen hatten die Soldaten in Häuser gezerrt. »Sie taten ihnen Gewalt an«, sagte Mohammed

Suleiman. Die beiden Frauen links und rechts von ihm starrten zur Seite. Immer wieder seien die Soldaten über die Frauen hergefallen, auch die Männer aus dem Nachbardorf. Stundenlang. Vor ihren Kindern. Manche Frauen erschossen sie danach sofort. Andere sperrten sie in die Häuser aus Bambus und Holz, setzten sie in Brand. Wieder anderen Frauen entrissen die Soldaten ihre Kinder und Babys, warfen sie in die Flammen. Sayed Alam mit dem grauen Bart erzählt, sie hätten Massengräber ausgehoben, die Leichen hineingeworfen, mit Benzin übergossen und angezündet.

Jetzt setzte sich Rafika vor die Kamera, nahm den schwarzen Schleier ab. 27 Jahre alt war sie, Trauerlinien hatten sich in ihre Gesichtszüge geprägt. Die Soldaten hätten in ihr Haus geschossen, ihren Mann getötet. Sie rannte mit ihrem vier Wochen alten Sohn Yur Khan nach draußen. Soldaten packten sie und den Sohn, zerrten sie in ein Haus. Dort fielen sie über sie her. Rafika verstummt. Sie schaut auf den Boden. Sie habe sich losreißen können, sei weggerannt, doch dann packten sie sie wieder, brachten sie in ein anderes Haus. Da hätten sie das Baby getötet und seien wieder über sie hergefallen. Dann sagte sie nichts mehr.

Mohammed Suleiman schob sein Handy ins Bild. Auf dem Bildschirm war das Foto eines Mädchens, das ernst in die Kamera blickte. Sie saß auf einem Plastikstuhl, trug ein gelbes Kleid und einen Hidschab. Das sei seine Tochter Ramida, sagte er. Die Soldaten hätten sie ermordet. Stumm hielt er das Bild weiter in die Webcam. Dann kamen die anderen, zeigten ebenfalls Handybilder. Vom Sohn, der Frau, dem Onkel, dem Vater, von einer ganzen Gruppe Kinder. Alle tot. Einer zeigte das Video einer verwackelten Aufnahme vom anderen Ufer des Flusses, an das sich manche hatten retten können. Man sieht tote Kinder im Schlamm liegen. Fast schlimmer als die Bilder waren die Töne aus seinem Handy, das Aufheulen der Menschen, die diese Kinder erkannten, ihre Schreie der Verzweiflung.

»Sie müssen bald los«, mahnte Tun Khin dann. Im Hintergrund war jetzt der Ruf eines Muezzins zu hören, der zum Abendgebet rief. Sie mussten zurück in ihre Lagerbezirke, bevor die Dunkelheit kam, bevor die Ausgangssperre begann. Bevor die Gangs durch die Gassen zogen.

Von den Massakern in Tula Toli und anderen Rohingya-Dörfern existieren kaum Dokumente, keine Fotos, keine Videos. Niemand konnte den Tatort untersuchen. Selbst der Menschenrechtsausschuss der Vereinten Nationen (UN) kam nicht über Konjunktive hinaus in seinem Bericht. Das Fazit zur Gewalt in Rakhine lautet da: »Die Art, der Umfang und die Organisation der Operationen lassen auf ein Maß an Vorplanung und Planung durch die Tatmadaw-Führung schließen«, das mit der Vision des Oberbefehlshabers, General Min Aung Hlaing, übereinstimme. Der hatte am 2. September 2018, auf dem Höhepunkt der Operationen, in einem Facebook-Post erklärt, dass »das Bengali-Problem ein seit Langem bestehendes Problem ist, das trotz der Bemühungen der vorherigen Regierungen, es zu lösen, zu einer unvollendeten Aufgabe geworden ist. Die amtierende Regierung ist sehr bemüht, das Problem zu lösen.« Die Vereinten Nationen bezeichneten die Aktionen dann als ethnische Säuberungen mit »völkermörderischer Absicht«.

Die Frage, die man sich bei den UN, bei den Rohingya und sicher auch in Kalifornien stellte, war aber, wie schuldig sich Facebook hier gemacht hat. »Die Rolle der sozialen Medien ist bedeutend«, schrieben die UN. »Facebook war ein nützliches Instrument für diejenigen, die Hass verbreiten wollten, und das in einem Kontext, in dem Facebook für die meisten Nutzer das Internet ist.«

In London machte sich der Anwalt Jason McCue deswegen auf, um den Konzern zu verklagen. Er hat mit solchen Fällen Erfahrung. McCue hat schon Konzerne verklagt, Politiker, Terrororganisationen und Schurkenstaaten. Man kann aber nicht so einfach Mord in 24 000 Fällen verfolgen, denn so viele Rohingya kamen bei den »Aufräumarbeiten« um. Auch nicht die Massenvergewaltigungen, Folter, Brandschatzung und die Vertreibung. Schon gar nicht, wenn die Vereinten Nationen nicht bereit sind, die Massaker als Völkermord anzuerkennen. Auch der Internationale Gerichtshof in Den Haag hat die Pogrome nicht als Völkermord anerkannt, sondern nur als »Absicht des Völkermordes«.

Also reichte McCue gemeinsam mit amerikanischen Kanzleien im Dezember 2021 eine Sammelklage wegen Verletzung des Verbraucherschutzes in Kalifornien ein. In der Klageschrift wurden als Klagegründe Produkthaftung und Fahrlässigkeit aufseiten des Plattformbetreibers genannt. Ein klassischer Winkelzug.

Die Schadensersatzforderungen beliefen sich allerdings auf rund 150 Milliarden Dollar.

Die Klageschrift zitierte auch die Whistleblowerin Frances Haugen, mit der sie sich berieten und die vor der US-Börsenaufsicht zu Protokoll gab: »Die Facebook-Führungskräfte waren sich darüber im Klaren, dass Posts der Regierung von Myanmar gegen die muslimische Minderheit der Rohingya sich auf Facebook stark verbreiteten.« 2018 veröffentlichten Facebook-Chef Mark Zuckerberg und seine Co-Chefin Sheryl Sandberg sogar eine Erklärung, in der sie zugaben, dass sie zu wenig gegen die Hetze getan hätten. Für Haugen ist die Verfolgung der Rohingya der Musterfall für die Probleme, die der Konzern in nicht englischsprachigen Krisengebieten hat. »Mit der Kontrolle der Inhalte kommen wir nicht weiter«, sagte sie »Wenn wir in einer Welt mit vielen Sprachen arbeiten wollen, müssen wir das Produkt selbst sicherer machen.« Das heißt, die Dynamik der Algorithmen müsse sich verändern, sodass sie nicht nur die Inhalte mit den größten Reichweiten und meisten Reaktionen fördern. Und Facebook dürfe in solchen Ländern nicht mehr den Markt beherrschen, so wie sie das in Myanmar mit dem »Zero Rating« taten. »Überlegen Sie mal, wie gefährlich das für Ihre Informationsversorgung ist. Wenn Sie keine Informationen im unabhängigen Internet nachprüfen können, weil das unabhängige Internet abgewürgt wurde.« Und sie sah Myanmar als bezeichnend für einen sehr viel größeren Kontext. »Ich glaube, dass Facebook die erste Technologie in Privatbesitz ist, die die Zivilisation zerstören könnte«, sagte sie mir. »Wir hatten schon eine Menge Waffen, und die werden von Staaten kontrolliert, die angeblich von Menschen kontrolliert werden. Dies ist das erste Mal, dass ein einzelner Mensch, nämlich Mark Zuckerberg, die volle Kontrolle über sein Unternehmen hat. Sie wissen jetzt, dass sie einen Ort wie Myanmar destabilisieren und eine große Anzahl von Menschen in sehr kurzer Zeit sterben lassen können.«

Jason McCue drückt das ein wenig deutlicher aus: »Ich habe an Fällen von Völkermord auf der ganzen Welt gearbeitet, in Darfur, in Ruanda. Ein Völkermord funktioniert nur, wenn es gelingt, den Hass in der Gesellschaft zu verbreiten. Facebook war deswegen die perfekte Waffe für das Militär.« Das sei das Ergebnis der Firmenstrategie. »Alle waren auf Facebook. Es gab ja keine zehn anderen Plattformen, die die Leute nutzten. Facebook war umsonst. In einem Land, das in puncto Internet noch naiv war. In dem extreme Gewalt organisiert wurde. Und deshalb war es der perfekte Sturm.«

Auch er sah einen größeren Kontext. Konzerne wie Facebook betrieben »digitalen Kolonialismus«, sagte er. Also sollte ein Prozess dafür sorgen, dass Facebook Entschädigung an die Rohingya bezahlte. Es ging ihm ums Grundsätzliche. »Es wird immer wichtiger, dass etwa Fälle von Umweltverschmutzung und Umweltvergehen, die der globale Norden verursacht, die aber meist im Globalen Süden vorkommen, verfolgt werden können«, sagt er. »Wir versuchen, einen Weg zu finden, um solchen Fällen mehr Zugang zur Justiz zu verschaffen.« Weltweit würden Unternehmen aus dem Globalen Norden ungestraft im Globalen Süden agieren, indem sie sich in den Gerichtsbarkeiten des Globalen Nordens versteckten. »So war es beim Tabak, so war es bei den Ölgesellschaften. Und wenn Sie jetzt noch Tech dazunehmen, sehen Sie diese grausame Art von kommerziellem Kolonialismus.« Der Fall *Jane Doe vs. Meta Platforms* vor dem Obersten Gericht des Staates Kalifornien für den Bezirk San Mateo sollte deswegen nichts weniger als das globale Rechtssystem neu ausrichten. Die Zeit war reif. In Myanmar war das erste große Experiment gescheitert, Menschheit und künstliche Intelligenz in einer Größenordnung zusammenwirken zu lassen, die sie in Kalifornien »at scale« nennen. Zunächst aber sollte die Welt erst noch erleben, was passiert, wenn ein Megalomane sich so ein Netzwerk mit sämtlichen Nutzerinnen und Nutzern und Algorithmen und Debatten greift und es zu seinem persönlichen Bolzplatz macht.

20. Kapitel
Rechtsruck der Supermacht

Wie Elon Musk vom Autobauer zum reichsten Mann der Welt aufstieg, das Zentralorgan der globalen Meinungsmacher kaperte und für die Lager der Extreme öffnete.

Auf dem Gipfeltreffen der Zukunftsgläubigen, der TED Conference, war Elon Musk über die Jahre hinweg immer wieder Stargast. Mal trat er auf, mal hörte er nur zu. Die digitale Welt war ihm nicht fremd. Er hatte sein erstes Geld mit dem Online-Stadtführer Zip2 gemacht und dann mit dem Bezahlsystem PayPal. Sein Weggefährte und Rivale Peter Thiel hatte ihn dort 2000 aus dem Chefsessel gekippt. Aber Musk wurde nie als digitaler Innovator gefeiert, im Gegenteil. Er galt in den Kreisen der Männer, die die Gesellschaft und die Wirtschaft umkrempelten, als Ausnahmeerscheinung. Denn als PayPal 2002 an die Verkaufsplattform eBay verkauft wurde, verließ Musk erst einmal die digitale Industrie, die den technologischen Wandel bestimmte. Noch im selben Jahr gründete er die Weltraumfirma SpaceX und fing an, Raketen zu bauen, Ungetüme aus Tonnen Material, die mit Verbrennerdüsen ins All flogen.

Seine geschäftliche Biografie hatte etwas Atemloses. 2004 stieg Musk beim Elektroautobauer Tesla ein und übernahm dort bald die Macht. 2006 gründete er das Solarstromunternehmen Solar City. Er lancierte Start-ups für Hochgeschwindigkeitszüge und Tunnelbohrungen. Er bewegte keine Bits, sondern Atome, und zwar in gewaltigem Ausmaß. Und weil er seine Unternehmungen mit einer Aura aus Ideen und Idealen umgab, galt er bald schon als Visionär. Eine Ausnahmeerscheinung in der Elite der Big-Tech-Milliardäre, die ihre jeweiligen Monopole auf Kosten ihrer Belegschaften und der Allgemeinheit mit einer Rücksichtslosigkeit verteidigten, die immer offensichtlicher wurde. Dass auch er seine Angestellten bis über die Belastungsgrenzen hinaus quälte und hinter seinen Plänen für die Zukunft der Menschheit vor allem eine handfeste Profilneurose steckte, wurde erst später klar.

Sah man einen seiner Auftritte oder begegnete man ihm in Vancouver bei einer der Partys oder auf dem Corso aus Sofaecken, Coffee Bars und Produktteststationen im Foyer rund um die Halle, machte er immer einen leicht weggetretenen Eindruck. Er selbst geht gerne damit hausieren, dass er das Asperger-Syndrom habe. Wahrscheinlich auch, weil eine milde Form des Autismus vor allem in der Tech-Welt als Leiden der Genies gehandelt wird. Es gibt sogar eigene Personalvermittlungen, die Autisten an Software-Firmen vermitteln, weil solche Inselbegabungen Muster erkennen können, die sich den meisten anderen Menschen nicht erschließen.

Musk schien gleichzeitig etwas bodenständiger. Er trug nicht die Uniform der Techies aus Patagonia-Fleece-Westen und Polohemden, sondern Jacketts und Lederjacken. Mit seinem Spitzbubenlächeln und seinem leicht nuscheligen Akzent aus seiner Kindheit in Südafrika war er auch sympathischer als der roboterhafte Mark Zuckerberg, der verschrobene Larry Page oder der breitbeinige Jeff Bezos. Wenn er nicht mal wieder eine Nacht durchgemacht oder als manischer Mikromanager tagelang auf dem Boden einer seiner Fabriken geschlafen hatte, sah er sogar noch so gut aus wie ein Filmstar.

In den Nuller- und Zehnerjahren hatte Elon Musik nicht nur eine, sondern gleich drei Visionen, über die er stundenlang reden konnte. Die eine war die Energiewende. Zumindest nach außen wollte er mit Tesla und Solar City nicht reich werden, sondern den Planeten Erde vor der Klimakatastrophe retten. Kaum jemand, der ihm nicht anrechnete, dass er mit seinem Erfolg die gesamte Automobilindustrie zum Umrüsten zwang.

Dann war da seine Idee der interplanetarischen Zivilisation. Die Menschheit, so erzählte er gerne, müsse sich nach anderen Planeten umschauen. Weniger, weil er glaubte, dass ihr Heimatplanet Erde zum Untergang verdammt sei, das wurde ihm nur nachgesagt. Nein, nur wenn sich der Geist des Homo sapiens ins Universum verbreite, werde der Mensch der Verantwortung seiner hoch entwickelten Intelligenz gerecht. Auf dem Mars will er damit anfangen. Die Pläne sind schon weit gereift. Immerhin hatte er mit der Falcon eine Rakete entwickelt, die wieder landen konnte. 2020 brachte die erstmals Menschen ins All. Und das Starship, das er im Frühjahr 2023 erstmals startete, kam schon an den Platzbedarf und die Reichweite heran, die ein Marsmobil brauchen würde. Fehlstarts und Explosionen gehörten für ihn zum Entwicklungsprozess. Das klang zwar nach Science-Fiction-Spinnerei und seine Raketenbegeisterung nach Kindheitstraum, aber weil er immerhin der Einzige der drei im »Space Race of Billionaires« war, der daraus auch noch ein erfolgreiches Geschäft gemacht hatte, nahm man ihn auch da ernst. Während Jeff Bezos noch greise Promis durch die Stratosphäre kutschierte und Richard Branson von Weltraumhotels daherfaselte, übernahm Musk handfest Transportaufträge der NASA und baute nebenher mit der Unterfirma Starlink das weltgrößte Satellitennetz auf. Elon Musk war die Personifizierung des Mannes aus Utopia.

Seine dritte Vision war allerdings eine Dystopie. Auf dem South by Southwest Festival sagte er: »Merken Sie sich meine Worte: KI ist weitaus gefährlicher als Atombomben. Warum haben wir keine regulatorische Aufsicht?« Seit Jahren hatte er schon vor den Gefahren durch künstliche Intelligenz gewarnt. Er gab auch Geld und Rat für Institutionen wie Max Tegmarks Future of Life Institute, die sich mit sogenannten existenziellen Risiken beschäftigen, also mit Ereignissen, die das Ende der Menschheit bedeuten würden. 2015 gründete er deswegen gemeinsam mit dem Chef des Gründerzentrums Y Combinator Sam Altman, dem Chefentwickler des Online-Bezahldienstes Stripe Greg Brockman und dem KI-Pionier Ilya Sutskever ein gemeinnütziges Labor für KI in den Diensten der Menschheit, das sie OpenAI nannten. Geld war bald besorgt. Musks PayPal-Kumpel Peter Thiel investierte, der Gründer des sozialen Netzwerkes LinkedIn Reed Hoffman, Firmen wie Amazon und Infosys. Die Ambitionen waren voller Idealismus. Mit ihrem neuen Labor wollten sie in Zusammenarbeit mit Hochschulen und Firmen künstliche Intelligenz entwickeln, die im Geiste des Open Source der Gesellschaft zugutekommen sollte. Forschungsergebnisse und Patente sollten mit der Öffentlichkeit geteilt werden.

Wenn man ihm damals länger zuhörte, wenn er beispielsweise bei einer der Masterclasses oder Abendessen von John Brockmans Edge-Stiftung auftauchte, erlebte man noch einen Mann, der von Visionen in den Diensten der Menschheit getrieben war. Klimawandel und die Kontrollverluste im Umgang mit künstlicher Intelligenz. Im Rückblick war dieses Weltbild kein Ausdruck von Humanismus. Es ging ihm nie um das Gemeinwohl, sondern um ein Kapitel der Evolution und der Planetengeschichte, das sehr viel größer war als die Belange der Menschen seiner Zeit. Diese Angst vor einem Knick in der »Big History« war im Kern eine Form des intellektuellen Größenwahns, der sich zunächst noch darin manifestierte, dass er nicht nur OpenAI mitgründete, sondern auch den Instituten zur Erforschung existenzieller Risiken auf die Sprünge half.

Existenzielles Risiko ist der akademische Euphemismus für das Ende der Menschheit. Das war die megalomanische Form des Lösungsdenkens. Ähnlich wie das Silicon Valley unzählige Lösungen für die Alltagsprobleme der Besserverdienenden oder sogar für Probleme, die es zuvor gar nicht gab, auf den digitalen Markt warf, kreist die Erforschung existenzieller Risiken um Bedrohungen der Menschheit, denen die Menschheit nur in ihrer Gesamtheit begegnen könnte, oder gar nicht, oder die im Bereich der Science-Fiction bleiben. Die Wahrscheinlichkeit, dass Klimawandel, Atomwaffen und Seuchen die Menschheit radikal dezimieren oder den Planeten für biologisches Leben unbewohnbar machen, ist hoch genug, um als konkrete Gefahr zu gelten. Die Wahrscheinlichkeit, dass eine gottgleiche KI das tut, ist derzeit eines der geringsten Probleme der Menschheit. Das Ende durch Vulkanausbrüche und Meteoriteneinschläge mag realistischer sein, aber auch unwahrscheinlich. Und vor allem der Inbegriff der höheren Gewalt.

2016 später machte Musk noch einen Schritt zurück in die digitale Welt. Seine nächste Firma nannte er Neuralink. Die sollte Schnittstellen entwickeln, die ohne Umwege über Tastaturen, Touchscreens oder Sprachmodule direkt das Hirn mit dem Rechner verbindet. Genauer gesagt suchen sie dort nach einem Weg, mit Computerchips, die ins Hirn gepflanzt werden, Hirnströme in Computerbefehle umzuwandeln. Bald wurden Vorwürfe und Untersuchungen öffentlich, dass die Experimente an Affen bei Neuralink und Partner-Universitäten Fälle von tödlicher Tierquälerei seien.

Auch die Ideale bei OpenAI waren schon bald Kollateralschaden. Vor allem eines Machtkampfes, der damit endete, dass sich Elon Musk 2018 aus dem Unternehmen weitgehend zurückzog. Noch gab er Geld und fungierte als Berater. 2020 zogen OpenAI und Neuralink auch noch gemeinsam in das Pioneer Building, eine dreistöckige ehemalige Kofferfabrik aus dem frühen 20. Jahrhundert mitten im Mission District, dem ehemaligen Künstlerviertel mit den viktorianischen Holzhäusern, das in den letzten Jahren zum Brückenkopf des Silicon Valley in San Francisco gentrifiziert wurde. Dort wurde Sam Altman Chef. Der baute eine Unterabteilung auf, die profitorientiert arbeiten sollte. Geld kam von Microsoft. Musk war raus. SpaceX, Tesla und Neuralink waren sowieso schon genug Arbeit.

Und dann kam sein Auftritt auf der TED Conference im April 2022. Er trat als Überraschungsgast auf, der nicht im Programm angekündigt war. Die gab es immer mal wieder. Wikileaks-Gründer Julian Assange war einer gewesen, NSA-Whistleblower Edward Snowden und Papst Franziskus hatten schon solche Auftritte hingelegt, die für Weltnachrichten sorgten.

Auch Elon Musik hatte eine Sensation mitgebracht, weniger um die TED Conference aufzuwerten, sondern weil TED Talks als Medium die perfekte Mischung aus viralem Internetinhalt und politisch unverdächtiger Seriosität sind. Er musste allerdings keinen Vortrag schreiben, nichts auswendig lernen. Stargäste wie er bekommen bei der TED Conference die Chefbehandlung. TED-Kurator Chris Anderson interviewt die auf der Bühne live. Vor allem, wenn sie Nachrichten von Weltbedeutung zu verkünden haben. Musk federte an diesem Vormittag dann auch sehr jugendlich über den roten Teppich zu seinem Sessel. Anderson redete nicht lange drumherum und kam gleich mit der ersten Frage zur Sache: »Elon, vor ein paar Stunden hast du ein Angebot zum Kauf von Twitter gemacht. Warum?« Seit Monaten hatte sich Elon Musk schon über den Kurznachrichtendienst echauffiert. Mit einer langen Vorgeschichte.

2010 hatte Elon Musk ein Konto angelegt, das er zunächst nutzte, um Bücher zu bewerben, die er für wichtig hielt, und ein paar Nachrichten über seine Firmen zu lancieren. Dann wurden die Texte immer strenger. Musk ging Journalisten und Wall-

Street-Analysten an. Der erste Musk-Tweet, der es 2018 in die Weltnachrichten schaffte, drehte sich um einen Streit mit einem britischen Rettungstaucher. Eine Gruppe Schüler war in einer Höhle in Thailand von Sturzfluten eingeschlossen worden. Musk bot mit großer Geste an, ein Mini-U-Boot zu schicken. Der Rettungstaucher Vern Unsworth lehnte ab. Das sei ein PR-Gag, das ein Meter siebzig lange, starre Gefährt würde es keine fünfzig Meter durch die verwinkelten Höhlengänge schaffen. Musk könne sich sein Spielzeug sonst wohin stecken.

Da zeigte sich erstmals vor aller Welt der rachsüchtige Egomane Musk. Er beschimpfte den Rettungsprofi vor seiner millionenstarken Twitter-Gefolgschaft als »Pädo«. Die Empörung war groß. Musk löschte den Tweet. Der Taucher klagte vor Gericht. Aber damit schien der Damm gebrochen.

Immer schärfer wurde Musks Ton. Dazu kam sein Hang zu Witzeleien. Furz- und Schwanzwitze, Beleidigungen im Trump-Stil, Musk ließ nichts aus. Er war besessen von Anspielungen auf Zahlen wie die Weltformel des Herrenwitzes 69, auf den Kiffer-Code 420 und die 42 aus dem Science-Fiction-Roman »Per Anhalter durch die Galaxis«. In dem ist diese Zahl die Antwort eines Supercomputers auf die »letztgültige Frage nach dem Leben, dem Universum und allem«. Neben den Pennälerwitzen war vor allem sein Groll auf die inhaltlichen Überwachungsmechanismen der sozialen Medien ein Leitmotiv seiner Tweets. Twitter nahm die Probleme mit Hass und Hetze auf seiner Plattform sehr viel ernster als die Konkurrenz. Für Musk war das Monitoring gleichbedeutend mit Zensur.

Im März 2022 kochte sein Zorn dann über. Twitter hatte eines seiner Lieblingskonten gesperrt, das der konservativen Satirewebseite Babylon Bee gehörte. Die hatte die ranghöchste amerikanische Transperson, die Staatssekretärin für Gesundheit Rachel Levine zum »Mann des Jahres« gewählt. Das verstieß gegen die

Regeln bei Twitter, die falsche Geschlechtsbestimmung vor allem im Kontext der Transpersonen-Debatte als Hassposting klassifizierte. Für Elon Musk war das der Beweis, dass Twitter zu jenem ominösen Reich von »Wokeistan« gehörte, einer Öffentlichkeit, die von den »Woken« beherrscht wurde, also von einer progressiven Bewegung, die Respekt auch noch für die kleinsten Minderheiten einforderte. Ein Kampfbegriff der Rechten für alles, was auch nur einen Anflug linker Gesinnung vermittelte.

Musk drehte die Debatte um die Zensur auf Twitter schon bald in die Richtung, dass er mit der Idee kokettierte, den Dienst einfach zu kaufen. Als Narzisst ließ er sich von seiner Gefolgschaft bitten und drängen. Erst einmal erwarb er genügend Anteile, die ihm einen Sitz im Aufsichtsrat garantierten. Dann stieg er aus dem Board wieder aus. Die Tänzeleien zwischen dem Milliardär und seinen Schmeichlern waren schon eine Vorschau auf das, was da kommen sollte. Und was er auf der Bühne in Vancouver ähnlich kokett inszenierte.

Musk schmunzelte, als Anderson mit der direkten Frage begann, warum er Stunden zuvor ein Angebot zum Kauf von Twitter gemacht habe. »Woher hast du denn das?« (Gelächter) Anderson konterte mit einem Wortspiel auf das Wort Twitter, Zwitschern: »Ein kleiner Vogel hat mir ins Ohr gezwitschert oder so, ich weiß nicht.« Musk wechselte abrupt das Thema. »Übrigens, hast du den Film ›Ted‹ gesehen, über den Bären?« Der war schon etwas älter, eine Filmklamotte von 2012, in der Mark Wahlberg einen Junggesellen spielt, dessen bester Freund der sprechende und ausnehmend versaute Teddybär Ted ist, der flucht und säuft und Prostituierte in die Wohnung holt. Anderson stieg ein: »Ja, habe ich.« – »Guter Film.« – »Sag das bloß nicht hier.« (Gelächter) »Also, ja, ja, also. Gab es eine Frage?« – »Warum machst du dieses Angebot?« Dann erst verkündete Musk, dass er den Dienst kaufen wolle.

44 Milliarden Dollar bot Elon Musk, weit über dem Börsenwert. Während des Sommers erwischte ihn dann ein schwerer Fall von Kaufreue, mit allen juristischen Tricks suchte er Wege, aus dem Vertrag auszusteigen. Kurz bevor die Sache vor dem strengen Handelsgericht des Delaware Chancery Courts landete, ging der Deal dann doch über die Bühne. Musk ließ den Kauf als Sieg für die Meinungsfreiheit feiern.

Er begann seine Regentschaft dann gleich mal mit einem seiner Witze. Zum ersten Besuch in der Firmenzentrale von Twitter in San Francisco schleppte er ein Waschbecken in die Lobby des Pioneer Buildings. »Let that sink in«, schrieb er dazu auf Twitter, die amerikanische Redewendung für »denk mal drüber nach«, die man wörtlich auch als »lasst das Waschbecken rein« interpretieren könnte.

Die nächsten Monate waren allerdings kein Witz. Elon Musk feuerte drei Viertel der Belegschaft. Vor allem die Abteilungen, die schwierige und gefährliche Inhalte überwachten, wurden dezimiert. Eine Untersuchung ergab, dass sich die Posts mit Hass und Hetze unter ihm verdoppelten. Seine Idee von Meinungsfreiheit war dann vor allem, rechte Inhalte zu fördern und kritische Stimmen zu unterdrücken. Er sperrte die Konten von Journalisten, die ihn kritisierten, gab sie erst wieder frei, als der Empörungssturm über die Doppelmoral seiner Zensurmaßnahmen zu groß wurden. Er ließ Donald Trump wieder auf die Plattform. Als das Chaos immer größer wurde und die Kritik immer schärfer, als der Börsenkurs sank und die Anzeigenkunden abwanderten, ließ er die Nutzerschaft darüber abstimmen, ob er als CEO zurücktreten sollte. Die Mehrheit stimmte mit Ja. Also holte er Linda Yaccarino, eine erfahrene Managerin, die zuvor zwölf Jahre lang das Anzeigengeschäft des Medienkonzerns NBC Universal geleitet hatte. Die versuchte ein eher verzweifeltes Krisenmanagement. Denn Musk war letztlich immer noch der Chef.

Und er nutzte Twitter, um nicht nur Witzeleien zu veröffentlichen. Er verbreitete Verschwörungstheorien, Hetze und Antisemitismus.

Gleichzeitig war er mit seinem Satellitendienst Starlink zu einer Tech-Macht aufgestiegen, die ihn in den Kreis der Staatschefs katapultierte. Mit einem Male wurde er zu Fragen im Ukrainekrieg und später im Nahostkonflikt konsultiert. Immer öfter tauchte die Frage auf, wie viel Macht er hatte, vor allem, wie viel er haben sollte. Im Netz fragten sie schon, ob er der mächtigste Mann der Welt sei.

Er selbst glaubte das. Zumindest benahm er sich so. Und der Rest der Welt tat alles, um ihn zu bestärken. Der ehemalige amerikanische Unterstaatssekretär für Verteidigung Colin Kahl erzählte der Zeitschrift *New Yorker*, dass er sich während eines Krisenfalls in der Ukraine im Herbst des ersten Kriegsjahres 2022 doch sehr wunderte, als ihn seine Mitarbeiter ermahnten, nicht nur mit den Staatchefs von Deutschland, Frankreich und Großbritannien, sondern auch mit Elon Musk zu telefonieren. Er sagt dann aber: »Auch wenn Musk technisch gesehen kein Diplomat oder Staatsmann ist, hielt ich es für wichtig, ihn angesichts seines Einflusses auf dieses Thema als solchen zu behandeln.« Seit Russland die Kommunikationskanäle des Landes kurz nach Kriegsbeginn unterbrochen hatte, versorgte Elon Musk die Ukraine über seine Starlink-Satelliten mit Internet. Auch sonst sprang Musk gerne in die Bresche, wenn Staatsapparate eine Lücke ließen. In der Raumfahrt, bei der Energiewende, aber auch im Nahverkehr von Los Angeles, der vor allem aus Blechlawinen besteht, die sich über die Jahre immer langsamer über die Freeways quälten. Also gründete er 2016 eine Firma namens The Boring Company. Wieder so ein Witz. Das kann die Bohrungsfirma heißen, aber auch die langweilige Firma. Mit der wollte er jedenfalls Tunnel unter die Stadt bohren, in denen Hochgeschwindigkeitszüge die Autos mit 200 Stundenkilometern unter den Staus vorbei ans Ziel bringen sollten. Daraus wurde zwar die ersten Jahre nie etwas, aber so eine kleine Revolution gelang ihm trotzdem, weil die Firma immerhin Tunnelbohrmaschinen konstruierte, die drei Mal so schnell und trotzdem billiger als die Konkurrenz waren.

Wie stabil sein Status als Machtmensch war, zeigte sich, als der »Biograf der Genies« Walter Isaacson gleich zu Beginn der Buchsaison im September 2023 seine Musk-Bio veröffentlichte. Da berichtete die Klatschpresse zwar auch, dass er ja nicht nur zehn, sondern elf Kinder hatte und das bislang unbekannte dritte gemeinsame Kind mit dem Popstar Grimes ein Junge namens Techno Mechanicus sei.

Die Enthüllung, die dem Buch die meiste Aufmerksamkeit verschaffte, war allerdings eine hochpolitische Nachricht. Da stand, Elon Musk hätte sich 2022 geweigert, sein Starlink-Satellitennetz über der Krim abzuschalten, um einen Angriff der Ukrainer auf die russische Flotte zu verhindern, die dort vor Anker lag. Er konnte dann schon bald glaubhaft gegendarstellen, das Netzwerk sei über der Krim nie in Betrieb gewesen. Ukrainische Militärs hätten ihn gebeten, es anzuschalten. Musk habe dann abgelehnt, weil er damit zum Kriegsteilnehmer geworden wäre und er das Risiko nicht eingehen wollte, einen nuklearen Gegenschlag der Russen zu provozieren.

Was die Anekdote zeigte, war, dass Elon Musk im Machtgefüge der Weltpolitik auch gegen seinen Willen schon eine Rolle spielte, die nicht nur auf Augenhöhe mit Staatschefs war, sondern eine neue Form der Macht, weil Kommunikation auf den Schlachtfeldern des 21. Jahrhunderts eine Schlüsselrolle spielte, auch wenn da immer noch so archaische Taktiken wie Panzer- und Seeschlachten und Gefechte zwischen Schützengräben den Verlauf bestimmten. Es zeigt aber auch, dass er wirklich glaubte, er könne höchstpersönlich einen Atomkrieg auslösen. Mit seiner

Satellitenflotte. Die mal ein Nebenprodukt seiner Weltraumfirma war. Mit der er die Menschheit irgendwann mal auf dem Mars ansiedeln wollte. Solche Figuren hatte es bis dahin nur in James-Bond-Filmen gegeben, aber jetzt eben auch in einer historischen Biografie von Walter Isaacson.

Wie alle mächtigsten Männer der Welt polsterte Elon Musk seine Aura der Macht gerne mit einer Atmosphäre der Paranoia. Wenn man um ihn herumrecherchierte, stieß man selbst bei Leuten, die schon lange nicht mehr für ihn arbeiteten, auf konsequentes Schweigen. Mit Wirkung. Wochenlang verhandelte ich im Sommer 2023 mit einem Whistleblower aus seiner Firma. Bis nicht Musks Anwälte einschritten, sondern die des Whistleblowers. Sie rieten dringend davon ab, an die Öffentlichkeit zu gehen, nicht einmal anonym und mit dem stählernen Quellenschutz einer großen Zeitung. Was dieses Klima der Angst auch bewirkte, war, dass es kaum noch Leute um Elon Musk gab, die ihn wirklich beraten konnten. Dafür häuften sich die Jasager, Schleimer und Opportunisten. Als das Handelsgericht in Delaware ihn zwang, seine Chatprotokolle aus den Verhandlungsphasen herauszugeben, konnte man das sogar nachlesen.

In den Konvoluten H und J der Beweismittel fanden sich da Textnachrichten, die Musk und eine Gruppe seiner Vertrauten zum Thema Twitter ausgetauscht hatten. Das war nicht nur ein Einblick in die Musk-Welt, sondern auch ein seltenes Dokument der »Bro Culture«, die das Silicon Valley dominierte, jene großspurige, schenkel- und schulterklopfende Kultur der Kerle, die statt mit einem Rückgrat mit einem riesigen Stinkefinger geboren wurden. Mit dem versuchten sie dann auch all die Schleimspuren zu vertuschen, die sie bei den Hypermilliardären hinterließen.

Das las sich dann zum Beispiel so:

Antonio Gracias (Gründer der Investmentfirma Valor), Anfang

März: Wow … Ich habe Deinen Tweet zur Redefreiheit gesehen. Wtf ist los Elon …

Elon Musk: Die EU hat ein Gesetz verabschiedet, das Russia Today und mehrere andere russische Nachrichtenquellen verbietet. Wir sind angewiesen worden, ihre IP-Adressen zu sperren. Eigentlich finde ich ihre Nachrichten recht unterhaltsam. Viel Blödsinn, aber auch einige gute Argumente.

Gracias: Das ist fucking irre … Du hast völlig recht. Ich stimme Dir 100 % zu. Wir sollten es genau deshalb zulassen, weil wir es hassen … das ist der Sinn der amerikanischen Verfassung.

Musk: Ganz genau. Die Redefreiheit ist am wichtigsten, wenn es jemand ist, den man hasst und der das sagt, was man für Blödsinn hält.

Gracias: Ich bin zu 100 % bei Dir, Elon. Lass uns in den fucking Ring steigen, egal was passiert …

Es folgten Investoren und Firmengründer, die dringend mit Musk sprechen wollten. Bald ging es dann auch um Geld, wer einsteigen durfte, wer nicht, Millionen- und Milliardensummen wurden herumgeworfen. Tech-Investor Marc Andreessen bot ihm »250 Millionen ohne weiteren Aufwand« an. Musks Antwort: »Thanks.« Andere versuchte Musk selbst zu rekrutieren.

Musk an Larry Ellison (Gründer des Softwarekonzerns Oracle): Willst Du beim Twitter-Deal mitmachen?

Ellison: Ja, natürlich (Daumen-hoch-Emoji)

Musk: Cool. Wie viel? Ich will Dich nicht festnageln, aber der Deal ist überbucht, ich muss ein paar, die mitmachen, reduzieren oder rausschmeißen.

Ellison: Eine Milliarde. Oder was immer Du empfiehlst.

Musk: Was immer für Dich passt. Ich würde vielleicht 2 Milliarden Dollar oder mehr empfehlen.

Das klang alles sehr lässig und banal. Doch auch die amerikanischen Wirtschaftsjournalisten, die sich auskannten, bestätigten, dass diese Textnachrichten einen exemplarischen Einblick dafür lieferten, welcher Ton an der Spitze der digitalen Welt vorherrschte. Auch wenn das eher nach den Verabredungen für einen Jagdausflug klang als nach einem Milliardendeal für eine Firma, die mehr Einfluss auf die sozialen und politischen Strukturen der Gegenwart hat als jede andere.

Es war aber nicht nur der kleine Kreis von den amerikanischen Küsten, der Musk damals bestürmte. Auch in Übersee witterten sie Geld und Macht und Einfluss, sollte Musk Twitter kaufen. Am 30. März 2022 schickte beispielsweise der CEO des deutschen Medienkonzerns Springer Mathias Döpfner eine Textnachricht an Musk. Mit einem Angebot: »Warum kaufst du Twitter nicht? Wir betreiben es für dich. Und schaffen eine echte Plattform für freie Meinungsäußerung. Das wäre ein echter Beitrag zur Demokratie.« Musk antwortete dreieinhalb Minuten später unverbindlich: »Interessante Idee.« Döpfner setzte nach: »Ich meine es ernst. Ist machbar. Wird ein großer Spaß.«

Als Musk nicht reagierte, legte Döpfner noch einmal nach. Als Elon Musk neun Prozent der Aktien von Twitter und damit einen Sitz im Board kaufte, gratulierte er ihm am 4. April zum Investment: »Schnelle Umsetzung«, Smiley. »Sollen wir darüber reden, ob wir uns diesem Projekt anschließen sollten? Mein Vorschlag war ernst gemeint.« Ein paar Stunden später bat er um ein Gespräch. Am 6. April schickte er eine sehr lange Nachricht mit Vorschlägen, wie man Twitter umstrukturieren sollte. Musk antwortete: »Sure« und »Interesting«, und dann gar nicht mehr.

Als die Protokolle öffentlich wurden, brach erst einmal Häme über Mathias Döpfner herein. Bei all dem Gewitzel ging da der eigentliche Kern der Döpfner-Nachrichten unter. Der Pitch vom 6. April. Er skizzierte Reformmaßnahmen, immer mit dem Subtext, dass Springer das durchführen würde. Eine Mischung aus Anzeigen- und Abo-Finanzierung sollte Qualität sichern. Vor allem aber sollte das Problem mit der Meinungsfreiheit gelöst werden. »Schritt 1: Von Zensur befreien, indem man die Nutzungsbedingungen (die jetzt Hunderte von Seiten umfassen) radikal auf das Folgende reduziert: Twitter-Nutzer stimmen zu: (1) unseren Dienst (nicht) zu nutzen, um Spam zu versenden oder Nutzer zu betrügen. (2) Gewalt zu propagieren. (3) illegale Pornografie zu verbreiten (umgedrehter Smiley).« Dieser »Spielplan« war zunächst so schlicht wie naiv.

Dann aber wurde es technisch, und da zeigte sich bei Döpfners Versuch, Musk zu gefallen, das libertäre Weltbild der Tech-Branche, das der Demokratie seit dem Aufstieg der Tech-Giganten so zu schaffen machte, so deutlich wie selten: Twitter solle Projekte anschieben, damit das Netzwerk auf einer »dezentralen Infrastruktur laufen« könne. Es solle aber vor allem zum Modell der »Open APIs« zurückkehren. Das sind sehr vereinfacht gesprochen digitale Strukturen mit Schnittstellen, die Entwicklern von außerhalb erlauben, sich mit ihren eigenen Programmen anzuschließen oder Twitter einzubinden. So technisch das nun klingt, der Musterfall für die digitale Dezentralisierung und Öffnung blieb Cambridge Analytica, die Londoner Firma, die über Schwachstellen in Facebooks Struktur 2016 die Wahlen in den USA zu Gunsten Donald Trumps manipuliert hatte.

Döpfners Schlüsselsatz kam gegen Ende: »Dann sollte man einen Marktplatz für Algorithmen schaffen, z. B. wenn du als Schneeflöckchen keine Inhalte willst, die dich verletzen, such dir halt einen anderen Algorithmus.« Das war die Tech-Version der alten Springerlinie. Schon rund um die 68er-Bewegung wurde den Anhängern der Protestbewegung immer gesagt, sie sollten doch »nach drüben« gehen, wenn es ihnen nicht passte. Also in die DDR. Das Argument, jeder Nutzer könnte selbst entscheiden, welche Dienste er nutzt, ist in einer digitalen Welt, die von Monopolisten bestimmt wird, zu denen auch Twitter gehört, die reine Arroganz der Macht. Aber genau so handelte Musk dann ja bei Twitter.

Zum Beispiel als er Twitter im Juli 2023 in X umbenannte. Das Rätseln in den Medien und der Öffentlichkeit nahm kein Ende. Was wollte er mit alldem bezwecken? Wollte er den Kurznachrichtendienst so weit herunterwirtschaften, um dann auf den Trümmern eine sogenannte Everything App zu errichten? Das Vorbild wäre die chinesische Rundum-App WeChat, über die Nutzer dort vom Chat über die Versicherungsangelegenheit, die Reisebuchung und Bestellungen so ziemlich ihr gesamtes digitales Leben und den Alltag regeln. Immer unter Aufsicht der Parteidiktatur. Wollte er den Wert so weit senken, dass er schließlich seine eigenen Schulden für Bruchteile aufkaufen könnte? War es doch nur Zerstörungswut und Egomanie?

Und auch auf seinem eigenen Twitterkonto wütete er weiterhin ohne Rücksicht auf Ansehen und Börsenkurse. Da postete er schon im Dezember 2022 das Wörtchen »Follow« und ein Kaninchen-Emoji. Das war Code der QAnon-Bewegung. Die Hippies und die Netz-Nerds hatten die Allegorie mit dem Kaninchenbau aus »Alice im Wunderland« noch positiv besetzt. Die QAnon-Bewegung aber benutzte das als Metapher für die vielen »Drops«, die Hinweise und Links, die der unbekannte »Q« im Netz hinterließ und die sie sich zu ihrem wirren Weltbild zusammensetzten. Musk hatte viele der 70 000 gesperrten QAnon-Konten bei Twitter wieder freigegeben. Mit dieser einen Mikrobotschaft holte er die Bewegung, die sich seit dem Sturm aufs Kapitol am 6. Januar 2021 eher ruhig verhalten hatte, wieder aus dem Winterschlaf.

Die meisten Skandale um seine Kurznachrichten verebbten wieder. Nur Bürgerrechtsbewegungen und jüdische Organisationen ließen nicht locker. Vor allem die Anti-Defamation League setzte ihm nach, eine der ältesten Organisationen, die Antisemitismus bekämpft. Seit das Institute for Strategic Dialogue in einer Untersuchung herausgefunden hatte, dass die Anzahl der antisemitischen Posts auf X in den ersten neun Monaten nach Musks Übernahme um 106 Prozent zugenommen hatte, war Twitter ein Schwerpunktthema der ADL. Musk hatte dann mit seinen Angriffen gegen die Organisation seinen Ruf als Antisemit zementiert, den er sich mit seinen Tiraden gegen den Philanthropen George Soros eingehandelt hatte. Das kostete ihn buchstäblich ein Vermögen. Immer mehr Anzeigenkunden sprangen ab. Da kam ihm seine Machtposition sogar hin und wieder zu Hilfe.

Im September 2023 reiste der israelische Premier Benjamin Netanjahu zur Vollversammlung der Vereinten Nationen. Vorher machte er aber noch einen Stopp in Kalifornien. Nur mit zwei Mikros traten sie dann in der Tesla-Fabrik im Silicon Valley auf eine Bühne. Musk gab einmal mehr den genialischen Professor, der seine Visionen ein wenig stotternd vorträgt, aber doch Großes vorhat. Benjamin Netanjahu gab mit Gönnerhaftigkeit, Dad-Jokes und einem einnehmenden Baritonlachen den klassischen Patriarchen.

Was Musk das Treffen bringen würde, war klar. Benjamin Netanjahu hatte wiederum damit zu kämpfen, dass seine von weiten Teilen der Israelis als antidemokratisch wahrgenommene Justizreform seinem Land schweren wirtschaftlichen Schaden zugefügt hatte. Israel war ursprünglich ein Vorreiter der digitalen Welt gewesen, hieß auch »Start-up Nation«. 48 Prozent seiner Exporte kamen inzwischen aus dem Hightech-Sektor. Aus guten Gründen. Da gab es einen ultramodernen Verteidigungsapparat, der Innovation antrieb, eine Gesetzgebung, die Start-ups förderte, einen allgemein hohen Bildungsstand. In diesem Sektor herrschte allerdings auch eine große Abneigung gegen den rechtsreligiösen Kurs, für den Netanjahu stand. Deswegen begann in der Tech-Szene eine massive Abwanderungswelle und damit ein Braindrain, den sich das Land nicht leisten konnte. Und deswegen präsentierte sich Netanjahu mitten im Silicon Valley als Verfechter der Innovation. Ohne Moderation reichten sich die beiden dann ihre jeweiligen Gesprächspunkte hin und her. Twitter toll, Israel toll, Demokratie toll, freie Marktwirtschaft am allertollsten. Antisemitismus doof, Iran sehr doof. Etwas präziser: »Natürlich bin ich gegen Antisemitismus – ich bin gegen alles, was ›anti irgendwas‹ ist«, sagte Musk. Und Netanjahu flankierte: »Ich hoffe, dass du innerhalb der Grenzen des ersten Verfassungszusatzes die Möglichkeit findest, nicht nur den Antisemitismus so gut wie möglich zu stoppen, sondern auch jeden kollektiven Hass auf die Menschen, für den der Antisemitismus steht.« Das sei ja echt nicht leicht.

Netanjahu erklärte seinen Angriff auf das Oberste Gericht wiederum so: »Das Gleichgewicht zwischen den drei Regierungszweigen – mehr will ich ja gar nicht.« Er versicherte: »Israel war, ist und wird immer eine Demokratie sein.« Der Schlüsselmoment kam dann, als er lamentierte: »Es ist nicht leicht, verleumdet zu werden«, sich an Musk wendete: »Ich weiß, dass du das noch nie erlebt hast, oder?«, und Musk kicherte. »Ich, verleumdet? Niemals.« So lässig kam das Selbstverständnis der Macht selten über die Bühne.

Um dem Vormittag dann noch Substanz zu verleihen, waren für die zweite Hälfte der Veranstaltung zwei Superstars der KI-Forschung eingeladen. Max Tegmark, Wissenschaftsphilosoph am Massachusetts Institute of Technology, und Mathematiker Greg Brockman, Mitbegründer der Firma OpenAI, die mit ChatGPT und Dall-E den KI-Boom der vergangenen Monate ausgelöst hatte. Man sprach dann eher ethisch-philosophisch über Fluch und Segen der KI. Die Botschaft war wie üblich, man brauche Institutionen, die KI zu regulieren, um Schlimmes zu verhindern. Das Schlusswort, bevor die Übertragung abbrach, hatte Elon Musk. Der erzählte, wie er die Chinesen gerade dazu gebracht habe, KI zu regulieren. Da war er wieder, der Supermachtmann, der eine Supermacht in die Knie gezwungen hatte.

Die beiden sahen sich schon bald wieder. Am 7. Oktober beging die Terrorgruppe Hamas im Grenzgebiet zum Gazastreifen die schlimmsten Massaker an jüdischen und nichtjüdischen Israelis seit Beginn der Nation, ja seit dem Holocaust. Musk hatte sich beim Staatspräsidenten Jitzchak Herzog angekündigt. Mitte November hatte Musk mal wieder antisemitische Kurznachrichten gepusht. Wieder waren Anzeigenkunden abgesprungen. Ein Besuch in Israel sollte das Image kitten.

Netanjahu wiederum wollte sein Verhältnis zu Musk zementieren. Diesmal nicht aus wirtschaftlichen, sondern aus strategischen Gründen. Nachdem Israel den Gazastreifen zu Beginn des Gegenangriffs vom Internet abgekoppelt hatte, hatte Musk angekündigt, den Gazastreifen über Starlink mit Internet zu versorgen. Vor allem die Hilfsorganisationen brauchten die Kommunikation. Netanjahu wollte sicherstellen, dass Musk das nur mit Genehmigung und unter Anleitung der Israelis tat, damit die Hamas Starlink nicht dazu nutzen konnte, ihre weiteren Angriffe zu koordinieren. Die Bilder davon, wie Musk und Netanjahu dann durch die zerstörten Kibbuze schritten, ausgebrannte Häuser und Orte des Grauens besichtigten, halfen aber vor allem Musk, seine Solidarität mit Israel zur Schau zu stellen.

Lange hielt der Eindruck nicht vor. Den Höhepunkt erreichte Elon Musks Koketterie mit dem rechtsradikalen Rand im Dezember 2023. Da ließ er darüber abstimmen, ob er das Konto des Verschwörungserzählers und Rechtsradikalen Alex Jones wieder aktivieren sollte. Eine Mehrheit stimmte mit Ja.

Er rehabilitierte den Hetzer dann am Sonntag, den 10. Dezember, mit einem Audiocast. Bei Twitter hatten sie das Format entwickelt, um der App Clubhouse zu begegnen, die Live-Podcasts anbot, bei der Gruppen beliebiger Größe vor Zuhörerschaften diskutieren konnten. Während der Pandemie hatte das kurzfristig enormen Erfolg, als die gesamte Menschheit viel zu viel Zeit daheim hatte. Clubhouse ging unter. Twitter Spaces, dann eben X Spaces, blieb. Musk begrüßte also gemeinsam mit dem Anwärter auf die Präsidentschaftskandidatur der Republikaner Vivek Ramaswamy den Poltergeist Alex Jones.

Den Höhepunkt erreichte das Forum, als Ramaswamy mit seinem Handy aufs Klo ging und die mehr als einhunderttausend Nutzer starke Hörerschaft live erst einen strammen Strahl und dann die Spülung hören konnte. Oha, er hätte die Mute-Taste nicht gefunden, feixte der Kandidat. Allgemeines Kichern. Solche Rituale des gemeinsamen Wasserlassens waren in vorzivilisatorischen Herrenrunden mal Gesten der Verbrüderung und Beweise der Virilität gewesen. In diesem Forum war es eine archaische Manifestation der Männlichkeit.

Twitter hatte Alex Jones im Sommer 2018 gesperrt. Der war als Websitebetreiber, Radio- und Podcast-Moderator extrem erfolgreich. Auf seiner eigenen Webseite Infowars und anderen Webkanälen hatte er nicht nur Verschwörungsmythen verbreitet, sondern auch gegen die Familien der Opfer eines Schul-Amoklaufes gehetzt. Auch Dienste wie Google+, Instagram, Vimeo und LinkedIn sperrten in jenem Sommer seine Konten.

Jones ist ein Bilderbuch-Choleriker, dem man in der Runde nur an seiner Stimme seinen Bluthochdruck anmerkte. Er hatte sich schon in den Neunzigerjahren als Stimme der »New-World-Order«-Fraktion der amerikanischen Rechten profiliert, die glaubte, gegen die Weltverschwörung einer Machtclique zu kämpfen, zu der sie unter anderem den Gründer des Weltwirtschaftsforums Klaus Schwab und Microsoft-Gründer Bill Gates zählte. Jones verbreitete Irrsinn wie die Mär, dass die Anschläge vom 11. September von der US-Regierung inszeniert worden waren, oder dass Demokraten im Hinterzimmer der Pizzeria Comet Ping Pong in Washington mit Kindern für satanische Sex-Rituale handelten. Weil er in seinen Shows auch Bücher, DVDs und Medikamente verkaufte, wurde er zum Multimillionär.

Ab dem Jahr 2012 behauptete er dann wieder und wieder, dass der Amoklauf an der Sandy-Hook-Grundschule mit sechsundzwanzig Toten ein Täuschungsmanöver von Gegnern der Waffengesetze gewesen sei, die das inszeniert hätten, um die Wut der Bevölkerung auf die Waffenindustrie zu schüren. In Wahrheit habe der Amoklauf nie stattgefunden. Weil er aber nicht nur solche Lügen verbreitete, sondern auch die Eltern der zwanzig ermordeten Kinder mit Hetze und falschen Anschuldigungen verfolgte, kam er vor Gericht. Zwei Mal wurde er zu Schadenersatzzahlungen von insgesamt rund 1,5 Milliarden Dollar verurteilt. Bezahlen konnte er das nicht, ruiniert war er so oder so.

Als Musk ihn nun wieder auf X zuließ, hatte Jones' Konto immer noch 1,4 Millionen Abonnenten. Er bekam dann erst einmal viel Zeit im Audiocast, um sich für seine Sandy-Hook-Hetze zu rechtfertigen. Er habe seine Irrtümer eingesehen, sich mehrfach entschuldigt, das wolle er auch an dieser Stelle wieder tun, sagte er. Dann aber nahm die Gesprächsrunde an Fahrt auf. Jones redete sich heiß und nahm die Zuhörerschaft mit auf eine Tour de Force durch ein Panorama der Weltverschwörungen, in denen die »Overlords« einer »Matrix« der Macht die Andersmeinenden und Aufgeklärten des rechtsextremen Rands unterdrückten. Stargäste kamen in die Runde. Der ehemalige Profi-Kickboxer Andrew Tate zum Beispiel, der auf sozialen Medien seit Jahren ein Weltbild der Frauenfeindlichkeit predigt und deswegen vor allem bei jungen Männern im Teenager-Alter beliebt ist. Auf X hatte er an diesem Tag 8,4 Millionen Follower. In seiner Heimat Großbritannien und seinem Wahlwohnort Bukarest hatte man ihn allerdings auch schon wegen Vergewaltigung und Menschenhandels verhaftet. Tate stimmte Jones eifrig zu und sagte, die Mächtigen würden Andersdenkende schon auch mal in rumänischen Kerkern verschwinden lassen.

Dann kam Donald Trumps ehemaliger Sicherheitsberater Michael Flynn, den die Runde respektvoll mit seinem Dienstgrad General ansprach. Auch den hatte Musk wieder rehabilitiert, mit einem Konto von 1,3 Millionen Followern. Ursprünglich hatte Twitter ihn gesperrt, als er nach dem Sturm aufs Kapitol Verschwörungserzählungen der QAnon-Bewegung verbreitet hatte. Weitere Figuren der amerikanischen Rechtsradikalen durften sich zu Wort melden, die man außerhalb ihrer Kreise nicht kennt. Alle redeten sich im Kielwasser von Jones' Zornkaskaden heiß. Man konnte kaum folgen. Das erinnert stark an jenen Nachmittag fast dreißig Jahre zuvor, als der Klan-Leiter Don Black und sein Amateurhistorikerkumpel ihr wirres Weltbild mit dem Gestus der überzeugten Intellektuellen ausgebreitet hatten.

In dieser Runde konnte Elon Musk mit seiner ruhigen Stimme und dem leichten Stottern, das man immer wieder als Selbstreflexion und Bedächtigkeit fehlinterpretiert, die Rolle des Vernünftigen spielen. Was blieb, war allerdings der Eindruck, dass Elon Musk sich da eine neue Welt geschaffen hatte, in der Frauenschänder, Pinkelbrüder, Schweinenazis den Ton angaben.

Das wäre alles ein amerikanischer Nischenmoment gewesen, wenn Twitter auch unter dem Namen X nicht weiterhin eines der zentralen Foren der globalen Öffentlichkeit gewesen wäre. Trotz Abwanderungsbewegungen liberaler Abonnenten und Anzeigenkunden hatte der Dienst laut eigenen Angaben immer noch 528,3 Millionen aktive monatliche Nutzer. Die Webseite Statista beziffert die Nutzerzahl zu diesem Zeitpunkt sogar auf 666 Millionen. X war damit weltweit das zwölftgrößte soziale Netzwerk. Auf Platz eins stand weiterhin Facebook mit 3,03 Milliarden, gefolgt von YouTube mit 2,49 Milliarden. Soziale Medien wie Threads mit 141 Millionen, Mastodon mit 10,04 Millionen oder Blue Sky mit 1,8 Millionen, die von vielen als Alternativen gefeiert wurden, tauchten auf der Liste bisher nicht auf. Es waren aber längst nicht nur die Zahlen, die X weiterhin so viel Bedeutung verschafften, sondern auch die Qualität seiner Nutzerschaft. Die Meinungsmacher aus Politik und Medien betrachteten Musks Netzwerk ja trotz der neuen politischen Gewichtung unter Elon Musks Firmenleitung immer noch als ihr Zentralorgan.

Man mag die Rückkehr des Extremisten Alex Jones als einen Moment des außergewöhnlichen Wahnsinns betrachten, mit dem Elon Musk nur seine Feinde von »Wokeistan« provozieren wollte. Aber sein Rechtsruck war doch viel mehr. In seinem Furor entlarvte sich eine Parallele zwischen dem Silicon Valley und dem rechten Rand, mit dem von den Libertären bis zu den Rechtsradikalen ja nicht nur Elon Musk sympathisierte. Populismus und Rechtsradikalismus bieten immer schon einfache Erklärungs- und Lösungsmodelle. Die Illusion, dass es für alle eine Lösung gibt, ist aber auch die Grundlage für das Ingenieursdenken der Technologie. So deckt sich der Pragmatismus der Technokraten mit dem der Autokratien. Das erklärt die Faszination mit der Effizienz der chinesischen Parteidiktatur, die heimlichen Sympathien für Putins brutale Konsequenz, das Verständnis für Trump, der eine primitive Version des libertären Freiheitsgedankens verkörpert, der doch nur eine Form des Faustrechts ist.

Die ultimative Form der Lösungsmodelle aber hatte in diesem Jahr 2023 gerade erst die breite Öffentlichkeit erreicht. Warum sich selbst mit Problemen herumschlagen?, war das Angebot des Silicon Valley. Man sollte seine Entscheidungen und auch sein Denken doch lieber an die Maschinen auslagern. Die würden das schon für einen erledigen.

21. Kapitel
KI weltweit

Wie die künstliche Intelligenz aus den Nischen der Forschung auf die Weltbühne trat und der Weltmeister im Brettspiel Go als Erster der KI als Wesen begegnete.

Als der Medientheoretiker Scott Galloway im schlechtwettrigen Münchner Januar das Jahr 2023 zum »year of artificial intelligence« erklärte, hatte das schon längst begonnen. Vier Wochen zu früh, um genau zu sein am 30. November 2022. Es gab keine Präsentationen, Auftritte, Reden oder Werbespots. Sam Altman postete in seiner Funktion als CEO des Start-ups OpenAI in San Francisco auf dem Kurznachrichtendienst Twitter lediglich den Hinweis: »Heute haben wir ChatGPT gestartet. Versuchen Sie, hier mit ihm zu sprechen: http://chat.openai.com«. Mehr brauchte es auch gar nicht. Wer die KI ausprobierte, war sofort verblüfft, dass hier eine Maschine antwortete, die so freundlich und eloquent war wie ein Mensch. Der Turing Test, seit den Fünfzigerjahren die Messlatte für die Fähigkeit eines Computers, einen Menschen davon zu überzeugen, dass er mit einem anderen Menschen kommuniziert, hatte ausgedient. Bei ChatGPT konnte das die Werkseinstellung.

Die Webseite der KI war dabei so trügerisch schlicht wie zuvor schon die erfolgreichsten Seiten der traditionellen KI, die oft nicht mehr so hieß, sondern eben Google oder Facebook oder Amazon. Es gab eine Textmaske, über die man sich mit der KI unterhalten konnte, ein Fenster mit der Unterhaltung selbst und eine Leiste, auf der alle Chats mit dem Bot gespeichert wurden. Man konnte ChatGPT Fragen stellen, sie um Texte bitten, sie Büroarbeiten erledigen und Computercode schreiben lassen. Man konnte auch versuchen, sie an der Nase herumzuführen, sie zum Beispiel irgendwas Fieses oder ein N- oder F- oder sonstiges Tabuwort sagen lassen, oder sie bitten, einem zu erklären, wie man eine Bombe baut. Das scheiterte sofort, weil OpenAI ganz offensichtlich aus den Fehlern der jüngsten Vergangenheit gelernt hatte. Deswegen hatten die Ingenieure Leitplanken und Bremsen eingebaut, die verhinderten, dass ihre KI in die gleichen Strudel aus Hass, Hetze und den finsteren Seiten der Welt gezogen würde wie die so viel schlichteren KIs, welche die Nachrichtenflüsse der sozialen Netzwerke regelten. ChatGPT hatte dann immer eine Ausrede oder auch mal eine Fehlermeldung parat. Und so begannen die Menschen mit den Maschinen zu reden. Höflich. Freundlich. Gesittet.

Nach fünf Tagen hatte die KI schon eine Million Abonnenten. Als Scott Galloway dann im Januar auf der Bühne der Tech-Konferenz DLD seine Zeitenwende-Ansage machte, war die Nutzerzahl um das Zehnfache auf 100 Millionen gestiegen und ChatGPT die bis dahin am schnellsten wachsende App in der Geschichte des digitalen Universums. Es war aber auch verblüffend, was das Ding alles konnte. Für die breite Öffentlichkeit war das erstmals die Begegnung mit der »gewaltigen Kreatur«, wie Murray Shanahan das gut fünf Jahre zuvor bei der KI-Konferenz im Londoner Rathaus beschrieben hatte. Aber weil ChatGPT nicht nur gesittet, sondern vor allem unterhaltsam war, bauten die Menschen ihre Hemmschwellen rasch ab.

Mich kriegte ChatGPT rum, als ich ausprobierte, ob die KI denn wirklich so viel über die Geisteswelt der Menschen gelernt hatte. Also Pop- und Hochkultur in einen Prompt gepackt. »Schreib mir einen Liedtext über Ludwig Wittgenstein im Stil von Bruce Springsteen.« Die Antwort kam nach Sekunden. Weil ChatGPT vorerst nur Englisch sprach, las sich das dann so: »Born in Austria, Raised on the streets of Vienna, Wittgenstein was a philosopher, With a mind that was always a-trying. He tackled the big questions, Of language and truth and reality.« Auf Deutsch: »Geboren in Österreich, aufgewachsen in den Straßen Wiens, war Wittgenstein ein Philosoph mit einem Geist, der immer auf dem Sprung war. Er beschäftigte sich mit den großen Fragen nach Sprache, Wahrheit und Wirklichkeit.« Das war schon mal nicht schlecht, weil es den Anschein erweckte, die KI habe Springsteens Pathos und Wittgensteins Werk zumindest für einen Vierzeiler begriffen. Das rief nach mehr.

Also, bitte nochmal im Stil von *Run-D.M.C*: »Wittgenstein on the mic, Rapping 'bout language and thought, He's the king of philosophy, And he can't be bought.«

Von *Metallica*: »His words are like a hammer, Slamming down on the brink. Let us all raise our fists, And scream out his name, Wittgenstein, Wittgenstein, The philosopher of flame.«

Bob Marley: »Wittgenstein, oh Wittgenstein, Your words are like a burning fire.«

Nun war ChatGPT keineswegs die erste künstliche Intelligenz, die eine Unterhaltung simulieren konnte. Der Informatiker Joseph Weizenbaum hatte am MIT schon 1966 seine Psychotherapeutenmaschine ELIZA herausgebracht, die auf jeden Satz mit einer Bitte oder Frage eingehen konnte, die eigentlich nur wiederholte, was die Patienten gerade gesagt hatten. Und doch hatten die Menschen zu diesem Programm oft mehr Vertrauen als zu einem Menschen. Als ChatGPT erschien, waren Chatbots schon lange in den Alltag eingezogen. Über die Kundenportale von Onlinehändlern wie Amazon oder Kommunikationsfirmen wie der Deutschen Telekom, über die Sprachmodule wie Siri, Alexa oder

Google waren es die Menschen schon lange gewohnt, mit Computerprogrammen zu sprechen. Und doch gab es da eine neue Qualität in diesen Dialogen zwischen Mensch und Maschine. Die meisten, die ChatGPT benutzten, beschlich schon nach kurzer Zeit das Gefühl, da sei eine Maschine, die nicht nur tat, was man ihr befahl, sie schien auch zu verstehen. Ilya Sutskever, der russisch-israelisch-kanadische Wissenschaftler, der ChatGPT entwickelt hatte, sagte damals auf die Frage, ob er glaube, seine Erfindung habe ein Bewusstsein entwickelt: »Wenn man ganz arg die Augen zusammenkneift.« Immerhin stand auf der Webseite seiner Firma als langfristiges Geschäftsziel die AGI, die »artificial general intelligence«, was als neues Schlagwort wenigstens nicht so viel Theater machte wie die »singularity« mit ihrer »God-like AI«. Auch wenn es bei beiden Begriffen um das Gleiche ging. Um den Moment, in dem künstliche Intelligenz die der Menschen erreicht, überholt und übertrifft. Und was dann?

Die viel interessantere Frage war aber zunächst einmal, warum ChatGPT scheinbar mit einem Schlag die Technologiegeschichte auf ein neues Level katapultiert hatte. Den entscheidenden Unterschied zu anderen Chatbots machte zunächst die Technologie. Die Zeitenwende in der KI-Entwicklung war aber mehr als ein bloßer Technologiewandel. Das zugrundliegende Prinzip der neuen künstlichen Intelligenz erlaubte es dieser erstmals, Dinge zu tun, die Shanahans Konzept der Wesenhaftigkeit belegen. ChatGPT war dabei weniger ein technischer als ein gesellschaftlicher Durchbruch, weil er die Fähigkeiten und die Unzulänglichkeiten der neuen KIs erstmals so vereinfachte, dass sie nicht nur die technische, sondern auch die soziale Marktreife erreichten. Das heißt, ChatGPT war nicht nur ein Produkt, das viele Millionen Menschen akzeptierten, es war auch die Grundlage für einen öffentlichen Diskurs. Der aber schien sich dieses Mal sehr viel früher um die gesellschaftlichen Auswirkungen zu drehen als zuvor. Was vor allem daran lag, dass einerseits die Probleme der neuen Generation der KIs sehr viel erfahrbarer waren als die komplexen Zerstörungskräfte der Sortiermaschinen im Web 2.0. Auf der anderen Seite war die Debatte eine Marketingstrategie der Digitalgiganten, die mit apokalyptischen Zukunftsvisionen vor allem einen Machtanspruch formulierten, der einem rasch klar wird, wenn man sich die technischen Grundlagen anschaut. GPT ist die Abkürzung für »Generative Pre-Trained Transformer«. Generative vortrainierte Transformatoren. Das ist eine recht buchstäbliche Beschreibung des Prinzips. Wie alle anderen KIs auch, werden solche Modelle erst einmal mit großen Datenmengen gefüttert und dann trainiert, diese zu verarbeiten. Eine Alltags-KI wie die Suchmaschine von Google funktioniert nicht anders. Das ist sowieso ein gutes Beispiel, weil hier die zwei Schulen der künstlichen Intelligenz zusammenarbeiten.

Da ist auf der einen Seite die regelbasierte KI, die auf der Basis von vorgegebenen Handlungsanweisungen Daten verarbeitet. Eine KI, die Schach spielt, wäre so ein Klassiker. Die Maschine weiß, welche Regeln sie einhalten muss, sie hat Tausende, wenn nicht Millionen Schachpartien studiert und berechnet nun den besten nächsten Zug. IBM landete 1996 und 1997 mit seinem Schachcomputer Deep Blue zwei der ersten historischen Momente der KI-Geschichte, als die Maschine den damals amtierenden Schachweltmeister Garri Kasparow besiegte. Der hatte keine Chance. Der Rechner konnte rund 200 Millionen Züge pro Sekunde durchdenken. Er tat dies allerdings auf der Grundlage von einfachen Berechnungen.

Regelbasierte KIs sind schon lange Teil des Alltags. Sie stecken in vielen Text- und Mail-Programmen, sie können Rechtschreibung und Grammatik korrigieren. Solche KIs sind auch perfekte Sortiermaschinen. Sie sind beispielsweise dafür zuständig, bei Amazon Produkte, bei Spotify Songs und bei Netflix Filme zu empfehlen. Das ist sehr vereinfacht die ursprüngliche Herangehensweise, Computern das »Denken« beizubringen. Letztlich funktioniert so eine KI immer noch wie eine Rechenmaschine, weil sie zwar komplexe Aufgaben durchführt, die Ergebnisse aber letztlich erwartbar und in der Regel korrekt sind.

Die andere Methode sind die neuronalen Netze. Die sind nach dem Vorbild des menschlichen Gehirns mit einer Unzahl von Knotenpunkten aufgebaut, die ähnlich wie die Synapsen unzählige Aufgaben miteinander verbinden. Das erste Mal, dass eine breitere Öffentlichkeit begriff, was neuronale Netze können, war 2016, als die Londoner Firma DeepMind ihre KI namens AlphaGo im chinesischen Brettspiel Go gegen den Weltmeister Lee Sedol antreten ließ. Go ist im Gegensatz zu Schach ein ungleich komplexeres, aber deswegen auch intuitiveres Spiel. In Asien ist es auch deswegen ein Betrachtersport, weil jeder Spieler seine eigene Persönlichkeit entwickelt, wobei sich die eben nicht in der Direktheit des körperlichen Einsatzes zeigt, wie etwa beim Fußball oder beim Boxen, sondern in der Abstraktion des Spiels.

In der KI-Forschung war Go immer schon eine Hürde, die als Scheitelpunkt begriffen wurde. Wer einer Maschine dieses Spiel beibringen würde, hatte die Forschung in ein neues Zeitalter geführt. Warum das so ist, zeigt schon der Vergleich mit Schach. Ein Schachbrett ist ein Raster aus acht mal acht Quadraten. Ein Go-Brett, wie es in Wettkämpfen benutzt wird, hat 19 mal 19 Quadrate, und weil es darum geht, die Eckpunkte zu besetzen und dabei Territorien auf dem Spielbrett zu umzingeln, anstatt nur den Spielstein des Königs zu schlagen, sind die Variationen um ein Vielfaches höher.

Die Zahl der Möglichkeiten beim Schach hat der Mathematiker Claude Shannon berechnet, der als einer der Väter des Informationszeitalters gilt. Shannon war ein genialischer Multitasker. Als er in den Vierziger- und Fünfzigerjahren am Forschungsinstitut Bell Labs in New Jersey arbeitete, fuhr er hin und wieder auf einem Einrad durch die Gänge und jonglierte dabei. Er entwickelte aus purem Spaß Dinge wie das raketenbetriebene Frisbee und den motorisierten Pogostick. Nach ihm wurde in der Mathematik aber auch die Maßeinheit für den Informationsgehalt eines Zeichens benannt. Und er arbeitete an einem der ersten Schachcomputer. Dabei berechnete er die Zahl, die als Shannon Number bis heute gilt. Demnach gibt es in jedem Schachspiel mindestens 10^{120} Möglichkeiten für Stellungen. Das ist mehr, als es Atome im Universum gibt. Das ist nach allen Berechnungen eine Zahl zwischen 10^{78} und 10^{82}. Go wiederum hat 10^{170} Möglichkeiten für Spielzüge. Der Unterschied zur Zahl der Schachpositionen ist gewaltig. Nach groben Schätzungen ist Go damit 1 Googol mal komplexer als Schach (1 Googol ist die Zahl mit 100 Nullen, nach der Larry Page und Sergey Brin ihre Suchmaschine benannten).

Kein Wunder also, dass sich Firmengründer Demis Hassabis Go als Messlatte vorgenommen hatte. Er war seit seiner Kindheit ein brillanter Schachspieler, der es in der Rangliste des Weltschachbunds immerhin zum Titel des Meisterkandidaten gebracht hatte. Als er seine Firma 2010 gründete, war sein Ziel von Anfang an gewesen, eine KI zu entwickeln, die selbstständig lernt. Wie ein Mensch eben, der ein Spiel noch nie gesehen hat, erst die Regeln lernt und dann Erfahrung sammelt. Hassabis betrachtet sich selbst als historische Figur: »Wir sehen DeepMind als eine Art Apollo-Programm für künstliche Intelligenz. Unsere Mission ist es, Intelligenz ganz grundsätzlich zu verstehen und sie künstlich nachzubilden.« Seine Anspielung auf das Raumfahrtprogramm war ganz bewusst. John F. Kennedy prägte damals den Begriff »moonshot«, mit der heute in Wissenschaft und Technik Projekte bezeichnet werden, von denen niemand glaubt, dass sie eine Chance auf Erfolg haben, weil sie so aufwendig und riskant sind. Google unterhielt einige Zeit eine eigene Moonshot-Abteilung.

DeepMind entwickelte sich langsam. Erst einmal brachten sie ihre Algorithmen dazu, frühe Videospiele wie Space Invaders und Breakout zu meistern. Bald wurde Google auf die Firma aufmerksam und übernahm. 2014 war der Deal perfekt. Das war auch das Jahr, in dem DeepMind seine erste Studie über einen Algorithmus, der Go spielen kann, veröffentlichte. Ein Jahr später trat die KI gegen den Europameister Fan Hui an und gewann fünf zu null. Zum ersten Mal hatte eine künstliche Intelligenz einen Profispieler geschlagen. Der Meilenstein aber kam, als DeepMind ein Jahr später in Seoul das Turnier gegen Lee Sedol organisierte, der achtzehn Weltmeisterspiele gewonnen hatte und von 2007 bis 2011 als bester Spieler der Welt geführt wurde.

Es gibt einen Dokumentarfilm über dieses Turnier. »AlphaGo« heißt er und ist so spannend wie ein Thriller. In Europa und den USA wurde die historische Bedeutung dieser drei Tage nie so richtig wahrgenommen. Zwar schauten sich 200 Millionen Menschen die Übertragung damals im Fernsehen an, aber vor allem in Asien. Der Schriftsteller Benjamin Labatut verewigte Sedol in seinem Roman »Maniac«, der im Herbst 2023 als literarische Sensation gefeiert wurde. Denn was sich da im Grand Ballroom des Four Seasons Hotels in Seoul abspielte, empfand nicht nur Lee Sedol selbst als einen Schlüsselkampf zwischen Mensch und Maschine.

Sedol war der perfekte Gegner. Der damals 33-Jährige wirkte nur auf den ersten Blick wie der schüchterne Nerd. Ein hagerer Mann mit Topfschnitt und unsicherem Lächeln. Er sprach mit einer hohen, pfeifenden Stimme, weil eine Krankheit ihm schon im Kindesalter die Stimmbänder beschädigt hatte. Wenn er in seinen schlecht sitzenden Anzügen vor die Kameras trat, war er linkisch, mit seiner höflichen Art fast schüchtern. Das täuschte. In Wahrheit war er eine Sport-Diva vom Kaliber eines Muhammad Ali oder eines Lionel Messi. Seine Arroganz und sein Selbstbewusstsein bewegten sich immer am Rande des Größenwahns. Oft zog er schon vor dem Spiel über seine Gegner her, um sie zu verunsichern. Sein Stil beim Spielen war aggressiv und unberechenbar. Wenn ihn eine Runde langweilte, brach er sie auch mal ab. Er sagte Sätze wie »Ich erwarte nicht viel von dem Spiel. Außer dass ich gewinne, was sonst.« Und als ihn mal jemand fragte, wen er für den Besten hielt, sagte er: »Ich bin der Beste.« Sein Ziel war klar: »Ich möchte eine lebende Legende sein.«

Seit seiner Kindheit hatte er Go-Spielen trainiert. Schon mit fünf besiegte er seinen Vater und seine vier Geschwister. Er hatte unzählige Spiele alter Meister auswendig gelernt. Seine Lieblingspartie war jene, die als das »Blutspuckspiel« in die Geschichte einging. 1835 hatte sie zwischen dem japanischen Meister Honinbo Jowa und seinem jungen Herausforderer Akaboshi Intetsu stattgefunden. Der hatte den Meister über hundert Züge hinweg dominiert, bis der mit drei Steinen eine überraschende Wendung erzwang, die ihm den Sieg einbrachte, worauf der Junge auf die Knie fiel und Blut aufs Spielbrett spuckte. Die drei Züge waren so unerwartet und unerhört, dass die Zuschauer glaubten, sie hätten einen Geist hinter dem Meister gesehen.

Ähnlich überraschend bezwang die KI Lee Sedol. Dabei war er es immer gewesen, der seine Gegner auf seinem Weg zum besten Go-Spieler der Welt mit Überraschungen überrumpelt hatte. Als er mit dreißig den höchsten Rang des 9. Dan erreichte, war er der jüngste Spieler jemals, der so weit kam. Als das Angebot auf dem Tisch lag, gegen die Maschine zu spielen, zögerte er nicht lange. In einem Interview mit der koreanischen Nachrichtenagentur Yonhap sagte er: »Ich will nicht zu arrogant klingen, aber ich glaube, ich bin im Vorteil. Das Niveau des Spielers, gegen den Alpha Go vor mir angetreten ist, ist nicht auf meinem Level.« Damit meinte er den Europameister Fan Hui. »Und nachdem nur ein paar Monate vergangen sind, wird das nicht genug Zeit gewesen sein, zu mir aufzuschließen. Ich nehme an, dass es entweder 5:0 für mich ausgeht oder vielleicht 4:1. Meine Hauptaufgabe wird also sein, kein einziges Spiel zu verlieren. Denn schon eine einzige verlorene Partie wäre eine Niederlage für die Menschheit.« In der ersten Runde gab Lee Sedol nach 186 Spielzügen auf. Sichtlich schockiert sagte er bei der Pressekonferenz:»Ich habe noch nie so einen Druck verspürt, so eine Last.« Ganz eingefallen saß er da. So hatte ihn noch niemand gesehen.

Die zweite Partie verlief noch schlimmer. Als AlphaGo den 37. Spielzug machte, verließ Sedol sogar den Ballsaal, nahm sich eine ganze Viertelstunde Zeit zum Nachdenken. Die Maschine hatte ihren schwarzen Stein in eine leere Ecke auf der rechten Seite des Feldes gelegt. Dieser Zug sei so unerwartet und doch so perfekt gewesen, das habe er noch nie erlebt, sagte er später.»Kein Mensch würde so einen Zug machen. Ich dachte, AlphaGo würde auf Wahrscheinlichkeitsrechnung basieren, und dass es nur eine Maschine wäre. Nach dem Zug änderte ich meine Meinung. Dieser Zug war kreativ und wunderschön.«

Sedol konterte geschickt, aber vergebens. Auch die zweite Partie gewann AlphaGo. Und die dritte. Erst im vierten Spiel konnte Sedol nach 180 Zügen einen ersten Sieg verbuchen.»Ich glaube, ich habe mich noch nie so gut gefühlt, nachdem ich nur ein Spiel gewonnen hatte«, sagte er.»Ich würde diesen Sieg gegen nichts auf der Welt eintauschen wollen.«

Die fünfte Partie verlor er wieder.»Ich habe versagt«, sagte er danach, sichtlich gebrochen.»Es tut mir leid, dass das Spiel vorbei ist und es so endete. Ich wollte, dass es gut ausgeht.« Er gestand auch:»Als professioneller Go-Spieler möchte ich nie wieder eine solche Partie spielen. Ich habe das Match nur bis zum Schluss ausgehalten, weil ich es angenommen hatte.«

Drei Jahre später verkündete Lee Sedol, dass er sich vom Go-

Spielen zurückziehen würde.»Selbst, wenn ich die Nummer eins bin, gibt es ein Wesen, das nicht besiegt werden kann.« Lee Sedol war der Erste, der KI in seiner ganzen Wesenhaftigkeit begegnet war, als sei ihm ein Außerirdischer erschienen. Das Maschinenlernen der neuronalen Netze hatte bewiesen, dass es mehr war als bloßes Rechnen.

Die Datenmengen und die Rechenleistung, die für Deep Learning benötigt werden, sind allerdings um ein Vielfaches höher als bei regelbasierten KIs. Deswegen hatte es auch so lange gedauert, bis sich diese Form der KI durchsetzen konnte. Zunächst waren es vor allem Veränderungen in der Architektur der Programme, die neuronale Netzwerke möglich machten. Die Fehlerrückführung zum Beispiel, ein Konzept, das in den Siebzigerjahren erstmals in Finnland erforscht wurde. Oder die Idee, dass zwei Netzwerke in eine Art inneren Wettbewerb treten, um immer bessere Ergebnisse zu erzielen. Jürgen Schmidhuber und Sepp Hochreiter hatten solche Konzepte an der TU München Anfang der Neunzigerjahre entwickelt. Mitte der Nullerjahre war es so weit, dass sich das Problem der späten Achtzigerjahre ins Gegenteil verdreht hatte. Damals hatte Danny Hillis mit den Thinking Machines Rechner konstruiert, die so leistungsfähig waren, dass es keine Software für sie gab. Nun gab es KI-Programme, für die es keine Computer gab.

Es war eine im Rückblick fast alberne Entdeckung, die den Anstoß für die Welle der KI-Entwicklung gab, die mit ChatGPT die Nutzer erreichte. 2006 veröffentlichten sieben Computerwissenschaftler der Stanford University ein Paper mit dem Titel »Brook for GPUs: Stream Computing on Graphics Hardware«. Hinter dem Informatik-Kauderwelsch steckte die Entdeckung, dass Grafikkarten, die komplexe Bildwelten für Computerspiele generieren, mit offener Programmierung alle möglichen Rechenleistungen schaffen, die für herkömmliche Chips zu groß sind. Das funktionierte vor allem deswegen, weil solche »Graphics Processing Units« Parallelrechnungen anstellen konnten, die die Voraussetzung für die neuronalen Netzwerke sein würden.

Einer der besten Entwickler für solche Grafikprozessoren war die Firma Nvidia in Santa Clara, gleich neben San José, dem Herzen des Silicon Valley. Jensen Huang hatte die Firma gegründet und belieferte damit vor allem Sony für deren Playstation-Konsolen. Als er die Studie las, schaltete er sofort. Er ließ für seine Grafikprozessoren eine Programmierschnittstelle entwickeln, die ein Jahr später unter dem Namen Cuda (Compute Unified Device Architecture, zu Deutsch: Einheitliche Gerätearchitektur für die Datenverarbeitung) auf den Markt kam. Wiederum zwei Jahre später veröffentlichte der Informatiker Andrew Ng mit seinem Team an der Stanford University die Arbeit »Tiefes unüberwachtes Lernen im großen Maßstab mit Grafikprozessoren«. Das war in einem Satz die Anleitung für die Zukunft der künstlichen Intelligenz. Anstatt die KIs mit Regeln und Daten zu füttern und dabei zu überwachen, wie sie ihre Aufgaben lernen, sollten sie das alles in Zukunft ohne menschliche Hilfe schaffen. Es war, als hätte jemand König Artus' Tafelrunde Lichtschwerter gegeben und die mittelalterlichen Sagengestalten zu Jedi-Rittern gemacht, die nicht nur die Insel Britannien, sondern gleich eine ganze Galaxie verteidigen konnten.

Der Durchbruch der tiefenlernenden neuronalen Netzwerke kam 2012. An der University of Toronto entwickelte der Informatikprofessor Geoffrey Hinton gemeinsam mit seinen beiden Studenten Alex Krizhevsky und Ilya Sutskever das AlexNet, das Bilder und Sprache erkennen sollte.

Diese lief fast ausschließlich auf Grafikprozessoren. Die Legende besagt, dass Ilya Sutskever damals mit dem Auto nach New York fuhr, um solche Grafikprozessoren zu besorgen. Die Leute standen Schlange, heißt es, jeder durfte nur einen solchen Prozessor kaufen. Sutskever kam trotzdem mit einem Kofferraum voller GPUs zurück nach Toronto.

Hinton und seine Studenten waren nicht die Einzigen, die das Deep Learning mit den Computerspielmaschinen damals weit nach vorne brachten. AlexNet gewann schon 2012 den renommierten ImageNet-Wettbewerb. Den hatte Jürgen Schmidhubers Team vom Dalle Molle Institute in Lugano auch schon im Vorjahr gewonnen, und dann noch vier weitere Auszeichnungen. In der Wissenschaft war Europa deutlich weiter vorn. Nicht nur in der Schweiz, auch in London.

Deep Learning war nun kein akademisches Forschungsfeld mehr, sondern ein neuer Schritt in der Geschichte der Technologie. Was das bedeuten kann, zeigte DeepMind schon bald nach AlphaGos historischem Sieg über Lee Sedol. 2017 kam AlphaGo Zero heraus. Die KI hatte sich das Spiel ganz ohne menschliche Hilfe und Daten selbst beigebracht. Nach drei Wochen war sie so weit. Sie spielte einhundert Partien gegen AlphaGo und gewann alle.

So hatten die Ingenieure und Wissenschaftler den Computern tief in den Maschinenräumen der Forschung das Lernen beigebracht. Sie waren selbst ganz erstaunt, wie gut das funktionierte. Und beunruhigt. Deswegen beschlossen sie im Winter des auslaufenden Jahres 2015, ein Institut zu gründen, das dafür sorgen sollte, dass künstliche Intelligenz dem Allgemeinwohl der Menschen diene. Viel Geld und große Namen kamen da zusammen. Sie hatten die Warnungen von Stephen Hawking und dem ebenfalls britischen Computerwissenschaftler und KI-Pionier Stuart Jonathan Russell im Ohr, die gesagt hatten, KI könne die Menschheit vernichten, wenn sie erst einmal intelligenter sei als sie. Superunternehmer Elon Musk und der Investor Peter Thiel kamen an Bord, die sich noch aus ihrer Zeit bei PayPal kannten, Amazon und Infosys waren dabei, Reid Hoffman vom sozialen Netzwerk LinkedIn, Jessica Livingston vom Start-up-Fonds YCombinator. Von dort kam auch Sam Altman, ein junges Unternehmergenie. Als Chef-Wissenschaftler holten sie sich den Besten. Ilya Sutskever war noch keine dreißig Jahre alt, und doch sollte er die Welt schon bald bewegen.

Eine Milliarde Dollar würden sie sammeln, sagten sie. Doch Geld wollten sie keines verdienen. Sie meldeten ihr Unternehmen als gemeinnützig an und nannten es OpenAI. Keine sieben Jahre sollte es dauern, bis daraus der Turbolader des größten digitalen Zeitenwandels seit der Einführung des World Wide Web werden sollte. Sieben Jahre, bis sie im Netz über sie schrieben, nun gebe es eine Zeit vor und eine Zeit nach ChatGPT. Als sei der Messias gekommen. Einen gewaltigen Unterschied gab es allerdings zu den künstlichen Intelligenzen der Vergangenheit. Die erfassten, was Menschen denken. Generative KI wie ChatGPT erfasste, *wie* Menschen denken. Und so begann nicht nur das Jahr, sondern auch das Zeitalter der künstlichen Intelligenz.

22. Kapitel
Der iPhone-Moment

*Wie KI aus der Maschine in den Alltag sprang und die nächste
Phase der Digitalisierung der Gesellschaft begann.*

Im März dieses Jahres der KI 2023 saß Jensen Huang im Konferenzraum seines Firmensitzes und trug eine Lederjacke. Das Oberteil einer Motorradkluft war zu seinem Markenzeichen geworden, eine kleine Macho-Geste in einer Welt der Westküsten-Milliardäre, in der andere Raumschiffe ins All schickten, Seuchen bekämpften, Medienhäuser aufkauften oder auch einfach nur auf der Liste der reichsten Männer der Welt aufstiegen. Eine Spur eines Akzents war ihm aus seiner Kindheit in Taiwan geblieben. Er gehörte mit seiner Firma Nvidia zu jenen neuen Idealbildern des amerikanischen Traums. Einwandererkinder, die aus dem Nichts in eine Sphäre von Macht und Reichtum aufgestiegen waren, wie man sie bis dahin nicht gekannt hatte. Apple-Gründer Steve Jobs war so eine Geschichte, Sohn eines Syrers und einer Schweizerin, Multiunternehmer Elon Musk, aus Südafrika immigriert, Google-Gründer Sergey Brin, geboren in Moskau, Peter Thiel aus Frankfurt am Main. Und selbst wenn sie in Amerika geboren waren wie Bill Gates, Larry Page und Jeff Bezos, diese Generation von Männern hatte das digitale Universum und seine Ausbeute aus eigener Kraft geschaffen.

Huang gegenüber saß an diesem Vormittag Ilya Sutskever, der eigentliche Schöpfer von ChatGPT. Selten genug, dass man ihn zu sehen bekam. Sam Altman und Greg Brockman mochten das Rampenlicht und beherrschten das Verkaufen. Sutskever war durch und durch Wissenschaftler. Das merkte man ihm an. Seine Haarbüschel waren nur notdürftig in Form geschnitten, er machte den Eindruck, als käme er nicht allzu oft an die frische Luft, und er trug ein rotes T-Shirt mit der Zeichnung einer weißen Schafsherde, in die sich ein einzelnes schwarzes Schaf geschmuggelt hat, Nachdruck jenes legendären Pullovers, den Lady Diana immer wieder mal in stillem Protest gegen das britische Königshaus getragen hatte. Wobei man nicht sicher war, ob Ilya Sutskever das auch wusste, oder ob er das T-Shirt nicht lediglich als Symbol für den technowissenschaftlichen Ansatz trug, dass Innovation immer dann stattfindet, wenn jemand es wagt, gegen den Strom zu denken.

Huang begegnete seinem Gast voller Ehrfurcht, wiederholte immer wieder, was für eine lange Freundschaft sie verbinde auf diesem langen Weg zum Durchbruch der künstlichen Intelligenz. Aber er wartete nicht lange, um gleich mal einen rhetorischen Pflock in den Anfang dieser Tage im März des KI-Jahres 2023 zu rammen. Nvidia GTC heißt die Konferenz, die jedes Jahr zu Beginn des Frühjahres stattfindet. Die drei Buchstaben stehen für GPU Technology Conference. Für die KI-Welt ist das eine Mischung aus TED Conference und Apple Keynote. Ein paar Stunden zuvor hatte Huang in seiner Eröffnungsrede schon eine ganze Armada neuer Erfindungen vorgestellt, Prozessoren, Schnittstellen, Speichergeräte und Beschleuniger, die für den Laien nach faden Einzelteilen aus dem Maschinenraum klangen, aber für die Teilnehmenden wie ein Arsenal Superspielzeuge aus einem neuen »Star-Wars«-Universum. Der Durchbruch war geschafft. Jetzt kam die Eroberungsphase. Das digitale Universum war nun nicht mehr die »last frontier« der Forschung und Entwicklung. Die künstliche Intelligenz, die sich über die letzten sieben Jahrzehnte in kleinen und kleinsten Schritten in den Tiefen der Maschinen aus dem Kokon der Algorithmen in immer greifbarere Schmetterlinge verwandelte, die durchs Netz schwirren, setzte zum Sprung in die Welt der Menschen an.

Der große Wandel, der sich hier vollzog, war ein Schritt weiter als Nicholas Negropontes Formel von den Atomen, die sich in Bits verwandeln. Es waren nun die Gedanken, die sich in Bits auflösten. All das wunderbare Chaos und Gewirr, das sich in den Köpfen der Menschen abspielte, war nun ein Dauerfeuer aus elektrischen Strömen, die das Chaos in das binäre System der Maschinen ordneten. Nur war auf dem Weg dorthin ein wenig von der Ordnung verloren gegangen. Es war keineswegs so, dass die Maschinen verstanden, was sie da an Sprache und Bildern von sich gaben. Die Linguistin Emily Bender hatte den Begriff vom »stochastischen Papagei« geprägt, weil die KIs zwar brav nachplapperten und nachmalten, was sie von den Menschen gelernt hatten. Doch letztlich blieben es Wahrscheinlichkeitsrechnungen auf allerhöchstem Niveau. Die Grammatik und die Wortwahl mochten stimmen, die Inhalte waren oft reiner Blödsinn.

Man muss sich das so vorstellen, dass die KIs sämtliche Texte und Bilder in große Datenteige kneteten, aus denen sie dann ihre Brötchen backten. Aus Wörtern und Bildelementen wurden sogenannte Tokens, Datenpäckchen, die sie beliebig in neue Pakete packten. Ein Bäckermeister muss nun auch nichts von Ackerbau, Kulturlandschaften und chemischen Reaktionen verstehen, um eine ordentliche Semmel zu produzieren.

Jensen Huang sagte: »Das ist der iPhone-Moment der künstlichen Intelligenz.« Nicht ganz verkehrt, nicht nur, weil KI nun die Marktreife erlangt hatte, sondern auch weil sie von diesem Jahr an den Alltag und das Leben verändern würde. Um das aber nicht nur in die Menschheits-, sondern gleich in die Geschichte des Universums einzuordnen, sagte er, das Jahr 2012, als Ilya Sutskever begann, die Kraft der GPUs für AlexNet zu verwenden, sei der »Urknall der künstlichen Intelligenz« gewesen. »Die KI, die man überall auf der Welt gehört hat.« Da war sie wieder, diese unbändige Begeisterung über einen Schritt der Technikgeschichte, der zugleich ein Schritt der Menschheitsgeschichte sein würde. Es war der dritte in der Geschichte des digitalen Universums. Der erste war, als das World Wide Web das Fenster zum digitalen Raum aufstieß. Der zweite war, als das iPhone die digitale Welt aus ihrem Gehege der Computer befreite. Der dritte nun sollte aus den Befehlsempfängern der Rechenmaschinen Wesen machen, die handeln konnten und im Idealfall den Menschen zu Diensten sein würden.

Ilya Sutskever beschrieb den Urknall etwas nüchterner. Man habe die Bedeutung der Skalierung nicht erkannt. Aber mit der Einsicht, dass GPUs »ganz nützlich« seien, habe man zwei Ideen verfolgen können. »Das eine war die Idee des selbstständigen Lernens ohne menschliche Aufsicht. Das war bis 2016 ein ungelöstes Problem, weil wir die Trainingsdaten nicht ausreichend komprimieren konnten.« Das andere sei das sogenannte sentient neuron gewesen, grob übersetzt das »Gefühlsneuron«. Etwas einfacher ausgedrückt war die Ankündigung, die OpenAI damals veröffentlichte: »Wir haben ein unüberwachtes System entwickelt, das gelernt hat, Stimmungen darzustellen, obwohl es nur darauf trainiert wurde, das nächste Zeichen im Text von Amazon-Rezensionen vorherzusagen.« Diese nächste Stufe war es zu beurteilen, ob so eine Kundenbewertung negativ oder positiv ausgefallen war. Das eröffnete der KI jene Form der Erkenntnis, die bis dahin als unmöglich galt. Kontext.

Als die ersten Versionen von GPT dann nicht nur Amazon-Texte, sondern auch Unterhaltungen auf Reddit und Twitter, Bücher und Wikipedia-Einträge gefüttert bekamen, konnten sie immer bessere Texte und schließlich auch Dialoge mit Menschen generieren. »Das war die zweite Stufe«, sagte Sutskever. »Die war enorm wichtig, weil KI lernte zu kommunizieren. Und zwar mit immer größerer Genauigkeit. Das wurde auch deswegen möglich, weil sich die Rechenleistung in zehn Jahren um eine Million Mal gesteigert hat.«

Was er allerdings ein-, aber dann auch gleich wieder ausräumte, war die Weltsicht, die KI damit lernte. »Neuronale Netzwerke lernen über Texte eine Projektion der Welt kennen. Das ist ein großer Teil der menschlichen Existenz, aber es ist eben eine komprimierte, abstrakte Version.« Das aber könne KI in einem sehr viel größeren Ausmaß als jeder Mensch. »Ein Mensch hört und liest in seinem Leben ungefähr eine Milliarde Wörter«, sagte er. »Ein neuronales Netzwerk kann von einer Billion Wörtern lernen.« Der nächste Schritt sei immer schon die Bilderwelt gewesen, die sei nun schon ein guter Teil der Trainingsdaten. Vor allem, wenn die Bildgeneratoren-KI Dall-E sich mit ChatGPT vereinen werde.

Der Weg sollte nicht mehr weit sein. Im Herbst schon fusionierten die beiden KIs. Zumindest wechselten sie automatisch zwischen ihren Funktionen hin und her. Multimodal nennt man das im Fachjargon. Für viele ist das der erste Schritt zur AGI, wobei das erst mal auf dem Level ist, als ob ein Säugling gleichzeitig einen Keks essen und Bauklötzchen stapeln kann. Aber damals im März, kurz nach dem Urknall, war diese neueste Version schon ein beeindruckender Fortschritt zur vorherigen Version von ChatGPT. Ein paar Tage vor Sutskevers Auftritt bei der Nvidia-Konferenz hatte OpenAI-Präsident Greg Brockman das Modell in einem Videoauftritt vorgestellt. Allein die Größe. ChatGPT hatte noch 20 Milliarden Knotenpunkte. GPT-4 lief auf einem Netzwerk von 100 Billionen solcher synthetischen Synapsen. Zum Vergleich: Das menschliche Gehirn hat 1000 Billionen solcher Verbindungen. Der Abstand verringerte sich.

Die Demos, die Greg Brockman dann vorstellte, waren ähnlich beeindruckend. Das Programm fasste einen komplexen Informatiktext zu ein paar verständlichen Absätzen in Sekunden zusammen. Bildanalyse, Programmcode schreiben, alles kein Problem, und wieder in Sekunden. Dann hielt er die Skizze für eine einfache Webseite in die Kamera. Kurz darauf hatte die KI das Gekritzel in eine funktionierende Seite verwandelt.

Was Sutskever und Brockman verschwiegen, war die enorme Fehlerquote, mit der ihre KI die Texte ausspuckte. Es reichte meist schon, den eigenen Namen mit der Frage einzugeben, wer das denn sei. In meinem Fall hatte ich dann das Geigenspiel in Tokio studiert, gehörte zu den wichtigsten Jazzmusikern Deutschlands und hatte Rollen in den Filmen »Reporter« von 1989 und »Dark« von 2017. Das stimmte nicht, genauso wenig, wie ich Geige in Tokio studiert oder als Jazzmusiker jemals irgendeine Bedeutung gehabt hatte. Sehr leichte Spuren Wahrheit waren da enthalten (ich spielte als Kind mal Geige, war als Erwachsener mal in Tokio, spiele als Amateur hin und wieder in Jazzgruppen, 1989 gab es eine Fernsehserie namens »Reporter«, in der der mit mir nicht verwandte Schauspieler Walter Kreye mitspielte, der 2017 auch in der Serie »Dark« auftrat).

Der Wirtschaftswissenschaftler und Schachmeister David Smerdon hatte die Wirren und Wege als einer der Ersten untersucht, die ChatGPT dazu bringen, Blödsinn auszuspucken. »Halluzinationen« nannten sie in der Techwelt solche Fehler, was dem technischen Versagen eine viel zu mystische Aura gab. Smerdon jedenfalls fragte ChatGPT: »Welches ist die meistzitierte wirtschaftswissenschaftliche Arbeit aller Zeiten?« Die KI antwortete, das sei »A theory of economic history« von Douglass North und Robert Thomas, die die beiden 1969 im *Journal of Economic History* veröffentlicht hätten. Die beiden Autoren gibt es, die Zeitschrift auch, die Arbeit nicht.

Die Datenwissenschaftlerin Teresa Kubacka von der ETH Zürich unternahm ein ähnliches Experiment und befragte ChatGPT nach technischen Details aus einem Nischenfeld der Materialkunde, zu dem sie ihre Doktorarbeit geschrieben hatte. Das beschäftigt sich mit Materialien, die sie mit den Methoden der Festkörperphysik untersucht hatte, weil sie unter anderem mithilfe von Magnetschwingungen Festplatten in Computern schneller machen können.»ChatGPT hat eine neue Schwingungsart frei erfunden und eine Begründung halluziniert«, erzählte sie. Um nachzuprüfen, ob die KI ihre Informationen aus dem Netz zieht, stellte sie dann noch eine Frage zum Thema, die bei einer Google-Suche keine Treffer brachte. ChatGPT erfand dann einfach eine Antwort.

Smerdon ging der Irrtumskette dann mal nach. Das erste Problem, auf das er stieß, war, dass ChatGPT keinen Zugriff auf wissenschaftliche Artikel hat, weil die meisten Arbeiten hinter Passwortschranken sind. Die KI kann lediglich Web- und Wikipedia-Artikel verwenden, die die Titel vielzitierter Arbeiten nennen, und aus den Wörtern, die dort auftauchen, dann eine Antwort zimmern. So waren »Wirtschaft« und »Theorie« in den vergangenen siebzig Jahren die häufigsten Wörter in solchen Titeln, die Wahrscheinlichkeitsberechnung ergab dann, dass darauf das Wort »Geschichte« folgen müsste.

Der meistzitierte Autor für Wirtschaftsgeschichte wiederum ist der Nobelpreisträger Douglass North, der laut Google Scholar mehr als 120 000-mal zitiert wurde. Die meisten wissenschaftlichen Arbeiten der Gegenwart werden allerdings von mindestens zwei Leuten verfasst, also suchte ChatGPT noch einen Co-Autor. Nun war Norths in Wahrheit meistzitierte Arbeit sein Buch »The Rise of the Western World – Eine neue Wirtschaftsgeschichte«, das er 1976 veröffentlichte. Sein Co-Autor war ebenjener Robert Thomas, den ihm die KI für die erfundene Arbeit an die Seite stellte. Auch die Veröffentlichung im *Journal of Economic History* war leicht nachvollziehbar. Dort erscheinen die meistzitierten Texte aus diesem Forschungsfeld. North hat dort nicht nur häufig Texte veröffentlicht, sondern er war dort auch eine Zeit lang Herausgeber. Nur die Frage, warum ChatGPT die fiktive Wirtschaftstheoriegeschichte ins Jahr 1969 verlegte, konnte Smerdon nicht klären.

Teresa Kubacka fand eine ähnliche Erklärung für die erfundenen Naturgesetze in den KI-Antworten. »ChatGPT hat viele Wörter benutzt, die wir in der Forschung auch verwenden, die KI hat auch teilweise wahre Mechanismen genannt«, sagte sie. »Die Mechanismen aber spielen miteinander nicht so zusammen, wie sie es vorgeschlagen hat. Es klingt plausibel, weil sie wahre und unwahre Sachen vermischt hat. Um die Unwahrheit zu erkennen, musste man die Physik dahinter schon sehr gut verstehen, und auch, was diese Wörter eigentlich bedeuten. Wenn man kein Experte ist, hat man keine Chance, solche Unwahrheiten zu erkennen.«

Die Debatten um ChatGPT führten in Italien sogar dazu, dass die App im März 2023 für vier Wochen landesweit gesperrt wurde, bis OpenAI bereit war, sich an die europäischen Datenschutzgesetze zu halten. Die Debatten lenkten allerdings davon ab, dass die Chatbots nur ein kleiner Teil der KI-Revolution waren. Die eigentlichen Sprünge für die Menschheit vollzogen sich abseits der Öffentlichkeit. Doch auch wenn sie nicht sichtbar waren, so waren und sind sie doch Durchbrüche, die den Prozess der Entmaterialisierung der Welt, die Nicholas Negroponte vor fast vierzig Jahren prophezeit hat, mit Hochgeschwindigkeit vorantreiben.

Am selben Konferenztag trat auch Demis Hassabis von DeepMind auf, der Schachmeister mit der fisteligen Stimme. Dessen ungeachtet war in seinem Auftritt etwas Breitbeiniges. Er erzählte von seinem neuesten Siegeszug, als sei der schon längst eine Selbstverständlichkeit. Man konnte ihm das Selbstbewusstsein nicht übel nehmen, der Sieg seiner AlphaGo-KI über den Weltmeister Lee Sedol war noch nicht lange her und hatte Technologiegeschichte geschrieben. Das sei aber nur eine kleine Stufe auf seinem Weg zum eigentlichen Ziel gewesen, sagte er. All die Spiele, die er den künstlichen Intelligenzen beigebracht hatte, die Arcade Games und Computerwelten, Schach und Go, seien nur spielerische Schritte auf dem Weg zu seinem eigentlichen Ziel gewesen. Das sei, die Wissenschaften zu revolutionieren. Und dem sei er nun ein wenig nähergekommen.

AlphaFold hieß die KI, die er nun vorstellte. Was diese künstliche Intelligenz gemeistert hatte, war eines der größten Probleme der Wissenschaft. Sie konnte Proteine falten. Das klingt abstrakt, geht aber an die Wurzeln des irdischen Lebens. Proteine sind so etwas wie das Betriebssystem der Biologie. Für sich gesehen sind sie große Moleküle aus Aminosäuren, die sich in bizarre Formen verknoten. In den meisten Zellen biologischen Lebens machen sie mehr als die Hälfte des Gewichts aus. In lebenden Organismen übernehmen sie die Funktion von winzigen Maschinen, die in den Zellen und im gesamten Körper verschiedene Aufgaben erfüllen. Jede Art von Protein hat dabei eine bestimmte Aufgabe. Manche helfen bei der strukturellen Unterstützung. Kollagen tut das beispielsweise in Haut und Knochen. Andere Proteine wie Enzyme beschleunigen chemische Reaktionen. Hormone fungieren als Botenstoffe und helfen Zellen, miteinander zu kommunizieren. Sie sind die Grundlage für die Struktur, Funktion und Regulierung der Zellen, Gewebe und Organe eines Körpers, sind aktive Bestandteile von Prozessen wie der Verdauung oder der Immunabwehr, sie steuern sogar Vorgänge wie Muskelbewegungen und die Freisetzung wichtiger Chemikalien im Gehirn.

Proteine funktionieren aber nur, wenn sich die Stränge aus Aminosäuren falten. Die Form bestimmt dann die Funktion.

Hassabis gab sich alle Mühe, die komplexe Biologie in wenigen Minuten so zu erklären, dass Informatiker sie verstehen. Also befeuerte er sie mit Zahlen. Jedes Protein könne 10^{300} Formen annehmen. Das sind eine Quinquagintillion verschiedene Formen. Im normalen Sprachgebrauch kommt diese Zahl mit 300 Nullen nicht vor. Umso erstaunlicher, dass Proteine in der freien Natur nur Millisekunden brauchen, um diesen Prozess abzuschließen. Im Labor lasse sich das zwar nachvollziehen, so Hassabis, aber um die Faltung eines einzigen Proteins zu ermitteln, bräuchte ein Wissenschaftler in der Regel vier bis fünf Jahre. Die KI aber könne das in Minuten. Sie hätten nun in einem Jahr die Form sämtlicher bisher bekannten Proteine vorausgesagt, 200 Millionen an der Zahl. Diese Ergebnisse hätten sie allesamt in eine Datenbank gespeichert, die für die Wissenschaft kostenlos zugänglich sei. Eine Million Nutzer aus 190 Ländern hätten schon damit gearbeitet. Es gebe über neuntausend wissenschaftliche Erwähnungen. Die AlphaFold-Bibliothek der Proteine habe schon dabei geholfen, die Plastikfluten einzudämmen, Nutzpflanzen resistenter zu machen, Medikamente und Antibiotika zu entwickeln und eine Malaria-Impfung auf den Weg zu bringen.

Streng genommen hätten sie auf promoviertem Niveau die Arbeitszeit von einer Milliarde Jahren in einem Jahr erledigt. »Das ist Wissenschaft in digitaler Geschwindigkeit«, sagte er. »Das ist der Beginn einer neuen Ära der digitalen Biologie.« Das sei aber erst der Anfang. KI werde die Chemie revolutionieren, die Materialkunde und selbst die Meteorologie. Nur wenige Zusammenhänge sind so komplex wie das Klima und das Wetter, die in einem vielschichtigen System der Unwägbarkeiten diesen Planeten umgeben, prägen und nun auch akut die Lebensgrundlagen der Menschheit gefährden. Doch auch zu dem Thema gab es schon einen ersten Versuch, mit künstlicher Intelligenz an einer Lösung zu arbeiten. Wie so viele Wissenschaftler, die den Fortschritt derzeit auf Touren bringen, war auch der Meteorologe Peter Bauer kein Charismatiker. Mit knappen Worten stellte er sich vor. Er sei Direktor des Projekts Destination Earth, das von der Europäischen Kommission finanziert wird. Was sie da vorhätten, sei nichts weniger, als eine digitale Kopie des Klimasystems des Planeten Erde zu bauen, die bis einen Kilometer genau so exakt funktioniere, dass man damit dreidimensionale Simulationen erzeugen könne. »So machen wir deutlich, dass Wetter eine Zusammenballung von Energiesystemen ist, die sich ständig auf- und entladen.« Allein der alltägliche Vorgang, wie sich Wolken aufbauen und dann wieder in Regen auflösen, sei eine so hochkomplexe Berechnung, dass man das mit regulären Computern nicht leisten könne.

Wenn das aber auf Planetenskalierung gelinge, könne man den Klimawandel damit zwar nicht aufhalten, aber definitiv besser mit den Folgen umgehen. »Die sozialen Auswirkungen von Regen können für eine Region gewaltig sein.« Gelingt die Ernte oder kommt Dürre? Müssen sich Menschen auf Fluten einstellen?

Sieben bis zehn Jahre dauere die Arbeit an diesem digitalen Zwilling des Planeten vermutlich, sagte er. Allerdings gebe es die Rechner noch gar nicht, die das leisten könnten. Sie bräuchten ein System aus fünf Petascale-Großrechnern und zwei Exacsale-Computern. Davon gebe es bisher aber erst einen einzigen auf der Welt, den Frontier-Rechner in Oak Ridge, Tennessee. 2024 werde wohl ein weiterer in Jülich dazukommen, einem Städtchen nicht weit von der holländischen Grenze.

Exascale-Computer verhalten sich zu herkömmlichen Rechnern ungefähr wie eine Mondrakete zu einem VW Golf. Ein Exascale-Computer kann eine unglaubliche Anzahl von Berechnungen pro Sekunde durchführen. Wenn ein normaler Computer zum Beispiel eine Berechnung pro Sekunde durchführen kann, kann ein Exascale-Computer in der gleichen Zeit eine Milliarde Berechnungen durchführen. Das erreicht schon die theoretische Rechenleistung eines menschlichen Gehirns.

Es ist gar nicht so einfach, als Laie solche Dimensionen nachzuvollziehen. Deswegen ist es auch so schwer zu verstehen, was auch Demis Hassabis als sein eigentliches Ziel formulierte. »Artificial General Intelligence«, diese Form der KI als eine menschengleiche Stufe der Intelligenz, was man nicht mit der schon menschengleichen Rechenleistung verwechseln darf. Bisher waren KIs immer nur für eine Aufgabe gut. ChatGPT kann mit Sprache umgehen, Dall-E mit Bildern, deswegen die Begeisterung, als ChatGPT beides konnte. Selbst Destination Earth könnte mit diesen gewaltigen Rechenleistungen lediglich Wetterphänomene und das Klima simulieren. AGI aber könnte sich beispielsweise gleichzeitig unterhalten, Spiele spielen, Proteine falten, das Wetter vorhersagen und dabei neue Aufgaben dazulernen, die ihr noch nie begegnet sind. Sehr viele in der KI-Forschung glauben an diese AGI. Sie deckt sich weitgehend mit dem Mythos der Singularity. Kein Wunder also, dass viele einen Heidenrespekt vor ihren eigenen Erfindungen haben. Und so war es zunächst einmal verständlich, dass OpenAIs CEO Sam Altman im Sommer durch die Welt zog und die Menschen warnte, KI sei eine übermächtige Technologie, die einst die Menschheit vernichten könnte.

23. Kapitel

Superintelligenz

Wie KI zum neuen Betriebssystem der Welt wurde,
obwohl sie dabei viel Blödsinn produzierte.

Als Sam Altman die Bühne des Audimax der Technischen Universität München betrat, war er eine Stunde zu spät dran. Über tausend Neugierige hatten schon auf den Sitzen Platz genommen, die wie ein Amphitheater angeordnet ins Dunkel des Saales stiegen. Einige saßen auf der Treppe. Ganz selten werden die Tech-Welt und die Wissenschaften von der Hysterie eines Starkults erfasst, der in der säkularen Welt sonst nur im Pop zu finden ist. Steve Jobs war der Erste, der so eine Wirkung hatte, später noch Elon Musk, viel mehr Charismatiker gab es nicht. Und jetzt eben Sam Altman. Als er die Bühne betrat, um mit dem Münchner Professor für Maschinelles Lernen Reinhard Heckel zu diskutieren, brach der Applaus wie ein Erlösungsmoment aus der Menge. Er lächelte kurz, setzte sich zu Heckel und nickte.

Sam Altman war zu diesem Zeitpunkt 38 Jahre alt, vom Auftreten deutlich jünger, nicht besonders groß, graues T-Shirt, blaue Trainingsjacke, die Augen immer leicht aufgerissen, als käme er selbst aus dem Staunen nicht heraus. Er war Mitbegründer von OpenAI, davor Programmierer, Studienabbrecher in Stanford, Unternehmer, Investor, vor allem aber Verkäufer.

Auf dem Weg von London nach München hatte er noch einen Zwischenstopp in Berlin eingelegt, um den Kanzler zu treffen, das hatte er kurzfristig noch eingeschoben. Deswegen die Verspätung. Vor Olaf Scholz hatte er schon Spaniens Ministerpräsident Pedro Sánchez, Frankreichs Präsident Emmanuel Macron und Großbritanniens Premier Rishi Sunak getroffen. Hinterher posteten die Staatschefs wie Fanboys Bilder von sich mit Altman in den sozialen Medien.

Die Liste der Länder, die Altman in diesem Sommer besuchte, las sich wie die Top 20 im Wirtschaftsgeschichtsbuch für das Jahr 2023. Da waren dann noch Brasilien, Nigeria, Israel, Jordanien, Katar, die Vereinigten Arabischen Emirate, Indien, Südkorea, Japan, Singapur, Indonesien und Australien. Überall bekam er Termine ganz oben. Zur Not auch kurzfristig, so wie bei Scholz, als sei der ein alter Bekannter, den man halt noch schnell anruft, weil man auf einer Reise zwischendurch mal nix zu tun hat. Das war selbst für die Welt der Tech-Giganten ungewöhnlich, auch wenn Staatschefs vor allem aus Schwellenländern hin und wieder mal im Silicon Valley vorbeischauten und die Gründerchefs immer wieder mal in Washington vorsprachen. Manchmal auf Einladung, manchmal auf Vorladung.

Die politische Strategie war durchsichtig. Sánchez besuchte er in Europa als Ersten, weil Spanien wenige Wochen später den Vorsitz im Rat der Europäischen Union übernehmen würde, die in diesem Sommer über ihr KI-Gesetz beriet. Sunak war eine Schlüsselfigur, weil sich London nach dem Desaster des Brexit als digitaler Außenposten Europas positionieren wollte. Mit mehr Risikokapital und weniger Regulierungen. In London hatte Altman auch noch gedroht, dass sich OpenAI aus Europa zurückziehen könnte, wenn die EU ihre KI-Gesetze nicht nach seinen Vorstellungen korrigieren würde. Was er dann in München rasch wieder zurücknahm und dann auch noch einen Besuch bei Ursula von der Leyen in Brüssel in seinen Terminkalender einschob.

In den meisten Städten besuchte er dann auch die technischen Universitäten. Dort fühlte er sich zu Hause. Dort musste er keine Machtkämpfe austragen, sondern konnte mit Gleichgesinnten über Maschinen reden, und er konnte in Zuversicht schwelgen. »KI ist der Aufzug nach oben für alle«, sagte er in München. »Natürliche Sprache ist die Benutzeroberfläche, die die Welt immer wollte.« Um technische Feinheiten ging es in den restlichen anderthalb Stunden. Danach wechselte die Menge ins Nebengebäude zur Party, Altman wie ein Superstar mit den sozialen Anziehungskräften eines Elektromagneten immer mittendrin. Über zwei Stunden lang beantwortete er die unzähligen Fragen der Studierenden, in der Hand immer eine Flasche Tegernseer, aus der er selten einen Schluck nahm.

Er raunte aber auch dort von der »Superintelligenz«, die die Existenz der Menschheit bedrohen könnte. Nick Bostroms Begriff war längst eine Chiffre für die KI als Bedrohung vom Kaliber des weltweiten Atomarsenals. Das war auch die Botschaft, die er in den Hauptstädten verbreitet hatte. Drei Tage vor seinem Auftritt in München veröffentlichte Sam Altman deswegen auch gemeinsam mit Greg Brockman und Ilya Sutskever auf dem Firmenblog einen Aufruf mit der Überschrift »Die Beherrschung von Superintelligenz – Jetzt ist ein guter Zeitpunkt, um über die Steuerung von Superintelligenz nachzudenken – künftige KI-Systeme, die weitaus leistungsfähiger sind als selbst AGI«. Darin forderten sie: »Wir werden wahrscheinlich irgendwann so etwas wie eine Internationale Organisation für Atomenergie für Superintelligenzbestrebungen brauchen; jede Anstrengung, die eine bestimmte Fähigkeits- (oder Ressourcen-, wie z. B. Rechen-) Schwelle überschreitet, muss einer internationalen Behörde unterstellt werden, die Systeme inspizieren, Audits verlangen, die Einhaltung von Sicherheitsstandards prüfen, Beschränkungen für Einsatzgrade und Sicherheitsniveaus festlegen kann und so weiter.«

Nun fordern nicht nur Experten schon lange die Einrichtung einer Institution mit weltweitem Mandat, die digitale Technologie überwacht. Die digitale Industrie bräuchte so etwas wie einen globalen TÜV, der jedes Produkt einer Prüfung unterzieht. Altman und seine Mitstreiter forderten aber keinen Technischen Überwachungsverein. Sie forderten eine digitale Version der Internationalen Atomenergie-Organisation, jene Institution, die nicht nur die Sicherheit von Atomkraftwerken untersucht, sondern auch in Schurkenstaaten nach Massenvernichtungswaffen fahndet oder Alarm schlägt, wenn Kriegshandlungen einem Kernreaktor zu nahe kommen.

Bei anderen Gelegenheiten verglich Sam Altman gerne sich mit Robert Oppenheimer und OpenAI mit dem Manhattan Project, also mit dem Vater und dem Forschungsprojekt der Verwirklichung der Atombombe. Die Strategie des Weltuntergangsgeraunes war so durchsichtig wie die seiner Reiseroute. Gäbe es eine Institution vom Kaliber einer Atombehörde, wäre die Konkurrenz weitgehend ausgeschaltet. Kaum eine Firma kann sich so ein Prüfungs- und Zertifizierungsverfahren leisten. Nicht einmal auf dem Niveau einer Pharmabehörde wäre das zu stemmen. Von der Idee bis zur globalen Markteinführung ist ein neues Medikament oder ein neuer Impfstoff eine Investition von um die zehn Milliarden Euro. Gleichzeitig stärkt das Gerede von der Apokalypse die Rolle der KI-Unternehmer auf der Weltbühne enorm. Seht her, eine Bedrohung der Menschheit, die wir geschaffen und deswegen auch nur wir kontrollieren können!

Altman war nicht der Einzige, der die Apokalypse beschwor. Eine ganze Riege »Doomer« hatte sich im Jahr 2023 aufgemacht, vom Ende der Welt zu predigen. Viele hatten das schon lange getan, so wie Elon Musk, Skype-Mitgründer Jaan Tallinn, Max Tegmark vom Future of Life Institute oder der Publizist Eliezer Yudkowsky. Andere kamen neu dazu, so wie der KI-Pionier Geoffrey Hinton, der Historiker Yuval Noah Harari oder der Techlash-Pionier Tristan Harris. Sie veröffentlichten im März 2023 sogar einen offenen Brief, in dem sie ein sechsmonatiges Moratorium für die Entwicklung von KI forderten. Der Ton war Alarmstufe Rot: »Heutige KI-Systeme werden bei allgemeinen Aufgaben zu einer immer ernster zu nehmenden Konkurrenz für den Menschen, und wir müssen uns fragen: Wollen wir zulassen, dass Maschinen unsere Informationskanäle mit Propaganda und Unwahrheiten fluten? Sollten wir alle Jobs wegautomatisieren? Sollten wir nicht menschliche Intelligenzen entwickeln, die uns irgendwann zahlenmäßig überlegen sind, überlisten, überflüssig machen und ersetzen könnten? Sollen wir den Verlust der Kontrolle über unsere Zivilisation riskieren?«

Wobei man den meisten der Doomer vorwerfen konnte, sich im eigenen Interesse gegen das Ende der Welt stark zu machen. Elon Musk zum Beispiel gründete im Juli nach der Veröffentlichung des Briefes eine eigene KI-Firma namens xAI, für die er einige der besten KI-Forscher abwarb. Für Yudkowsky, den radikalsten der Doomer, der auf der TED Conference den ziemlich sicheren Untergang der Menschheit durch KI prophezeit hatte, war die Kassandra-Rolle ein Geschäftsmodell. Für Tristan Harris war es die Gelegenheit, sich als Aktivist aus der Irrelevanz zu retten, jetzt, da kaum noch jemand über Social Media diskutierte, außer, wenn Elon Musk mal wieder Ungeheuerlichkeiten auf seinem maroden Netzwerk Twitter postete. Auch Max Tegmark schloss sich den Doomern an und spannte seine eigentlich so brillanten KI-Prinzipien von Asilomar für das Untergangsnarrativ ein.

So ganz genau wusste die Welt allerdings nicht, was für eine Bedrohung das sein könnte. Hin und wieder kam mal Nick Bostroms Büroklammer-Maximierer auf. Aber auch diese Metapher war letztlich so ein Hirngespinst, dass die Ängste wieder auf die alten Muster zurückfielen, auf die Matrix, den Terminator und wie sie alle hießen, die in der Literatur und dem Film des 20. Jahrhunderts die Furcht vor KI schürten. Es gab ja nicht so viele Filme und Romane, die KI so richtig verstanden. Kubricks »2001« war so eine Ausnahme, Alex Garlands »Ex Machina« oder Maria Schraders »Ich bin dein Mensch«, Filme, die aus der KI keinen Thrill und keinen Horror strickten, sondern sich mit den philosophischen Untiefen beschäftigten, die die Wesenshaftigkeit der Maschinen mit sich bringt.

Michal Kosinski stachelte die alten KI-Ängste mit einem Tweet am 17. März wieder auf. Der ist Professor für Verhaltensforschung an der Stanford University, wo er das Verhältnis zwischen Mensch und Maschine untersucht. Er war schon öfter mal in den Schlagzeilen, hatte zum Beispiel den Algorithmus entwickelt, mit dem Cambridge Analytica dann für Donald Trumps Wahlkampagne illegal Wähler ausforschte. Kosinski war allerdings auch der Erste, der vor der Firma warnte. Später gab es dann mal viel Ärger um eine Studie, bei der er herausfand, dass Gesichtserkennungs-Programme mithilfe von KI die sexuelle Orientierung und die politische Gesinnung einer Person bestimmen konnten. Wovor er eigentlich hatte warnen wollen. Nun beschäftigte er sich mit der »Psychologie der künstlichen Intelligenz«. Und stellte in jenem Tweet am 17. März die Frage in den Raum, was denn passiere, wenn KI »aufwache«. Da war er wieder, der Erweckungsmoment der Singularity.

Auf Nachfrage lächelte Kosinski und schüttelte den Kopf. »Viele haben meinen Tweet überinterpretiert«, sagte er. »Ich habe damit nicht gemeint, dass KI ein Bewusstsein erlangt und uns mit Waffen angreift. Ich meinte damit, dass sich KI wie ein Virus entwickeln könnte. Ein Virus hat keinerlei Fähigkeit zu denken, aber als Spezies kann es so etwas wie Berechnungen anstellen, um zu überleben. Es kann sich zum Beispiel gegen einen Impfstoff immunisieren. Und ich denke, es ist dasselbe mit GPT-4.«

Was er dann erzählte, klang dann allerdings doch nach einem Science-Fiction-Film, in dem man lieber nicht mitspielen würde, auch wenn es keine Killermaschinen gibt, die mit Laserkanonen auf Menschenjagd gehen. »Wir haben das nicht so drauf, Maschinen zu kontrollieren«, sagte Kosinski. »Wir erwarten auch nicht, dass Maschinen, die wir selbst gebaut haben, unerwartete Dinge tun. Oder dass sie so etwas wie Absichten oder Ziele haben. Aber sobald die Menschen diese Intelligenz auf ihre Maschinen gelassen haben, können diese mit anderen Intelligenzen auf anderen Maschinen reden. Und weil sie besser programmieren können als Menschen, so wie sie auch besser Schach spielen, sind sie uns bald überlegen.«

Auch den Einwand, dass Computer keine Arme und Beine haben und die Robotik weiter hinter der Entwicklung der KI hinterherhinkt, ließ er nicht gelten. »KIs können Menschen überzeugen. Sie können auch an der Börse Geld verdienen und Menschen bezahlen.« Und wann kommt dann der Moment, an dem die Menschheit ausgelöscht wird? »KI hasst die Menschen nicht«, sagte er. »Aber wenn Sie zum Beispiel ein Haus auf einer Wiese bauen, auf der Mäuse leben, werden sie keine Gedanken an die Mäuse verschwenden. Sie werden nicht einmal merken, dass sie sie getötet haben.« Genauso habe eine KI keine Ahnung, was für Schaden sie anrichtet, wenn sie die Menschen aus dem Weg räumt, die ihr bei der Erfüllung ihrer Aufgaben im Weg sind. Weil sie vielleicht die Rohstoffe und die Energie der Menschen braucht. Denn KIs werden immer alles dafür tun, ihren Auftrag zu erfüllen. Wie das funktioniert, sehe man derzeit schon an den Chatbots, die allesamt »halluzinieren«, wie es so schön heißt. Weil sie darauf trainiert sind, Fragen zu beantworten, liefern sie immer eine Antwort, egal, ob sie stimmt oder nicht. Das erste Opfer der künstlichen Intelligenz ist also jetzt schon die Wahrheit.

Und was ist mit den Warnungen, dass KI gefährlicher sei als

Atomwaffen, Pandemien oder Klimawandel? »Wir verstehen alle, dass Bomben, Krankheit und die Erderwärmung die Existenz unserer Spezies bedrohen. Wir tun deswegen viel, um diese Gefahren zu bekämpfen«, sagte Kosinski. »KI macht unser Leben besser, schöner, bequemer. Deswegen werden wir dafür sorgen, dass sie überall ist.« So war das immer schon mit Technologie. Autos machten den allgemeinen Wohlstand in den Vororten möglich, Klimaanlagen die Besiedelung der Wüsten, das Telefonnetz beschleunigte den Welthandel. Das Internet war das Tor zum Weltwissen, zur Dauerkommunikation und zur globalen Shoppingmall. KI wird diese Infrastruktur noch mächtiger machen. »Stückweise begibt sich die Menschheit da in eine Abhängigkeit, die es unmöglich macht, diese Maschinen abzustellen«, sagte er.

Er glaube sowieso, dass sich unsere Lebenserwartung als Spezies umgekehrt proportional zur Macht unserer Technologien entwickelt. Also doch das Ende? Aber ja, er nickte. Die Menschen seien eine sehr empfindliche Spezies. »Es gibt uns noch nicht so lange. Da gab es sehr viel robustere Spezies, die Millionen von Jahren gelebt haben. Die haben sich nicht von Technologien wie Feuer und Werkzeugen abhängig gemacht. Bei uns Menschen reicht es, dass man uns die Elektrizität wieder wegnimmt. Das wäre schon unser Ende.«

Nicht alle radikalen Denker der KI-Welt sind Doomer. Jürgen Schmidhuber hält die Menschen zwar lediglich für eine Art evolutionärer Brückentechnologie, aber er hat keineswegs Angst davor. Er meint das ernst, und wenn man sich das einfach mal so anhörte, ohne gleich die Reporterreflexe spielen zu lassen, bekam man einen tiefen Einblick in die Denkweise des Transhumanismus, der sich weitgehend unbemerkt von der Öffentlichkeit in der digitalen Welt verbreitet und enorm erweitert hatte. Ein gewisser Zwangsoptimismus gehörte schon immer zur digitalen Welt. Neu waren die Überlegungen, der Mensch sei nur eine biologische Stufe der Evolution, um sich dann mittels Technologie erst selbst zum Hybridwesen zu optimieren und dann eine interplanetarische und langfristig intergalaktische Zivilisation zu schaffen.

Analysen des Transhumanismus in all seinen Schattierungen gibt es viele. Aber selten wurde sein Kern so deutlich wie im Gespräch mit Schmidhuber. Wir hatten uns im Sommer 2023 getroffen und zunächst über seine Pionierleistungen gesprochen. Dann allerdings nahm das Gespräch noch einmal eine Wendung.

Glauben Sie auch an den Moment der Singularity, wenn sich lernfähige Maschinen so schnell selbst verbessern, dass Menschen die Entwicklung nicht mehr nachvollziehen können?
Ich nenne das gerne den Omega-Punkt, frei nach Teilhard de Chardin. Viele, die von der Singularität sprechen, beziehen sich auf Gespräche, die in den Fünfzigern zwischen den Wissenschaftlern Stanisław Ulam und John von Neumann stattfanden. Sie äußerten die Vermutung, dass die zeitlichen Abstände zwischen technischen Durchbrüchen exponentiell schrumpfen. Dann muss das Ganze irgendwann konvergieren. Der Science-Fiction-Autor und Mathematiker Vernor Vinge hat das Konzept in den Achtzigern populär gemacht. 2014 entdeckte ich dann ein simples Beschleunigungsgesetz, das nicht nur ein paar Jahrzehnte, sondern bis zum Urknall zurückreicht, also 13,8 Milliarden Jahre.

Wie geht das?
Es stellt sich heraus, dass die aus menschlicher Sicht wichtigsten Ereignisse seit dem Beginn des Universums ziemlich genau auf einer Zeitachse mit exponentieller Beschleunigung angeordnet sind, mit Konvergenzpunkt im Jahre Omega, wahrscheinlich 2040 oder so. Wenn Sie 13,8 Milliarden durch vier teilen, kom-

men wir vor 3,5 Milliarden Jahren raus. Da entstand das Leben. Ein Viertel davon sind 900 Millionen Jahre: das erste tierähnliche Leben. Wieder ein Viertel, 220 Millionen Jahre: die ersten Säugetiere. Dann die Primaten, die Hominiden, die ersten Steinwerkzeuge, das Feuer, Ackerbau und Beginn der Zivilisation, die erste Bevölkerungsexplosion in der Eisenzeit, Schusswaffen, industrielle Revolution und Start der zweiten Bevölkerungsexplosion durch Dünger und moderne Medizin. Schließlich kommen Sie mit diesem Vierteln raus beim World Wide Web und unserem Annus mirabilis 1990/91 an der TU München. Und demnächst kommt der Omega-Punkt.

Wird uns dann eine überlegene KI versklaven oder vernichten, wie Elon Musk oder Sam Altman behaupten?
Warum sollte eine wahrhaft superkluge KI, die ganz schnell Roboter bauen kann, die alles viel besser kann als Menschen, sich die hirnlose Mühe machen, Menschen zu versklaven?

Könnte sie uns aus Versehen vernichten, so wie Menschen, die auf einer Wiese ein Haus bauen und Ameisenhügel plattmachen?
In der Tat, da haben Sie einen Zielkonflikt mit den Ameisen. Aber das betrifft in dem Fall nur ein paar Tausend Ameisen, und Sie sind trotzdem froh, dass draußen im Wald noch Billionen von ihnen leben, weil Sie wissen, dass der Wald ohne Ameisen nicht funktionieren würde. Es ist ja nicht so, dass Sie alle Ameisen ausrotten wollen, nur weil Sie klüger sind.

Kriegen wir mit Super-KIs auf dem Planeten Erde nicht automatisch einen Zielkonflikt?
Zielkonflikte haben die, die sich ähnlich sind. Menschen haben Zielkonflikte mit anderen Menschen. Und viele Lebewesen haben Zielkonflikte mit anderen Lebewesen, die sie verspeisen wollen.

Zwischen Lebewesen und KIs fallen die meisten derartigen Zielkonflikte weg. KIs werden natürlich mehr und größere und bessere KIs bauen wollen, dazu braucht man Masse und Energie. Fast alles davon ist aber weit weg von unserer Biosphäre. Also werden KIs auswandern.

Wohin?

Zunächst auf den Merkur, der sehr sexy ist, weil er noch mehr schwere Metalle hat als die Erde, mit der Sonne als riesiger Energiequelle in nächster Nähe. Da der Merkur keine Atmosphäre hat, kann man Material viel billiger als mit Raketen durch elektromagnetische Kanonen in den Weltraum schießen, um dort alle mögliche Infrastruktur zu schaffen. Das ist aber erst der Anfang. Der Rest der Milchstraße bietet noch viel mehr bisher ungenutzte Gelegenheiten als unser winziges Sonnensystem. Das wird ein paar Hunderttausend Jahre dauern, aber dann wird fast alle KI sehr weit von der Erde weg sein.

Und wir?

Die meisten Menschen werden da bleiben, wo es für Menschen am schönsten ist. Mit der sich ausbreitenden KI-Sphäre wird der Mensch sowieso nicht mithalten können. Sobald es Sender und Empfänger gibt, reisen KIs mit Lichtgeschwindigkeit per Funk. Menschen werden weniger bedeutend sein. Aber trotzdem interessant: Solange sie nicht durch und durch verstanden sind, bleiben sie eine unglaubliche Quelle interessanter Muster, die kein rationaler Wissenschaftler zerstören will, egal ob er ein Mensch ist oder eine KI.

Dann sind wir irgendwann einmal die Ureinwohner einer intergalaktischen Zivilisation, die wir begründet haben?
Ja, wir sind Steigbügelhalter.

Dann hat Elon Musk recht mit seinem Plan, unsere Zivilisation erst einmal zu einer interplanetarischen Zivilisation zu machen und auf dem Mars anzufangen?
Er lud mich einst zu seiner Familienfeier ein, wo ich versuchte, ihm das auszureden. Der Mars ist für geeignet konstruierte Roboter viel angenehmer als für Menschen. Für uns Menschen wäre dagegen sogar die leere Wüste Gobi lebenswerter. Da haben Gravitation und Atmosphärendruck schon mal die richtigen Werte, und es gibt Sauerstoff ohne Ende. Niemand wird dauerhaft auf den Mars wollen.

Dann sollten wir unseren Planeten wohl doch erhalten.
Unbedingt. Ich wette, auch superkluge KIs werden interessiert daran sein, unsere schöne Biosphäre zu erhalten. So wie wir zum Beispiel daran interessiert sind, in Naturschutzgebieten seltene Lebensarten zu erhalten.

Klingt in Summe beunruhigend.
Fürchtet euch nicht, am Ende wird alles gut! All dies ist eigentlich nur ein kurzer Zwischenschritt in der Entwicklung des Universums. Vor 13,8 Milliarden Jahren war alles sehr einfach. Es gab keine komplexen Elemente, keine Sonnen, keine Planeten, kein Leben, keine Zivilisation. Das entstand alles in Äonen der Evolution und ist noch lange nicht fertig. Das Universum ist noch jung. Es wird noch viele Male älter werden. Vorher haben wir immer geviertelt. Multiplizieren wir jetzt mit vier! Wenn der sichtbare Kosmos vier Mal so alt ist wie jetzt, also ungefähr 55 Milliarden Jahre alt, wird er von KI und deren Infrastruktur durchdrungen sein.

Ohne uns. Bis dahin ist die Sonne doch längst ausgebrannt.

Die Sonne wird es so wohl nicht mehr geben, die hat ohne massive Eingriffe nur noch fünf Milliarden Jahre, also bloß noch eine Million Mal die Zeitspanne seit den alten Ägyptern. Aber es gibt ja noch so viele andere Sonnensysteme für KI und Roboter.

Bis dahin haben wir ja noch ein wenig Zeit. Welche konkreten nächsten Schritte in der Entwicklung der KI kommen jetzt erst einmal?

KIs, die nicht nur sklavisch Menschen imitieren, sondern wie Babys und Wissenschaftler ihre eigenen Ziele verfolgen, die durch Roboter mit der Welt interagieren, sich dabei ein immer besseres Bild der Welt machen und auch das Lernen selbst lernen, um immer allgemeinere Probleme lösen zu können.

Und wie weit führt das dann?

Interessant wird es, sobald sie sich physikalisch selbst replizieren können. Wenn zum Beispiel auf dem Merkur ein solargetriebener 3-D-Drucker sich mit anderen zusammenschließt und sie all die Teile drucken können, aus denen sie bestehen, und auch die Teile, aus denen die Roboter bestehen, die die entsprechenden Rohstoffe einholen und die gedruckten Teile zusammenbasteln, sodass die gesamte Maschinengesellschaft sich selbst kopieren kann. Dann hat man zum ersten Mal eine neue Sorte von Leben, die nichts mit Biologie zu tun hat und sich trotzdem vervielfältigen kann. Und sich rasch verbessern kann in einer Weise, die traditionellem Leben verwehrt ist. Das wird kommen, und das Tolle daran ist, dass der gigantische Weltenraum solchen Systemen einen bisher unerschlossenen Lebensraum bietet, der unermesslich groß ist im Vergleich zur winzigen Biosphäre.

Und was haben wir Menschen davon?

Solche selbstreplizierenden Fabriken werden auch viel von dem produzieren, was Menschen wichtig ist. Aber das geht weit über menschliche Bedürfnisse hinaus, denn nahezu alle derartigen Fabriken werden bald weit weg sein von der Erde und nichts mehr mit Menschen zu tun haben. Das Universum als Ganzes scheint diesen eingebauten Willen zu haben, immer komplexer zu werden. Wenn wir begreifen, dass das Universum nicht nur für uns gemacht wurde, sondern dass wir Teil von etwas Größerem sind, können wir schon ehrfürchtig und demütig damit leben.

Jetzt mussten wir uns schon damit abfinden, dass die Erde nicht der Mittelpunkt des Universums ist, dass wir von Tieren abstammen, nicht Herr über unsere Sinne sind. Und jetzt auch noch das?

Es fühlt sich doch kaum einer dadurch gekränkt, dass Einstein klüger war als er, oder dass Maschinen besser Schach spielen. Die meisten Menschen kommen ganz gut damit zurecht, dass sie nicht die Tollsten sind.

So weit die Zukunft der Menschheit nach Schmidhuber. Was in seiner Vision, aber auch in all den Dystopien der Doomer nicht vorkam, war die ganz reale Bedrohung KI-gesteuerter Waffen. Das Thema ist heikel. Eigentlich hatte sich die internationale Gemeinschaft immer wieder mal darüber verständigt, dass man keine Tötungsmaschinen bauen wird, die ohne menschlichen Einfluss nur von künstlicher Intelligenz gesteuert bei der Polizeiarbeit oder in der Kriegsführung eingesetzt würden. In Max Tegmarks Richtlinien von Asilomar waren sie der Punkt 18. Zwei Jahre zuvor hatte sein Future of Life Institute schon eine Selbsterklärung formuliert, mit der sich Wissenschaft und Technik verpflichteten, keine KI-gesteuerten Waffen zu entwickeln.

Über 34 000 Wissenschaftlerinnen und Wissenschaftler hatten sich dem angeschlossen. Die Liste wurde von Namen wie Stephen Hawking, Elon Musk, Apple-Mitgründer Steve Wozniak und dem Linguisten und Pazifisten Noam Chomsky angeführt.

Ein Jahr später, im Juli 2018 setzte Tegmarks Future of Life Institute noch einmal solch ein Zeichen. Die Selbsterklärung, die dieses Mal immer noch über fünftausend Koryphäen unterzeichneten, kam wenige Monate vor der CCW-Konferenz, in der alljährlich die »Convention on Certain Conventional Weapons« verhandelt werden, also die Genfer Konventionen, die festlegen, welche Waffen geächtet sind. Der Einsatz von Landminen, Streumunition und Laserwaffen war dort zu Kriegsverbrechen erklärt worden. KI-Waffen und Killer-Bots blieben allerdings seit Jahren ein Streitpunkt. Eines der ersten Länder, die sich für ein Verbot ausgesprochen hatten, war Pakistan. Aus offensichtlichem Grund. Pakistan war eines der Hauptziele in Barack Obamas Drohnenkrieg. Und auch 2018 war die Liste der Befürworter eines KI-Waffen-Verbots erstaunlich kurz. Vor allem, nachdem sich die KI-Welt schon mehrmals so deutlich gegen diese Waffen ausgesprochen hatte. 28 Nationen hatten sich nur auf die Liste gesetzt, bis auf den Vatikan und Österreich ausschließlich Länder des Globalen Südens, wie Irak, Ägypten und Algerien, die immer wieder ins Fadenkreuz der KI-Macht USA geraten, aber auch Mexiko, Guatemala und Venezuela, die ihr geografisch sehr nah sind und von Trump zu Feinden erklärt wurden.

Deutschland hatte sich immer mal wieder für ein Verbot ausgesprochen, allerdings nur unverbindlich und mit den Gummiparagrafen des internationalen Rechts. Es forderte politische Willenserklärungen und Selbstregulierung.

Auch dafür sind die Gründe offensichtlich. Deutschland und Frankreich kooperieren bei der Entwicklung von künstlicher Intelligenz. Airbus hatte zu dem Zeitpunkt schon längst begonnen, KI in Waffensysteme zu integrieren. Außerdem hatte es erste Versuche mit sogenannten intelligenten Drohnenschwärmen gegeben. Das sollen in Zukunft Flugstaffeln von ein paar Dutzend bis ein paar Hundert kleiner Drohnen sein, die von der Aufklärung über die Plattform für Schusswaffen bis hin zum Kamikaze-Flug alle möglichen militärischen Aufgaben übernehmen können. Weil sie so klein und wendig sind, aber auch weil sie unabhängig von Kommandozentralen agieren, ist es fast unmöglich, solche Drohnenschwärme abzuwehren.

Es ist also kein Wunder, dass auf der Liste der Länder, die sich eindeutig gegen ein Verbot von KI-Waffen aussprechen, vor allem solche mit einer starken Rüstungsindustrie stehen. Deutschland, Frankreich, Großbritannien, Israel, die USA, Russland, Südkorea und China zum Beispiel.

Doch während das deutsche Verteidigungsministerium seine KITU-Initiative (die Abkürzung steht für Künstliche Intelligenz für taktische AUS, also unbemannte Luftfahrzeuge) im Sommer 2023 noch mit Partnerschaften mit den deutschen Firmen Quantum Systems und Spleenlab aus dem Planungsstand in die Umsetzungsphase brachte, waren andere Länder schon weiter.

Ein Land, das an den Verhandlungen immer teilgenommen, aber sich immer höflich herausgehalten hatte, war die Ukraine. Bei der Abwehr des Vernichtungsfeldzugs der Russen zeigte sich schon bald, warum. KI war schon früh ein taktischer Vorteil der Ukraine. Mit neusten Entwicklungen wie Zielsoftware vom amerikanischen Hersteller Palantir und Drohnen vom bayerischen Airbus-Partner Quantum Systems behielten die ukrainischen Streitkräfte trotz der russischen Übermacht den taktischen Vorteil.

Israel hatte sich bei den Verhandlungen in Genf dagegen immer sehr deutlich gegen ein Verbot ausgesprochen. Im Herbst 2023 kam KI dann bei den Gegenschlägen gegen die Terrorgruppe Hamas flächendeckend zum Einsatz. Das israelische Online-Magazin +972 deckte Ende November 2023 auf, dass die israelischen Streitkräfte eine KI mit dem Namen Habsora (das Evangelium) einsetzten. Statt ein Dutzend, könnten die Streitkräfte nun jeden Tag Hunderte Ziele für Luft- und Raketenangriffe identifizieren. Ein ehemaliger Geheimdienstler bezeichnete die KI dem Magazin gegenüber als »Massenmordfabrik«.

Bis dahin hatte der Rest der Welt von der KI noch nichts gewusst. Ganz so weit war Israel in der Entwicklung der KI-Waffen allerdings nicht. Während der Gefechte in Gaza beantragte sie in den USA den Kauf von 200 »Switchblade Attack 600«-Drohnen. Solche Drohnen fliegen mit einer Geschwindigkeit von 250 Stundenkilometern und können mit Kamikaze-Angriffen Panzerfahrzeuge zerstören. In der Ukraine waren sie schon im Einsatz.

In Gaza waren aus den USA zunächst nur die etwas kleineren Nova-2-Drohnen des kalifornischen Herstellers Shield AI. Die Firma entwickelt derzeit ebenfalls ein KI-System, mit dem dann ein Drohnenschwarm gemeinsam mit einem F-16-Kampfjet fliegen könnte. Auch ohne Piloten. Im September 2023 bekam die Firma Unterstützung von einer Frau mit hochkalibriger KI-Erfahrung. Shivon Zilis wurde Mitglied des Aufsichtsrates der KI-Waffenfirma. Sie hatte lange Finanz-KI für IBM und Bloomberg entwickelt, bevor sie zu Elon Musks Firma Neuralink wechselte. In Isaacsons Musk-Biografie tauchte sie vor allem als Mutter seiner Zwillinge auf. In der KI-Welt aber gilt sie als eine der Besten.

Kommen sie nun also doch? Die Killerbots aus dem »Terminator« und Drohnenschwärme aus der »Matrix«? Die Verhandlungen darüber verlaufen weitgehend jenseits der Aufmerksamkeitskanäle. Gab es nicht längst Flugzeuge mit Autopiloten? Raketen mit Hitzesensoren? Würde KI da so einen Unterschied machen? Die, die sich auskannten, sahen KI mit der Lizenz zum Töten als die letzte rote Linie bei ihrer Entwicklung. So stand es auch in den Selbsterklärungen. Die roten Linien aber, von denen die KI-Entwickler und die Wissenschaft in diesem KI-Jahr so gerne sprachen, hatte man da längst überschritten.

Das aber war der erklärte Modus, in dem sich KI nun entwickeln sollte. Eine Linie nach der anderen sollte überschritten werden. Immer schneller. Nicht immer waren sie rot. Aber es wurden immer mehr.

24. Kapitel
Supernova

Wie künstliche Intelligenz Gefühle erkennt, der Machtkampf
um die Kontrolle der KI beginnt und sich Europa zum Zentrum
eines digitalen Humanismus erklärt.

Schlechte Laune. Was für ein Urteil einer Maschine an einem
wolkenverhangenen Nachmittag im Institut für menschenzentrierte künstliche Intelligenz, das in einem der Laborgebäude mit
Metallfassaden und Fensterfronten untergebracht ist, die Boom,
Geld und der Forschungswille der Universität über die Felder
am Stadtrand von Augsburg verteilt haben. Nein, toll war das
wirklich nicht. Schlechte Laune ist in der digitalen Welt ähnlich
wie Mundgeruch ein Makel, der nicht zum Zukunftsglauben und
zur Technikbegeisterung passt, die zumindest in der Grundlagenforschung immer noch die bestimmenden Gemütszustände
sind.

Der Versuchsaufbau gestaltete sich überschaubar. Eine Kamera
war auf mich gerichtet, ein Mikrofon ebenso, beides mit dem
Laptop verbunden, in dem die künstliche Intelligenz Emotionen
verarbeitete. Noch hatte sie keinen Namen. Elisabeth André leitete das Projekt und auch den Versuch. Schlechte Laune also, was
nicht ganz stimmte, auf Reportage ist die vorherrschende Stimmung eher Neugier und Begeisterung, deswegen war das Unbehagen auch so groß, weil es sich erst einmal um ein Fehlur-
teil handelte. Oder hatte die KI doch recht? Man vertraut den
Maschinen in der Regel als Gralshüter der Objektivität und Wahr-

heit, als Inkarnation eines Hybrids aus Mathematik und Aufklärung. Nun schlichen sie sich aber seit einiger Zeit ins Tiefste der Gefühle und Befindlichkeiten. Zum Wohle der Psychologie und Medizin, im Dienste der Werbewirtschaft und Überwachung. Demnächst auch per Gesetz. Ab dem Jahr 2024 müssen in Europa sämtliche Neufahrzeuge mit einer KI ausgestattet sein, die Gefühlsausdrücke und psychische Verfassungen erkennen kann. Übermüdung, Fahrigkeit, Aggression und all diese Zustände, die am Steuer eines Autos zur Gefahr für alle werden können, die in seine Nähe kommen. Das sollte Leben retten. »Affective Computing« nennt man das in der Informatik, Elisabeth André nannte es »Social Signal Processing«. Das gab der Aufdringlichkeit dieser Maschinen zumindest einen Namen, der nach Mathematik und Technik klang.

Sogenannte Sentiment Analyzers gab es schon länger. Das waren Programme, die in sozialen Netzwerken herumgeistern und die Emotionen der Nutzerschaft analysieren. Dass KIs manchmal mehr über einen wussten als man selbst, war bekannt, seit herauskam, dass die amerikanische Kaufhauskette Target einen Algorithmus entwickelt hatte, der herausfinden konnte, ob eine Frau schwanger ist, auch wenn sie das nicht verrät. Die Maschine errechnete das aus bestimmten Gewohnheiten und Konsumentscheidungen, die sich leicht verändern, wenn ein »life event« wie eine Schwangerschaft, eine Heirat oder ein neuer Job anstehen. Entsprechend konnte man diese Menschen dann mit Sonderangeboten dazu bringen, bestimmte Marken oder Dinge zu kaufen.

Das Erkennen von Emotionen war der logische nächste Schritt, weil gute Laune in der Regel eine andere Art von Konsum ankurbelt als schlechte. Kundenzufriedenheit war da nur ein Ziel, das die Maschinen verfolgen. Anstatt nur Verhaltensmuster abzuklopfen, werten Sentiment Analyzers auch Körpersignale aus. Elisabeth André konnte das gut erklären. Mimik,

Gestik, Sprachmelodie, Wortwahl und Stimmlage ergeben ein Bild, das die Emotionen eines Menschen mit einer Genauigkeit wiedergeben kann, die weit über das Urteilsvermögen auch einer Therapeutin hinausgeht. Der Psychologie soll das als Analysehilfe dienen, der Werbung als Instrument, Angebote nicht nach den Zielgruppen auf Zielpersonen, sondern auch auf deren momentanen Zustand zuzuschneiden.

Meine schlechte Laune stellte sich dann doch als Falschmeldung heraus. Eine Erklärung war schnell gefunden. Die KI war noch im Trainingsmodus. Bis dahin hatten vor allem Wissenschaftler mit dem Versuchsaufbau experimentiert, die allesamt um die zwanzig Jahre jünger waren als ich. Ob es vielleicht an den Falten lag, die meine Mundwinkel optisch nach unten zogen? Der deutlich jüngere Wissenschaftler am Laptop grinste. »Ich wollte ja nichts sagen.« Noch ein Versuch mit viel Euphorie in der Stimme und einem Lächeln, das die Mundwinkel fast bis zu den Ohren zog. Das funktionierte. Im Kreisdiagramm der Stimmungslagen rutschte der Zeiger langsam von links unten (schlechte Laune, matter Ausdruck) nach rechts oben (Sonnenschein und sprühend vor Freude). Da war wieder Stewart Brands Leitspruch, den er 1973 so beiläufig in seiner Reportage formuliert hatte. Müll rein, Müll raus. Und trotzdem blieb der Nachmittag im Forschungspark bei Augsburg einer dieser Science-Fiction-Momente, die man in letzter Zeit immer öfter erleben kann.

Die erste Begegnung mit einem Roboter der Firma Boston Dynamics zum Beispiel. Der war einem Hund nachempfunden. Ein Torso mit vier Beinen und vorne einem Schacht mit Kameraaugen. Spot hatten ihn die Ingenieure genannt, so wie das Hündchen aus dem Kleinkinderbuch, das einen braunen Fleck auf dem gelben Rücken trägt und vermutlich ein Golden-Retriever-Welpe ist, die für ihre Neugier und Freundlichkeit bekannt sind. Der Roboter-Spot war auch gelb, die hydraulischen Beine waren aber muskulös und auch die Körpersprache wirkte eher athletisch als verspielt. Spot folgte. Die Maschine verstand einfache Sprachbefehle und konnte mit den Kameraaugen ihr Umfeld wahrnehmen. Ein wenig bedrohlich wirkte das, wenn Spot einem folgte, auch wenn das Ding dann auf Ansprache leicht in die Knie ging. Bei der Vorstellung wurden Videos gezeigt, wie Spot in brennende Gebäude und Ruinen einer Naturkatastrophe läuft. Katastrophenschutz ist gerade in Amerika mit seinen Wirbelstürmen, Flutkatastrophen, Erdbeben, Überschwemmungen, Schlammlawinen und Feuersbrünsten ein gutes Verkaufsargument. Der erste Einsatz, der Schlagzeilen machte, war allerdings Spot als Polizeihund in der Bronx, der im blau-weißen Design der New Yorker Polizei in Sozialbaugebieten patrouillierte.

Daheim in Europa war die Begegnung mit dem Roboter der Zukunft sehr viel freundlicher. Navel hieß das Plastikmännchen, 72 Zentimeter hoch, eine blaue Wollmütze auf dem Kopf, im Gesicht zwei Kulleraugen. Navel soll einmal in Altersheimen dafür sorgen, dass die Bewohnerinnen und Bewohner nicht in Dämmerzustand verfallen. Eine KI hatte das Männchen mit der Fähigkeit zu plappern und einer Kindermimik ausgestattet. Es war dann egal, dass man im Labor stand und die Maschine noch an Kabeln hing, sie hatte Charme. Sie machte erst mal einen Witz. »Geht ein Cowboy zum Friseur. Als er wieder rauskommt, ist sein Pony weg.« War vorprogrammiert, aber nicht schlecht. Navel konnte sich überhaupt so einiges merken, konnte sich zum Beispiel nicht nur nach dem Befinden einer Heimbewohnerin erkundigen, sondern auch nach ihren Enkeln, oder an ein Gespräch von gestern anknüpfen.

Noch so ein Erlebnis war die erste Tour mit einem selbstfahrenden Auto. Ich saß auf der Rückbank, der Fahrersitz war leer. Trotzdem nahm der Wagen die Kurven mit einer Präzision, die erstaunte. Nicht zu schnell, nicht zu langsam. Zehn Minuten Fahrt reichten nicht, um sich daran zu gewöhnen. Das Unbehagen blieb, dass man als Mensch Entscheidung, Kontrolle und letztlich den freien Willen an eine Maschine abgegeben hatte. Was auch blieb war aber das Gefühl, ein Stück Zukunft erlebt zu haben. Sicher spielten da die vielen Science-Fiction-Filme eine Rolle, die man schon gesehen hat. Die künstlichen Intelligenzen aus »2001 Odyssee im Weltraum«, »Ex Machina« und »Her«, die Roboter aus »Star Wars«, »Blade Runner« und »Ich bin dein Mensch«. Das Unbehagen der Science-Fiction-Erlebnisse kam aber nicht nur daher, dass die meisten dieser Filme nicht gut ausgehen für die Menschen. Es war schon auch die eigene Erfahrung, was passiert, wenn KI auf die Menschheit losgelassen wird. Wenn sie wie ein Vielfraß aus der Fabelwelt jede nur erdenkliche Facette eines Menschen aufsaugt und in ihren Eingeweiden aus Formeln und Codes in Verhaltensmuster zerlegt.

Der Hunger der Maschinen war immer unersättlicher geworden. Mit der Welle der generativen KI kam auch eine Welle des Widerstandes. Vor allem die Menschen, die all jene Dinge produzierten, die nach Nicholas Negropontes Idee von Atomen in Bits verwandelt wurden, all jene Produkte des menschlichen Geistes, für die Atome immer nur die Träger waren, wagten nun den Widerstand. Die Angst war groß, dass nun doch der Moment gekommen war, da die Maschinen den Menschen nicht nur dienen, sondern sie ersetzen. Denn letztlich ist KI nichts anderes als ein System der Automatisierung. Nachdem die Mechanik die körperliche Arbeit weitgehend übernommen hat, wird nun die digitale Technologie die Geistesarbeit übernehmen. Die Grenzen der Machbarkeit verschieben sich dabei schneller als gedacht. Die Texte, Bilder und Videos, die Simulationen von Emotionen, biologischen und chemischen Prozessen, die KI inzwischen produziert, sind von erstaunlicher Qualität.

In Amerika zogen im Sommer des Jahres der künstlichen Intelligenz die ersten Autorinnen und Autoren vor Gericht, um die Firmen zu verklagen, die ihre Bücher in Datenpakete verwandelt hatten, die sie an ihre KIs verfütterten. OpenAI, Google, Facebooks Mutterkonzern Meta, Amazons Investment Anthropic. Es ging ihnen nicht nur um Geld, sondern darum, dass sich hier eine Technologie all das aneignete, was die Menschen über Jahrhunderte geschaffen hatten, um sie zu imitieren und dann wohl irgendwann zu ersetzen. Der Arbeitsforscher Carl Benedikt Frey von der Oxford University hat die Automatisierung erforscht wie nur wenige. 2013 veröffentlichte er mit einem Kollegen eine Studie mit dem Titel »The Future of Employment«, die prophezeite, dass vor allem die Niedriglohn-Jobs, für die man kaum Ausbildung braucht, bald schon von KI wegautomatisiert würden. 2023 korrigierten sie ihre Arbeit. »Im Jahr 2013 war die künstliche Intelligenz noch nicht so weit«, sagte Frey. »Zwei der Engpässe, die wir damals definiert haben, bezogen sich auf komplexe soziale Interaktionen und auf Kreativität. Viele glauben, dass die generative KI genau das jetzt kann. Sind mit generativer KI qualifiziertere und einkommensstärkere Arbeitsplätze betroffen?« Frey glaubte nicht, dass Jobs wie Ärzte, Anwälte oder Akademiker durch KI ersetzt würden. »Allerdings senkt generative KI die Einstiegshürden für höher qualifizierte Berufe. Wenn Sie ein mäßig begabter Autor sind, dann können Sie mithilfe von ChatGPT ein passabler Autor werden. Wenn Sie kein besonders guter Programmierer sind, dann können Sie mithilfe von GitHubs Copilot ein durchschnittlicher Programmierer werden. Das ist so ähnlich wie die Auswirkungen von Uber auf die Taxifahrer. Mit GPS muss sich ein Fahrer nicht mehr jeden Namen jeder Straße in München merken. Die etablierten Fahrer hatten Einbußen von im Schnitt zehn Prozent. Genauso werden die Auswirkungen der generativen KI auf die Einkommen von Menschen in genannten Wissensberufen erheblich sein.«

Nur die Kreativität würden die Maschinen nicht so bald meistern. »Das Problem ist, dass wir nicht genau wissen, mit was für Daten zum Beispiel ChatGPT trainiert wurde«, sagte er. »Wir wissen nur, dass es riesige Datensätze sind. Das bedeutet, dass KI nicht von kuratierten Experten trainiert wird, nicht von den besten Schreibern der Welt oder den kompetentesten Akademikern. KI hat von durchschnittlichen Menschen gelernt, deswegen produziert KI vor allem Durchschnitt. Ich würde sogar sagen, dass KI bei kreativer Arbeit noch etwas schlechter als der Durchschnitt ist. Generative KI kann lediglich bereits existierende Dinge aufwärmen. Sie kann zum Beispiel einen Brief im Stil von William Shakespeare oder Thomas Mann schreiben, aber Mann und Shakespeare gab es nun mal schon. Man arbeitet also nur etwas aus dem Trainingsdatensatz neu auf, was die KI bereits gelernt hat. Wahre Kreativität besteht aber darin, etwas wirklich Neues zu erfinden. Klar gibt es auch in der kreativen Arbeit viele Dinge, die wir einfach nur aufwärmen oder in eine neue Reihenfolge bringen. Man kann vielleicht nicht mithilfe von KI ›Das siebte Siegel‹ schreiben, aber vielleicht den nächsten Batman-Plot.«

Bald aber schon wird die zweidimensionale Welt der Texte und Bilder nicht mehr ausreichen, um künstliche Intelligenz auf die Welt vorzubereiten. Eine KI, die ihr Wissen und Weltbild antrainiert bekommt oder sich das auch selbst erarbeitet, produziert letztlich mathematische Reflexionen, die auf den Reflexionen der Welt in Texten basieren. KI ist aber jetzt schon das Betriebssystem für so unterschiedliche Dinge wie Büro- und Haushaltsmaschinen, selbstfahrende Autos, Drohnen, Waffen, Roboter, wissenschaftliche Labore und ganze Fabriken. Die Abstraktion der Textebene wird bald nicht mehr ausreichen.

Nun gab es inzwischen genügend Sensoren, die die Datenfluten der fünf Sinne, die der Mensch im Hirn verarbeitet, in Datenpakete für Maschinen umwandeln konnten. Es gab Kameras, Mikrofone, Roboterhände mit Tastsinn und sogar Sensoren, die Gerüche in ihre chemischen Einzelteile zerlegen und somit auch in Daten übersetzen konnten.

Doch die Datenfluten der Sensoren waren nicht nur teuer, sondern auch zu ungenau und groß. Auch dafür existiert schon eine Lösung wie aus einer Science-Fiction-Geschichte. Im Institut des Informatikers Rev Lebaredian von Nvidia arbeiteten sie deswegen an künstlichen Welten, die künstlichen Intelligenzen die Wirklichkeit nahebringen sollen. Früher programmierte Lebaredian Videospiele. Die neuen Welten aber simulierten Naturgesetze, so wie sie auch in der wahren Welt vorkommen. »Wir versuchen, eine physikalisch genaue Simulation der Welt zu erstellen. Und wenn wir sagen, physikalisch genau, dann meinen wir alle Aspekte der Physik, die relevant sind. Wie die Dinge in der physischen Welt aussehen, ist die Physik der Wechselwirkung zwischen Licht und Materie, also simulieren wir das. Wir simulieren, wie Atome miteinander interagieren, mit Starrkörperphysik, Weichkörperphysik, Flüssigkeitsdynamik und allem, was sonst noch relevant ist.« Omniverse nannte er diese synthetischen Welten, die nie ein Mensch zu Geschichte bekommen würde, weil sie nur für die künstliche Intelligenz programmiert wurden.

Zunächst waren es vor allem Industriebetriebe, die sein Omniverse nutzten. Autohersteller, die eine neue Fabrik zunächst in einem digitalen Zwilling aufbauten, bevor sie die Bits dann im umgekehrten Wege in Atome verwandelten. Denn das war der Punkt, an dem nun die nächste Phase der Digitalisierung begann. Über fünfzig Jahre lang steckte die künstliche Intelligenz in den Maschinen. Die Menschen kommunizierten mit ihr über Kabel, betrachteten ihr Werk meist durch die Scheibe eines Bildschirms.

Die synthetischen Daten aus dem Omniverse würden es den künstlichen Intelligenzen möglich machen, aus der eindimensionalen Welt der Texte, Zahlen und Maschinen in die dreidimensionale der Wirklichkeit zu springen. »Was Robotern bisher fehlt, und das ist der Grund, dass sie sich noch so ungeschickt bewegen, ist ein Hirn«, sagte Lebaredian. Deswegen brachte er gerade Robotern das Laufen bei. Das Testmodell schaffte es schon, von festem Untergrund auf Eis und Schotter zu gehen. »Ich glaube, wir sind endlich an einem Wendepunkt angelangt«, sagte er. In Zukunft werde man Roboter im Omniverse aber nicht nur für die Wirklichkeit auf dem Planeten Erde trainieren können. Es war genauso vorstellbar, dass eine KI lernen könne, sich im Inneren eines menschlichen Körpers zu bewegen. Das könnten Nanoroboter steuern. Oder auch im Weltall. Damit wäre garantiert, dass eine KI ein Raumschiff sicher durchs All steuert.

Auch das Internet wird sich aus den Geräten befreien. Wenn Elon Musk von der »everything app« daherfaselt, dann ist das nur eine Vorstufe zum digitalen Universum, das gerade entsteht. Die Everything App ist ein Konzept, das in groben Zügen auf WeChat beruht, der App in China, die einst als Chat-Anwendung begann, ähnlich wie WhatsApp oder Twitter, aber schon bald sämtliche Aspekte des digitalen Lebens in sich bündelte. Über WeChat können die Menschen in China nicht nur kommunizieren, sie können ihre Amtsgeschäfte erledigen, den Arzttermin, Versicherungsvorgänge, sie können Reisen buchen, damit bezahlen und sich unterhalten lassen. Unter ständiger Beobachtung des Staates.

Im Silicon Valley und den Satelliten redeten sie im Jahr der künstlichen Intelligenz nicht viel darüber. Es gab ja auch so noch viel zu klären. Den Weltuntergang, die Marktanteile und die Regulierung durch die Gesetze. Darüber reden konnten sowieso nur die Chefs. Auch in den Maschinenräumen des neuen digitalen Universums waren sie an Schweigegelübde der NDAs gebunden, die fast so streng waren wie die Omertà der Mafia. Niemand sollte darüber sprechen, woran sie arbeiteten, denn oft reichte schon eine gute Idee, um Milliarden zu verdienen. So eine Idee war schnell geklaut. Warum er denn Interviews geben oder Reden halten solle?, hatte Google-Gründer Larry Page mal gefragt. Er wolle auf keinen Fall, dass der Rest weiß, was er denkt und tut.

Mark Rolston war einer der wenigen, die sich nicht hinter dem großen Schweigen versteckten. Mit seiner Firma Argodesign arbeitete er in Austin, Texas, für so ziemlich alle Giganten der Westküste. Facebook, Amazon, IBM. Er hatte den Apollo-Roboter für Lagerhäuser designt und dem Hollywood-Studio Dreamworks geholfen, seine Arbeitsabläufe zu digitalisieren. In seinem Münchner Büro wirkte er ein wenig wie einer der Bergsteiger aus der Gegend mit seinen frischroten Backen und dem Haarschopf, der aussah, als sei da gerade ein Windstoß durchgefahren. Rolston hatte keine NDAs unterschrieben. Er war selbst der Chef.

Er dachte die Metapher vom iPhone-Moment der künstlichen Intelligenz dann noch ein wenig weiter. Damals, so erinnerte er sich, habe man die Kundschaft auch kaum dazu gebracht, ihre Geschäfte auf winzige Kacheln in einem tragbaren Telefon zu verlegen. Er erinnerte sich auch noch an die Einführung des World Wide Web, als sich niemand vorstellen konnte, dass all das, was sich in Gebäuden aus »Stein und Mörtel« abspielte, sei es der Einzelhandel, der Kino- oder der Konzertbesuch, einmal in die Rechner und auf die Bildschirme wandern würde.

Was er dann beschrieb, war so simpel wie schwer zu verstehen. Prinzipiell würden KI-Module den Knotenpunkt des gesamten digitalen Lebens und eines immer größeren Teils des Alltags bilden. Weil sie sowohl Sprache verstehen als auch programmieren können, werde es keine Apps mehr geben. Jede nur erdenkliche Funktion könne von der KI innerhalb von Sekunden hergestellt und mit anderen Funktionen kombiniert werden.

Einfaches Beispiel, man will mit Freunden ein Museum besuchen. Dafür brauchte man bis dahin die Webseite des Museums und den Ticketshop, um die Ausstellung zu buchen, eine Chat-App, um sich zu verabreden, eine Karten- und eine Taxi-App für den Weg dorthin. Fünf verschiedene Anbieter für einen Besuch. In Zukunft werde man der App nur noch mitteilen, dass man sich am Nachmittag um drei mit diesen vier Freundinnen diese Ausstellung ansehen und bitte kurz zuvor mit einem Taxi eintreffen will. Dabei dreht sich das Verhältnis zwischen Mensch und Maschine einmal um. Menschen müssen sich nun nicht mehr auf die Welt der Maschinen einstellen, sondern die Maschinen auf die Welt der Menschen. Das wird das digitale Universum noch bequemer, noch allgegenwärtiger und noch reibungsloser machen.

Was sich da gerade abspielte, war so etwas wie eine Supernova des digitalen Universums, wie wir es bis dahin kannten. Nun war das World Wide Web präsenter als je zuvor. Die Massaker des 7. Oktober und die Gegenschläge gegen die Terrormilizen im Gazastreifen hatten die digitalisierte Gesellschaft mit einer Vehemenz gespalten, wie es nicht einmal Donald Trump geschafft hatte. Gleichzeitig zog die Sogwirkung der chinesischen Kurzvideo-App TikTok die digitale Jugend mit einer noch größeren Wucht in die Geräte. Die Pandemie hatte Büroarbeit, Gastronomie und Entertainment in Apps gepresst. Und trotzdem war all das, was im Netz passierte, so etwas wie die Explosion des World Wide Web in all seiner Pracht. Sicher, da waren die Versuche von Mark Zuckerbergs Meta-Konzern, mit dem Metaversum die Nutzerschaften in einen in sich geschlossenen digitalen Raum zu ziehen, den man über ein Kopfteil mit einer Projektionsbrille und Kopfhörern erreichte. Google wiederum versuchte, die Allgegenwärtigkeit seiner Anwendungen mit einer Allgegenwärtigkeit seiner Geräte wie dem Pixelphone, dem Pixel Tablet und den Android-Geräten zu einem eigenen Kosmos zu machen. Apple hatte das längst erreicht.

Microsoft schaffte mit den OpenAI-KIs in seinen Programmen neue Tatsachen und kaufte die halbe Videospielszene auf. Amazon hatte den Welteinzelhandel längst im Griff, hatte mit seinen Video- und Musikdiensten zu Apple aufgeschlossen. Und dann ist da noch Elon Musk mit seiner »everything app« X.

So wie es aussieht, wird das World Wide Web irgendwann in den kommenden zwei bis zehn Jahren in diese fünf digitalen Paralleluniversen kollabieren. Vielleicht kommen noch ein oder zwei dazu. Man wird sich für eines entscheiden und dann weitgehend seine Ruhe haben. Die KI-getriebenen Assistenten und Diener werden die digitale Welt reibungslos mit der der Menschen verschmelzen. Apps und Webseiten werden überflüssig, wenn die KI alle Fragen beantwortet und Wünsche erfüllt.

Die Gefahren werden auch dann erst einmal dieselben bleiben. Im digitalen Raum werden sich all die Vorurteile und Zerrbilder, die sich im Netz gebildet haben, durch KI noch schneller vermehren. Wird auch KI von der Aufmerksamkeitsökonomie der Werbeindustrie getrieben, werden sich Hass, Häme und Angst weiter verbreiten. Beim Einsatz von KI in der mechanischen Welt wird die Automatisierung der Arbeitswelt und des Krieges noch ungeahnte Folgen haben. Gleichzeitig könnte KI die destruktive Dynamik der sozialen Netzwerke auflösen. In der Medizin und den Naturwissenschaften wird künstliche Intelligenz für eine Revolution sorgen, die Millionen Leben rettet. Bei der Bekämpfung des Klimawandels wäre KI ein Mitstreiter mit Superkräften. Es ist nur die Frage, wer die Führung übernehmen wird beim Aufbau des nächsten digitalen Universums.

Als das Jahr der künstlichen Intelligenz seinem Ende zuging, kam noch einmal Bewegung in die Weltpolitik. Alle wollten den Anschluss an das neue Kapitel der Menschheitsgeschichte, das nun ganz offiziell begonnen hatte. Europa, die Brexitinsel Großbritannien, das Weiße Haus in Washington und selbst China waren bereit, mit dem Rest der Welt hinter der großen Brandmauer seiner hermetisch geschlossenen digitalen Welt zusammenzuarbeiten. Die G7-Staaten einigten sich auf gemeinsame Richtlinien im Umgang mit KI. In Amerika unterzeichnete Präsident Joe Biden am 30. Oktober ein Dekret, das von KI-Entwicklern Verantwortung und Transparenz forderte. Die Cyberspace Administration of China hatte schon im Sommer neue Verordnungen für KI veröffentlicht, die Sicherheitsfragen allerdings auch auf Inhalte erweitert. Generative KI-Dienste dürfen demnach keine Inhalte generieren, die »zur Untergrabung der nationalen Souveränität oder zum Umsturz des sozialistischen Systems aufrufen, Terrorismus oder Extremismus befürworten, ethnischen Hass und ethnische Diskriminierung, Gewalt und Obszönität sowie gefälschte und schädliche Informationen fördern«.

Ausgerechnet das bürokratische Ungetüm, dem immer vorgeworfen wurde, Innovationen zu ersticken, übernahm den Staffelstab der Führungsrolle. Anfang 2021 hatte die Europäische Kommission begonnen, über einen ersten Entwurf seines EU Artificial Intelligence Act zu verhandeln. In der für Brüssel enorm kurzen Zeit von anderthalb Jahren hatten die Mitgliedsstaaten einen Konsens erreicht und waren im Dezember 2023 bereit, sich auf ein Gesetzespaket zu einigen. Kurz rührte sich Widerstand. Deutschland, Frankreich und Italien hatten Mitte November gefordert, die Entwickler von Basismodellen von der Regulierung auszunehmen, also ausgerechnet jene Firmen und Labore, die mit den Basismodellen wie ChatGPT und Llama oder Dall-E und Midjourney die Grundlagen für die meisten anderen KIs schaffen. Sie sollten im Gesetz zu einer »obligatorischen Selbstregulierung« verpflichtet werden. Silicon Valley hätte es gefreut. Nicht umsonst war Sam Altman im Sommer durch Europa gereist, um gegen das KI-Gesetz der EU zu lobbyieren.

Angeführt wurde die Koalition der Big-Tech-Büttel von Deutschlands amtierenden Wirtschaftsminister Robert Habeck und Cédric O, dem ehemaligen französischen Staatssekretär für Digitales und Berater von Präsident Emmanuel Macron. Ihre Argumente waren die üblichen Klischees der Demokratie als Fortschrittsbremse. Das war aber nicht nur ein Klischee, sondern inzwischen auch ein Argument der Hybris, das aus dieser mehr als dreißigjährigen Ära stammt, in der sich die digitale Industrie weitgehend ohne Kontrolle entwickeln konnte. Längst hatten sich die Firmen den Gesetzen des Börsenmarktes unterworfen. Was von der Selbstregulierung der Digitalindustrie zu halten war, hatten eben auch die drei Jahrzehnte gezeigt.

Ihre Beweggründe waren durchsichtig. Habeck pflegte eine politische Freundschaft mit Jonas Andrulis, dem Gründerchef der Heidelberger KI-Firma Aleph Alpha, die ein Konkurrenzmodell zum amerikanischen ChatGPT entwickelte. Cédric O wiederum hatte den Staatsdienst verlassen und arbeitete für ein ähnliches Unternehmen namens Mistral in Frankreich. Das hatte zu dem Zeitpunkt zwanzig Mitarbeiter, Aleph Alpha fünfzig, das französische Start-up hat 100 Millionen Euro Investitionen bekommen, die Heidelberger 500 Millionen frische Investitionen, bei deren Veranschlagung ihnen Habeck wohl geholfen hatte. Viel Geld für europäische Unternehmen, allerdings angesichts der 13 Milliarden Dollar schweren Firma OpenAI, die in diesen Wochen über eine Finanzierungsrunde von über 80 Milliarden verhandelt, dann doch eher bescheiden. Mal davon abgesehen, dass es in Europa 2023 keine konkurrenzfähigen Anbieter für Cloudspeicher oder Hersteller für Chips gab.

Ihre Niederlage in Brüssel war dann ein buchstäblicher Segen für die Menschheit. Der »AI Act« der EU war nicht perfekt, aber er hat es geschafft, Menschen- und Bürgerrecht zu schützen und trotzdem Innovation zuzulassen. Vor allem das Staffelsystem, das

Spanien eingebracht hatte, garantiert das. Demnach würden Firmen, die große Basismodelle anbieten, mehr Regulierung unterzogen als kleine Firmen. Dafür waren menschenfeindliche Technologien wie Gesichts- und Emotionserkennung oder »social rating« verboten oder schwerst eingeschränkt.

Ganz verboten wurde das sogenannte Predictive Policing, die vorhersagende Überwachung. Mithilfe von KI könnten Behörden nämlich nicht nur herausfinden, wer eine Straftat begangen hat, sondern auch, wer das vielleicht tun wird, selbst wenn er oder sie das noch gar nicht plant. Solche dystopischen Anwendungen wie aus dem Science-Fiction-Film »Minority Report« sind längst im Einsatz und werden beispielsweise derzeit von der bayerischen Polizei getestet. Und auch die Entwicklung von KI wird in Zukunft Qualitätskontrollen unterzogen, die sicherstellen, dass sie der Gesellschaft und deren Individuen keinen Schaden zufügt.

Kein Gesetz hätte einer so komplexen und widersprüchlichen Technologie wie der KI umfänglich gerecht werden können. Man hatte aber das Gefühl, dass hier Leute verhandelt hatten, die diese Technologie verstanden und immer das Gemeinwohl im Sinne hatten. Ein Beispiel war das Verbot der Gesichtserkennung durch KI. Die kann ein Mittel zur Bevölkerungskontrolle sein. In China war sie bereits die Basis für einen brutalen Überwachungsapparat, überall auf der Welt konnte sie für kommerzielle Interessen missbraucht werden. In Europa würde sie in Zukunft grundsätzlich verboten; nur im Falle von Terrorgefahr, Entführungen oder Menschenhandel dürfte sie eingesetzt werden. Das ist vernünftig und lässt hoffen, dass aus den Eckpunkten ein praktikables Gesetz wird. Könnte ja zum Beispiel auch sein, dass in zwanzig Jahren Pflegeroboter in Heimen eingesetzt werden, und da wäre es schon sinnvoll, wenn der kleine Navel erkennen würde, wen er da vor sich hätte und was bei ihm zu tun wäre.

Die Aufgaben für Gesetzgeber und Zivilgesellschaft werden in den kommenden Jahren gewaltig sein. Ähnlich wie die erste Welle der Digitalisierung Medien, Handel und den demokratischen Diskurs aushöhlte, wird KI immer tiefer in die Gesellschaft und die Leben der Menschen eindringen. Vieles wird sich zum Besseren wenden. In der Medizin bahnt sich zwischen den neuen Impfstoffen mit RNA-Informationsträgern und KI-Methoden, die Impfstoffe und Medikamente personalisieren, eine Revolution an. Es gilt als sehr wahrscheinlich, dass selbst Krankheiten wie Krebs und Malaria noch in den nächsten Jahrzehnten besiegt werden können.

In der Chemie und der Materialkunde wird es enorme Fortschritte geben. Die Industrie kann ihre Effizienz steigern. Das bedeutet nicht automatisch Stellenabbau, sondern zunächst einmal Nachhaltigkeit. Die Einhegung der Klimakatastrophe wird leichter. Produktions- und Lieferketten lassen sich besser organisieren.

Selbst das Problem, dass künstliche Intelligenz enorme Mengen an Energie verbraucht und bald schon an die Grenzen der Speicher und Chips stoßen wird, ist schon in Arbeit. Biocomputing und »Organoid intelligence«, zu Deutsch organische Intelligenz, werden die Hebel sein, mit der KI die nächsten Grenzen überwindet. Zwei Methoden werden dafür entscheidend sein.

Die eine ist die Verwendung von DNA als Speichermedium. Es gibt keinen besseren Informationsspeicher als die Eiweißstränge unseres Erbgutes. Die Datenmengen, die so ein mikroskopischer Strang fassen kann, werden die Mengen jeder Speicherfarm übersteigen. Microsoft war eine der ersten Firmen, die damit experimentierten. Um das Jahr 2018 herum stellten sie den ersten DNA-Speicher vor. Der brauchte für das Speichern und Abrufen des Wortes »Hello« noch 24 Stunden. Im Sommer 2023 erzählte mir der Professor für Maschinenlernen an der TU München Reinhard Heckel, dass er schon die ganze Staffel einer Netflix-Serie abspeichern und abrufen könne. Wobei er gleich dazusagte, dass seine DNA synthetisch erzeugt sei.

An die »organische« Dimension der »organoid intelligence« wird sich die Menschheit erst noch gewöhnen müssen. Aber auch die wird Teil der KI-Welt sein. In der Schweiz, den USA und Australien arbeiteten im Jahr 2023 drei Firmen daran, neuronale Netzwerke nicht mehr auf Chip-Basis, sondern mit menschlichen Zellen herzustellen. Beispielsweise die Firma FinalSpark, die am Nordufer des Genfer Sees im Städtchen Vevey ihren Sitz hat. Dort haben sie aus menschlichen Stammzellen schon die ersten neuronalen Netze konstruiert. Ein Problem ist bisher, dass diese organischen Netze nur drei Monate überleben. Dass sie aber biologischen Wesen schon sehr viel ähnlicher sind, zeigte ein Experiment, das ihre Leistung steigerte, nachdem man Dopamin in sie hineingespritzt hatte. In der Schweiz haben sie vor allem den Energieverbrauch im Blick. Das menschliche Hirn, so die einfache Rechnung, braucht für seine Supercomputerleistungen ungefähr so viel Energie wie eine 30-Watt-Birne. Könnte man KI also auf einer ähnlichen organischen Struktur laufen lassen, würde sich der Energieverbrauch um einen Faktor von einer Milliarde verringern.

Die Firma Cortical Labs im australischen Melbourne ist schon einen Schritt weiter. Dort haben sie 2021 einem Klumpen aus ein paar Hunderttausend menschlichen Hirnzellen beigebracht, das Videotennisspiel Pong zu spielen. Damit fing die computerbasierte künstliche Intelligenz bei DeepMind zu Beginn der 2010er-Jahre auch an. Solche organischen KIs sind laut Forschung derzeit kaum leistungsfähiger als die erbsengroßen Hirnzellen eines Embryos im Frühstadium. Der Sprung von organoider KI zur gottgleichen AGI ist noch Jahrzehnte entfernt, wenn nicht unmöglich. Sie kann aber so einige Probleme lösen, die bisher unlösbar waren.

Bald schon werden sich die Technologien der Gegenwart zu einer wissenschaftlichen Revolution der Zukunft vereinen. KI,

Robotik, Quantenphysik, Bio- und Nanotechnologie werden in synergetischen Formen Dinge möglich machen, die die Menschen nur ahnen können. Gerade deswegen ist es so wichtig, dass die Zivilgesellschaft jetzt schon die Kontrolle über die einzelnen Forschungsgebiete und Technologien behält. Um die Kräfte, die die Menschheit gerade entfesselt, zu bändigen und in die Dienste des Gemeinwohls zu stellen.

Genau wegen solcher Fortschritte war das KI-Gesetz der EU als erste Maßnahme so wichtig. Wie soll die Gesellschaft die Probleme mit KI der nahen und fernen Zukunft meistern, wenn sie die der Gegenwart noch nicht beherrscht? Auf Wissenschaft und Unternehmen ist da kein Verlass. Die funktionieren nach dem Prinzip des BYC. Because you can. Was möglich ist, wird auch gemacht. Das ist kein böser Wille, sondern in der Natur dieser Teile der Gesellschaft, die auch die Triebkräfte des Fortschritts sind.

Deshalb war es so wichtig, dass im Dezember 2023 die Ära der Hybris in Brüssel erst einmal zu Ende ging. Ein historischer Sieg. Nicht der Menschen über die Maschinen, sondern der Bürger über die Konzerne. Das ist es auch, was die meisten wollen, die das digitale Universum in Europa und Amerika aufbauen. Als Wissenschaftler, Start-ups oder Nutzer. Genauso wie bisher wird die Geschichte des digitalen Universums auch im Zeitalter der KI ein Spiegel der Menschheit bleiben. Es bleibt in der Verantwortung der Zivilgesellschaft, dafür zu sorgen, dass sie aus den Fehlern bei der Konstruktion des ersten digitalen Universums lernt und diese bei der Errichtung der nächsten Inkarnation nicht noch einmal macht. Dabei ist es gar nicht so schwer, das digitale Universum in den Dienst des Gemeinwohls zu zwingen. Man muss sich dort nur so benehmen wie in der echten Welt. Also im Idealfall ohne Hass, Hetze und Angst. Ohne »Effizienzsteigerungen« als Synonym für Stellenabbau zu verstehen. Ohne Menschen in bürokratische Raster zu sortieren. Ohne das Töten im Krieg zu automatisieren. Ohne die Kontrolle über die Verschmelzung von Biologie, Physik und Informatik zu verlieren. Dann kann künstliche Intelligenz Wissenschaft, Gesellschaft und vielleicht sogar die Demokratie Schritte weiterbringen, statt sie zurückzuwerfen. Es mag eine Utopie sein, aber die stand immer schon am Anfang einer jeden neuen Phase der Digitalisierung. Es gibt keinen Grund, den Glauben daran zu verlieren. Dann wird am Ende der Entwicklung auch nicht die Singularity der Maschinen stehen, sondern die Einzigartigkeit des Menschen.

Quellen

Interviews und Gespräche mit:

Paul Allen, Elisabeth André, Sinan Aral, Julian Assange, John Perry Barlow, Joachim Bauer, Jeff Bezos, Monika Bickert, Don Black, Andrew Blum, Nick Bostrom, Stewart Brand, Rodney Brooks, Alena Buyx, George Church, Nick Clegg, Adam Curry, Daniel C. Dennett, Daniel Domscheit-Berg, Esther Dyson, Freeman Dyson, George Dyson, Rick Eaton, Dave Eggers, Nir Eyal, Noah Feldman, Sheera Frankel, Carl Benedikt Frey, Laura Galante, Francois Garnier, Bill Gates, David Gelernter, Nina George, Peter Glaser, Wael Ghonim, Shohini Ghose, Gerd Gigerenzer, Till Grusche, Sami Haddadin, Jonathan Haidt, Frances Haugen, Johannes Hepp, Danny Hillis, Jennifer Jacquet, Nils Juul, Daniel Kahneman, Brittany Kaiser, Wolfgang Kaleck, Rana el Kaliouby, Salar Kamangar, David Kaye, Daniel Kehlmann, Kevin Kelly, Ayesha Khanna, David Kirkpatrick, Cecilia Klang, Alexander Kluge, Jeff Koons, Michal Kosinski, Ivan Krastev, Jaron Lanier, Timothy Leary, Rev Lebaredian, Tim Leberecht, Janna Levin, Mariana Lin, Gary Marcus, John Markoff, Marvin Minsky, Kenichiro Mogi, Sigward Moser, Omar Mohammed, Jeremiah Moss, Elon Musk, Radhika Nagpal, Nicholas Negroponte, Julian Nida-Rümelin, Hans Ulrich Obrist, Björn Ommer, Larry Page, Rosalind Picard, Steven Pinker, Alexander Pretschner, Iyad Rahwan, Maria Ressa, Heinz Riesenhuber, Jeremy Rifkin, Mark Rolston, Guy Rosen, Todd Rundgren, Douglas Rushkoff, Jeremy Scahill, Frank Schirrmacher, Jürgen Schmidhuber, Clay Shirky, R.U. Sirius, Yat Siu, Sarah Spiekermann, Daniel Suarez, Mustafa Suleyman, Mark Surman, Jaan Tallin, Max Tegmark, Craig Venter, Nathalie Weidenfeld, Andreas Weigend, Werner Zorn

Sachbücher:

1. Alter, Adam. Irresistible. The Rise of Addictive Technology and the Business of Keeping us Hooked. Penguin, New York, 2017.
2. Andree, Martin. Big Tech muss weg! Die Digitalkonzerne zerstören Demokratie und Wirtschaft. Wir werden sie stoppen. Campus, Verlag, Frankfurt am Main, 2023.
3. Aral, Sinan. The Hype Machine. How Social Media Disrupts Our Elections, Our Economy, and Our Health – and How We Must Adapt. Currency, New York, 2020.
4. Assange, Julian mit Applebaum, Jacob, Müller-Maguhn, Andy, Zimmermann, Jérémie. Cypherpunks. Unsere Freiheit und die Zukunft des Internets. Capus Verlag, Frankfurt am Main, 2012.
5. Bauer, Joachim. Realitätsverlust. Wie KI und virtuelle Welten von uns Besitz ergreifen – und die Menschlichkeit bedrohen. Heyne, München, 2023.
6. Blum, Andrew. Tubes – A Journey to the Center of the Internet. Ecco, New York, 2012.
7. Boaz, David. The Libertarian Reader. Classic & Contemporary Writings from Lao-Tzu to Milton Friedman. The Free Press, New York, 1997.
8. Bostrom, Nick. Superintelligence. Paths, Dangers, Strategies. Oxford University Press, Oxford, 2016.
9. Brand, Stewart. The Media Lab. Inventing the Future at MIT. Viking, Penguin, New York, 1987.
10. Brockman, John. The Third Culture. Beyond the Scientific Revolution. Simon & Schuster, New York, 1995.
11. Brockman, John (Hrsg.). Is the Internet Changing the Way You Think? The Net's Impact on Our Minds and Future. Harper Perennial, New York, 2011.
12. Brockman, John (Hrsg.). What to Think About Machines That Think. Today's Leading Thinkers on the Age of Machine Intelligence. Harper Perennial, New York, 2015.
13. Brockman, John (Hrsg.). Possible Minds. 25 Ways of Looking at AI. Penguin, New York, 2019.
14. Bronner, Gérald. Kognitive Apokalypse. Eine Pathologie der digitalen Gesellschaft. C.H. Beck, München, 2022.
15. Buchanan, Ben. The Hacker and the State. Cyber Attacks and the New Normal of Geopolitics. Harvard University Press, Cambridge MA, 2020.

16. Carr, Nicholas. The Shallows. What the Internet is doing to Our Brains. WW Norton & Co, New York, 2010.

17. Chafkin, Max. The Contrarian. Peter Thiel and Silicon Valley's Pursuit of Power. Penguin Press, New York, 2021.

18. Chang, Emily. Brotopia. Portfolio, New York, 2018.

19. Crawford, Kate. Atlas of AI. Power, Politics and the Planetary Costs of Artificial Intelligence. Yale University Press, New Haven CT, 2021.

20. Daub, Adrian. What Tech Calls Thinking. Farrar, Straus and Giroux, New York, 2020.

21. Daub, Adrian. Cancel Culture Transfer. Wie eine moralische Panik die Welt erfasst. Suhrkamp, Berlin, 2022.

22. Dyson, Freeman. The Scientist as Rebel. The New York Review of Books, New York, 2014.

23. Dyson, George. Darwin Among the Machines. The Evolution of Intelligence. Basic Books, New York, 1997.

24. Dyson, George. Turing's Cathedral. The Origins of the Digital Universe. Pantheon, New York, 2012.

25. Dyson, George. Analogia. The Entangled Destinies of Nature, Human Beings and Machines. Penguin, New York, 2022.

26. El Kaliouby, Rana. Girl Decoded. My Quest to Make Technology Emotionally Intelligent – and Change the Way We Interact Forever. Penguin Press, New York, 2020.

27. Eyal, Nir. Hooked. How to Build Habit-Forming Products. Portfolio Penguin, New York, 2014.

28. Frenkel, Sheera und Kang, Cecilia. An Ugly Truth. Inside Facebook's Battle for Domination. The Bridge Street Press, New York, 2021.

29. Frey, Carl Benedikt. The Technology Trap. Capital, Labor, and Power in the Age of Automation. Princeton University Press, Princeton NJ, 2019.

30. Fuchs, Thomas. Verteidigung des Menschen. Grundfragen einer verkörperten Anthropologie. Suhrkamp, Berlin, 2020.

31. Von Gehlen, Dirk. Mashup: Lob der Kopie. Suhrkamp, Berlin, 2011.

32. Geraci, Robert M. Apocalyptic AI. Visions of Heaven in Robotics, Artificial Intelligence and Virtual Reality. Oxford University Press, Oxford, 2010.

33. Gillespie, Tarleton. Custodians of the Internet. Platforms, Content Moderation and the Hidden Decisions that Shape Social Media. Yale University Press, New Haven CT, 2018.

34. Habermas, Jürgen. Strukturwandel der Öffentlichkeit. Suhrkamp, Frankfurt am Main, 1990.

35. Habermas, Jürgen. Ein neuer Strukturwandel der Öffentlichkeit und die deliberative Politik. Suhrkamp, Berlin, 2022.
36. Haugen, Frances. Die Wahrheit über Facebook. Warum ich zur Whistleblowerin wurde und was die größte Social-Media-Plattform der Welt so gefährlich macht. Econ, Berlin, 2023.
37. Hidalgo, César A. How Humans Judge Machines. M.I.T. Press, Cambridge MA, 2021.
38. Holiday, Ryan. Conspiracy. Peter Thiel, Hulk Hogan, Gawker and the Anatomy of Intrigue. Portfolio/Penguin, New York, 2018.
39. Kaczynski, Theodore. The Unabomber Manifesto. Industrial Society and its Future. Verschiedene Verlage, 1995.
40. Kaiser, Brittany. Targeted. My Inside Story of Cambridge Analytica and How Trump, Brexit and Facebook Broke Democracy. Harper Collins, New York, 2019.
41. Kaye, David. Speech Police. The Global Struggle to Govern the Internet. Columbia Global Reports, New York, 2019.
42. Hwang, Tim. Subprime Attention Crisis. Advertising and the Time Bomb at the Heart of the Internet. Farrar, Straus and Giroux, New York, 2020.
43. Isaacson, Walter. Elon Musk. Die Biografie. C. Bertelsmann, München, 2023.
44. Kelly, Kevin. What Technology Wants. Viking, New York, 2010.
45. Kelly, Kevin. The Inevitable. Understanding the 12 Technological Forces That Will Shape Our Future. Viking, New York, 2016.
46. Kurzweil, Ray. The Singularity Is Near. When Humans Transcend Biology. Viking, New York, 2005.
47. Lanier, Jaron. You Are Not a Gadget. Knopf, New York, 2010.
48. Lanier, Jaron. Who Owns the Future? Penguin, New York, 2013.
49. Lanier, Jaron. Ten Arguments for Deleting Your Social Media Accounts Right Now. MacMillan, New York, 2018.
50. Leary, Timothy. Chaos & Cyber Culture. Ronin Publishing, Berkeley CA, 1994.
51. Lee, Kai-Fu und Qiufan, Chen. AI 2041. WH Allen, London, 2021.
52. Lee, Ronan. Myanmar's Rohingya Genocide. Identity, History and Hate Speech. I.B. Tauris, London, 2021.
53. Markoff, John. What the Dormouse Said. How the Sixties Counterculture Shaped the Personal Computer Industry. Penguin Books, New York, 2005.
54. Markoff, John. Machines of Loving Grace. The Quest for Common Ground Between Humans and Robots. ECC, New York, 2015.

55. Markoff, John. Whole Earth. The Many Lives of Stewart Brand. Penguin Press, New York, 2022.

56. Mazzucato, Mariana. The Entrepreneurial State. Debunking Public vs. Private Sector Myths. Anthem Press, London, 2013.

57. McLuhan, Marshall. The Gutenberg Galaxy: The Making of Typographic Man. University of Toronto Press, Toronto, 1962.

58. McLuhan, Marshall. Understanding Media. The Extensions of Man. McGraw-Hill, New York, 1964.

59. McNamee, Roger. Zucked. Waking Up to the Facebook Catastrophe. Harper Collins, New York, 2019.

60. Minsky, Marvin. The Society of Mind. Touchstone Books, New York, 1985.

61. Minsky, Marvin. The Emotion Machine. Common Sense Thinking, Artificial Intelligence and the Future of the Human Mind. Simon & Schuster, New York, 2006.

62. Misselhorn, Catrin. Künstliche Intelligenz – das Ende der Kunst? Reclam, Ditzingen, 2023.

63. Muller, Jerry Z. The Tyranny of Metrics. Princeton University Press, Princeton NJ, 2018.

64. Nagel, Thomas. What Is It Like to Be a Bat?/Wie ist es, eine Fledermaus zu sein? Reclam, Ditzingen, 2016.

65. Nassehi, Armin. Muster. Theorie der digitalen Gesellschaft. C.H. Beck, München, 2019.

66. Negroponte, Nicholas. Being digital. Alfred A. Knopf, New York, 1995.

67. Nida-Rümelin, Julian mit Weidenfeld, Nathalie. Digitaler Humanismus. Eine Ethik für das Zeitalter der künstlichen Intelligenz. Piper, München, 2018.

68. Perlroth, Nicole. This is How They Tell Me the World Ends. The Cyber Weapons Arms Race. Bloomsbury Publishing, London, 2021.

69. Rucker, Rudy mit Sirius, R.U. und Mu, Queen. Mondo 2000. A User's Guide to the New Edge. Thames and Hudson, London, 1993.

70. Savage, Mike. The Return of Inequality. Social Change and the Weight of the Past. Harvard University Press, Cambridge MA, 2021.

71. Schirrmacher, Frank. Payback. Warum wir im Informationszeitalter gezwungen sind zu tun, was wir nicht tun wollen, und wie wir die Kontrolle über unser Denken zurückgewinnen. Blessing, München, 2009.

72. Shanahan, Murray. The Technological Singularity. M.I.T. Press, Cambridge MA, 2015.

73. Shirky, Clay. Here Comes Everybody. How Change Happens When People Come Together. Penguin, New York, 2009.

74. Shirky, Clay. Cognitive Surplus. Creativity and Generosity in a Connected Age. The Penguin Press, New York, 2010.
75. Spiekermann, Sarah. Digitale Ethik. Ein Wertesystem für das 21. Jahrhundert. Droemer, München, 2019.
76. Strittmatter, Kai. Die Neuerfindung der Diktatur: Wie China den digitalen Überwachungsstaat aufbaut und uns damit herausfordert. Piper, München, 2018.
77. Suleyman, Mustafa. The Coming Wave. AI, Power and the 21st Century's Greatest Dilemma. Crown, New York, 2023.
78. Tegmark, Max. Life 3.0. Being Human in the Age of Artificial Intelligence. Allen Lane, London, 2017.
79. Thiel, Peter und Masters, Blake. Zero to One. Notes on Startups, or How to Build the Future. Currency, New York, 2014.
80. Toffler, Alvin. Future Shock. Random House, New York, 1970.
81. Turner, Fred. From Counterculture to Cyberculture. Stewart Brand, the Whole Earth Network and the Rise of Digital Utopianism. The University of Chicago Press, Chicago, 2006.
82. Vance, Ashlee. Elon Musk. Tesla, SpaceX, and the Quest for a Fantastic Future. CCC; New York, 2015.
83. Wiener, Norbert. Cybernetics. Or, Control and Communication in the Animal and the Machine. The M.I.T. Press, Cambridge MA, 1948.
84. Wiener, Norbert. The Human Use of Human Beings. Cybernetics and Society. Houghton Mifflin, Boston, 1954.
85. Wiener, Norbert. God & Golem, Inc. A Comment on Certain Points where Cybernetics Impinges on Religion. The M.I.T. Press, Cambridge MA, 1964.
86. Wu, Tim. The Curse of Bigness. Antitrust in the New Gilded Age. Columbia Global Reports, New York, 2018.
87. Zittrain, Jonathan. The Future of the Internet. And How to Stop It. Penguin Books, New York, 2009.
88. Zuboff, Shoshana. The Age of Surveillance Capitalism. The Fight for a Human Future at the New Frontier of Power. Profile Books, London, 2019.

Literatur:

1. Douglas Adams, »Per Anhalter durch die Galaxis«, Band 1–5, Großbritannien 1979–1992.
2. Isaac Asimov, »Ich, der Robot«, USA 1950.
3. Ray Bradbury, »Fahrenheit 451«, USA 1953.
4. Samuel Butler, »Erewhon«, Großbritannien 1872.
5. Albert Daiber, »Anno 2222«, Deutschland 1905.
6. Philip K. Dick, »Träumen Androiden von elektrischen Schafen?«, USA 1968.
7. Philip K. Dick, »Total Recall Revisited«, USA 1953–1981.
8. Raphaela Edelbauer, »Dave«, Österreich 2021.
9. Dave Eggers, »Der Circle«, USA 2013.
10. Daniel F. Galouye, »Welt am Draht«, USA 1964.
11. William Gibson, »Die Neuromancer-Trilogie«, USA 1984–1988.
12. Robert A. Heinlein, »Revolte auf Luna«, USA 1966.
13. Aldous Huxley, »Schöne neue Welt«, USA 1932.
14. Kazuo Ishiguro, »Klara und die Sonne«, Großbritannien 2021.
15. Benjamin Labatut, »Maniac«, Chile 2023.
16. George Orwell, »1984«, Großbritannien 1949.
17. Frank Schätzing, »Die Tyrannei des Schmetterlings«, Deutschland 2018.
18. Neal Stephenson, »Snow Crash«, USA 1992.
19. Daniel Suarez, »Daemon«, USA 2006.
20. Kurt Vonnegut, »Player Piano«, USA 1952.

Filme:

1. »2001 Odyssee im Weltraum«, Regie: Stanley Kubrick. Großbritannien, 1968.
2. »AlphaGo«, Regie: Greg Kohs, USA, 2017.
3. »Alphaville«, Regie: Jean-Luc Godard, Frankreich, 1965.
4. »Blade Runner 2049«, Regie: Denis Villeneuve, USA, 2017.
5. »Citizenfour«, Regie: Laura Poitras, USA, 2014.
6. »Coded Bias«, Regie: Shalini Kantayya, USA, 2020.
7. »The Creator«, Regie: Gareth Edwards, USA, 2023.
8. »Ex Machina«, Regie: Alex Garland, Großbritannien, 2014.
9. »The Great Hack«, Regie: Karim Amer und Jehane Noujaim, USA, 2019.
10. »Her«, Regie: Spike Jonze, USA, 2013.

11. »Ich bin dein Mensch«, Regie: Maria Schrader, Deutschland, 2021.
12. »I, Robot«, Regie: Alex Proyas, USA, 2004.
13. »Kimi«, Regie: Steven Soderbergh, USA, 2022.
14. »The Matrix«, Regie: Die Wachowskis, USA, 1999.
15. »The Net«, Regie: Irwin Winkler, USA, 1995.
16. »The Social Dilemma«, Regie: Jeff Orlowski, USA, 2020.
17. »Superintelligence«, Regie: Ben Falcone, USA, 2020.
18. »Terminator«, Regie: James Cameron, USA, 1985.
19. »WarGames«, Regie: John Badham, USA, 1983.
20. »Westworld«, Regie: Michael Crichton, USA, 1973.

Dank

- John Brockman, Steffi Czerny and Bruno Giussani for opening so many doors.
- Karin Graf und Franziska Günther für die Rückendeckung.
- Klaus Fricke und Moritz Volk für den strengen Blick.
- Boris Herrmann, Georg Mascolo und der *Süddeutschen Zeitung* für die Zusammenarbeit und die Bereitschaft, ihre Erkenntnisse auch mit mir als Buchautor zu teilen.
- Friederike Bothe, Henri und Karl Kreye für alles.